Elizabeth I

Lisa Hilton

Elizabeth I
Uma biografia

Tradução:
Paulo Geiger

2ª reimpressão

A minha filha, Ottavia

Copyright © 2014 by Lisa Hilton

Tradução autorizada da primeira edição inglesa, publicada em 2014 por Weidenfeld & Nicolson, de Londres, Inglaterra

Grafia atualizada segundo o Acordo Ortográfico da Língua Portuguesa de 1990, que entrou em vigor no Brasil em 2009.

Título original
Elizabeth I: Renaissance Prince: A Biography

Capa
Adaptada da arte de Andrew Smith www.asmithcompany.co.uk

Imagem da capa
Elizabeth I velha, c.1610 (óleo sobre painel), Escola Inglesa (séc.XVII). Corsham Court, Wiltshire/Bridgeman Images

Preparação
Angela Ramalho Vianna

Indexação
Gabriella Russano

Revisão
Eduardo Monteiro
Nina Lua

CIP-Brasil. Catalogação na publicação
Sindicato Nacional dos Editores de Livros, RJ

H55e	Hilton, Lisa
	Elizabeth I: uma biografia /Lisa Hilton; tradução Paulo Geiger. – 1ª ed. – Rio de Janeiro: Zahar, 2016.
	il.
	Tradução de: Elizabeth I: Renaissance Prince: A biography.
	Inclui bibliografia e índice
	ISBN 978-85-378-1559-5
	1. Elizabeth I, Rainha da Inglaterra, 1593-1603. I Rainhas – Grã-Bretanha – Biografia. II. Título.
	CDD: 923.1
16-30799	CDU: 929.7

[2021]
Todos os direitos desta edição reservados à
EDITORA SCHWARCZ S.A.
Praça Floriano, 19, sala 3001 – Cinelândia
20031-050 – Rio de Janeiro – RJ
Telefone: (21) 3993-7510
www.companhiadasletras.com.br
www.blogdacompanhia.com.br
facebook.com/editorazahar
instagram.com/editorazahar
twitter.com/editorazahar

"Os príncipes têm espírito e propriedades misteriosos, que todos os outros desconhecem."

Thomas Cromwell

Sumário

Prefácio 9

Capítulo 1   13

Capítulo 2   32

Capítulo 3   57

Capítulo 4   69

Capítulo 5   83

Capítulo 6   91

Capítulo 7   110

Capítulo 8   124

Capítulo 9   136

Capítulo 10   147

Capítulo 11   158

Capítulo 12   166

Capítulo 13   184

Capítulo 14   192

Capítulo 15   206

Capítulo 16   214

Capítulo 17   229

Capítulo 18   245

Capítulo 19   254

Capítulo 20   261

Capítulo 21   272

Capítulo 22   277

Capítulo 23   294

Capítulo 24   303

Capítulo 25   312

Capítulo 26   325

Capítulo 27   338

Capítulo 28   349

Epílogo   359

Notas   361
Referências bibliográficas   371
Créditos das ilustrações   382
Agradecimentos   384
Índice remissivo   385

Prefácio

ENTRE 1569 E 1603, um quadro do artista holandês Joris Hoefnagel era visto pelos milhares de visitantes que, de passagem pela corte de Elizabeth I, afluíam a Whitehall. Eles estavam ali para admirar, solicitar, pedir, enredar. Alguns, assim se dizia, tinham ido por amor; outros, assim também se dizia, para assassinar. Todos estavam conscientes da marcante presença da misteriosa e magnífica governante da Inglaterra, a segunda rainha reinante,* filha do "Grande Henrique", Elizabeth em pessoa. Mas, quando se postavam ao pé do quadro *Elizabeth I e as três deusas*, o que viam?

Esse primeiro retrato alegórico que conhecemos de Elizabeth é produto da diáspora protestante de meados do século XVI. Com dez anos de reinado, a posição contenciosa (e um tanto ressentida, ao menos por parte da própria rainha) de Elizabeth como a figura de proa da Reforma religiosa por toda a Europa já havia transcendido seu papel de monarca daquele que era então "o isolado e empobrecido reino insular da Inglaterra". O artista era um refugiado dos Países Baixos (Holanda), cujos rebeldes reformistas estavam envolvidos num conflito com o poder católico da Espanha. Ao optar por exibir a pintura de Hoefnagel com tanto destaque, Elizabeth fazia uma poderosa declaração de sua autoconcepção como governante, uma assertiva que se fundamentava na capacidade de o observador interpretar a linguagem visual clássica do quadro. Para os contemporâneos de então, "enxergar" a tela com propriedade exigia o entendimento do lugar que Elizabeth ocupava na política confessional da Europa e a capacidade de filtrar esse entendimento por meio da "nova

---

* *Queen Regnant*: rainha que governa por direito sucessório próprio. (N.T.)

ciência",* que tinha revolucionado o pensamento europeu dos séculos precedentes. Pode-se dizer simplesmente que esse é um quadro renascentista representando um príncipe renascentista.

A tela é uma interpretação do Julgamento de Páris na qual Elizabeth, empunhando o orbe e o cetro, está diante das três deusas, Juno, Minerva e Vênus. Juno, a rainha do céu, ergue a mão para o alto, expressando a aprovação por Deus do julgamento de Elizabeth.** Os atributos das três divindades, o cetro, um ramalhete de rosas e uma aljava com flechas, jazem no chão, unindo as deusas rivais na "derrota" ante Elizabeth, que conciliou as qualidades divinas – respectivamente, poder, intelecto e beleza. Dado o contexto temporal dessa composição, quando Elizabeth ainda não tinha se transformado oficialmente na Rainha Virgem, ela pode ser lida como o cauteloso estímulo à imagem de uma mulher ainda núbil. Mas o público em Whitehall talvez tenha enxergado outra coisa. Elizabeth encarna o papel masculino, a figura de Páris, que, ao conceder a Vênus o prêmio do mais antigo e letal concurso de beleza do mundo, provocou a Guerra de Troia, um mito que envolve a fundação do reino da Grã-Bretanha atribuindo-a a Eneias, um dos poucos habitantes de Troia a escapar da devastação provocada pelos gregos. Assim, quando um visitante alemão, o barão Waldstein, viu o quadro no palácio, em 1600, a história pode ter lhe sugerido que Elizabeth/Páris – que afinal nunca teria entregue o pomo a Vênus – não só reconciliou as qualidades das três deusas, mas, ao fazê-lo, acompanhou Eneias no restabelecimento da nação das deusas, maltratada, porém triunfante após um grande conflito.

No século XXI, podemos perceber algo mais. A tela de Hoefnagel divide-se em duas partes distintas. À esquerda está Elizabeth, ereta e coroada, rígida em seu vestido de brocado, o dossel estatal quase imperceptível por trás da rainha, enclausurado na severa parede do palácio. À direita, as deusas posam numa paisagem clara, suave, delicadamente

---

* *New Learning*: refere-se à volta ao estudo de obras de literatura, filosofia e ciência da Antiguidade clássica que caracteriza o humanismo renascentista. (N.T.)
** "Julgamento", aqui, provavelmente como referência à escolha religiosa de Elizabeth. (N.T.)

etérea, de árvores em plena floração, de relva viçosa. Acima delas, a distância, há outro palácio, não uma sombria fortaleza defensiva, mas uma imagem com torres, uma torre de delícias. A meu ver, a distinção presente no quadro é entre passado e futuro. Elizabeth reinou de 1558 a 1603. Nesses quase 45 anos, alguma coisa ocorreu na Inglaterra, algo que recalibrou as noções de anglicidade e nacionalidade, e que, no fim do período, deixou o país num lugar muito diferente daquele em que se encontrava no começo.

Em 1500, quando o avô de Elizabeth, o primeiro monarca Tudor, Henrique VII, estava no trono, não existia concepção de Inglaterra como Estado unificado. A lealdade dos súditos era dividida entre o *regnum* e o *sacerdotium*, isto é, entre o poder secular do rei e o poder sagrado do papa. Foi o pai de Elizabeth, Henrique VIII, quem primeiro subverteu essa antiga divisão, embora tenha sido somente na segunda metade do governo da filha que o "reino" da Inglaterra se identificou como "Estado", termo em uso por volta de 1590. A própria Elizabeth é uma figura absolutamente central no modo como essa mudança se realizou, embora, de certa forma, o sempre prolífico interesse pela rainha e por seus ancestrais Tudor – minisséries, filmes, a abundante literatura, documentários – venha tendo o efeito de diminuí-la, reduzindo-a a pouco mais que uma emperucada mulher de anquinhas com uma misteriosa vida sexual.

A jovem mulher que se defronta com as deusas clássicas no retrato de Hoefnagel é uma criatura muito diferente da congelada máscara de magnificência que convencionalmente caracteriza seu reinado. No quadro, Elizabeth está em movimento, move-se das escuras constrições do medievalismo em direção a um mundo reconhecível, informado pela nova ciência que as deusas personificam. Ela está dando um passo à frente para a luz, para o Renascimento, para uma principesca modernidade.

Advertências sobre ortografia e um nome

A ortografia elisabetana é reconhecidamente inconstante. Modernizei-a quando parecia necessário, em nome da clareza.

    Eu deveria me referir a William Cecil, barão de Burghley, como lorde Burghley, a partir de 1571, mas, de algum modo, continuei a falar em Cecil, pois foi assim que pensei nele durante quatro anos.

Capítulo 1

ELIZABETH I PODE TER SIDO a segunda das monarcas reinantes da Inglaterra, mas ela descendia de uma tradição de mulheres governantes tanto na Inglaterra quanto na Europa. A reivindicação patrilinear dos Tudor era frágil, para dizer o mínimo: uma pequeníssima gota de sangue real teria de servir para percorrer um caminho muito longo, e foi bastante útil a propaganda usada pelo avô e pelo pai de Elizabeth, Henrique VII e Henrique VIII, para engrandecer a linhagem dos Tudor à custa do direito de realeza obtido pelo casamento de Henrique VII com a herdeira dos Plantageneta, Elizabeth de York. Se Elizabeth I invocou conscientemente a influência de quinhentos anos de poderosas rainhas inglesas, e também de mulheres governantes contemporâneas a ela, isso remodela o conceito que tinha de si mesma no interior daquela estrutura de propaganda dos Tudor, a qual ela não somente herdou, mas que reconstruiu de modo tão exitoso. Quase toda biografia da rainha começa com a premissa de que seu governo foi cheio de anomalias em virtude de ela ser mulher. Muitas vezes se tem utilizado a feminilidade biológica de Elizabeth como base de interpretação para quase todos os aspectos de sua governança. A meu ver, isso é simplesmente errado.

A própria Elizabeth ficava feliz em jogar com as convenções relativas ao gênero quando convinha a seu "fraco e débil" corpo de mulher, mas convenção não é fato, assim como retórica não é realidade. É possível que o conceito de diferença entre os sexos da época fosse consideravelmente mais elástico e sofisticado, e muito menos restritivo que o do século XXI. Na prática, o gênero de Elizabeth era significativo no tocante a determinadas áreas – na organização de sua casa, por exemplo, ou em sua inaptidão para liderar as tropas na batalha –, mas a formação intelectual de Elizabeth, em particular a influência da "nova ciência", granjeou-lhe uma imagem principesca em nada limitada pela feminilidade. Ela via a si mesma, em primeiro lugar, como um príncipe, no sentido de que a realeza, na percepção típica de seu tempo, não levava o gênero em consideração. Além disso, ela seria um monarca moderno, o "príncipe renascentista", com a missão de governar e reconfigurar o reino. Elizabeth não foi primordialmente uma mulher excepcional. Foi uma governante excepcional, e uma das maneiras pelas quais conquistou essa fama foi conceber a si mesma, como contou certa vez ao embaixador de Veneza, como o "príncipe de uma linhagem de príncipes", mesmo que eles não fossem necessariamente do gênero masculino.

Quais eram, então, as qualidades do "príncipe renascentista"? Como podemos reconhecê-lo e como comprovar que Elizabeth era um deles? A própria definição de Renascimento é dúbia. Todos têm uma ideia a respeito, mas o que era de fato o fenômeno, essa já é uma questão mais fluida, quando não completamente confusa. Como conceito, o Renascimento existe de modo independente do mundo da erudição, e isso desafia as tentativas eruditas de nos convencer de sua inexistência. Não se pode, ao estilo do dr. Johnson, dar um chute no domo de Brunelleschi em Florença e por isso alegar sua não existência. A Renascença é uma definição do século XIX relativa a um movimento que englobou o conhecimento e as artes, e que pode ter começado no século X ou no XII, ou, segundo algumas teorias, pode jamais ter começado. Contudo, duas características marcantes são amplamente aceitas. Do ponto de vista cronológico, a definição mais aceitável de Renascimento refere-se ao período entre 1300 e 1600, ao qual se pode acrescentar, da perspectiva psicológica, o sentimento de que alguma coisa estava mudando, de que algo acontecia, e que esse "algo" era a percepção do homem quanto a seu próprio lugar no Universo. "O novo homem, o homem moderno, fez a si mesmo, construiu a si mesmo e estava consciente de sua criação. Este foi, exatamente, o 'homem renascentista'."[1]

"Renascença" significa, claro, "renascer", e o que renasceu durante o período em questão não foi somente o estudo clássico das antigas Grécia e Roma, redescoberto no período, mas "uma renovada afirmação do humano"[2] que afetou não somente as obras de arte (a associação mais popular que se faz do Renascimento), mas também a política, a medicina, a vida civil, a educação, a guerra, a arquitetura e, finalmente, a religião. Talvez seja útil imaginar a estrutura social da Idade Média como um ciclo, uma roda à qual estavam atrelados, geração após geração, os mesmos modos de vida e os mesmos sistemas de crença, e então, por contraste, enxergar o período renascentista como uma flecha atirada através desse ciclo, uma trajetória linear de progresso e mudança conscientes. O ímpeto que impulsionou a flecha foi a "nova ciência", ou "humanismo".

Até o século XVI, a educação séria na Inglaterra era território dos "pobres eruditos" esfarrapados que se tornaram familiares na obra de Chaucer. Como expressou um pai angustiado:

> Eu juro sobre o corpo de Deus que prefiro meu filho enforcado do que ele estudar letras. ... cabe aos filhos de cavalheiros fazer soar lindamente a trompa, e caçar com perícia, e conduzir, e treinar um falcão. Mas o estudo de letras deveria ser relegado aos filhos dos rústicos.[3]

No final do reinado de Elizabeth, esses conceitos pareciam embaraçosamente retrógrados. O estudo humanista explodiu de modo radical as certezas medievais, às vezes de forma tão destrutiva quanto uma bomba. Na poeira que se seguiu às explosões, tudo parecia diferente. Repita-se, é difícil falar com precisão de um "projeto" humanista, mas é possível falar de uma realidade humanista nesse período. Essa realidade é caracterizada, acima de tudo, pela curiosidade, pelo ímpeto de "iluminar em sua totalidade e em toda a sua riqueza a figura do homem".

O humanismo não era um conjunto de pensamentos e ideias que todos os seus praticantes apoiavam, mas uma convicção coletiva de que o estudo dos textos clássicos oferecia a oportunidade de enxergar o mundo de uma nova forma. A palavra "humanismo" era empregada nas universidades da Itália por volta do século XV denotando quem praticava *studia humanitatis*, isto é, gramática, retórica, poesia, história e filosofia moral com base no estudo dos autores clássicos. Essa disciplina representava a coalescência de três correntes de atividade intelectual que vigoraram na Itália ao longo do período medieval, mas que, durante os trezentos anos em questão, desabrocharam num tsunâmi de conhecimentos. A combinação do treinamento retórico dos burocratas das cidades-Estado italianas (que tinha raiz no costume romano) com a gramática latina do século XIII e a literatura clássica grega (levada à Europa após a queda do Império Bizantino para os otomanos, em 1453) revolucionou o pensamento europeu entre 1300 e 1600.

A descoberta de manuscritos gregos e latinos, seu estudo e difusão, e a tradução do grego para o latim, mais acessível, produziram uma riqueza de conhecimentos que a Europa jamais vira. Eruditos trabalhavam com a história e a mitologia para melhor compreender os textos, e produziam obras não só sobre literatura e história, mas também matemática, astronomia, medicina e biologia. O humanismo "representava um corpo de erudição e de literatura secular, sem ser científico, que ocupava um lugar próprio, independente (embora não contrário a) tanto da teologia quanto das ciências".[4] Com o advento da prensa tipográfica em 1450, a mudança completa do ambiente intelectual promovida pelo humanismo se disseminou, mais uma vez como nunca antes, graças à nova possibilidade de produção em massa. O que uniu os humanistas acima de tudo foi a crença consciente de que eles viviam uma era de dramático progresso, de reinvenção e assombro.

A "nova ciência" foi mais que um movimento intelectual e artístico: ela transformou não apenas a maneira como as pessoas pensavam, mas como viviam. Os avanços tecnológicos na condução das guerras resultaram numa diferenciação do modo como as cidades se apresentavam e da forma pela qual eram governadas. Esse período testemunhou o feudalismo dar lugar ao capitalismo, e, por conseguinte, uma mudança fundamental nos métodos e na prática da autoridade, da qual surgiu o Estado-nação. A própria natureza do poder se alterava. Os governantes libertavam-se das restrições impostas pela estrutura social do medievo e puderam consolidar seu poder ao dispor de exércitos permanentes, uma cobrança mais efetiva de impostos e uma classe profissionalizada de "servidores civis".

À medida que diminuía a influência tanto da nobreza quanto da Igreja, os governantes centralizaram seu poder nos tribunais, começaram a se engajar em políticas "mercantilistas" destinadas a estimular o crescimento econômico e, ao mesmo tempo, a privar os potenciais inimigos de recursos. Evidentemente, essas transformações eram muito variadas e ocorriam em diferentes graus e por diferentes meios em diversos tempos e lugares. Mas, no fim do período, já se via o emergente conceito de "Estado" refletir essa mudança drástica.

Definir "príncipe renascentista" requer, portanto, uma mescla desses dois elementos. O termo poderia abranger (mas não se limitar a) o patrocínio das artes ou da "nova ciência" do período, mas também uma avaliação do renovado conceito de Estado. A morfologia desse Estado foi articulada pela primeira vez por Maquiavel,[5] cujas obras *O príncipe* e *Discursos sobre a primeira década de Tito Lívio* circulavam em forma de manuscritos em 1513, embora não tenham sido publicados até 1532. Em 1559, o Vaticano incluiu as obras de Maquiavel em sua lista de livros proibidos, onde ficaram até o século XX. Mesmo agora, seu nome é sugestão de duplicidade e cinismo, de implacável e egoístico interesse, da notória moral predatória de que "os fins justificam os meios" (como se fosse possível propor qualquer outra coisa que não os fins para justificá-los). Cinco séculos de preconceito tiveram origem nos leitores de Maquiavel no século XVI – por volta de 1590 ele se tornara o arquétipo do vilão, sinônimo de manipulação e trapaça. Na obra *O judeu de Malta,* Christopher Marlowe alega que o escritor florentino era a reencarnação do duque de Guise, o qual Elizabeth I descreveu certa vez como seu "maior inimigo", enquanto no ano seguinte Shakespeare, em *Henrique VI,* Parte I, refere-se àquele "conhecido Maquiavel". As ideias de Maquiavel representam o choque entre duas ideologias conflitantes, duas maneiras muito diferentes de encarar o mundo, oposição que tem origem nos desenvolvimentos da nova ciência. No entanto, por que os primeiros leitores de Maquiavel acharam suas ideias tão estranhas e perturbadoras quanto instigantes? E por que seriam tão essenciais para a definição do "príncipe renascentista"?

Por vários motivos, Maquiavel não é um escritor renascentista. Embora ele seja produto da Florença do século XV, ainda referida atualmente na Itália como "berço do Renascimento", seu desinteresse pelas realizações intelectuais e artísticas da cidade é quase chocante. A única preocupação de Maquiavel são os assuntos de Estado, a obtenção e a manutenção do poder. Sua atitude em relação às descobertas do humanismo é estritamente utilitária. A história clássica, tão reverenciada por seus contemporâneos, não é por ele empregada como qualquer tipo de exemplo moral, mas como expressão do que hoje poderia ser referido como "a melhor prática" – aquilo que se pode aprender com os antigos quanto à aquisição e à posse da autoridade. *O príncipe* é frequentemente entendido como um "livro-espelho" para governantes (o termo refere-se ao manual de instruções que proliferou durante o Renascimento, dando conselhos sobre tudo, desde observância religiosa até modos à mesa), um manual do tipo "faça você mesmo" para o governante contemporâneo. Os estudiosos recentes postulam-no como algo mais: um tratado constitucional produzido em consequência da "mudança do feudalismo para o Estado principesco".[6]

Contrariamente ao estereótipo, as obras de Maquiavel são mais que um abecê para tiranos esclarecidos; elas são uma reação filosófica às radicais mudanças na forma e na prática da governança testemunhadas por sua época. Durante a década de 1490, Maquiavel tinha visto sua amada Florença decair de república teoricamente livre para teocracia, passar a uma cidade sob ocupação francesa, Estado ducal governado por Lorenzo de Médici, a quem foi dedicado *O príncipe*. A abrangente preocupação dessa obra e de *Discursos* é saber se e como um Estado que se corrompeu pode recobrar e manter sua liberdade. Para Maquiavel, o dever primordial do governante é preservar o Estado a todo custo. Esta era também uma das principais preocupações de Elizabeth I e de seus ministros: a criação e a manutenção da Inglaterra como um Estado que era o foco daquele reinado.

Por várias razões, Elizabeth foi muito menos uma figura "do Renascimento" que seu pai. Embora tenha sido comparada, de forma bajuladora (e inexata), a Lorenzo de Médici, o "Magnífico" – o arquetípico governante da Renascença cuja morte precipitou o colapso da República florentina que Maquiavel buscava restaurar –, ao contrário de Henrique

VIII, ela não foi uma inovadora nas artes. Não construiu palácios, patrocinou poucos pintores expressivos, manteve uma corte adequada, mas não extraordinária para os padrões da época. Seu legado artístico não é impactante, mas de forma alguma tão pobre quanto parece à primeira vista. Todavia, Elizabeth realizou seu objetivo primordial, a proteção do Estado, na sequência da ruptura revolucionária de seu pai com Roma e da breve e sangrenta restauração do catolicismo durante o reinado de sua irmã mais velha, Maria. Se Elizabeth foi uma governante forte ou fraca; se conduziu a nação com sucesso, atravessando as reviravoltas das reformas religiosa e jurídica, ou se criou um cruel antagonismo religioso que predominou por séculos; se tornou a Inglaterra uma nação forte, com um novo sentimento de identidade unificada, ou um país exausto e na falência, desesperado por mudar – nisso tudo Elizabeth é única, não só pelo fato de ter sobrevivido para governar, mas porque o fez de modo sui generis, jamais visto antes.

O PROLONGADO NAMORO de Henrique VIII com a mãe de Elizabeth, Ana Bolena, seu divórcio da primeira mulher, Catarina de Aragão, e a subsequente e dramática queda da rainha Ana são o núcleo da lenda dos Tudor. O nascimento de Elizabeth, em 1533, suscita tal multidão de espectros em torno de seu berço – dos vingativos espíritos do passado dos Plantageneta aos insistentes fantasmas de uma percepção mais tardia – que às vezes fica difícil lembrar que, na época, ninguém sabia ainda o que iria acontecer. Escrevendo uma década após o fim do reinado de Elizabeth, Shakespeare, em *Henrique VIII*, descreve seu nascimento, atribuindo ao arcebispo Cranmer um encômio referente ao futuro daquele bebê, uma eulogia antecipatória da grandeza da "virgem fênix":

> Her ashes new create another heir
> As great in admiration as herself
> So shall she leave her blessedness to one –
> When heaven shall call her out from this cloud of darkness

Who from the sacred ashes of her honour
Shall star-like rise, as great in fame as she was,
And so stand fix'd.*

E Henrique alegremente replica:

O Lord Archbishop,
Thou hast made me now a man; never before
This happy child did I get anything.
This oracle of comfort has so pleas'd me
That when I am in heaven I shall desire
To see what this child does and praise my Maker.**

Nós sabemos, e também sabia o público de Shakespeare, que não foi assim que as coisas se passaram. Mas essa necessidade de distorcer os fatos, reinterpretá-los, reconfigurá-los, nos conta muito sobre as aptidões de Elizabeth como governante, por mais controverso que seja seu legado. A ideia de que a Inglaterra elisabetana viveu uma "Idade de Ouro" era tão mítica na época em que Shakespeare escrevia quanto hoje, e, no entanto, por mais que seu reinado tenha sido desmontado e criticado, o mito perdurou. A peça *Henrique VIII*, que reflete o legado de Elizabeth, é um meio útil de contextualizar as duas dinâmicas contrastantes que definiram o governo da rainha e, em certa medida, criaram sua lenda. O que Elizabeth fez foi equilibrar seu percurso entre duas ideologias diferentes e incompatíveis, que poderíamos chamar de "realeza cavalheiresca" e "estatismo", no sentido da "arte de governar um Estado", o que tornou a Inglaterra, por ocasião de sua morte, em 1603, um país muito diferente do que fora durante

---

* "Suas cinzas agora criaram outra herdeira/ Tão admirável quanto ela mesma,/ Assim ela deixará suas bênçãos a alguém/ Quando o céu a chamar dessa nuvem de escuridão/ Quem das cinzas sagradas da sua honra/ Há de se elevar como uma estrela, tão grande em fama quanto ela,/ E lá se fixará." (N.T.)
** "Ó lorde arcebispo,/ Fizeste de mim um novo homem; nunca antes/ Desta feliz criança tive alguma coisa./ Esta profecia auspiciosa tanto me encantou/ Que quando estiver no céu vou desejar/ Ver o que esta criança faz e louvar meu Criador." (N.T.)

sua ascensão, em 1558. É o conflito entre essas duas maneiras de pensar que constitui a corrente de conexão das peças históricas de Shakespeare, e que é resolvido, em *Henrique VIII*, pela própria Elizabeth.

As peças históricas, que começam no século XIII, com *Rei João*, e terminam no século XVI, com *Henrique VIII*, representam uma crônica do fim do mundo medieval e sua substituição por uma nova ordem. O retrato "sobretudo nostálgico"[7] do reinado de Henrique feito por Shakespeare é assombrado por outro príncipe, o mais famoso de todos eles – Maquiavel. Como ponto culminante de um ciclo histórico, a peça põe em contraste dois sistemas políticos, o medieval e o moderno, ou o cristão e o maquiaveliano. Foi a incompatibilidade deste último par que os contemporâneos de Maquiavel acharam tão chocante.

Maquiavel "mostrou o blefe que há na crença ... de que todos os sistemas de valores autênticos são compatíveis".[8] O modelo medieval da "realeza cavalheiresca" postulava que um governante cristão poderia legislar com honra, de acordo com os princípios da Igreja, e que não havia essencialmente conflito entre justiça e conveniência. Isso não quer dizer que o monarca medieval não mentia, trapaceava e matava (os ancestrais da própria Elizabeth constituem ampla evidência disso), mas, quando agiam assim, suas ações eram vistas como desvios de um código e julgadas de acordo com isso. Maquiavel não defendia a imoralidade na busca de um ganho. Contudo, ele argumentava que ações aparentemente imorais, de acordo com as circunstâncias, podiam ser consideradas éticas. Esse não era um enigma original – fora debatido por muitos dos autores clássicos que a erudição humanista redescobria. Cícero e Quintiliano – escritores com os quais Elizabeth I era familiarizada – debateram a ideia de que "o sucesso político exige ações moralmente odiosas de quem estiver engajado na política com seriedade",[9] enquanto os estoicos alegavam que não poderia haver conflito entre *honestum* e *utile* no movimento em direção à verdade e à necessidade, visão defendida por muitos humanistas. Essa era a posição assumida, por exemplo, por Roger Ascham, o tutor de Elizabeth, cuja desaprovação a Maquiavel tinha expressão em seu apelo pela volta dos "dias de outrora",[10] passado idealizado em que a verdade e o bem alinhavam-se de forma menos problemática. Shakespeare reconhecia – e Henrique sustenta isso na peça – que o Renascimento tinha imposto aos governantes desafios para os quais esse modelo tradicional se provava inadequado.

Os críticos de Maquiavel alegavam que o cristianismo e a arte maquiaveliana de governar eram intrinsecamente opostas. *Henrique VIII* demonstra que a necessidade da segunda é invocada pelas limitações da primeira, isto é, enquanto:

> Muito se pode ver da influência maquiaveliana na teoria política dos Tudor, ... ela não pode ser ignorada; ... as forças que ativavam o pensamento inglês entraram em jogo graças às exigências políticas e sociais para as quais os padrões tradicionais já não eram suficientes. E Maquiavel estava entre essas forças.[11]

A Europa estava mudando. A superestrutura da Igreja, que impusera sua hierarquia aos remanescentes do governo feudal, tivera sua autoridade diminuída; na Inglaterra, essa autoridade fora destituída. O Estado principesco emergia como fundamento de uma ordem política muito diversa, que impunha um diferente conjunto de imperativos para o governo, o qual parecia hostil ao antigo conceito de monarquia por honra ou realeza cavalheiresca. A ética cristã não podia permitir a "dubiedade" do pensamento maquiaveliano, que um governante dissesse uma coisa e fizesse outra. Como afirmara Calvino: "Se a língua fala de forma diferente daquela com que o coração pensa, ambos são abomináveis perante Deus."[12] Escritores protestantes e católicos associaram Maquiavel a desonestidade, ao "pai das mentiras", o próprio Satã. Um sermão proferido em St. Paul's Cross, em 1578, manifesta horror à ideia de que "a mais odiosa assertiva do impuro ateísta Maquiavel, que não teve vergonha, da maneira mais ímpia, de ensinar que os príncipes não precisam levar em conta a santidade e a religião verdadeira".[13]

Mas, como alegava Jaime I, o "herdeiro" de Elizabeth referido em *Henrique VIII*, "um rei jamais pode sem segredo realizar grandes coisas". O príncipe renascentista precisava de *O príncipe*. Muitas das ações dos personagens de *Henrique VIII* ecoam o livro e as máximas maquiavelianas – tome cuidado com o ódio dos plebeus, ou ao se apropriar de bens terrenos – estão ali presentes. O desafio da peça é alinhar os dois sistemas de pensamento exigidos para obter o que Maquiavel descreveu como "a mais alta forma de virtude", que é "a capacidade de fazer o que for necessário para preservar o Estado". No drama, fica implícito que essa conciliação só pode ser efetivada por direito divino, mas esse direito, que Henrique arrogou a si mesmo com a separação de Roma e a fundação da Igreja da Inglaterra, fica comprometido pela estratégia política "não cristã" empregada para obtê-lo. O paradoxo é que um rei cristão foi bem-sucedido usando métodos não cristãos. O discurso de encerramento de Cranmer sugere que Elizabeth terminaria o que seu pai iniciara, aliando moralmente os dois sistemas, para garantir uma Inglaterra livre e independente.

MESMO NÃO HAVENDO evidência direta de que a própria Elizabeth tivesse um exemplar de *O príncipe*, nem de que o tivesse lido, é impossível que ignorasse suas ideias, correntes na Inglaterra já durante algum tempo quando ela subiu ao trono. Menciona-se que Richard Morison, secretário de Thomas Cromwell, ministro de seu pai, que estivera na Itália até 1536, teria se utilizado das doutrinas maquiavelianas.[14] O lorde chanceler de Maria Stuart, o bispo Stephen Gardiner, em cartas nas quais dava conselhos a Felipe da Espanha, entre 1553 e 1555, cita 3 mil palavras da obra de Maquiavel. Francis Walsingham, William Cecil e Nicholas Bacon, ministros de Elizabeth, leram Maquiavel; sir Christopher Hatton tinha um exemplar do livro, e, em 1560, foi escrita uma dedicatória a Elizabeth na tradução de *A arte da guerra*, de Maquiavel, que foi repetidas vezes incluída em edições posteriores. "Dada a educação amplamente humanista [de Elizabeth], sua fluência no italiano e seu interesse pela filosofia, é altamente provável que ela, assim como a maioria de seus conselheiros, estivesse familiarizada com as ideias de Maquiavel."[15]

Elizabeth era uma governante acentuadamente renascentista em um aspecto: como seu pai, investia bastante em sua própria apresentação como monarca erudita. Ela escreveu e traduziu durante toda a vida, e não apenas seus próprios discursos, nos quais trabalhava atentamente com um secretário antes de entregá-los ao ministro William Cecil para verificação, mas também cartas em francês, italiano, grego e latim, assim como poemas e preces. Uma estrofe em dois versos refere-se diretamente a Maquiavel: "Never think you Fortune can bear the sway,/ Where virtue's force can cause her to obey."*

A premissa central de *O príncipe* é o permanente conflito entre *virtù* e destino. O governante, sugere Maquiavel, pode controlar o destino por meio do exercício da *virtù*. *Virtù* não é o mesmo que virtude, adesão a altos padrões morais. A palavra é derivada do latim, *virtus*, que por sua vez tem raiz em *vir*, "homem", e pode ser entendida como uma combinação de qualidades – coragem, fortaleza e argúcia, entre elas –, mas difere de "virtude" e bondade pelos "objetivos atingidos e pelas consequências de os haver atingido". *Virtù* se contrapõe a fortuna, convencionalmente representada durante o período medieval como uma mulher que vira e revira o destino da humanidade numa roda – mercurial, volúvel, sempre em mudança; ou, como expressa Maquiavel num poema, "capaz de mudar seu giro no meio de uma volta". "A fortuna é uma mulher", ele escreve, "e se você quer dominá-la deve bater nela e obrigá-la a lutar." Para o príncipe, o supremo objetivo é "governar a fortuna", o que só se pode fazer aplicando-se flexibilidade moral e conveniência política. Isso só será possível "se os homens discernirem com propriedade as exigências da época e ajustarem seu comportamento de acordo com elas". Comportamentos diferentes em diferentes contextos podem chegar ao mesmo resultado.

Elizabeth I tem sido descrita como "uma das mais perfeitas encarnações do príncipe maquiaveliano".[16] A necessidade de se adaptar às circunstâncias, de se curvar ao que é necessário para melhor controlá-lo, essa foi uma lição que ela aprendeu cedo, e da qual sua sobrevivência, literal e política, pode ter dependido. O contraste entre a reputação de Elizabeth

---

* "Nunca julgue que sua fortuna é capaz de se sustentar/ Onde a força da *virtù* pode obrigá-la a obedecer." (N.T.)

e a de sua desastrosamente dogmática irmã Maria é um bom exemplo disso, enquanto a execução de Maria Stuart por ordem sua, à custa de grande densidade de conflito pessoal, talvez represente a melhor ilustração de como a arte maquiaveliana de governar supera a "realeza cavalheiresca". Ideais da cavalaria que, pelo menos a princípio, tinham sustentado a forma mais antiga de política não cabiam numa nova era ideológica na qual o assassinato político era tido como instrumento da vontade divina.

Elizabeth se apresentou como uma política ao estilo de Maquiavel numa carta de 1585 para Jaime IV da Escócia:

> Se você supõe que as causas dos príncipes podem ser encobertas por tamanho segredo que nenhuma inteligência consegue desvendar, não se decepcione; nós, velhas raposas, encontramos um modo de nos salvar com a astúcia dos outros e de tomar conhecimento do maior dos segredos, especialmente se ele concerne à nossa propriedade.

A rainha faz referência aqui ao exemplo de Maquiavel, de que "o leão não pode se proteger das armadilhas e a raposa não pode se defender dos lobos. É preciso então ser uma raposa para reconhecer armadilhas, e um leão para amedrontar os lobos". Isto é, aquilo que pode obter um resultado desejado em certo contexto irá fracassar em outro. O embaixador de Maria Stuart, William Maitland, advertira sobre a capacidade de dissimulação de Elizabeth, alegando que ela era "muito simples no trato, sem negociar verdadeiramente". Não é exatamente uma novidade que Elizabeth tenha sido influenciada por Maquiavel, mas, no conflito entre fortuna e *virtù* mencionado na estrofe dupla, ela faz outra coisa.

O poema fora escrito para Walter Ralegh, em resposta a uma reclamação deste, que, no melhor estilo de discurso palaciano, dissera: "A fortuna levou meu amor embora." O poema é datado de c.1589, no auge da influência de Ralegh, antes que ela começasse a declinar pela promoção, por Elizabeth, de Robert Devereux, conde de Essex. Quatro anos depois, Elizabeth traduziria uma das mais importantes obras do pensamento medieval, *A consolação da filosofia*, de Boécio, e sua resposta ao verso de Ralegh parece um ensaio para o diálogo, em Boécio, entre a filosofia e a fortuna, mas também uma reformulação, em seus gêneros, das categorias de *virtù* e fortuna de Maquiavel.

Em *A consolação*, Boécio sugere que só Deus pode sobrepor-se à fortuna, cujo poder é limitado ao mundo sublunar ou material. O conselho, em forma de verso, de Elizabeth a Ralegh joga com as convenções palacianas quanto ao amor, mas também situa a rainha como representante de Deus. O pleito de Ralegh é expresso em termos convencionais da corte – ele é o cavalheiro que desfalece; ela, a amante volúvel. A resposta de Elizabeth troca os papéis. Ela se retrata como a filosofia, ou *virtù*, apropriando-se do papel masculino, enquanto Ralegh é instado a recobrar sua "masculinidade obsequiosa" (que, implicitamente, está comprometida). Ao direcionar Ralegh para a *virtù*, ela indica também que tem poder sobre a fortuna, o que fortalece sua própria condição divina como representante de Deus na Terra.

Elizabeth, então, é verdadeiramente um príncipe renascentista, uma criatura de sua época, nessa remodelação de seu próprio direito de governar numa nova ordem política, a qual, *não obstante, é justificada quando ela arroga o poder divino para si*. Como sugere *Henrique VIII*, isso era algo que seu pai jamais conseguira de verdade.

Henrique foi um príncipe renascentista sob muitos e variados aspectos. A nova ciência chegou tarde na Inglaterra – fato do qual o rei estava bem consciente –, mas, quando Henrique VIII ascendeu ao trono, em 1509, estava determinado a adotá-la intelectualmente e na prática. Há alegações de que elementos de sofisticação renascentista teriam sido introduzidos na Inglaterra já no reinado de Ricardo II, que encerrou o século XIV. Contudo, naquele século, o reino que fora devastado pela Guerra das Rosas durante quarenta anos ainda guardava a memória de uma das eras mais bárbaras. Henrique VII demonstrou respeito pelos progressos da cultura europeia, conferindo a Ordem da Jarreteira ao duque de Urbino, cuja corte nas regiões fronteiriças da Itália era a epítome do ideal artístico e social do principado renascentista, como se expressa em *O cortesão*, de Baldassare Castiglione, talvez o mais influente "livro-espelho" do período. Ele encomendou a Polydore Vergil a produção do primeiro grande estudo da história inglesa e reconstruiu o palácio de Richmond no novo estilo.

Quase que a partir do momento em que Henrique VIII subiu ao trono, a ambição dele, com base nesses primeiros e um tanto hesitantes passos, era criar uma corte essencialmente igual à de seu grande rival Francisco I, da França. Intelectuais ingleses como Linacre e Colet comunicaram à primeira corte Tudor os progressos que se faziam em Pádua, Florença e Roma, enquanto um dos maiores eruditos do Renascimento, Erasmo, passava o período entre 1510 e 1515 no Queen's College, Cambridge (ele o abominou). Henrique encomendou a Pietro Torrigiano a criação do monumento funerário para sua avó Margarida Beaufort, seu pai e sua mãe, Elizabeth de York, que hoje repousa na abadia de Westminster. O patrocínio de Holbein por Henrique, ou a cultura de corte que produziu escritores como sir Thomas Wyatt, ou a construção do palácio Nonsuch, para usar os exemplos mais evidentes, já qualificariam Henrique como governante "renascentista", se bem que (embora tenha criado, com sua separação de Roma, condições favoráveis para o governo de Elizabeth) ele não tenha conseguido alinhar Igreja e Estado de modo a tornar sua filha ímpar, única. Se tivesse vivido mais, talvez chegasse a tanto – decerto há muita especulação quanto à amplitude de suas tendências reformistas no fim da vida; e na orientação que deu para a governança de seu filho herdeiro, Eduardo VI, tentou estabelecer um paradigma parlamentar que propiciasse isso, mas a curta duração do reinado de Eduardo interrompeu essa dinâmica. (A Inglaterra sob Eduardo continuou a ser um lugar de dinamismo intelectual, de forma mais clara, talvez, no ambiente do St. John's College, em Cambridge, que viria a exercer tremenda influência na administração elisabetana; no entanto, mesmo considerado sob luz positiva, o próprio Eduardo continua a ser uma figura mais promissora do que realizadora.)

Os desafios específicos que Elizabeth enfrentou em sua sucessão foram causados tanto pelo legado do pai quanto pelas tentativas da irmã Maria de subvertê-lo. Maria, muito mais que a irmã, era uma criatura pertencente ao mundo que Elizabeth deixava para trás no quadro *Elizabeth I e as três deusas*. A perseguição que promoveu à fé reformada baseava-se nas distinções absolutas cuja rejeição Maquiavel recomendara. De modo consistente – e heroico –, Maria recusou-se a abandonar suas íntimas convicções católicas e foi incapaz de diferençar, em seu próprio caso e no de outros, aquilo em que acreditava e o que decidira tornar aparente. Sendo ela mesma de educação elevada, estava muito menos interessada em fazer progredir o estudo que em arrastar a Inglaterra de volta à resignação. O reino que Elizabeth herdou equilibrava-se entre confissões, entre ideologias, entre conservadorismo e reforma. Mas como começa a história dela?

TALVEZ O PONTO de partida da trajetória que conduziria a jovem mulher de *Elizabeth I e as três deusas* para o Renascimento tenha sido sua assinatura. Quando aprendeu a escrever, Elizabeth Tudor o fez como uma princesa. Suas primeiras cartas, sob a supervisão de William Grindal, que a educou entre 1544 e 1546, são notáveis pela clareza da caprichada escrita cursiva. Esse tipo de escrita testemunhava uma formação clássica e associava os que a utilizavam à tradição erudita da "nova ciência", tão prezada pelas elites europeias. Contudo, "embora prestigiosa em alguns contextos, ... parece que [ela] era considerada por alguns, na parte mais tardia do período dos Tudor, um tipo infantil e feminino, secundário, de habilidade manual".[17] Quando Elizabeth foi coroada, em 1558, uma das primeiras coisas que fez para marcar seu novo status de rainha foi adotar o que chamou de "mão garatujante", a escrita corrida que se esparramava por sua correspondência como uma aranha dançarina. Como Hamlet, Elizabeth considerava "a baseness to write fair and laboured much/ How to forget that learning".*[18] Não mais uma moça polida, ansiosa por agradar com suas realizações, a jovem rainha concedia mais atenção que qualquer de seus predecessores Tudor à assinatura, criando um floreio agressivo, intricado, derivado do enorme ampersand que figurava no canto inferior direito do manual de

---

* "Uma baixeza escrever com letra caprichada, e me esforcei o que pude/ para esquecer essa arte." (N.T.)

escrita da infância, *Il libro nuovo*, de Palatino. Deve-se se observar que nenhuma das amostras de "R" que a rainha mesclava em sua assinatura era influenciada pelo modelo de Palatino para a palavra *Regina*; significativamente, elas eram modeladas segundo as letras iniciais de *Reverendissimo* e *Rarissimo*, na forma masculina, e não na feminina.

A assinatura de Elizabeth é uma pequena, mas tocante, janela para a mente de uma jovem mulher cujo caminho para o trono fora perigoso a ponto de ser quase inacreditável ter chegado a bom termo, e é também uma medida de sua certeza em aparência serena quanto ao seu destino. Meninas adolescentes praticam assinaturas, firmando sua própria inscrição em futuros imaginados segundo o que mais as atrai naquela semana. Elizabeth escrevia seu futuro como monarca. E optou por fazer isso não como princesa, mas como príncipe.

A decisão que Elizabeth tomou de reinventar sua assinatura nos mostra duas coisas. Em primeiro lugar, que, na atmosfera rarefeita da erudição humanista, ela se sentia confortável o bastante para jogar com essa erudição, apropriá-la para seus próprios fins; em segundo lugar, num gesto que antecipa sua posterior manipulação do conceito maquiaveliano de *virtù*, manifesto na troca de versos com Ralegh, ela mostra que esses fins envolvem uma dissolução das categorias de gênero. Algo semelhante ocorre no quadro *Elizabeth I e as três deusas*. O Julgamento de Páris talvez tenha para Elizabeth associações específicas, uma vez que fora parte de um dos seis préstitos realizados na coroação de sua mãe, Ana Bolena. Na procissão de Ana até a abadia de Westminster para a coroação, fez-se uma parada no Grande Canal, onde se encenou o julgamento. Convencionalmente, no mito, o prêmio do pomo de ouro era dado a Vênus; no préstito de Ana, o ator que representava Páris fez uma pausa no último momento e entregou o prêmio à própria Ana, anunciando: "yet to be plain,/ Here is the fourth lady now in our presence,/ Most worthy to have it of due congruence."* A aceitação do pomo por Ana a situa num papel feminino convencional, de

---

*"Mas, para ser franco,/ Eis aqui a quarta dama agora em nossa presença,/ Mais dele merecedora em devida congruência." (N.T.)

mulher a ser julgada e premiada por um homem. No entanto, no quadro *Elizabeth I e as três deusas*, como já vimos, Páris é a própria Elizabeth, que arrogou a si a autoridade para decidir.

Durante seu reinado, Elizabeth iria explorar a fluidez das categorias de gênero que, no paradigma perceptivo de sua era, cercava esses indivíduos excepcionais que usufruíam o status de governantes soberanos. Essa fluidez estava representada na linguagem. Elizabeth I referia-se a si mesma como "príncipe", como fizera sua parenta mulher e colega reinante Maria Stuart. Monarcas soberanos eram "machos", mesmo que fossem mulheres. A melhor analogia talvez seja com línguas nas quais os substantivos têm gênero: uma coisa, uma mesa ou um livro, digamos, são categorizados quanto ao gênero por algum determinante. Nessa questão de uso de palavras, o que talvez melhor resuma o caráter de Elizabeth esteja em sua gloriosa resposta a Robert Cecil: "Não se usa a palavra *deve* com príncipes." Significativo também para o status do soberano era a distinção entre o "corpo natural" e o "corpo político" de um príncipe. No caso de Elizabeth, essas dualidades biológicas eram aspectos centrais de sua autoridade, que ela procurava impor por meio de uma virgindade mística, confirmando-a não apenas como chefe de Estado, mas também como a quase divina figura de proa de uma nova religião.

A percepção que Elizabeth teve desse papel é demonstrada visualmente em uma de suas melhores imagens como rainha, o *Retrato da Armada*, de 1588. É curioso que o legado cultural da governança pessoal de Elizabeth I tenha sido descrito com o adjunto "da palavra, não do olho". Pois nenhum monarca antes ou desde então teve toda uma época tão efetivamente estampada em sua imagem. Elizabeth construiu sua aparência com uma precisão que, em termos contemporâneos, poderia se chamar de "imagem de marca" – os consistentes detalhes do cabelo ruivo, a pele ebúrnea, a gola enfeitada e uma roupa elaboradamente ornada de joias a tornam instantaneamente reconhecível. O *Retrato da Armada*, ponto culminante da era elisabetana, ao menos no que concerne à propaganda, preenche todos os elementos iconográficos que tão efetivamente associam sua imagem a seu reinado.

Esse retrato, a mais bem-conservada das três versões, além de nada menos de seis derivados, inova no fato de adotar uma perspectiva horizontal, e não vertical, "como se algum novo e espetacular formato tivesse sido inventado para se adequar à grandeza do evento".[19] A mão de Elizabeth repousa sobre um globo, à maneira de um imperador romano, e acima dele está a coroa imperial, igualando o status dos Tudor ao do Sacro Império Romano-Germânico. Entre as colunas atrás da rainha vemos as naus de guerra inglesas avançando sobre a esquadra espanhola, à esquerda; e, à direita, a ignominiosa retirada do inimigo derrotado para a costa escocesa – deve-se notar que imagens de naufrágio eram usadas na época para indicar heresia – não deixa dúvida de que os espanhóis são punidos pelo mesmo Deus que concedera a vitória à rainha. Tudo o que vemos de Elizabeth é seu rosto, sereno e suave sob a peruca enfeitada de pérolas, e as longas e pálidas mãos das quais se orgulhou durante a vida toda. O vestido, com grandes mangas bufantes, laços, bordados e joias, é menos uma roupa que uma arca do tesouro, uma insistente exibição de riqueza e destemor.

Muito mais que a representação de um ser humano, o retrato capta um toque de apoteose, a transição de monarca a imortal. A perspectiva atípica usada no quadro, no qual as cadeiras e mesas que circundam a rainha são vistas simultaneamente de diferentes pontos de vista, acentua a postura de sua mão pousada no globo; esse é um governante que comanda não apenas canhões, navios, mercadores e soldados – e até mesmo, está implícito, as tempestades e o Sol –, mas também o próprio tempo e o próprio espaço. Todo o contexto do quadro realiza o mesmo truque da conclusão de Shakespeare para *Henrique VIII*, reconfigurando a vida de Elizabeth como uma continuidade suave e triunfante.

Temos aqui, então, três momentos que podemos associar, de forma imaginosa, a Elizabeth: a estudante assídua da nova ciência, espiralando seu futuro com uma pena; a jovem rainha dando um passo à frente para o amanhecer de uma nova era; e a soberana triunfante, sua humanidade empalidecida por uma magnífica tela que expressa autoridade. Foi nas lacunas entre esses momentos que Elizabeth criou a si mesma. Ao enxergá-la como príncipe renascentista, este livro mostra uma maneira de ver como ela fez isso.

Capítulo 2

Quando a princesa infanta Elizabeth acordou no berçário, no dia 20 de maio de 1536, toda a paisagem de sua infância tinha mudado de forma imperceptível, mas irrevogável. Sua mãe, a rainha Ana, morrera na manhã anterior, nas dependências da Torre de Londres, ou Torre do Sino, a cabeça arrancada do corpo pela lâmina oscilante de um espadachim francês trazido de Calais para aquela tarefa. Tantos corpos, tantos fantasmas. O caminho de Elizabeth para o trono estava manchado por 150 anos de cadáveres. Desde 1400, quando os dois ramos da grande dinastia dos Plantageneta que tinham governado a Inglaterra desde 1154 se dividiram, e um se voltou contra o outro, a preocupação da coroa inglesa era sobre quem seriam os herdeiros. Ricardo II, que não teve filhos (e com quem Elizabeth posteriormente se identificaria), perdeu o trono para Henrique de Bolingbroke, mais tarde Henrique IV. A morte do filho deste último, Henrique V, o segundo rei lancastriano, em 1422, deixou a nação sob a liderança nominal de um pequeno bebê, inaugurando a segunda fase da Guerra das Rosas, o conflito dinástico que dominou a política inglesa até que Henrique Tudor tomou o trono de Ricardo III, em 1485. O predecessor de Ricardo, Eduardo IV, fora um governante forte, mas também deixara um herdeiro ainda na minoridade, o romântico e misterioso "rei que nunca foi rei", Eduardo V. O filho do próprio Ricardo, Eduardo de Middleham, o príncipe de Gales de vida tão curta, morreu como o primo, ainda na infância.

Com a ascensão de Henrique e a comemorada reunião dos dois ramos da família pelo casamento dele com Elizabeth de York, a sucessão parecia assegurada, embora pela linha de outro duque de York, Henrique VIII, e não de seu irmão mais velho, Artur, príncipe de Gales. Em virtude desse legado de traição, morte e devastadora insegurança, não foi grande a surpresa quando Henrique, casando-se com a viúva do irmão, Catarina de Aragão, mostrou-se ainda mais preocupado que seus ancestrais em ter um sucessor masculino – embora, a seu ver, isso fosse a única coisa que Deus lhe negava. A luta de Henrique para se livrar do primeiro matrimônio e se casar com a mãe de Elizabeth, Ana Bolena, provocou o maior cisma confessional que a Europa já presenciara e pôs a Inglaterra no caminho do isolamento protestante, o qual se tornou parte de destaque da autodeclarada identidade nacionalista do Estado que sua filha iria governar.

Elizabeth foi o produto desse cisma, e por dois anos, ao menos oficialmente, foi sua cria querida, o primeiro filho desse divino casamento que iria povoar as cortes da Europa com o sangue dos Tudor. Mas, em 20 de maio de 1536, pequenas certezas de seu mundo foram extintas. Os historiadores têm se perguntado desde então sobre os efeitos que isso teve em Elizabeth, mas não há como saber como e quando a menina de dois anos foi informada acerca da morte da mãe, nem qual foi sua reação. Isso não impediu que gerações de escritores construíssem imaginariamente as consequências da perda sofrida por Elizabeth. "Um luto não superado perdurou durante a infância de Elizabeth, ... pois não se podia mencionar o nome de Ana Bolena sem provocar uma temível reação de Henrique VIII. Essa situação levava com frequência a excessivas atitudes lutuosas em situações de perda e à subsequente melancolia."[1] Declarações desse tipo são meramente especulativas e não comprovadas, embora interessantes. Que Elizabeth alimentasse um sentimento de culpa secreto por ter realizado o desejo de seu complexo de Electra (a morte da mãe); que estivesse traumatizada a ponto de evitar o casamento e promover o culto da virgindade como contrapartida de sua inadequada condição de mulher; que precisasse dominar e controlar todos os que a cercavam – tudo isso foi atribuído de forma confiante e enganadora às cicatrizes deixadas pela execução da mãe. É razoável supor que a morte de Ana tivesse efeito sobre a filha, porém não sabemos que efeito foi esse, nem se a própria Elizabeth tinha consciência dele.

Isso não quer dizer que Ana não tenha tido influência sobre a vida de Elizabeth. O julgamento, a execução e a dissolução do casamento revestiram sua ausência de uma forma de capacitação negativa – uma ausência que se imagina ter assombrado a vida da filha para sempre. Duas semanas antes de morrer, a rainha tinha escrito a Henrique implorando que não punisse a filha pelo ressentimento contra a mãe, pleito em relação ao qual, dada a declarada ilegalidade do casamento, Henrique não tinha nada a fazer além de ignorar: o aspecto mais significativo do legado de Ana a Elizabeth foi o status ambíguo do nascimento, a mancha de ilegitimidade que a perseguiria muito tempo depois de sua ascensão ao trono. O comentário da governanta de Elizabeth, lady Bryan, sobre a súbita alteração no status da menina – "Quanto à posição na qual minha senhora é colocada e à posição na qual estava, eu nada conheço, a não ser de ouvir dizer, e não sei como me dirigir a ela ou a mim mesma" – resume a confusão que se espalhou a partir do berçário real por todas as cortes da Europa. Não houve um só momento em toda a vida de Elizabeth no qual seu status tenha sido inequivocamente aceito. Assim, embora só possamos conjecturar quanto aos sentimentos da filha em relação à mãe a partir de um (muito) limitado registro de ações suas, a recusa de Elizabeth de aceitar o status de bastarda *obrigou-a* às vezes a evocar a figura da mãe, conquanto de modo mais simbólico ou jurídico que emocional.

As próprias circunstâncias do nascimento de Elizabeth são motivo de debate. Teria sido ela, como asseverou um dos biógrafos de seu pai, "a menos bem-vinda filha real da história inglesa"[2] ou a confirmação da bênção de Deus para um matrimônio controvertido, o qual, entretanto, como acreditavam confiantes os pais, em 1533, teria continuidade para produzir filhos? Em 26 de agosto daquele ano, Ana foi oficialmente "levada para sua alcova" em Greenwich para aguardar o nascimento da criança, numa cerimônia que seguiu estritamente o que registra o *Ryalle Book* sobre o parto da mãe de Henrique, Elizabeth de York. O quarto de Elizabeth fora decorado com pano de arrás azul com flores-de-lis douradas; os esquemas mais complexos de decoração, segundo o protocolo, foram considerados "inconvenientes para mulheres em tal situação".[3] Ana escolheu tapeçarias que representavam a história de santa Úrsula e as 11 mil virgens, uma escolha premonitória; seu leito, arrumado com travesseiros de pena e uma colcha carmesim arrematada com franjas de arminho e ouro, seguia o modelo do de sua falecida sogra.

O leito era ao mesmo tempo cerimonial e prático, funcionando como semitrono, encimado por um dossel bordado com as coroas e armas do casal régio. O dossel era um "poderoso símbolo do status da rainha, pois sua reivindicação de autoridade da coroa repousava no fato de que ela compartilhava o leito matrimonial do rei". Um estrado aos pés da cama era empregado durante o dia e seria útil nos trabalhos de parto, quando chegasse a hora. Ainda seguindo os precedentes estabelecidos pelas rainhas do século XV, o quarto do parto tinha dois berços, um acolchoado e cor de ouro, combinando com o leito de gala, o segundo mais simples, entalhado em madeira. A alcova ainda encerrava um altar e um nicho para as devoções de Ana. Depois de assistir à missa, ela entretinha a corte (mas não o rei) em sua grande câmara, onde era servida de vinho e especiarias, como na coroação. Depois retirava-se com suas damas, ficando enclausurada nesses aposentos até o nascimento do filho.

A alcova do parto era um poderoso espaço feminino, um relicário pleno de sagrado mistério. Esse silencioso mundo totalmente feminil, onde todas as funções da casa da rainha eram assumidas por mulheres, tornou-se o tenso e pulsante coração da corte. Enquanto esperava durante longas semanas nesses quartos penumbrosos e sufocantes, Ana pelo menos parecia serena quanto ao desfecho do ritual. Ela tinha toda a intenção de dar à luz um príncipe. Os médicos e astrólogos da corte asseguraram ao casal que a criança seria homem, e já se haviam preparado as cartas (depois corrigidas às pressas) para anunciar o nascimento do legítimo herdeiro de Henrique.

Não se sabe como a rainha passava o tempo durante a reclusão – banhos de ervas eram populares entre as mulheres em gravidez avançada, e diversões tranquilas, como bordados ou leituras em voz alta, eram recomendadas; imagina-se que, como acontece com todas as mulheres em que a gravidez já pesava, Ana simplesmente ansiava para que aquilo acabasse logo. Tampouco se sabe se ela fez uso do santo cinto de Nossa Senhora, que fora trazido da abadia de Westminster em 1502 para socorrer Elizabeth de York. A oração era quase o único analgésico em oferta nessa época de mortalidade materna no parto terrivelmente alta, e esses cintos, associados a vários santos, foram utilizados durante séculos para dar coragem às mulheres. Catarina de Aragão recorreu ao cinto de Westminster e também o emprestou à cunhada, Margarida Tudor.

O uso dessa relíquia por Ana seria contraditório àquela altura da Reforma promovida por Henrique, tendo em vista a postura do governo em relação a relíquias, peregrinações e milagres, cujo culto fora oficialmente banido por um ano, em 1534. Mas há a interessante possibilidade de que Ana tenha lançado mão de um símbolo sagrado tornado "protestante", um rolo com propriedades de talismã. Tratava-se de rolos de pergaminho cujo conteúdo eram orações ou histórias santas que funcionavam como interpretações textuais de relíquias físicas, como o cinto de Westminster, e que invocavam as mesmas conexões místicas. Embora o desprezo pelas relíquias fosse um princípio da religião reformada, elas ainda dispunham de certo poder latente. Há exemplo de um desses rolos em cinco relatos do século XV. O extenso rolo foi produzido em 1533 como resposta à gravidez real e representa a lenda de mãe e filho mártires, os santos Ciríaco e Julita (ou Ciro e Julieta). Esses santos não eram desconhecidos na Inglaterra (há meia dúzia de igrejas rurais a eles dedicadas), mas a invocação de santo Ciríaco como intercessor tem raízes mais firmes na tradição francesa, na figura do popular santo Cyriacus (*saint* Cyr), que apareceu a Carlos Magno em sonho. Dada a educação francesa de Ana e a publicação desses rolos em Londres na época de sua gravidez, é possível que ela tenha encontrado em Ciríaco, no formato de texto, mais que na duvidosa forma de relíquia, um meio atraente de ajuda espiritual.

Após um parto difícil – segundo relatos –, o confinamento de Ana terminou pouco depois das três horas do dia 7 de setembro. (A biógrafa Agnes Strickland, do século XIX, alega que a rainha anunciou, com uma sentença complexa demais para uma mulher que acabara de dar à luz: "De agora em diante, pode-se com razão dizer que esta é a câmara das virgens, pois uma virgem nela nasceu, na vigília deste dia auspicioso em que a Igreja comemora o nascimento de nossa amada Senhora a abençoada Virgem Maria." Se a senhorita Strickland tivesse conhecimento da existência do rolo talismã, teria sido menos veemente, já que santa Julita, representada no rolo, encontrou seu martírio ao perder a cabeça pelas mãos do rei tirano de Tarso.)

Eustace Chapuys, embaixador de Carlos V, do Sacro Império Romano-Germânico, não perdeu tempo e expressou o desespero e a fúria do casal real com o nascimento de uma princesa. O embaixador, porém, cujo senhor era sobrinho de Catarina de Aragão, detestava Ana Bolena e tudo que se associasse ao segundo matrimônio de Henrique. A despeito de sua arrogância, contudo, há pouca evidência de que Henrique estivesse mais que convencionalmente desapontado com o sexo de Elizabeth. Na verdade, ele reafirmou a Ana sua alegria com a criança e seu amor pelas duas. Um *Te Deum* comemorativo foi entoado na catedral de St. Paul, e, dois meses depois do nascimento de Elizabeth, Chapuys observou com amargura que uma das damas de Ana ouvira o rei dizer que ele preferia esmolar por seu pão à porta das casas a perder a esposa. Mas é indiscutível que Ana tinha falhado naquilo que sempre fora a primordial missão de rainhas, e a sucessão continuava perigosamente incerta.

A chamada à corte do filho ilegítimo de Henrique, Henrique Fitzroy, pouco depois do nascimento de Elizabeth tem sido interpretada como demonstração da ansiedade do rei, de sua necessidade de provar que podia gerar filhos homens. Mas o casamento de Fitzroy, com catorze anos, em 28 de novembro, com Mary Howard, filha do terceiro duque de Norfolk, também pode ser interpretado como a consolidação de um triunfo de Bolena, ao trazer o filho do rei para a conexão de poder Bolena/Howard, agora que ele tinha um herdeiro legítimo. A ideia de que o nascimento de Elizabeth foi o começo do fim para Ana não é absolutamente sustentada pelos relatos contemporâneos – entre outubro de 1533 e junho de 1534, cinco testemunhas relataram que o rei e a rainha estavam "felizes" e gozavam de boa saúde.

O batismo de Elizabeth, em 10 de setembro daquele ano, produziu relatos disparatados. Chapuys, apregoando jubiloso que a amante do rei tinha parido uma filha bastarda, alega que a cerimônia foi "muito fria e desagradável, tanto para a corte quanto para a cidade",[4] enquanto Edward Hall, autor de *Hall's Chronicle*, de 1542, que descreve a história da união das casas reais de Lancaster e York, enfatiza a magnificência da cerimônia na igreja monástica, perto do palácio de Greenwich, enumerando os dignitários que a ela assistiram e as respectivas funções, evocando a imagem das quinhentas tochas que acompanharam a recém-batizada princesa até os braços da mãe. O fato de os pais de Elizabeth não terem assistido à cerimônia era habitual, e, embora Henrique tivesse cancelado o torneio planejado para o caso de nascer um príncipe, nada faltou nas observâncias devidas à princesa, desde o arcebispo de Cantuária como padrinho até a estola de veludo púrpura na qual o bebê estava envolto.

Alguns escritores argumentam que a rainha Ana insistiu em dar de mamar à filha, outros, que "não sabemos quase nada sobre como a nova princesa foi cuidada em suas primeiras semanas de vida".[5] Em dezembro de 1533, mais uma vez de acordo com as convenções reais, Elizabeth foi conduzida à sua residência própria em Hatfield, Hertfordshire, atravessando Londres em grande estilo e num circuito deliberadamente extenso, para que o povo vislumbrasse o novo bebê real. (Chapuys relatou com previsível desgosto a "pomposa solenidade" dessa jornada, mas ele acreditava que a princesa fora enviada a Norfolk.) Mais uma vez, não se sabe se Ana ficou "com o coração partido" por esse corte da "ligação extremamente estreita" que criara com a filha.[6] A "felicidade" de Ana e Henrique, mencionada na corte, sugere que quaisquer que fossem os sentimentos íntimos da rainha, ela não se permitia manifestá-los em público; além do mais, seu lugar era ao lado do rei; mais importante ainda, no leito dele, para que pudesse conceber o mais breve possível. Não há motivo para crer que Ana não achasse conveniente criar a filha na rotina tranquila e metódica do campo, longe da pestilência de Londres, a exemplo do que pensaram e praticaram gerações de mães reais antes dela.

Embora Ana não pudesse ver a filha com frequência, a casa de Elizabeth era um poço de afinidades com a casa de Bolena. Quem cuidava dela era a tia da rainha, lady Anne Shelton; seu marido, sir John, que servia como administrador, e lady Margaret Bryan, meia-irmã da mãe de Ana Bolena, Elizabeth Howard. Após servir como dama de companhia de Catarina de Aragão, lady Bryan ficou encarregada de Maria Tudor, a quem acompanhou por cinco anos antes de Henrique pensar em se casar com Ana. Já na casa dos sessenta anos, lady Bryan foi chamada de seu retiro para acompanhar Elizabeth. Isso sugere que Ana e Henrique confiavam em sua habilidade e experiência, mas tal papel também impunha considerável medida de diplomacia. Para horror de Chapuys, em outubro de 1533 Henrique decidiu que Maria, então oficialmente denominada "A Lady Maria" (e não "princesa"), em referência à sua condição de bastarda, poderia juntar-se à casa da meia-irmã. "O rei, não satisfeito em lhe retirar o nome e o título de princesa, anunciou que, para subjugar o espírito da princesa, irá privá-la de todo o pessoal", engasgava o embaixador, acrescentando que Maria fora reduzida ao status de "criada de uma dama". A chegada de Maria criou tensão, uma barganha de status e o inequívoco perigo que acompanharia a vida da irmã. Mesmo ainda bebê, Elizabeth não estava livre da política.

Claro que Elizabeth não tinha como saber dos esquemas e das disputas nas quais mergulhou sua casa com a chegada da furiosa, confusa e ressentida irmã adolescente. Pelo que se sabe do modo como lady Bryan a criou, Maria parecia seguir um modelo sensível e atencioso, adequado à sua idade, o qual, no entanto, era influenciado pelos empolgantes desenvolvimentos da "nova ciência" renascentista. Os séculos XV e XVI testemunharam uma renovação do interesse pela medicina e pela pediatria promovida pelo advento da imprensa e o crescente uso do vernáculo, o que permitiu aos médicos combinar, de uma nova forma, a experiência prática ao conhecimento clássico. Numerosos textos sobre puericultura e tratamento de doenças infantis eram publicados, em particular na Alemanha, um dos quais, *Der Rosegarten*, do dr. Eucharius Rösslin, foi o primeiro manual pediátrico "científico" traduzido para o inglês, entre 1533 e 1540. O hábito de se amarrar o bebê com apertadas faixas de linho para estimular os membros a se desenvolver retos era amplamente difundido, mas Rösslin adotou uma abordagem ousadamente moderna: "Imagine o que se passa com ele [o bebê] ao sentir o toque de mãos rudes em sua pele tenra e ao ser esfregado com ásperos panos de lã ou irritantes faixas usadas como ataduras. O que você acha que se sente quando se está deitado numa tábua dura coberta de palha pinicante?"[7]

A princesa Elizabeth não teve de sentir coceira em meio a faixas irritantes nem de se deitar sobre palha, pois Ana Bolena providenciou, apropriadamente, luxuosas roupas para sua princesa, inclusive uma camisola de veludo com mangas bordadas em cetim púrpura. Lady Bryan seguiu algumas das orientações dadas por Rösslin, como a de desmamar a criança – tarde, segundo os padrões modernos – aos dois anos, passando para alimentos em papa e adoçados. Ela se preocupou em não permitir que Elizabeth, já começando a andar, não se sentasse à mesa, pois isso a tornava superagitada, e preferia que a menina se ativesse a uma dieta simples e saudável (o que não teve muito efeito, pois Elizabeth sempre adorou doces e, por isso, acabou estragando os dentes). Não sabemos se a princesa possuía o então mais recente acessório infantil em voga, uma engenhoca em forma de triciclo que ajudava a criança a andar, mas levavam-na para tomar ar no parque. Ao que tudo indica, ela era uma criança vivaz e mentalmente – e excepcionalmente – alerta, *"as goodly a child as hath been seen"*,[8] tanto quanto se pode esperar de uma criança.

Lady Bryan escrevia regularmente para a corte dando detalhes do progresso de Elizabeth, e a criança era visitada pelos pais. Embora sua residência principal fosse Hatfield, também segundo o costume, ela era levada a outras residências reais, permitindo que a anterior fosse asseada – isso era necessário pelo tamanho das casas. Além dos Shelton, de lady Bryan e de seu primeiro tesoureiro, William Cholmley, o séquito de Elizabeth equivalia ao de um grande dignitário, com cerca de vinte servidores "do andar de cima",* dispensados por seu pai, e mais cem criados e servidores. Suas passagens por Hatfield, Eltham, Hunsdon, Richmond, Greenwich e Langley durante a primeira infância refletem a necessidade de frequentes mudanças para fins de higiene e aprovisionamento.

Foi a mudança para Eltham, em março de 1534, que suscitou um dos momentos emblemáticos no conflito entre a irmã de Elizabeth e sua mãe. Desde o início, Maria mostrou-se absolutamente intratável no que

---

* O "andar de baixo" era ocupado por criados e pessoal de escalão inferior; o "andar de cima" (*above stairs*), pela família e pelos funcionários mais graduados. (N.T.)

se referia ao status de Elizabeth; ao ouvir a notícia de que seria removida para a "casa da princesa", ela observara com intencional cinismo que se indagava onde seria isso, uma vez que a filha de Ana Bolena não tinha esse título. Quando Maria recusou-se categoricamente a entrar na liteira que a levaria a Eltham, a não ser que lhe dessem seu próprio e adequado título, uma furiosa lady Shelton empurrou-a à força para dentro e confiscou suas joias, como castigo. Maria agravou a desobediência reclamando, aos gritos, que diariamente tinha medo de ser envenenada pela "amante do rei". A satisfação de ser mártir era a única coisa que obtinha da humilhação que sua teimosia provocava. A forma como "a concubina" a tratava era um escândalo muito alardeado, mas a atitude de Ana Bolena em relação a Maria baseava-se tanto no medo quanto no rancor, e a enteada sabia disso.

Se Elizabeth fosse promovida, Maria teria de ser rebaixada. Para Ana, de modo compreensível, toda suavidade empregada com a filha de Catarina de Aragão significava solapar seu próprio status. Contudo, a perseguição de Ana a Maria exige análise mais profunda, já que muito do ímpeto para rebaixar a princesa vinha de Henrique; Ana recebia a culpa (mais uma vez, seguindo o modelo aplicado a rainhas "estrangeiras" anteriores: elas eram criticadas pelos atos de seus maridos, em vez de se condenar o próprio rei) de uma política que o rei acreditava necessária para reforçar a validade da anulação de seu casamento com Catarina de Aragão. Não obstante, Chapuys relatou em janeiro de 1534 que Ana reclamava do rei uma supervisão mais rigorosa de Maria, por temor de que, "leniente", Henrique deixasse a filha mais velha usar o título, o que não se deveria permitir, pois isso depreciaria Elizabeth. Ana enviou mensageiros, incluindo Cromwell, com a missão de desencorajar Henrique de ver Maria, embora o embaixador francês tenha contado que os olhos do rei enchiam-se de lágrimas quando ele falava da obstinada filha. Ana instruiu lady Alice Clere, guardiã de Maria, a insistir para que a moça tomasse o desjejum à mesa comunal; e disse que, se ela tentasse usar seu título, lhe batesse nas orelhas. A pobre Alice também foi repreendida pelo irmão de Ana, lorde Rochford, por tratar Maria com "demasiada honestidade e benevolência".[9]

Por ocasião do incidente da liteira, Ana tentou outra tática, oferecendo-se para interceder junto ao rei caso Maria chegasse a algum tipo de acomodação. Ana invocava aqui sua posição de rainha – a intercessão era um importante e tradicional papel exercido pelas rainhas na obtenção da clemência real –, e Maria percebia isso claramente, ao responder com calma que não conhecia outra rainha da Inglaterra a não ser sua mãe, mas, se madame Bolena fizesse a gentileza de falar com Henrique, ela se sentiria devidamente grata. Como era de prever, Ana ficou furiosa diante da insolente soberba da enteada. De acordo com Chapuys, ela começou a tramar a eliminação de Maria. Ana ficou satisfeita quando, numa visita a Eltham, em abril, Elizabeth foi exibida quase nua ao grupo de visitantes que acompanhava o embaixador da França. Isso pode parecer estranho, mas não era incomum o ato de examinar fisicamente as noivas dinásticas – a esposa de Eduardo III, Filipa de Hainault, fora submetida ao mesmo exame, e numa idade muito mais embaraçosa. No caso de Elizabeth, isso era especialmente importante, pois as deformidades infantis eram atribuídas à união pecaminosa dos pais. A demonstração de que Elizabeth era fisicamente perfeita tornava-se, assim, um fato encorajador. Ana, contudo, ficou perturbada, porque parecia que a entrada de Elizabeth no mercado internacional de casamentos era ofuscada pela irmã.

A EUROPA DA PRIMEIRA metade do século XVI estava dominada politicamente por duas grandes potências, a França e o Sacro Império Romano-Germânico. Em 1516, Carlos V era o sucessor da coroa espanhola e, em 1519, sua escolha como Sacro Imperador Romano lhe deu controle sobre um vasto território, que se estendia de Gibraltar até o norte da Holanda, cercando os domínios franceses – que desde 1515 eram governados por Francisco I. Embora Francisco jamais tivesse conseguido seduzir Carlos com a oferta de resolver a diferença entre eles num combate, os dois monarcas quase sempre estavam em conflito, em particular, mas de forma alguma exclusiva, pelo controle dos respectivos territórios na península Itálica. A Inglaterra de modo algum podia se comparar em termos de terras, riqueza ou poder militar a esses dois atores principais, porém tê-la como aliada seria útil. Portanto, a coroa inglesa era cortejada por ambos como contrapeso em seu interminável ímpeto de guerra. Na geração anterior, Henrique VII buscara amparar sua nascente dinastia numa aliança com a Espanha na forma de Catarina de Aragão. A política inglesa posterior, conquanto sujeita às infindáveis complexidades e oscilações da diplomacia no século XVI, continuou a ser amplamente a favor dos Habsburgo.

A França era inimiga tradicional da Inglaterra, e o entusiasmo de Henrique pela glória militar levou-o a se deixar manipular e arrastar pelos predecessores de Carlos V, Fernando de Aragão e o imperador Maximiliano, em 1514, para uma guerra muito mais vantajosa para esses últimos do que para ele. O casamento, no mesmo ano, da irmã de Henrique, Maria, com Luís XII da França consolidou uma aliança com os franceses que durou cerca de sete anos (apesar da quase imediata viuvez de Maria e da ascensão de Francisco I, em 1515). A despeito do Tratado de Londres – agenciado pelo ministro de Henrique, Thomas Wolsey, em 1518 – e do encontro entre Francisco e Henrique no lugar conhecido como Campo do Pano de Ouro,* em 1520, a guerra foi novamente declarada em 1522. Outro tratado de paz foi assinado em 1525, mas o tencionado casamento de Henrique com Ana Bolena exigia uma mudança na política externa.

Tropas imperiais saquearam Roma em 1527, e o papa Clemente VII, cujo consentimento para a anulação do casamento com Catarina de Aragão era urgente, viu-se prisioneiro de Carlos V, sobrinho de Catarina. O Tratado de Cambrai, ou Paz de Cambrai, em 1529, assinado entre Francisco I, o imperador e o papa, assegurou uma aliança entre o Sacro Império e o papado, sustou as campanhas francesas na Itália e deixou a Inglaterra isolada. Henrique VIII agora orientava sua política no sentido de obter o apoio de Francisco I para seu casamento com Ana. No começo, Francisco mostrara-se inclinado a ceder, a fim de fragilizar a ameaçadora aliança da

---

*Campo do Pano de Ouro: local perto de Calais onde se encontraram os reis Henrique VIII da Inglaterra e Francisco I da França, na tentativa de estreitar as boas relações entre os dois reinos. (N.T.)

Inglaterra com Carlos. Assim, no início da década de 1530, houve algumas tentativas de apoio ao rompimento entre Inglaterra e Roma – em 1530, o rei francês obtivera à força que a Faculdade de Teologia da Sorbonne declarasse inválido o casamento com Catarina, e, em 1532, em reuniões realizadas em Boulogne-sur-mer e Calais, firmou-se uma aliança de defesa. Entretanto, o nascimento de Elizabeth desfez a cooperação.

Quando, no início de 1533, Henrique descobriu que Ana estava grávida, não teve outra escolha senão casar-se com ela imediatamente, embora seu tão esperado herdeiro pudesse carregar a mácula da ilegitimidade. Francisco I se enfureceu quando Henrique o pressionou de forma peremptória acerca da questão do casamento. De sua parte, o rei da França contornara a questão do divórcio real na Inglaterra, já que precisava do apoio do papa para o projeto de casar o filho com a sobrinha do pontífice, Catarina de Médici, com o objetivo de recuperar o poder francês sobre a península Itálica. Henrique VIII declarou-se indignado com as arremetidas de Francisco sobre o papa (embora as tenha usado em seu proveito, pois elas adiaram a sentença de excomunhão de Roma, em resposta à sua contestação da autoridade papal). Quando se realizou o casamento Valois-Médici, os dois reis tinham retomado o usual relacionamento contencioso. Francisco desejava uma aliança com os ingleses, mas não queria correr o risco de perder o apoio do papa nem isolar-se com a Inglaterra, caso desse sanção total à união de Henrique com Ana Bolena.

Em outubro de 1534, os franceses receberam uma proposta para aceitar oficialmente a validade da união entre Henrique e Ana e reconhecer Elizabeth. Em novembro, o almirante Brion foi à Inglaterra com uma oferta de Francisco I; Maria seria prometida em matrimônio ao delfim da França. Francisco buscava com isso satisfazer a todos os seus potenciais aliados – unia as casas de Tudor e Valois, ao mesmo tempo em que dava sinais a Carlos e ao papa de que Maria, e não Elizabeth, era a herdeira "legítima" do trono inglês. No início, Henrique considerou a proposta uma dissimulação, mas depois concordou que Maria se casasse com o terceiro filho de Francisco, o duque de Angoulême, com a condição de que o casal renunciasse a qualquer reivindicação à coroa da Inglaterra. Melhor ainda, sugeriu Henrique, se Francisco persuadisse o papa a revogar a sentença de excomunhão contra ele. Angoulême poderia se casar com Elizabeth, em troca da renúncia de Henrique a seu próprio e antigo direito à França e de uma significativa parcela de terras na costa francesa.

Brion não mostrou interesse em visitar Elizabeth. Em vez disso, pediu a Henrique que continuasse a negociar a promessa de matrimônio com Maria. A cólera de Ana beirou a histeria. Em geral um modelo de dama comportada da corte, ela irrompeu em estridentes gargalhadas em meio a um entretenimento oferecido a Brion, o que ofendeu o almirante.

O agenciamento de um matrimônio real podia ser tão gracioso, minuciosamente coreografado e sem significado quanto uma pomposa pavana, e o jogo que ali se travava pouco tinha a ver com a posterior disposição matrimonial de Elizabeth e Maria, e tudo a ver com a atitude contenciosa da esposa de Henrique. Se os franceses promoviam Maria, esse status de forma alguma estava garantido, em particular quando Henrique já se precavera quanto a isso, ao insistir em que a filha renunciasse formalmente à sua reivindicação (em tese já legalmente nula) ao realizar um casamento com a França. Toda esperança que Ana nutria de um acordo quanto ao futuro da filha se dissipou quando as negociações para o casamento fracassaram numa reunião de cúpula não conclusiva em Calais, convocada por Cromwell, que era a favor de uma aliança com o imperador.

Em janeiro de 1536, ocorreram dois eventos cruciais. Primeiro, Catarina de Aragão morreu em Kimbolton. Reconhecendo padecer de um mal que as avaliações modernas identificariam como câncer, ela escrevera a Henrique no mês anterior, confiando-lhe "nossa filha" Maria e "implorando-vos que sejais um bom pai para ela". A reação de Henrique à notícia foi revoltante. Ele acompanhou Maria à missa vestido de amarelo, com o percurso marcado "pelo som de trombetas e outras grandes pompas".[10] Relatos afirmam que Ana ficou exultante, mas seu triunfo não durou muito. No dia do funeral de Catarina, ela sofreu um aborto. Supõe-se que o feto fosse de um menino, e que a rainha "abortara seu salvador". No entanto, talvez não fosse a criança em seu útero quem protegia Ana, mas a mulher que acabara de morrer em Cambridgeshire. Enquanto Catarina de Aragão estava viva, Henrique não podia repudiar sua mulher. Agora que ela morrera, "fora removido o escudo contra Ana".[11]

A ideia de que o aborto de Ana anunciou sua queda foi amplamente debatida, mas há pouca evidência de que tenha acontecido isso. Ainda em abril de 1536, Henrique continuava a advogar a favor de seu casamento. O fato de Ana ter abortado um menino é confirmado por Chapuys, pelo cronista Charles Wriothesley, que descreveu como ela "deu à luz um menino antes do tempo", e pelo poeta Lancelot de Carles, confirmando que "ela prematuramente deu à luz um filho". Nenhum desses escritores mencionou se o feto era deformado, apesar de essa hipótese ter adquirido considerável difusão, com base em um comentário feito cinquenta anos depois por um escritor católico exilado, Nicholas Sander, alegando que a rainha dera à luz uma massa disforme de carne. Mesmo essas palavras são imprecisas demais para confirmar alguma incapacidade ou deformidade, e decerto é estranho que Chapuys não tenha feito comentário algum sobre isso na época. O que se poderia inferir dessa sugestão é que, para o rei, uma criança deformada seria a evidência de adultério por parte de Ana; ou então de que ela era uma bruxa. Mas, como não houve criança deformada, o argumento é circular. Se a gravidez de Ana chegasse a bom termo, e se o menino tivesse vivido, então o decurso da história da rainha e da sucessão inglesa teriam sido muito diferentes. No entanto, isso não quer dizer que o aborto em si tenha precipitado a queda de Ana.

Em abril de 1536, Chapuys recebeu ordens de seu senhor, Carlos V, para finalmente reconhecer Ana na corte, num gesto contrário à política mantida pelo Sacro Império desde 1529. O imperador acreditava que naquele momento seria mais vantajoso Ana se tornar rainha, pois, se a sentença papal contra Henrique fosse ratificada e, em consequência, ele repudiasse sua mulher, haveria o risco de o rei inglês se casar novamente. Qualquer filho de um novo matrimônio teria precedência sobre Maria, herdeira preferida pelo Sacro Império. Com esse espírito, o embaixador assistiu a uma missa acompanhado pelo irmão de Ana, lorde Rochford, com quem tinha trocado gentilezas antes de uma entrevista com o rei. "Quando o rei chegou, durante o Ofertório", relatou Chapuys, "havia um grande ajuntamento de pessoas, e parte delas queria ver as expressões que *a concubina e eu íamos fazer*; Ana se comportou de modo bastante cortês, pois eu estava justamente atrás da porta por onde ela entrou, e voltou-se para mim a fim de fazer uma reverência *comparável à que eu lhe fizera*."[12] Ali estava a sutileza da arte renascentista de governar, uma troca de reverências que podia passar como mero gesto de civilidade e que, no entanto, significava uma importante mudança na política. O encontro obviamente fora encenado, assim como a multidão que observava, à espera do acontecimento, e isso refletia o desejo do rei de ver sua mulher reconhecida e a vontade do embaixador imperial de agradá-lo. Se Ana estivesse ameaçada, essa teria sido uma concessão diplomática séria demais para Henrique solicitar, mesmo como blefe para esconder suas intenções; assim, oficialmente, Ana estava prestigiada. No que dizia respeito às relações com o Sacro Império, as coisas continuariam nesse pé. Exatamente um mês depois, contudo, a rainha estaria morta.

Descontando o aborto, a morte de Ana Bolena tem sido atribuída às maquinações de duas forças às vezes superpostas: os conservadores "aragoneses" e Thomas Cromwell, a facção de um homem só. O próprio Henrique circula na periferia disso tudo, um tigre vaidoso pronto a ser confortado pelo esperto ronronar da pequena Jane Seymour. Ou Henrique, mais uma vez, queria que Ana morresse e fez seu ministro mais competente conspirar para isso? Não há qualquer dúvida de que Cromwell orquestrou as acusações contra Ana e sua inevitável conclusão; *por que* ele agiu assim é um tema que continua a provocar controvérsias entre historiadores famosos. Os dois lados produziram argumentos altamente convincentes para demonstrar que Cromwell foi quem concebeu e tramou o referido caso; seu papel central no julgamento e na execução de Ana é patente, fosse ela considerada culpada ou vítima inocente de suas tramas. Contudo, foi o método pelo qual Cromwell elaborou as acusações de incesto, adultério e traição que pôs em foco a influência de Ana sobre a filha.

Alega-se com frequência que, como rainha, o poder de Elizabeth se mantinha parcialmente apoiado no que se tornou conhecido como "culto a Elizabeth", a prática de adorar e venerar aquela rainha que mesclava a linguagem do amor cortês com a da religião para se apresentar como figura semidivina. O "amor cortês" era muito anterior ao Renascimento, mas, em grande medida, integrava a cultura de elite no século XVI, revitalizado pela influência e pela inclusão da nova ciência humanista. Na Inglaterra, a tradição do amor cortês é em especial associada a uma rainha mais antiga, Eleonora da Aquitânia. Mas, por volta do século XVI, o formato criado pelo pai de Eleonora, Guilherme IX da Aquitânia, tornou-se uma cultura universal entre as classes governantes europeias. O amor cortês e seu correlato, o cavalheirismo, oferecia um código de conduta que concernia desde o campo de batalha até os "passatempos" da câmara real. Era um jogo intelectual sumamente complexo, espirituoso, estilizado, exclusivo e às vezes subversivo, no qual tanto cortesãos quanto reis aspiravam a produzir as mais sutis e engenhosas formas de homenagear as (muitas vezes fictícias) mulheres amadas.

Esse é o elemento crucial do amor cortês: um *jogo*, embora um jogo altamente sofisticado. A imagem de um cavalheiro quase a desfalecer, cortejando sua inacessível amada, era infinitamente flexível, uma superlinguagem na qual tudo podia ser dito ou, de forma ainda mais deliciosa, não dito. Favores sexuais não eram o objetivo (embora muitas vezes fossem sua consequência) desse jogo amoroso; bem jogado, ele podia levar a uma promoção, um patrocínio, ou ao aumento do status no implacável meio da política da corte – a produção e difusão dessa poesia que espelha a dinâmica da vida de infindável espera do cortesão. Também era um meio de livre expressão sob um sistema tirânico, no qual dizer o que se pensava às vezes custava a cabeça.

A corte de Ana, como a de Elizabeth, era de poesia, enquanto o "culto a Elizabeth", se é que ele existiu, baseava-se na manipulação dos tropos do amor cortês, daquela cultura de cavalheirismo romântico-literário que desempenhou papel tão significativo no namoro de seus pais. E Ana Bolena, até o momento em que Cromwell decidiu ser literal, em vez de literário, era uma amante da arte. Numa leitura das argumentações de Cromwell de 1536, foi do amor cortês que ele lançou mão para derrubar Ana; e foi a apropriação das práticas maternas, se não de seus erros, que permitiu a

Elizabeth manipular de modo tão triunfante o mecanismo que desgraçou sua mãe para obter a própria e singular forma de glória política.

Em 1582, Elizabeth I escreveu um poema sobre a partida de seu último pretendente sério, o duque de Anjou:

> I grieve and dare not show my discontent
> I love and yet am forced to seem to hate:
> ... I am, and not, I freeze and yet am burned
> Since from myself another self I turned.*

Elizabeth demonstra aqui seu domínio das convenções do amor cortês. Essa peça exprime muito bem como se desempenhava esse estilo então aceito. Paradoxos ("congelo e, no entanto, queimo") eram característicos da poesia renascentista, conhecidos como "oposições de Petrarca", referindo-se ao humanista italiano cujos sonetos tinham dado perfeição aos primeiros formatos trovadorescos do amor cortês e que exerceram influência por toda a Europa, como no poema de Thomas Wyatt: "of heat and cold when I complain/ And say that heat doth cause my pain/ When cold doth shake my every vein".** Elizabeth pode estar descrevendo no poema seus próprios sentimentos, mas eles não vêm realmente ao caso. A conformidade com a convenção demonstra o talento da rainha para a composição literária, e o fato de o desempenho de Elizabeth ser tão altamente caudatário da convenção demonstra sua habilidade em jogar o jogo de dizer uma coisa – um sofrido adeus a seu último amante – enquanto pensa outra – uma melancólica mas até que boa expressão de alívio, no caso de Anjou.

Foi exatamente numa oposição desse tipo que começou o relacionamento entre os pais de Elizabeth. Sabemos que Ana estava na corte na primavera de 1522, quando lá se apresentou num espetáculo em York Place,

---

* "Estou triste e ouso não demonstrar meu desgosto./ Amo, mas sou forçada a parecer que odeio:/ .../ Sou, mas não sou, congelo e, no entanto, queimo./ Pois de mim mesma outra pessoa me tornei." (N.T.)
** "[Q]uando reclamo de calor e frio,/ E o calor me causa dor e calafrio,/ Quando o frio faz tremer as minhas veias." (N.T.)

o palácio do cardeal Wolsey. O *Hall's Chronicle* descreve o castelo que fora construído no grande salão, com três torres ornamentadas de pavilhões mostrando três corações partidos, a mão de uma mulher segurando o coração de um homem, outra virando um coração de cabeça para baixo. Ana era uma das oito damas vestidas de branco e exibidas nas torres, representando Beleza, Honra, Constância, Generosidade, Misericórdia e Dó, sendo Ana a Perseverança e sua irmã, Maria, a Bondade. O papel de Ana como Perseverança era especialmente adequado, embora Maria, como Bondade, também estivesse destinada a desempenhar seu papel na vida de Elizabeth. Henrique e outros sete homens representavam "virtudes" masculinas e atacavam o castelo, que se rendia ante um assédio de tâmaras e laranjas, depois do qual as damas eram conduzidas a uma dança.

Na ocasião, foi Maria, e não Ana, quem atraiu o olhar do rei. Mas, quatro anos depois, por ocasião das celebrações do Shrovetide, o festival comemorativo da chegada da primavera, não havia dúvida da atração que Henrique sentia pela outra irmã. A divisa do rei era outro coração, agora estampado num impresso com as palavras "Declarar eu não ouso", inscritas embaixo. Não se tem certeza de que seus sentimentos já fossem conhecidos, pois as cartas de amor que o rei escreveu para Ana não têm data. Contudo, durante a década seguinte, Ana seria o alvo de sua atenção como nenhuma outra mulher fora no passado nem seria depois.

A habilidade com que Ana resistiu ao rei durante sete anos é parte de sua lenda. O brilho de sua estratégia consistiu em se moldar ao papel de dama da corte, o que requeria de Henrique portar-se como perfeito cavalheiro. Decerto o rei era obstinado em desempenhar todos os papéis que assumia – rei filósofo, guerreiro e até marido –, e

> essa persona do amor cortês ... estava totalmente formada em Henrique, e [ela] sinalizava ... a um receptivo adepto que viesse e lhe abrisse o ferrolho. Em Ana, ele tinha esse adepto. Ela era a senhora das oposições de Petrarca: seu sopro quente e frio formava o perfeito ambiente para o terno interesse do rei.[13]

Quando Henrique tinha uma ideia em mente, fixava-se nela. Seu ministro Wolsey, que gerenciou habilmente o rei durante tanto tempo, até se complicar, desmentindo essa certeza, no caso do divórcio, descreveu assim a personalidade de Henrique:

> Muitas vezes eu me ajoelhava diante dele... uma hora ou duas, para persuadi-lo [a abrir mão] de sua vontade e de seu apetite, mas jamais consegui dissuadi-lo. Portanto, ... eu o advirto para estar convencido e seguro de qualquer coisa que lhe ponha na cabeça, pois ele nunca mais irá tirá-la.

O que Ana fez foi pôr a ideia de casamento, e somente de casamento, naquela obstinada cabeça coroada. A virgindade não era obstáculo para a paixão de Henrique, era um incentivo. O hímen de Ana tornou-se um instrumento para o divórcio do rei. Quando ele instruiu Wolsey a transmitir seu objetivo aos enviados da Inglaterra a Roma, estava ansioso por explicar que tencionava divorciar-se de Catarina não porque se apaixonara por Ana, mas porque seu casamento era um pecado segundo a visão de Deus. A "constante virgindade" de Ana, nesse caso, era um fator tanto em sentido legal quanto nos termos em que Ana e Henrique construíram sua relação. Ana estava protegida pelas convenções do amor cortês. Henrique estava ansioso por provar-lhe sua docilidade no jogo do amor, como demonstram, desesperadamente, suas cartas a ela, mas também às cortes da Europa. Ao interpretar o papel da dama no jogo do amor cortês "em seu máximo potencial, [Ana] tornou-se mais poderosa que qualquer homem".[14]

Como Ana Bolena tinha adquirido essa habilidade? Decerto ela se originava de uma família de cortesãos. O tataravô de Elizabeth I podia ser comerciante (algo que ela compartilhava com Catarina de Médici), porém, em meados do século XV, sir Geoffrey Bolena, lorde prefeito de Londres, estava a caminho de estabelecer uma dinastia. O filho de Geoffrey, sir William, casou-se com a filha do conde de Ormond; na geração seguinte, seu filho, pai de Ana, Thomas, casou-se com Elizabeth Howard, filha do conde de Surrey, cujo irmão viria a ser o terceiro duque de Norfolk em 1524. Por volta de 1514, os Bolena tinham consolidado sua posição na corte, e Thomas foi enviado no mesmo ano como embaixador à corte da arquiduquesa Margarida, regente dos Países Baixos. Em 1513, Ana Bolena tornou-se uma das dezoito damas a serviço de Margarida em Malines, numa casa onde habitavam três futuras rainhas e o futuro imperador Carlos V. A magnificência e a sofisticação da corte borgonhesa influenciaram grandemente as cortes de dois monarcas ingleses, Eduardo IV e Henrique VII, e continuariam a constituir um modelo já em pleno século XVI.

Mas o tempo que Ana passou em Malines foi relativamente breve, já que ela esteve presente no casamento da irmã de Henrique, Maria Tudor, com Luís XII da França, em outubro de 1514, e, após a morte de Luís, juntou-se ao séquito da nova rainha da França, a noiva de Francisco I, Cláudia, e ali permaneceu por sete anos. Quando voltou à Inglaterra, a combinação de sagacidade e encanto e o raro polimento que adquirira no exterior a tornavam uma mulher excepcional. Ana dançava com elegância, vestia-se lindamente, era consumada musicista e falava com fluência o francês. Acima de tudo era inteligente, realmente brilhante, hábil nos faiscantes jogos de palavras do flerte que aliviavam a tensão claustrofóbica da vida na corte. Perto dela, as damas inglesas e sua rainha espanhola pareciam rudes camponesas.

Como *maîtresse-en-titre* (se não de fato) e depois rainha, a corte de Ana não foi exatamente a colmeia sóbria e virtuosa que William Latimer e John Foxe retrataram. Mencionou-se em muitas ocasiões que Henrique e Ana estavam "muito felizes", "nunca mais houve passatempo na câmara da rainha", ressaltou seu vice-camareiro.[15] "Passatempo" era o entretenimento informal nos aposentos das rainhas – música, jogos de cartas, talvez dança, contar histórias, jogos de palavras, leitura de poesia. Era no "passatempo" que se cochichavam fofocas, que se fazia a corte à luz de velas, que as setas das sutilezas do amor cortês feriam e brilhavam. Castiglione descreve assim o costume do "passatempo":

> Entre os outros passatempos prazerosos, e a música e a dança praticadas continuamente, às vezes questões elegantes se apresentavam, às vezes jogos inventivos eram concebidos, ... nos quais, sob diversos disfarces, alguém

do grupo revelava figurativamente seus pensamentos para outro de quem mais gostasse.[16]

O sexo estava muito presente como realidade ou como miragem descartável, dependendo dos relatos sobre a conduta de Ana em que se queira acreditar, mas foi nessa atmosfera de flertes que Cromwell obteve suas armas.

Nesse ambiente intenso, intelectual e sensual, Cromwell reuniu o nome de sete homens que seriam acusados de adultério com Ana. Mark Smeaton, seu músico flamengo, o único malnascido entre todos, foi também o único a se declarar culpado. Smeaton, Henry Norris, sir Francis Weston, William Brereton e o irmão de Ana, tio de Elizabeth, o visconde de Rochford, foram executados. Sir Richard Page foi absolvido de todas as acusações. E sir Thomas Wyatt foi para a Torre de Londres, mas não para o cepo. Wyatt testemunhou, como seu biógrafo lindamente menciona, "um evento cataclísmico, uma dessas cutiladas na história que rasga e separa, como diz Rilke, o 'até então do para todo o sempre'".[17]

Wyatt era íntimo do círculo de Ana, o mais consumado de seus poetas. Seu delicioso poema para Ana, "Whoso list to hunt" ["Quem gosta de caçar"], dá uma representação perfeita da linguagem de amor e anseio que envolvia esse círculo que Cromwell fez girar de maneira tão caótica. Numa percepção tardia, "Whoso list" pode ser lido como advertência fatal:

> Whoso list to hunt, I know where is an hind,
> But as for me, helas, I may no more.
> The vain travail hath wearied me so sore,
> I am of them that farthest cometh behind.
> Yet may I by no means my wearied mind
> Draw from the deer, but as she fleeth afore
> Fainting I follow. I leave off therefore
> Sithens in a net I seek to hold the wind.
> Who list her hunt, I put him out of doubt,
> As well as I may spend his time in vain.
> And graven with diamonds in letters plain,

There is written her fair neck round about:
Noli me tangere, for Caesar's I am
And wild for to hold, though I seem tame.*

É a poesia de Wyatt que nos dá a fascinante chave de acesso à evidência que posteriormente iria denunciar a rainha.[18] Wyatt foi aprisionado no alto da Torre do Sino, em 8 de maio de 1536, e no dia seguinte Cromwell começou a reunir o júri para o processo. O que teria revelado Wyatt que permitiu a ação de Cromwell? Ou, melhor, por que a sina de Wyatt foi diferente da de Norris, Brereton, Weston, Smeaton e Rochford? Ele achava que ia morrer, mas, em vez disso, viu sua sentença comutada para "detenção honrosa".

Um poema que consta do manuscrito de Devonshire, de 1536-37, uma colagem de numerosas obras de Wyatt feita por seus colegas poetas da corte, traz os versos:

There never was file half so well filed,
To file a file for every smith's intent,
But I was made a filing instrument,
To frame other, while I was beguiled.

But reason hath at my folly smiled,
And pardoned me since that I me repent,
Of my lost years and time misspent,
For youth did me lead and falsehood guiled.**

---

*Para quem gosta de caçar, sei onde há uma corça,/ Quanto a mim, infelizmente, não posso mais:/ O esforço vão deixou-me exausto e tão ferido,/ Eu sou um dos últimos que chegaram/ E contudo o meu espírito lasso não pode se desligar/ De sua presa, enquanto ela foge// .../ Continuo a desfalecer. E logo desisto/ Sentado em uma rede, procuro segurar o vento./ A quem gosta de caçar, eu tiro a dúvida./ Tanto quanto eu poderás passar teu tempo em vão./ E gravadas em diamantes em letras claras,/ está escrito em torno de teu belo colo:/ *Noli me tangere*, porque eu sou de César/ E difícil de prender, embora pareça domesticada. (N.T.)

**Nunca houve uma lima tão bem meio limada,/ A fim de limar a lima para toda intenção do ferreiro./ Mas eu me tornei um instrumento limador,/ Para incriminar os outros, enquanto era seduzido./ Mas a razão sorriu à minha loucura,/ E me perdoou, desde que

A palavra-chave é *file* (lima), e não *frame* (incriminar). No século XVI, ela conotava "desonra" ou "traição". O poema de Wyatt, em certo sentido, é uma confissão. Ele falara, e sua recompensa foi o perdão por sua conduta, por sua loucura juvenil, das quais se arrependia. Não foi somente a evidência fornecida por Wyatt, claro, que destruiu Ana, mas a cronologia dos fatos sugere que, o que quer que ele tenha dito, isso "permitiu a Cromwell esboçar a acusação [e] reunir seus jurados".[19] Suas palavras na Torre foram bem mais precisas que as sutilezas elípticas rodopiando pelos poemas, embora a poesia, curiosamente, ocupasse lugar significativo *in extremis*. Quando compreendeu quem eram os colegas prisioneiros de Wyatt, Ana fez uma estranha brincadeira histérica. Ela sabia exatamente por que seus "amantes" tinham sido escolhidos como partícipes do jogo do amor em seu mais alto e mais ambiguamente sugestivo nível. "Eles bem que agora podem fazer [seus] catres", riu ela, com o trocadilho entre *ballade*, "balada", e *pallet*, "catre", entre soneto e palha.

Entre as mais extraordinárias acusações dirigidas contra a rainha, havia a de que ela zombara da maneira como Henrique compunha versos naquelas compenetradas missivas em que queria impressioná-la com a própria mestria no domínio do amor cortês. No relato de desdém expresso por Ana e seus admiradores pelos versos do rei, "que se tornou uma grande acusação contra eles", ouvem-se os risinhos dissimulados durante o "passatempo", risinhos de caçoada em relação a um homem cuja pena era tão flácida quanto o pênis (como afirmou Rochford, num arroubo suicida, em seu julgamento). O biógrafo de Wyatt não alega que Henrique mandou matar Ana porque ela rira de sua falta de jeito numa parelha de versos, mas que Cromwell baseava-se num "deliberado disvirtuamento na interpretação de uma linguagem privada" para armar sua arapuca, legalmente sustentada pela confissão de Smeaton e pelo Ato de Traição, aprovado dois anos antes, pelo qual falar mal do rei constituía crime de traição.

Foi essa linguagem privada, contudo, que Elizabeth manipulou tão extraordinariamente para seus próprios fins. Ela talvez seja, também, o

---

eu me arrependesse/ De meus anos perdidos e do tempo mal usado,/ Pois me guiou a juventude, e a falsidade tramou contra mim. (N.T.)

mais significativo legado de Ana para a filha. Nenhum dos poemas de Thomas Wyatt foi publicado no tempo de vida de Ana – nem enquanto ele viveu. Mas foram impressos no tempo de Elizabeth, em 1557, um ano antes de sua ascensão ao trono. *Tottel's Miscellany* contém 96 poemas de Wyatt, mais quarenta de Henry Howard, conde de Surrey. Essa coleção foi a mais amplamente disseminada e influente do período. Ali estava a fonte de inspiração poética para os cortesãos que teceram hinos de louvor a Elizabeth e para outros escritores, incluindo Shakespeare, que fez do soneto cortês o elástico, surpreendente, belamente forjado emblema literário de sua época. *Miscellany* é uma ligação linguística direta entre as cortes de Elizabeth e de Ana, uma conexão que ecoa entre as duas rainhas. Na corte da filha, contudo, e no âmbito cultural mais amplo em torno da rainha, a linguagem do amor cortês estava impregnada de veneração religiosa. Elizabeth tornou-se mais que a "senhora" em serviço de quem o cortesão-amante buscava e alcançava identificação e recompensa. Ela fez de si mesma o modelo de percepção da Reforma, um ser divino.

Capítulo 3

QUANTAS VEZES ELIZABETH ouviu na infância a palavra "bastarda"? A bondosa lady Bryan talvez tenha tentado blindá-la da mudança de status, mas os outros, inclusive sua irmã, Maria, não foram tão gentis. A ilegitimidade de Elizabeth estava marcada por algo ainda pior: o fantasma do incesto. Pois Ana Bolena pode ter sido executada por alta traição, mas o fundamento sobre o qual seu casamento com Henrique fora desfeito não era o adultério, mas a relação anterior de Henrique com a irmã de Ana, Maria, com quem ele tivera um caso na década de 1520. Sob a lei canônica, esse relacionamento tornaria tabu qualquer união subsequente com um membro da família. Embora a própria Maria fosse rebento de um matrimônio desse tipo (o casamento de Henrique com Catarina de Aragão, de acordo com a própria lógica do rei, era ilegítimo, porque ela fora casada com o irmão dele, Artur, o que era proibido, segundo o famoso texto de Levítico 18:16 – "Não descobrirás a nudez da mulher de teu irmão" – que plantou a semente teológica para o primeiro divórcio real), ela decididamente tinha prazer em provocar a irmã por sua condição de bastarda.

A sensibilidade de Elizabeth quanto a essa questão mostrou sua marca nas posteriores discussões com o embaixador veneziano sobre a legalidade do matrimônio de Ana Bolena, quando a rainha insistia na legitimidade da união de seus pais. Em julho de 1536, o Parlamento rejeitou o ato que fazia de Elizabeth a herdeira legítima de Henrique. Embora depois o ato fosse anulado, a rainha permaneceu tecnicamente bastarda durante toda a vida. A acusação de incesto tampouco foi retirada. O rebelde católico William Allen, escrevendo na década de 1580, representou Elizabeth como bastarda incestuosa, gerada e nascida do pecado de uma infame cortesã, Ana Bullen [Bolena], depois executada por adultério, traição, heresia e incesto. ... [A] qual Ana e seu assim dito e suposto pai mantiveram um fingido matrimônio, ... como antes, como se sabe, tivera as duas mencionadas mãe e irmã de Elizabeth.[1]

A "gentileza" de Maria Bolena com Henrique VIII naquela festa remota iria comprometer a reputação de Elizabeth e de sua mãe durante toda a vida.

Maria Tudor posteriormente alegou que Elizabeth era de fato filha de Mark Smeaton, e referia-se a ela maldosamente como a "pequena prostituta". Não obstante, ela demonstrava alguma ternura para com a irmãzinha órfã de mãe, e lhe creditam ter levado Elizabeth para a comemoração de Natal na corte, em 1536. Então, a nova mulher de Henrique VIII, Jane Seymour, já estava grávida da criança que seria o único herdeiro indiscutível do trono. O irmão de Elizabeth, Eduardo, nasceu em Hampton Court, em 12 de outubro de 1537. As irmãs foram novamente à corte para o batizado, três dias depois, sendo Maria a madrinha, e a pequena Elizabeth, carregada nos braços do irmão de Jane, Edward Seymour, conduzia a roupa branca do batismo. Duas semanas depois, a rainha Jane estava morta, e o mundo de Elizabeth mudava mais uma vez. Lady Bryan seria a governanta do novo príncipe, substituída como responsável pela casa por lady Troy, que antes fora membro da casa de Maria. Ao mesmo tempo, Katherine Champernowne – que se tornaria uma das mulheres mais importantes na vida de Elizabeth, e que mais tarde casou-se com outro membro da casa dela, John Ashley – foi nomeada governanta. Junto com Blanche Parry, a dama que balançava o berço de Elizabeth e também lhe ensinou um pouco de seu galês nativo, madame Ashley permaneceu com Elizabeth por toda a vida e foi responsável pela primeira educação da menina.

Em 1539, Henrique fez um casamento dinástico e estratégico com Ana de Cleves, consolidando a aliança com um dos diminutos Estados do corredor reformista que criava uma área-tampão entre os territórios dos Habsburgo nos Países Baixos e na Itália. Mais uma vez, Henrique fez o papel do amante cortês, indo "incógnito" conhecer sua noiva em Rochester, numa demonstração de encenada impaciência. Mas tudo não passou de um esforço tristemente não convincente. A reação de Henrique a Ana de Cleves foi de imediata repulsa. Conquanto desse prosseguimento ao cerimonial de matrimônio, ele ficou tão perturbado com a aparência e o cheiro do corpo da "Égua de Flandres" que foi incapaz de consumar a união. Não há registro da reação de Ana a Henrique, que tampouco estava isento de maus cheiros, pelas secreções das feridas de sua perna ulcerosa. Não há menção de que Ana e Elizabeth tenham se encontrado durante os seis meses que o casto matrimônio levou para ser desfeito, mas as duas desenvolveram depois um bom relacionamento, quando a ex-rainha mudou-se para sua propriedade em Hever, onde aparentemente levou uma existência bem alegre e divertida.

A rainha seguinte foi uma prima de Ana Bolena, Catarina, filha de Thomas Howard, segundo duque de Norfolk. Ainda jovem, na casa de sua avó postiça, Catarina tivera um caso devidamente abafado com outro parente, Francis Dereham, obtendo a moça de mais ou menos quinze anos de idade um lugar como dama de honra de Ana de Cleves. Henrique logo ficou enfeitiçado pela beleza da jovem adolescente, casando-se com ela algumas semanas depois da anulação do casamento com Ana. Não há real evidência de que Catarina tenha demonstrado muito interesse pela enteada mais jovem, embora tenha presenteado Elizabeth com algumas bijuterias baratas, do tipo que agrada às menininhas; trouxe-a para visitá-la em Chelsea e levou-a em uma viagem que fez para ver Eduardo em Waltham Cross. A própria Elizabeth pode muito bem ter se referido a essas viagens, pois as fizera na barcaça real, com idade suficiente para lembrar-se delas. Mas, após quatro anos de submissão às atenções gotosas de Henrique, Catarina arranjou um amante, Thomas Culpeper. No início de 1542 ela estava na Torre de Londres, e no dia 13 de fevereiro teve o mesmo destino que Ana Bolena.

Elizabeth foi uma criança extremamente alerta e inteligente, mas é impossível saber como ela elaborou, se é que elaborou, esse triste desfile de madrastas. Era fato comum no século XVI as mulheres morrerem no parto – Elizabeth não precisava ter como exemplo a morte de uma mulher que ela mal vira, que morrera quando ela tinha quatro anos, para evitar a maternidade. Como adulta, foi rigorosa na punição de transgressões sexuais quando estas de alguma forma afetavam sua autoridade – e assim, se é para se considerar Catarina Howard uma influência, deve-se inferir que ela não foi das mais simpáticas. Mas não há motivo algum para supor que Elizabeth estivesse particularmente interessada em qualquer das três madrastas que antecederam a última mulher de seu pai, Catarina Parr.

Elizabeth viveu num mundo infantil, longe da corte, com preocupações e interesses infantis. Seu status de ilegitimidade decerto ganhou vulto mais tarde; contudo, novamente, as circunstâncias externas de sua existência foram de felicidade e conforto. Ela teve professores, atividades, companhias, como a de lady Elizabeth Fitzgerald – que se juntou às irmãs reais por um tempo, em Hunsdon –, e todo o burburinho de uma grande casa repleta de pequenos acontecimentos e dramas para se divertir e distrair. Deu-se muito destaque a uma carta de lady Bryan na qual ela reclamava do estado do guarda-roupa de Elizabeth, mas os registros da casa demonstram que ela foi bem-cuidada, de modo relativamente pródigo, adequado à sua posição. Talvez Maria lhe chamasse por nomes depreciativos, mas dela também vinham mimos e presentes ocasionais. Seja como for, em toda parte os irmãos de vez em quando se odeiam. Elizabeth não passou a infância intimidada, pobrezinha e solitária, aguardando desesperadamente que os raios dos favores mercuriais de seu pai brilhassem novamente para ela.

Henrique não foi um pai especialmente descuidado para os padrões da época. Ele via Elizabeth raras vezes, mas mantinha-se a par de seus progressos, e em 1542, depois de jantar com as duas filhas em Pyrgo Park, perto de Romford, começou a vê-las com mais frequência. No caso de Elizabeth, isso podia se relacionar à sua idade ou a qualquer outra coisa – nas palavras do pai, ela exibia as qualidades "compatíveis com sua condição",[2] e menininhas em geral não interessam muito aos ocupados homens de meia-idade. Aos nove anos, ou em torno disso, Elizabeth teria começado a ser uma companhia civilizada. Nos últimos cinco anos de vida do rei, Elizabeth recebia cada vez mais sinais de que ele a amava e mimava, e ela retribuía com uma orgulhosa e possante afeição – que perduraria em seu reinado.

Capítulo 3 61

A última madrasta de Elizabeth, Catarina Parr, não poderia ser mais diferente da pobre e estouvada Catarina Howard. A mãe da terceira Catarina, Maud, fora dama de companhia de Catarina de Aragão. Depois de enviuvar pela segunda vez aos trinta anos, em 1542, Catarina tornou-se a principal dama de companhia da casa de Maria Tudor. Ela teve um relacionamento amoroso com Thomas Seymour, irmão de Jane Seymour, mas o caso teve um fim abrupto quando Henrique deixou claro que ele também estava interessado nessa atraente e séria mulher. Eles se casaram numa breve cerimônia, em 12 de julho de 1543, na presença de Elizabeth e Maria. Como muitas damas educadas da elite, Catarina tinha profundo interesse pelo desenvolvimento religioso, compondo suas próprias rezas e meditações. Como rainha, manteve regularmente um salão para debates teológicos em seus aposentos. Também demonstrou muito mais interesse pelas enteadas que a predecessora. A "precocidade" de Elizabeth foi ressaltada por muitos que a conheceram; Catarina então providenciou para que, a partir de 1544, a jovem compartilhasse as aulas do irmão Eduardo, sob a tutela de John Cheke, o humanista – e reformista – professor de grego de Cambridge que reunia em torno de si um círculo intelectual que incluía algumas das figuras-chave do futuro reino de Elizabeth.

Os tutores de Elizabeth eram ambos membros do St. John's College. William Grindal manteve o posto até morrer, em 1548, sendo substituído, até 1550, por Roger Ascham, que deixou o registro detalhado de seus estudos quanto ao futuro da rainha num tratado sobre educação, *The Schoolmaster*, publicado em 1570. O livro de Ascham, que combina uma ênfase talvez surpreendentemente moderna, um método pedagógico suave e estimulante, com profundeza e rigor extraordinários, deixa delineados os objetivos da educação humanista. Para ele, o latim era o núcleo do conhecimento, e o propósito de seu estudo, acima de tudo, era adquirir um domínio de expressão que, por sua vez, iria produzir a clareza polida do pensamento racional. O estudante que começasse com o *De Oratore*, de Cícero,

> não só afastaria completamente seu medo atroz de enfrentar o latim, mas também, de modo fácil e prazeroso, ... faria uma verdadeira escolha quanto

à colocação das palavras, a ordenação correta das sentenças, a fácil compreensão da língua, a disposição para falar, a facilidade para escrever, um julgamento correto de seus fazeres e dos fazeres dos outros.

Ascham se baseava na tradição da pedagogia reformada que tivera início na Itália, em meados do século XV. Ali, os *auctores octo*, tratados medievais sobre educação, tinham sido substituídos por textos clássicos, a fim de introduzir as crianças nas obras de escritores antigos, em tal extensão que, em 1443, a Universidade de Ferrara tinha disposto que apenas os que provassem suas credenciais na *bonae litterae* – estudos humanistas – poderiam ser admitidos no estabelecimento. Ascham acreditava que a educação ideal consistia em três elementos interdependentes: o latim de Túlio, o grego de Platão e Aristóteles e a Bíblia Sagrada. "Ainda não conheci um estudioso que goste, ame e siga principalmente [estes] autores, mas ele se provaria um homem instruído, sensato e também honesto."

Talvez esse "ame e siga" se referisse também a Elizabeth, pois ela igualmente se beneficiou do avanço das ideias no caso das mulheres que estudavam – que na Inglaterra encontrou seu mais celebrado exemplo na "escola" estabelecida por Thomas More para suas filhas e o pessoal de sua casa, e que ficou conhecida por toda a Europa durante a década de 1520. More baseava seu sistema no meticuloso método de tradução dupla também adotado por Ascham, pelo qual o estudante traduzia do latim ou do grego para o inglês, e depois retraduzia sua própria tradução. O currículo adotado na casa de More era semelhante ao seguido por Elizabeth, que, assim como as filhas de More, lia latim, grego, espanhol, italiano e alemão e estudava matemática, astronomia, filosofia natural, música e geografia, enquanto o estudo de gramática, retórica e lógica era utilizado na prática de debates e "disputas". De forma crucial, a prática de More sustentava sua visão de que a capacidade intelectual das mulheres não era em nada inferior à dos homens.

Tampouco julgo que a safra será muito afetada se for um homem ou uma mulher a fazer a semeadura. *Ambos* se denominam seres humanos, cuja razão natural os diferencia dos animais; *ambos*, eu digo, são *igualmente capacitados* para o conhecimento da erudição pela qual se cultiva a razão ...³

Outro precedente importante em termos da educação de Elizabeth foi o de sua irmã mais velha, Maria, cujos estudos eram supervisionados pelo humanista espanhol Juan Luís Vives. Maria estudou os escritos de humanistas seus contemporâneos, como Erasmo e o próprio More, assim como Platão e Aristóteles, e também foi uma consumada linguista. Quando ela tinha sete anos, Vives produziu um precursor do *The Schoolmaster* chamado *On a Plan of Study for Children*, dirigido à educação de um futuro monarca. Os resultados alcançados por Maria são menos conhecidos que os de sua irmã (não porque ela se jactasse menos), mas, em seus discursos como rainha, podem-se discernir muitos dos elementos retóricos derivados de sua formação que a própria Elizabeth iria imitar.

Educação equivalente à que as filhas de Thomas More ou as princesas Tudor recebiam era reservada a um número muito pequeno de mulheres. Contudo, o que a tornava extraordinária era que essas poucas mulheres, pela primeira vez na Inglaterra, usufruíam paridade intelectual com os homens. No início do período medieval, conventos como o de Wilton já se dedicavam à educação das mulheres da elite, mas o estudo do latim em geral era reservado aos homens. Uma consequência positiva disso foi a promoção da cultura vernacular pelas mulheres da realeza e da aristocracia. No entanto, o latim sempre fora a língua do poder, da diplomacia e da lei. Com o grego, era considerado pelos humanistas essencial para uma verdadeira compreensão da Bíblia. Assim, as armas intelectuais de Elizabeth eram tão afiadas quanto as de qualquer homem de seu tempo. Como seu irmão Eduardo, com quem partilhava as leituras de Lívio, Sófocles e Demóstenes, Elizabeth foi educada como um príncipe.

Enquanto passavam de um palácio a outro, em meio a visitas à corte, Elizabeth e Eduardo aparentemente devoravam as leituras que lhes eram recomendadas (como eram crianças reais, presumia-se que nunca ficassem ociosas nem entediadas). Um relato capta a tranquila diligência dessa época: "Tão fecundos de criatividade eram Elizabeth e Eduardo que queriam ler assim que o dia começava a raiar. Suas horas matinais eram tão bem-vindas que eles pareciam dispostos a antecipar o sono noturno para melhor aproveitar o estudo, pela manhã." Elizabeth, no entanto, era excluída dos aspectos físicos da educação de seu irmão. Quando Eduardo era chamado para os treinamentos de "cavaleiro" que constituíam parte de sua educação, mas não da de sua irmã, Elizabeth, "em seus aposentos particulares, entretinha-se com o alaúde, ou a viola bastarda, e [farta disso] se exercitava com a agulha".[4] Costurar e bordar eram atividades femininas muito mais convencionais do que fazer traduções do grego para o inglês passando pelo latim, mas Elizabeth tinha orgulho suficiente de seus bordados para mais tarde dormir sobre um travesseiro que ela mesma ornamentara, ou para produzir, com as damas, coberturas para as cadeiras. Apesar de ter sido barrada nos treinos com armas, adequados ao irmão, ela adquiriu, por intermédio de Ascham, um gosto pela brutal prática da briga de galos e pelos talentos na equitação, coisas que lhe deram prazer durante toda a vida.

Elizabeth iria passar grande parte de sua vida em aposentos pequenos. Quase nunca estava sozinha, mesmo à noite, quando uma ou mais de suas damas dividia com ela a alcova, quando não a cama. Como os friorentos, ela gostava do calor do fogo e das peles, mas detestava a sensação de abafamento, e dá para depreender sua claustrofobia pela insistência com que pedia às damas, às vezes desagradadas da ideia, para que abrissem as janelas. Não é de admirar que gostasse do ar livre e caminhasse toda manhã em seu jardim ou no terraço, atravessando longas galerias quando o tempo estava ruim, enquanto as criadas, bufando e sem fôlego, esforçavam-se por acompanhá-la. Montar era um modo de exceder a si mesma, de sentir-se livre por alguns momentos preciosos. Durante a vida toda Elizabeth adorou caçar. Talvez ela não fosse capaz de acompanhar o irmão em todos os aspectos físicos de sua educação, mas superou-o na montaria, galopando com uma temeridade que iria alarmar até seu *Master of the Horse*,* Robert

---

* *Master of the Horse*: prestigiosa posição ocupada na corte por quem atendia pessoalmente à rainha em suas apresentações públicas, seus entretenimentos. (N.T.)

Dudley, ele mesmo exímio cavaleiro. Falando de alguns cavalos "bons galopadores" enviados da Irlanda, ele observaria que "Elizabeth preferiu poupá-los e não tentou galopar o mais depressa possível. Temo muito que ainda os ponha à prova".⁵ Quando não podia montar, Elizabeth gostava de dançar, especialmente nos primeiros anos como rainha, a escandalosa *volta*, na qual o par masculino ergue a dama segurando-a por entre as saias, frequentemente expondo suas pernas. Dançar e caçar eram atividades muito atinentes à corte, mas Elizabeth foi uma criatura de sua época em outros aspectos, divertindo-se não só em brigas de galo, como também em "espancamento de ursos".* Quando a ocasião o exigia, Elizabeth podia manter-se imóvel em majestade cerimonial durante horas – aptidão que pôs dolorosamente à prova as pernas e as costas de muitos embaixadores –, mas parece que ocupações mais ativas e até sanguinárias lhe davam um sentimento de alvoroço e libertação pelo qual ansiava.

O confinamento imposto pela etiqueta palaciana e pela resistência física era seu dever. Contudo, mesmo ao aceitá-lo, Elizabeth declarou: "Prefiro morrer a ser prisioneira." Para posterior desespero de seus ministros, a necessidade que ela tinha de movimento e de ar se traduzia na rejeição de qualquer medida de segurança acima do mínimo: ela sabia o valor de caminhar livremente entre as pessoas de seu povo, no sentido de manter a visibilidade e, portanto, a popularidade, mas isso também era algo de que precisava. Sugeriu-se um interessante corolário: a insistência de Elizabeth em preservar sua liberdade de caminhar do lado de fora dos palácios tornou necessário que se ampliassem as medidas que mais tarde se adotaram contra potenciais traidores católicos, e eles pagaram com grande sofrimento o preço da liberdade da rainha. Se ela se deixasse proteger melhor, a mesa de tortura teria funcionado menos.

Por enquanto, graças a Catarina Parr, a educação espiritual e humanista de Elizabeth progredia com brilho. A influência de Catarina também se fez sentir no relacionamento mais tranquilo com o pai. O retrato di-

---

Bear-baiting: cruel "esporte" de arena no qual um urso, acorrentado a um poste, era acossado por cães furiosos enquanto o espancavam. (N.T.)

nástico conhecido como *A família de Henrique VIII* (1543-47), que reproduz o interior e o jardim do palácio Whitehall, inclui Elizabeth, à direita, separada do pai, de Jane Seymour e do herdeiro, Eduardo, por uma coluna ornamentada, distinção que se reproduz, espelhada, à direita, na pose de sua irmã, Maria. Sugere-se que o colar usado por Elizabeth no quadro tem um pingente com um "A" que fora de Ana Bolena, e que Elizabeth optara por usá-lo num gesto de solidariedade à mãe. Embora não seja impossível, isso parece extremamente improvável; porém, como a teoria foi amplamente examinada, vale a pena debatê-la.

O quadro mais famoso de Ana Bolena, o retrato de Hever, que a mostra usando o pingente com um "B", foi pintado bem depois de sua morte. Na verdade, só há um desenho – de Holbein, mostrando a rainha de camisola e usando touca – que nos dá alguma indicação da aparência de Ana Bolena em vida. Embora ela tenha sido a esposa mais famosa de Henrique, não há registro pintado de Ana durante seu curto reinado. Todas as imagens dela existentes remontam à segunda metade do século XVI, e em nenhuma a rainha usa um colar com o pingente em forma de "A". Sabemos que ela tinha pingentes com "B" e "AH", mas não há registros nos livros reais de nenhum com a letra "A". É bem possível que ela o possuísse e que Elizabeth o tenha herdado.

Decerto o colar que Elizabeth usa na tela parece ter um "A", mas pode ser outra coisa, ou talvez o quadro tenha sido pintado em data posterior, como sugeriu um especialista.[6] O principal estudioso dos retratos de Elizabeth não faz menção ao colar em sua análise do quadro. Além disso, é inconcebível que Elizabeth (então entre onze e treze anos), cujas relações com o pai haviam sido restabelecidas graças aos bons ofícios de Catarina Parr, se arriscasse a provocar a ira paterna com essa atitude. A ideia de que o colar fosse um "segredo" entre a menina e o artista desconhecido, provavelmente italiano, também é improvável, dada a percepção da época acerca dos detalhes alegóricos dos quadros, que deviam ser "lidos" do ponto de vista simbólico pelos *cognoscenti*. A posição de Elizabeth no quadro, separada pela coluna, é um exemplo disso; quem observasse a tela podia inferir seu status ilegítimo pela barreira de pedra apartando-a do círculo íntimo da terceira mulher e herdeira de seu pai. A ideia de que Henrique percebeu isso e simplesmente não deu importância igualmente parece extraordinária. Se Elizabeth estava tão determinada a desafiar o pai homenageando a mãe dessa maneira, por que nunca mais reapareceu o "A" intencional?

A presença de Elizabeth no quadro coincide cronologicamente com o Ato do Parlamento de 1544, que voltou a situá-la, e a Maria, na linha sucessória. Nenhuma das irmãs foi legitimada, mas ambas receberam o reconhecimento como herdeiras do pai, depois de Eduardo. Numa recepção em 26 de junho do mesmo ano, em Whitehall, Henrique jantou com os três filhos e depois os apresentou informalmente à corte, entre vinhos e doces. Catarina Parr, que não tinha filhos – e que, dado o estado de saúde de Henrique e a circunferência da cintura do rei, provavelmente jamais os teria –, não foi convidada para a festa. Então, se houve uma sensação de "triunfo no coração" de Elizabeth[7] pela sua inclusão no retrato de família naquele momento, teria essa criança inteligente se arriscado fazendo algo tão estúpido?

Mais interessante que essa teoria talvez seja a visão que o retrato de família oferece quanto ao universo visual que Elizabeth conhecia como criança na corte do pai. Quadros como esse eram relativamente raros nas cortes principescas, quando comparados às tapeçarias, consideradas na época o mais prestigioso dos objetos. As tapeçarias em geral viajavam com seus peripatéticos donos (para seu casamento, um século antes, Felipe de Borgonha levara quinze carroças carregadas de tapeçarias), e sua função era criar "instantâneos de esplendor e magia". Como meio de impressionar quem as contemplava, as tapeçarias eram intimamente conectadas a seus proprietários, aparecendo e desaparecendo quando eles chegavam e iam embora. Elas "definiam os espaços do poder político, com sua deslumbrante riqueza visual e sua iconografia cuidadosamente selecionada, circunscrevendo o reino do governante".[8]

As tapeçarias eram também uma instância de complexidade das redes transeuropeias que, no Renascimento, conectavam comerciantes, artesãos e consumidores. Fios de ouro e prata eram enviados de Veneza, lã da Inglaterra, seda do norte da Itália e tinturas da Turquia. Os entendidos da época estavam atentos ao acabamento das peças – quanto maior o número de novelos, mais fino devia ser o fio e melhor a definição da figura tecida. Detalhes pictóricos e a presença de fios preciosos eram notados e sopesados. Hoje é difícil apreciar o maravilhamento que as tapeçarias suscitavam nos olhos do século XVI, mas, iluminadas por tochas ou velas, animadas pelo movimento dos corpos nos salões apinhados, "as figuras em tamanho real pareciam se movimentar e misturar-se aos moradores, vestidos de maneira similar", numa bruxuleante e vívida dança. Elas não eram tintas chapadas na parede, mas "quadros interativos",[9] e as histórias que retratavam eram as verdadeiras novelas de seu mundo e de sua época.

Henrique VIII, como seu pai, colecionou muitas tapeçarias, reunindo inclusive, em 1528, uma coleção da série de Rafael baseada nos "cartões" de *Os atos dos apóstolos*. Uma delas, *A cura do aleijado*, em que o espaço visual se divide em três seções por coluna torcidas com os padrões de videira da basílica de São Pedro, foi identificada como fonte de estruturação do quadro da família de Henrique VIII. O rendilhado na coluna perto de Elizabeth e os frisos na parede, acima dela, conectam a peça, de forma competente, com uma inovação introduzida durante o período em que Jane Seymour era rainha, quando Holbein produziu para ela uma taça, uma das primeiras peças de metal ao norte dos Alpes a empregar um desenho de rendilhado mouro. Holbein encontrara os estilos conhecidos como *grotesque* e *rinceaux** nas composições lineares de guirlandas vegetais e flores entrelaçadas na corte francesa, em Fontainebleau, de onde foram importados, via Lombardia. Embora esses estilos derivassem da Antiguidade clássica, o uso do rendilhado era novo, oriundo da arte islâmica que se disseminara particularmente com a encadernação dos livros persas que chegavam de Veneza. *A família de Henrique VIII* é uma miniatura do Renascimento, uma mescla de ostensiva e principesca magnificência com imaginação exótica, arte italiana e cristianismo, tudo na linguagem da nova ciência – para cuja compreensão Elisabeth estava preparada pela educação que recebera.

---

* *Grotesque*: grotesco; *rinceaux*: folhagens. (N.T.)

Capítulo 4

ELIZABETH EXIBIU ORGULHOSAMENTE sua erudição na primeira carta que enviou, redigida em italiano, para Catarina Parr, em julho de 1544. As duas já não se viam fazia um ano, Elizabeth ocupada com os estudos, Catarina, na corte, onde exercia a regência enquanto o ulceroso, pesadão e desajeitado marido fazia sua última investida como herói de cavalaria numa vangloriosa campanha na França. Elizabeth expressava sua preocupação com o pai, tanto convencional quanto afetiva, "humildemente rogando" à rainha que "a recomendasse a ele, sempre rezando por suas doces bênçãos, e da mesma forma implorando a Deus que lhe enviasse o melhor dos êxitos, que tivesse vitória sobre os inimigos, para que Vossa Alteza e eu possamos nos alegrar o mais brevemente possível com ele e seu feliz regresso".

Ela logo viu seu desejo se realizar ao ser recebida pelo rei, com a irmã Maria, no castelo de Leeds, quando ele retornou da França. Depois disso, voltou a estudar com Eduardo e começou a trabalhar num projeto mais ambicioso que uma carta em italiano: a tradução do francês de *Le miroir de l'âme pécheresse* (Espelho da alma pecadora), de Margarida de Navarra, que planejara dar a Catarina como presente de ano-novo. Vinte e sete páginas de tradução de um texto teológico é uma realização extraordinária para alguém de onze anos, embora a criança Elizabeth ainda esteja visível na pressa que teve para completar o presente: os erros de ortografia aumentavam à medida que ela acelerava o trabalho. Elizabeth bordou uma linda capa (ainda preservada) para sua obra, com fios prateados em tecido azul, com um "CP" no meio de quatro amores-perfeitos. Essa apresentação charmosa não combina muito bem com o texto em si, sobretudo porque ele contém observações do tipo: "Você se apartou de meu leito e pôs suas falsas amantes em meu lugar, e com elas cometeu fornicação." Elizabeth podia ser exímia ao manejar a agulha, mas, intimamente, nunca foi nem um pouco submissa ou feminina. Na época, prazer e os terrores da carne não eram tidos como material inadequado para princesas.

Como rainha, o corpo de Elizabeth iria se tornar objeto de obsessivo interesse. "Na guerra de fé que dividiu a Europa, o corpo de Elizabeth ... era o ponto nodal do conflito."[1] Em certa medida, contudo, sempre fora assim. Por toda a Europa, o corpo de uma rainha era um vaso místico, o ponto de translação da linhagem real, uma fonte de socorro e de suspeita. A intimidade física do casal real com frequência produzia um desvio da crítica ao rei para o corpo da rainha, um meio de considerar o comportamento "não viril" consequência do poder feminino. A rainha-menina do rei João, Isabel de Angoulême, por exemplo, no século XIII, foi acusada por cronistas de sua época de causar os desastrosos fracassos do rei no continente europeu, de drenar sua virilidade de tal maneira que ele preferia fazer amor com ela a lutar com seus dignitários, enquanto Eleonora da Provença, quarenta anos mais tarde, era conhecida como "nicatrix", nome de uma ave noturna, sussurrando venenos ao ouvido do esposo na privacidade da alcova.

Histórias de rainhas desregradas e incestuosas abundam desde a Bíblia até as histórias das Cruzadas e a poesia de Boccaccio, "um estereótipo cultural a partir do qual se pode montar um ataque ao reinado da mulher".[2] Uma reação das rainhas foi se dissociar das imagens de sexualidade potencialmente corrupta por meio de uma identificação com a Virgem Maria, como fez Ana Bolena em seu Livro das horas. Quando optou por traduzir a obra de Margarida de Navarra, Elizabeth estava se filiando a uma tradição similar concernente às rainhas, ao mesmo tempo que criava uma conexão literária com duas figuras femininas que tinham influenciado sua mãe e formado seu próprio conceito do que devia ser uma mulher instruída, apta a governar.

Durante o período que passou na França, Ana sem dúvida estivera a serviço da rainha Cláudia, e não, como por vezes se supôs, de Margarida, irmã de Francisco I. Mas também conhecera a mãe de Margarida, Luísa da Savoia. A própria Luísa fora preparada na corte de Ana de Beaujeu, filha de Luís XI, poderosa regente durante a minoridade de seu irmão e de seu primo,

Carlos VIII e Luís XII, respectivamente. Ana de Beaujeu era conhecida como promotora do estudo para as mulheres, dedicada seguidora da erudita Christine de Pisan e autora de um manual, os *Enseignements*, dedicado à sua filha Suzanne. Também foi responsável pela educação de Margarida da Áustria, em cuja corte Ana Bolena servira, inicialmente, e de Diane de Poitiers, a amante de Henrique II. Luísa deu a Margarida uma educação principesca, tanto assim que, tendo-a como patrona, poetisa e patrocinadora de novos estudos humanísticos, a corte da própria Margarida tornou-se conhecida como "Novo Parnaso". O historiador francês Michelet a chamou de "Mãe da Renascença Francesa". Luísa representava, assim, uma tradição de mulheres governantes cujas realizações se incorporavam às do Renascimento e cuja autoridade Elizabeth podia buscar em sua tradução.

A própria Luísa governou por um tempo como regente, investida de poderes totais por seu filho Francisco I, em 1523, enquanto ele partia para uma campanha na Itália. Ela, Francisco e Margarida produziram uma série de epístolas em verso que trocavam entre si, configurando-se como trindade, na qual Margarida personificava a jovem feminilidade real, enquanto Luísa representava uma Virgem mais madura, um modelo de prudência e sabedoria. As *Épîtres* deslocam o corpo físico e a sexualidade da regente para sua filha, enquanto Margarida atua como uma espécie de "dublê de corpo" para Luísa,³ ao passo que esta cuidadosamente se retratava com sugestivos ícones de castidade e estudo. Assim, as *Épîtres* mostram Margarida e sua mãe dividindo entre si os dois aspectos da feminilidade de uma rainha, o sagrado e o físico, com isso negando um possível comprometimento da autoridade de Luísa, representado pelo seu ser corporalmente atacável. Essa duplicidade é mencionada em *Le miroir de l'âme pécheresse*, nas referências de Margarida às tensões da alma aprisionada dentro do corpo: "Ma pauvre âme, extase et prisonnière/ Les pieds liés par concupiscence... Espérance de fin ne doit avoir."*

Os sentimentos de Margarida em relação a Ana Bolena foram objeto de comentários, mas é evidente que a própria Ana quis cultivar a ami-

---

* "Minha pobre alma, êxtase e prisioneira,/ Os pés atados por concupiscência.../ Não deve ter esperança de fim." (N.T.)

zade. Ela fora hóspede de Margarida quando visitou Boulogne-sur-mer com Henrique, seu prometido, em 1532. Depois disso, correspondia-se com Margarida e também lhe transmitia mensagens por intermédio de parentes. Em 1533, o duque de Norfolk foi encarregado de dizer-lhe que Ana "era tão afeiçoada a Vossa Alteza como se fosse vossa própria irmã". No ano seguinte lorde Rochford informou Margarida de quanto Ana lamentava não poder se encontrar com ela e seu irmão na França em decorrência da gravidez. De maneira pungente, Ana disse que "seu maior desejo, depois do de ter um filho, era vê-la novamente".[4] Tão efusivas cortesias eram costumeiras, e não devem ser superestimadas na percepção do relacionamento entre Ana e Margarida. Mas o biógrafo da primeira sugere que ela tentava imitar a erudição da rainha de Navarra, reunindo livros e manuscritos de autores e artistas patrocinados por Margarida, e até sugere que o original francês de *Le miroir de l'âme pécheresse* do qual Elizabeth fez a tradução talvez tivesse pertencido a Ana. Se isso é verdade, a tradução de Elizabeth não era apenas um presente altamente adequado para Catarina, em termos religiosos, intelectuais e reais, mas também um sinal de afeição à madrasta, o oferecimento de uma das poucas lembranças que a princesa tinha de sua mãe biológica.

O fato de Ana Bolena ter um Livro das horas, coletânea devocional baseada no Ofício divino muito em uso nos mosteiros, às vezes tem sido citado como evidência de suas tendências reformistas, graças a uma referência em francês ao Dia do Juízo Final. Isso é discutível, pois a posse e a utilização desse livro, bem estabelecidas na tradição medieval, estavam totalmente de acordo com a prática religiosa ortodoxa de Ana. O livro não a conectava a um aspecto imaginário que envolveria sua filha, o da Virgem Maria. A identificação mariana era tema dominante na representação da condição de rainha da Inglaterra. Matilde da Escócia, esposa de Henrique I, fora próxima a Gundulph de Rochester, que promovera o culto da mãe de Cristo celebrando a festa da Imaculada Conceição no início do século XII, antes de ele ter sido oficialmente reconhecido pela Igreja. Sempre, desde então, o vínculo entre a Rainha do Céu e o quase místico poder da rainha

Capítulo 4

tivera uma dinâmica significativa. No livro de Ana, ela fez uma anotação acima de uma figura da Anunciação, o grande momento em que Maria recebe a notícia de que carregava em si o filho de Deus: "By daily prove you shall me find/ To be to you both loving and kind."*

No próprio livro de manuscritos devocionais de Elizabeth há uma oração em francês que também alude a Maria: "je te loveray en magnificat ton nom, o mon Père."** Esse verso é uma mescla de temas protestantes e católicos, combinando o "Magnificat", o primeiro hino mariano, à ressonância dos Salmos, tão importantes para os reformadores. Elizabeth fazia frequentes referências a Maria descrevendo a si mesma como "criada de Deus" num discurso ao Parlamento, em 1576, e num texto de 1569 conhecido como "Livro de orações da rainha Elizabeth". Num baile de máscaras, em julho de 1564, ela observou para o embaixador espanhol, indicando sua roupa preta e branca: "Estas são as minhas cores." O preto representava a constância, e o branco, a virgindade; assim combinados eles sinalizavam a virgindade constante. Não era novidade uma rainha inglesa se identificar com o culto de Maria, só que na época de Elizabeth não havia esse culto. Também seria um erro crasso sugerir que ela deliberadamente se apresentava como substituta da Virgem em resposta a um desejo psicológico das massas, de seus súditos, de colocar alguém no lugar de Maria. Contudo, Elizabeth arrogou a si mesma alguns dos poderes místicos da Virgem, e o modo como o fez era produto da dinâmica do amor cortês utilizada por sua mãe.

O impacto da religião de Ana Bolena sobre a filha é outro tema da preferência de alguns historiadores pelas fáceis conexões emocionais, em lugar de um meticuloso exame das definições, complexas e sempre em evolução, de termos como "protestante" e "evangélico", o que frequentemente serve para obscurecer, e não iluminar, a revolução teológica que começou com a rejeição por Henrique VIII da supremacia papal, e prosseguiu no reinado de Elizabeth, ultrapassando-o. Dignas de nota são declarações como: "Com

---
* "Numa prova diária vou lhe mostrar/ O amor gentil que tenho a lhe dar." (N.T.)
** "Eu Te louvarei, ó meu Pai, magnificando o Teu nome." (N.T.)

o passar do tempo, Ana provavelmente se tornaria protestante." "Ela e o pai foram descritos pelo embaixador espanhol como 'mais luteranos que o próprio Lutero'. Ela era uma grande evangélica."[5]

O termo "protestante" foi usado primeiramente em alemão, em 1529, na dieta de Espira, e já era corrente em inglês em 1533. Mas durante grande parte do reinado de Eduardo empregava-se a palavra "reformado". "Evangélico" não significa necessariamente protestante, uma vez que podia ser aplicado tanto a reformadores católicos, como Erasmo, quanto a pensadores mais radicais, como Lutero ou Zwinglio. A questão ficou mais difícil pelo fato de o termo "luteranismo" ser utilizado muitas vezes quando os falantes de língua românica se referiam genericamente aos que rejeitavam a supremacia papal, embora sem necessariamente aceitar outras doutrinas "protestantes", como a presença de Cristo na hóstia. Em 1560, por exemplo, o cardeal de Guise escreveu de Lorena para sua sitiada irmã na Escócia dizendo que os franceses puniriam "aqueles iníquos luteranos",[6] o que estava longe de ser um resumo acurado das crenças da Congregação dos Lordes Escoceses. Além disso, Chapuys era, como sempre foi, uma testemunha hostil, que usava os termos mais negativos para descrever a "concubina" de seu senhor ortodoxo. O fato de ele descrever Ana e seu pai como luteranos não é de maneira alguma indicação de que a própria Ana seguisse as doutrinas de Lutero. De fato, como veremos, a confusão linguística prevaleceu nas tratativas posteriores de Elizabeth com o Império Otomano, quando tanto ela quanto seu embaixador, já no século XVII, eram referidos na corte do sultão como "luteranos".

Será que Ana Bolena foi "protestante"? Teria tido uma influência tão crucial na Reforma inglesa, tanto em sua própria prática quanto na condução da emergente Igreja de Henrique VIII? Muito se falou sobre o interesse de Ana pelo Evangelho, em particular que ela possuía uma tradução da Bíblia para o francês, feita por Jacques Lefèvre d'Etaples, assim como uma edição inglesa de *Épîtres et évangiles* dedicada a ela. Mas o interesse pelos Evangelhos e pelo vernáculo tinha se tornado comum nas décadas de 1520 e 1530 entre os círculos mais instruídos de cortesãos devotos e progressistas que liam, meditavam e discutiam religião sem se situar abertamente contra as doutrinas essenciais da Igreja católica. Segundo William Latimer – um dos capelães de Ana, depois deão de Peterborough, no reinado de Elizabeth, que preparou uma "vida de Ana" para a rainha, no início de seu governo –, a rainha frequentemente debatia o Evangelho com Henrique. Latimer é o único cronista a mencionar esse fato, e, mais uma vez, isso dificilmente seria uma prova de que Ana pressionava o marido em direção à Reforma. Se não por outro motivo, Henrique gostava de debates nos quais exibia suas credenciais teológicas – era extremamente orgulhoso de seu título de *Fidei Defensor*, que lhe fora conferido pelo papa Leão X em 1521, ratificando seu tratado *The Defence of the Seven Sacraments* (no qual o rei apoiava o sacramento do matrimônio e a autoridade de Roma), revogado em 1530 e reafirmado pelo Parlamento oito anos após a morte de Ana.

Como inteligente e talentosa interlocutora, Ana Bolena bem podia saber que o tema iria interessar e lisonjear o marido, mas dificilmente uma conversa é uma revolução religiosa. Da mesma forma, Henrique já podia ter lidado o bastante com essas minúcias doutrinárias na época em que se casou com ela. Três cópias das instruções de Thomas Cromwell ao clero, em 1536, incluem o fornecimento da Bíblia em latim e em inglês para cada igreja, a fim de que "todo homem que quiser possa vê-la e lê-la",[7] estipulação que, assim se alegava, estava diretamente ligada à promoção que Ana fez da Bíblia em vernáculo – esse item foi retirado após sua execução, e a maioria das injunções não o incluem. No entanto, tampouco há evidência de qualquer conexão direta com Ana, nem a data dos textos que incluíam a provisão da Bíblia. Portanto, seria "mera suposição ver nisso a mão dela".[8]

Além disso, o interesse pela cultura vernácula em geral e (desde o século XIV) pela Bíblia foi uma característica peculiar das rainhas inglesas durante quinhentos anos. Enquanto muitas mulheres da elite no período medieval tinham algum conhecimento de latim, a língua na qual elas estavam mais capacitadas a participar em termos de patrocínio cultural era o vernáculo (o francês, nos tempos anglo-normandos, e depois o inglês). Desde que Matilde de Flandres colaborara com o arcebispo de Lanfranc da Cantuária na Reforma da Igreja, no século XI, a associação entre mulheres da realeza e literatura religiosa em vernáculo era poderosa. A sucessora de

Matilde, Matilde da Escócia, encomendou duas obras significativas, uma *Vida* de sua mãe, santa Margarida, e o poema "A viagem de são Brandão", enquanto o permanente patrocínio do convento em Wilton conectava as mulheres da realeza a uma tradição de intelectualismo feminino retroativo à esposa de Eduardo o Confessor, Edith.

Foi a primeira mulher de Ricardo II, Ana da Boêmia, quem deu o então controverso passo de promover a Bíblia em vernáculo, precedente que tem sido ignorado no endosso a um movimento iniciado no tempo da Ana seguinte. No século XIII, produziu-se uma coleção de leis que abarcavam o "Sachsenspiegel", território que se estendia até Magdeburgo, primeira capital do Sacro Império Romano, e incluía a Boêmia. Essas leis dispunham especialmente sobre a herança, pelas mulheres, de certos objetos, incluindo livros, em particular os de natureza religiosa. O pai de Ana da Boêmia, Carlos IV, prestigiava os textos religiosos em vernáculo. Quando Ana, na condição de noiva, chegou à Inglaterra em 1381, levava consigo o Novo Testamento em latim, tcheco e alemão.

Também se produziram para a rainha traduções dos Evangelhos em inglês. Seu envolvimento com essas leituras religiosas foi louvado em seu funeral pelo arcebispo Thomas Arundel. Na época, muitos consideravam heréticas as traduções acessíveis da Bíblia, mas Ana não concordava com essa opinião. John Wycliffe, teólogo de Oxford, traduziu e popularizou a Bíblia em inglês. Seu projeto pode ser ligado (mas não confundido com) ao lollardismo, tendência da Reforma que, no final do século XIV, acentuava a primazia da fé, e não a adesão à autoridade temporal de Roma. Em 1383, Wycliffe apresentou uma petição em favor de sua tradução, observando:

> É legítimo que a nobre rainha da Inglaterra, a irmã do imperador, tenha o Evangelho escrito em três línguas, ... o orgulho de Lúcifer iria se comprazer se por isso ela fosse chamada de herética! Assim como é razoável, no que concerne a esse assunto, os alemães desejarem defender sua própria língua, os ingleses também devem defender a sua.[9]

Capítulo 4

Após a morte de Ana da Boêmia, os lollardistas recorreram à oração fúnebre de Arundel para promover os Evangelhos em inglês, num tratado de 1407. É compreensível que Ana Bolena, ao possuir e debater os Evangelhos em vernáculo, estivesse participando de uma tradição de rainhas inglesas muito anterior à controvérsia luterana. O período de Ana como rainha foi tão curto que é difícil constatar sua participação em muitas das atividades associadas às soberanas inglesas, mas, pela insistência de Henrique quanto ao protocolo de sua coroação e unção, e pela vontade que ela expressava de seguir os rituais prescritos quando se recolheu à sua alcova para o nascimento da filha, se depreende que essas associações eram em particular importantes para consolidar sua (contestada) autoridade real, e seu interesse pelos Evangelhos é totalmente consistente com isso.

A tese de que Ana era uma reformadora ativa também fica comprometida pelo fato de que suas atividades eram mais notadas pela ausência. A ideia de que ela tivesse sido responsável pela promoção ao bispado de clérigos que lhe eram simpáticos tem sido aceita em diversas instâncias, mas não há evidência direta de seu envolvimento pessoal nisso. A escalada na hierarquia da Igreja, nos anos que precederam e sucederam a cisão com Roma, foi determinada por serviço ao rei e, de modo crucial, pelo apoio à sua decisão de se divorciar de Catarina de Aragão e abjurar a autoridade papal.

> Dispomos apenas de alguns fragmentos de evidência em instâncias isoladas, de um possível interesse ... que não requer qualquer compromisso devocional específico. ... Interpretar isso como forçoso indício das supostas simpatias "evangélicas" de Ana, ou seu desejo de favorecer a religião "reformada", é inferir demais.[10]

Aprisionada na Torre, Ana teria dito, segundo um registro: "Se Deus me ajudasse, eu teria meus bispos, pois eles todos intercederiam junto ao rei por mim."[11] Mas isso implica menos uma convicção que desse suporte à sua fé que uma patética ingenuidade política. Ana podia achar que os bispos que tinham apoiado seu casamento estavam do seu lado, mas eles deviam seus postos e sua lealdade a Henrique, não à rainha em desgraça, e nenhum deles tentou salvá-la.

Parece também que as crenças pessoais de Ana eram totalmente ortodoxas, apropriadas aos parâmetros da Reforma henriquiana. A questão talvez não esteja em quanto Ana era "protestante", mas em quanto continuava católica. Decerto ela apoiou a Reforma que a tornara rainha, mas nada do que realmente fez indica tendências luteranas. Na Páscoa de 1533, quando estava grávida de Elizabeth, ela mencionou ao duque de Norfolk que gostaria de fazer uma peregrinação ao santuário de Walsingham, dedicado a Nossa Senhora, e portanto particularmente associado à maternidade. Isso não se encaixa bem com seu suposto desdém pelas manifestações exteriores da antiga fé. No início de 1536, Tristram Revel, antes membro do Christ's College, Cambridge, ofereceu-se para presenteá-la com uma tradução do *Farrago rerum theologicarum uberrima*, texto de Francis Lambertus que contestava a presença de Cristo na missa. Ana recusou-se a aceitá-la. Prisioneira, ela perguntou a seu carcereiro, sir William Kingston: "Irei para o céu por ter feito muitas boas ações em minha vida?" Essa pergunta seria simplesmente impossível para um luterano, com sua convicção de que só há justificativa na fé. Quando estava na Torre de Londres, Ana também mostrou-se histérica para comungar, se confessar e ser absolvida depois do julgamento. Lancelot de Carles, que vivia na residência do embaixador francês e escreveu um poema sobre a queda de Ana, produziu um relato, como testemunha ocular, da fala da ex-rainha no cadafalso, na qual ela pedia que se fizessem orações a Jesus por seus pecados, a fim de que eles não atrasassem sua jornada para o céu. Isso sugere que Ana continuava a acreditar na doutrina do purgatório. Fundamental e inquestionavelmente, ela viveu e morreu como católica.

Por que, então, tantas inferências conectando a religião de Ana ao protestantismo da filha? Essa ideia se apoia sobretudo no relato da vida de Ana Bolena feito por William Latimer e na obra do martiriologista John Foxe. Latimer apresenta Ana como um modelo de rainha devota, distribuindo esmolas aos pobres e insistindo com seus capelães para que a repreendessem caso observassem que ela "se rendera a qualquer expressão de sensualidade".¹² Foxe concorda com essa imagem, mas vai adiante, alegando, por volta de 1559, que a nação tinha uma dívida com Ana Bolena "pela restauração da Igreja e pela piedade demonstrada". Ele argumentava que Ana promoveu o Evangelho e manteve uma corte escrupulosamente virtuosa. Os dois escritores tinham interesse em enfatizar a atitude piedosa de Ana, e ambos ressaltaram que era impossível uma mulher tão devota ser culpada dos repulsivos adultérios pelos quais fora condenada. O editor da biografia de Latimer confirma que o relato que ele fez era no máximo um pouco retocado: "[Ele] suprimiu deliberadamente todo material relativo a Ana que não fosse consistente com o seu [de Latimer] retrato de uma reformadora devota e solene."

Observadores contemporâneos do círculo de Ana apresentam sua corte como um ambiente mais malicioso. Contudo, mesmo considerando a óbvia motivação de Latimer e Foxe para fazer uma imagem idealizada dela, nenhum dos dois diz qualquer coisa mais precisa sobre a natureza da crença religiosa da rainha. Tanto um quanto outro foram ardentes reformadores, e ambos trabalhavam com o objetivo de reabilitar da desgraça a mãe de Elizabeth, mas também de impulsionar o programa da Reforma. O arranjo religioso de 1559 não seria uma conclusão, esperavam eles, mas um começo, o primeiro passo para uma mudança mais radical. Podemos ver em seus relatos algo repulsivamente manipulativo: a tentativa de atribuir uma conexão emocional com a Reforma por parte de uma filha que jamais conheceu a mãe, e que poderia ter sido persuadida a dar impulso à religião reformada com base na crença de que dava continuidade ao legado da mãe. Elizabeth era sólida o bastante para resistir a esse logro, mas isso não impediu que alguns historiadores se deixassem enganar.

O legado religioso de Ana era menos literal e mais literário. A relação dos amantes corteses com sua inclemente dama corresponde, na nova dinâmica protestante da Reforma, à relação do homem com Deus. Onde a estrutura da Igreja católica era deslocada, os devotos se tornavam seus próprios canais para os santos favores, buscando o estado de graça de forma infindável, às vezes desesperada, sem garantia de que seriam satisfeitos. Só o esforço contínuo, a permanente comunicação, seria salvaguarda contra essa incerteza. As súplicas e a extravagante devoção que Elizabeth evoca em seus versos de corte, que soam tão teatrais e insinceros aos ouvidos modernos, são um reflexo da nova linguagem desesperadamente grave da Igreja elisabetana, aquela em que o devoto apela para a divindade.

Um dos principais biógrafos de Elizabeth atribui a Catarina Parr seu recém-adquirido zelo pela religião reformada, zelo que a transformou espiritualmente, mas também produziu uma das efetivas transformações dessa imagem que mais tarde iria caracterizar seu governo como rainha.

A tradução que Elizabeth fez da obra de Margarida de Navarra pode ser usada como evidência de sua própria conversão à fé reformada, a qual, para ela, seria sempre filtrada pelo prisma piedoso da supremacia da realeza sobre a Igreja. Durante a campanha de Boulogne, em 1544, Elizabeth pôde observar Catarina Parr no papel de regente, uma mulher que governava com competência os homens poderosos. Também é possível que ela e Catarina lessem juntas *Le miroir de l'âme pécheresse*. Uma carta de Catarina a Henrique, na qual ela explica sua crescente adesão à doutrina da justificação unicamente pela fé – um dos principais dogmas da religião reformada –, é, do ponto de vista linguístico e temático, similar à obra de Margarida de Navarra. A carta de Catarina equipara a graça real à graça divina – "Presto contas a Vossa Majestade assim como a Deus".[13] Com isso, ela indica que Henrique é o instrumento de Deus que irá orientar o reino em direção à verdadeira fé.

Como Catarina, Elizabeth veria a supremacia real – a liderança da Igreja de seu pai – como uma mescla de monarquia sagrada e secular, mas com uma diferença essencial. Catarina encontrava-se na posição dos cortesãos de Elizabeth, buscando um relacionamento com seu Deus por meio da figura do monarca. Elizabeth tornou-se esse monarca. Podemos ver aqui, intelectualmente, uma ligação entre os legados paternos e maternos da rainha. De Ana Bolena, Elizabeth absorveu a linguagem do amor cortês, canalizada pela Reforma na figura do cortesão como um pretendente às duas graças, a dela mesma e a divina, nessa combinação de governante e divindade corporificada – literalmente – na Igreja de Henrique. Essa mistura de amor sagrado e amor profano é expressa num poema lírico (pos-

Capítulo 4

sivelmente do mestre dos torneios de Elizabeth, sir Henry Lee) incluído em *A Musical Banquet*, de Robert Dowland, publicado no final do reinado de Elizabeth, em 1597:

> But ah poor Knight, though thus in dream he ranged,
> Hoping to serve this Saint in sort most meet...
> Ah me, he cries, Goddess my limbs grow faint,
> Though I time's prisoner be, be you my Saint*14

O despertar espiritual de Elizabeth expressou-se externamente por uma transformação em sua aparência. Um retrato de 1546-47, talvez pintado como presente a Eduardo VI, numa troca entre os irmãos de quadros de William Scrots, mostra Elizabeth em roupas parecidas com as da tela um pouco anterior, *A família de Henrique VIII*. Ela usa um vestido vermelho de mangas largas e bordado, um penteado elegante ornado de pérolas e segura um livro junto à cintura, atado a uma corrente de pedras preciosas. A posição do livro, a mesma do "protetor de genitália" de seu irmão, acentuada pela adaga no quadro que é seu par, é um indício da cultura de Elizabeth e de sua modéstia virginal. Quatro anos depois, no entanto, ela adotou um traje muito mais recatado, o que lhe valeu o apelido de "Doce Irmã Temperança", dado pelo devotado irmão. O último *Retrato Clopton* dá uma indicação de como Elizabeth mudou de estilo para expressar sua nova e reformada crença religiosa. Embora ainda ricamente ornada de joias e peles, ela é representada num vestido preto e liso, o cabelo preso sob severa touca preta. A vestimenta real "de santa" se tornaria elaborada com mais extravagância no decorrer dos anos, à medida que a autoridade da rainha evoluía com sua imagem; porém, a maneira de Elizabeth se apresentar durante o reinado de Eduardo é uma indicação clara de seu compromisso com a Reforma, sedimentada durante o último período na casa da madrasta.

---

*Mas, ah, pobre cavaleiro, embora isso num sonho ele emparelhasse,/ Na esperança de servir à sua Santa, quanto mais ele encontrasse.../ Ah, eu, grita ele, Deusa, meus membros estão tão fracos/ Embora eu seja prisioneiro do tempo, seja você minha Santa." (N.T.)

A incursão seguinte de Elizabeth nas traduções também foi um tributo a Catarina, uma coleção de *Prayers and Meditations* de autoria da própria rainha, em francês, latim e italiano, dessa vez como presente para o pai. Mais uma vez, Elizabeth faz referência à tradição das rainhas inglesas, incluindo a rosa silvestre, a eglantina, signo de sua avó, Elizabeth de York, e as quatro rosas Tudor de miolo amarelo, em ouro e prata sobre fundo carmesim. Era a primeira vez que ela usava esse emblema, símbolo de pureza, ao qual se tornou especialmente afeiçoada. O presente foi acompanhado pela única missiva conhecida de Elizabeth a Henrique, datada de Hertford, 30 de dezembro. Essa era uma produção séria e afetuosa, na qual ela tentava impressionar o pai com suas realizações e sua diligência, mas também se mostrando, com confiança e empatia, a amorosa herdeira do rei. A dedicatória começa assim: "Para o mais glorioso e poderoso dos reis, Henrique VIII", seu "incomparável e muito benevolente pai, a quem os filósofos consideram um deus na Terra". E prossegue: "Pareceu-me adequado que essa tarefa fosse empreendida por mim, sua filha e aquela que não deve apenas imitar suas virtudes, mas também herdá-las."

Elizabeth parece ter certeza quanto a dois aspectos: primeiro, que a supremacia real de seu pai sobre a Igreja é teologicamente legítima; segundo, que de forma alguma ela está incapacitada para seguir o exemplo real, exceto, como acrescenta: "Se algum erro houve nisso, ainda merece ser perdoado por minha ignorância, juventude, meu pouco tempo de estudo e minha boa vontade." Ela conclui juntando calorosamente os fios de seu presente: "Por isso, não tenho dúvida ... de que sentireis que esta obra santa, que deve ser valorizada no mais alto grau por ter sido compilada pela rainha sua mulher, pode ter seu valor muito pouco aumentado ao ser traduzido por sua filha."

Elizabeth esteve na corte com o pai em três ocasiões durante o ano seguinte, e esse talvez tenha sido o período no qual ficou mais próxima dele, proximidade que se tornou pungente pelo fato de que Henrique, que já fora considerado o mais belo príncipe da cristandade, estava visivelmente doente. Obeso, irascível, infestado de feridas ulceradas e atacado do rabugento egoísmo que acompanha a dor crônica, o rei estava morrendo.

Capítulo 5

HENRIQUE VIII MORREU em 28 de janeiro de 1547. O tio de Eduardo, Edward Seymour, então conde de Hertford, com o pretexto de que se devia levar o menino de nove anos a Londres para ser sagrado príncipe de Gales, conduziu-o a Enfield, para onde Elizabeth se retirara depois do último Natal na corte do pai. Uma vez juntos, irmã e irmão foram informados da morte de Henrique. Cronistas posteriores argumentam que o novo rei se agarrou à irmã de catorze anos e que os dois choraram juntos durante algumas horas – reação plausível, conquanto não necessariamente factual. Algumas semanas mais tarde, Eduardo escreveu a Elizabeth que eles deveriam restringir o luto pelo pai, cuja alma seguramente estava no céu, o que, francamente, estava mais de acordo com o caráter do rei. Elizabeth já estava muito além dos truísmos do latim, mas, enquanto observava a reconfiguração de sua vida após a morte do pai, parecia que a glória terrena de Henrique, que "abarcara a Inglaterra como um colosso",[1] fora de fato breve. O jardim de infância da realeza estava fechado. Eduardo naturalmente se preocupava com seu novo papel, e Catarina Parr, a devotada e respeitosa esposa de Henrique, finalmente via-se livre para perseguir os anseios de seu coração. Em quatro meses estava casada com Thomas Seymour, e sua cabeça sóbria e reformadora parecia ter mudado completamente de rumo.

Há algo de bastante desagradável na contribuição de Catarina para o suposto conluio definindo o que aconteceria a Elizabeth enquanto a menina esteve sob sua proteção, como rainha viúva, nas casas de Hanworth, Chelsea e no castelo de Sudeley, em Gloucestershire. O arranjo era uma providência ao mesmo tempo prática e sensível, já que Elizabeth – embora agora fosse rica, tendo herdado £3 mil pelo testamento do pai e um futuro dote de £10 mil – ainda era muito jovem para viver sem a supervisão de uma acompanhante, e ela e Catarina se dessem muito bem. Por infortúnio, Elizabeth logo desenvolveu outro relacionamento íntimo – com o novo marido de Catarina. O tio mais novo do rei, Thomas Seymour, ousara sugerir a seu irmão mais velho, Edward, então refestelado na função de lorde protetor, com o novo título de duque de Somerset, que se casasse com Elizabeth, mas essa proposta tão ambiciosa jamais seria sancionada pelo Conselho. A proposta de Seymour a Catarina talvez tenha sido a melhor alternativa no que se referia ao próprio Thomas, porém, para ela, que já passara por duas uniões de conveniência e dever, a última delas com um homem velho e fisicamente repulsivo, aquele era um caso de amor, e de um amor claramente erótico, excitante e apaixonado, poderoso o bastante para fazê-la esquecer sua própria dignidade e seu dever para com a pupila real.

Catarina Parr logo ficou grávida, e Thomas Seymour começou a visitar a alcova de Elizabeth. Ele flertava com ela, Elizabeth flertava com ele. Ele a provocava, ameaçando deitar-se sob as cobertas, via-a de pernas nuas, em camisola. Risinhos, cochichos e a agoniante excitação dos toques "acidentais" – qualquer pessoa que já foi adolescente lembra-se desses sentimentos, e Elizabeth era uma adolescente que carecia desse tipo de afeição física, agora disponível. Seymour batia-lhe nas nádegas, beijava-a, dizendo à governanta, Katherine Ashley, que era tudo brincadeira. Madame Ashley relatou suas preocupações a Catarina Parr, que não apenas as ignorou, como começou a participar daquilo que um olhar moderno veria como perniciosos jogos sexuais. Os Seymour, juntos, excitavam Elizabeth. Catarina chegou a prender as mãos dela atrás das costas, enquanto a moça se debatia e Thomas rasgava-lhe a roupa "em centenas de pedaços".[2] Elizabeth sentiu-se encorajada. Ficou ousada o bastante para permitir que Seymour a tomasse nos braços, quando estavam em Hanworth, na primavera de 1548. Quando Catarina viu isso, parece que finalmente foi arrancada de seu delírio.

O tesoureiro de Elizabeth, Thomas Parry, já tinha observado o ciúme da rainha viúva em relação ao par; nesse momento Catarina agarrou-se ao que lhe restava de dignidade e ordenou que Elizabeth saísse de sua casa. A menina, enfurecida, multiplicou-se em protestos e justificativas, mas Catarina recusou-se a reconhecer sua própria participação naquele caso sórdido, e Elizabeth foi enviada alguns dias depois para a casa de sir Anthony Denny, em Cheshunt, Hertfordshire.

Elizabeth não foi a primeira garota frívola a se sentir atraída por um homem mais velho e casado, e Thomas Seymour não foi o primeiro homem sem escrúpulos a explorar essa atração. Mas ele era o lorde grande almirante da Inglaterra, e ela era a irmã do rei. As sofisticadas leituras de Elizabeth não a haviam preparado para a pulsão visceral do desejo físico, enquanto Seymour sabia exatamente o que fazia. Ele usava um suave poder de persuasão com as mulheres, e por isso até madame Ashley, que já favorecera o caso entre o almirante e sua pupila, foi levada a desculpar seu comportamento ameaçador e infame. O escândalo não teria saído da casa dos Seymour se Catarina não tivesse morrido após o parto em 7 de setembro de 1548. Elizabeth recebeu a notícia em Cheshunt, e pode-se inferir a medida de sua tristeza pelo fato de logo depois ela ter ficado doente. Madame Ashley, no entanto, achou que sua senhora perdia a oportunidade de reviver o esquema com Seymour, e tratou de convencer Elizabeth de que ele daria um excelente marido. Não obstante suas apreensões iniciais, a própria Katherine Ashley sentia-se atraída por Seymour. Algo da rasteira sexualidade do almirante está presente numa mensagem enviada a ela: "Suas grandes nádegas teriam ficado um pouco menores, ou não?" É impossível saber o que exatamente Seymour fez às duas inteligentes mulheres que deviam cuidar do bem-estar de Elizabeth, mas Katherine Ashley agora se demonstrava tão idiota quanto o fora a rainha viúva.

Madame Ashley lisonjeava e adulava os dois lados, convencendo Seymour a recomeçar a corte e Elizabeth a aceitá-la. A jovem não poderia escrever uma mensagem a Seymour? Embora não conseguisse evitar um sorriso e o rubor à simples menção do nome dele, Elizabeth não queria mais nada com Seymour, e disse com firmeza à sua governanta que não ia escrever, para que não se depreendesse disso que ela o encorajava. Além disso, argumentava, seu casamento era um problema que dizia respeito a seu irmão e ao Conselho. Por intermédio de Thomas Parry, madame Ashley enviou uma mensagem a Seymour alegando, de sua parte, que "ela, Sua Graça, seria vossa mulher, mais que de qualquer homem vivente". Seymour respondeu que isso era impossível, porém, madame Ashley contou a Parry os incidentes em Hanworth, garantindo-lhe que Elizabeth seria a mulher perfeita para Seymour. Parry ficou chocado. Ele não gostava de Seymour pela maneira como tratara Catarina Parr e o descrevia como "um homem mau e ciumento", "cúpido" e "opressor". Talvez Parry tenha dado com a língua nos dentes. O fato é que, no Natal, a reputação de Elizabeth se arrastava na lama. Ela teria partido para Cheshunt por estar grávida de um filho de Seymour; estaria se encontrando com ele secretamente desde a morte da esposa; teriam tido encontros amorosos ao luar, no rio Tâmisa. Tudo não passaria de uma saborosa fofoca sobre celebridades, um político rico e bonito e a herdeira núbil mais cobiçada do país, não fosse o fato de que, no claustrofóbico mundo da corte dos Tudor, as palavras eram armas mortais.

Em 17 de janeiro de 1549, Thomas Seymour foi preso por alta traição. O flerte com Elizabeth não era o motivo principal, mas foi o mais comentado. O lorde almirante também andara praticando seu charme com o irmão de Elizabeth, convencendo o tristonho menininho de que a vida seria bem mais divertida se ele, Seymour, fosse lorde protetor, e não o enfadonho velho tio Somerset. Ele era acusado de tentar controlar os dois Tudor, o rei como seu pupilo e Elizabeth como sua esposa. Sua voraz estupidez lhe custou a própria cabeça – e quase custou a Elizabeth sua posição. Se ela tinha qualquer noção das complexidades que envolveram a prisão e o julgamento de sua mãe, agora, com assustadora rapidez, tomava conhecimento de como os flertes superficiais, os cochichos e as promessas românticas podiam se tornar a lâmina de um cutelo.

Katherine Ashley e Thomas Parry seguiram Seymour na Torre de Londres. A conspiração para casar com Elizabeth sem o consentimento do rei era crime imputável de traição, e Elizabeth teve de enfrentar um interrogatório de natureza criminal pela primeira vez na vida. Em Hartfield, foi confrontada por sir Robert Tyrwhitt, membro do antigo pessoal da casa de Catarina Parr. A mulher dele servira Catarina em sua câmara e tinha conhecimento de primeira mão das ligações entre Seymour e Elizabeth. No momento em que esta era inquirida, tanto Thomas Parry quanto Katherine Ashley já tinham assinado depoimentos atestando o comportamento de Seymour com a princesa. Parry relatara que fora levado a debater as propriedades de terra e as finanças de Elizabeth, e Katherine confessou os jogos de alcova em embaraçosos detalhes.

Elizabeth não culpou seus servidores. Sabia que eles haviam resistido durante algum tempo, em tal medida que, embora interrogados em separado, Tyrwhitt reclamou: "Eles todos cantam a mesma canção. Acho que não fariam isso a menos que tivessem combinado antes, pois decerto confessariam se não estivessem em tamanho acordo." Mas Katherine Ashley foi levada a uma cela especialmente despojada, onde só havia um punhado de palha na janela, de onde ela reclamava vir um frio que não a deixava dormir e não lhe permitia ver a luz do dia. Posteriormente, no entanto, ela e Parry, aterrorizados com aquilo que sua intromissão acarretara, acabaram por ceder. Elizabeth foi levada às lágrimas por seus apuros, mas Tyrwhitt não conseguiu dobrá-la. Ela admitiu que tivera inúmeras conversas com Seymour, mas declarou repetidamente que não poderia nem iria jamais se casar, dentro ou fora do reino, sem a permissão do rei, do duque de Somerset e do Conselho. Tyrwhitt escreveu a Somerset que Elizabeth "era muito perspicaz, nada se depreendia dela, a não ser uma grande percepção política".[3]

Qualquer um ficaria temeroso e intimidado em tal circunstância. O fato de Elizabeth ser capaz de manter a compostura com tal determinação evidenciava uma impressionante firmeza psicológica. Envergonhada, ela reconhecia sua imprudência em relação a Seymour, mas não deixaria que esse erro a destruísse. Mesmo com toda aquela coerção, Katherine Ashley e Parry afirmaram que ela nunca dissera ou fizera nada que o Conselho pudesse desaprovar, e, com a certeza de sua inocência, Elizabeth partiu para o ataque. Insistiu com Somerset para que se fizesse uma proclamação refutando as calúnias, mas recusou-se a envolver qualquer boateiro, para evitar que sua reputação junto ao povo ficasse ainda mais prejudicada. Elizabeth sempre foi muito ciente de seu público. Em março, ela avançou mais, escrevendo a Somerset que Katherine Ashley, ainda no cárcere, "me acompanhou por um longo tempo, e dedicou muito trabalho e esforço para me educar no estudo e na honestidade". Sabiamente acrescentava que, se a prisão de Katherine continuasse, isso a levaria a concluir que Somerset não acreditava com seriedade em sua inocência. Katherine e Parry foram libertados, mas não se permitiu a Elizabeth manter sua amada governanta, substituída em Hatfield por lady Tyrwhitt. A princesa ficou chorosa e amuada, mas o Conselho não condescendeu. Com bastante razoabilidade eles consideraram que madame Ashley fora imperdoavelmente negligente com a reputação de sua ama, e não aprovaram sua volta.

O caso Seymour poderia ter levado o pescoço adolescente de Elizabeth para perto do cepo do carrasco. Na verdade, as relações entre Eduardo e Elizabeth não foram afetadas pelo escândalo. É impossível saber o que Eduardo sentiu quando seu tio foi executado, em 20 de março, mas é plausível que experimentasse alguma simpatia por Elizabeth. Eles eram extremamente jovens, nenhum dos dois estava habituado às brutais realidades da vida política dos Tudor, e ambos tinham se deixado tocar, de diferentes modos, pelos encantos de Thomas Seymour. A internalização por Elizabeth das lições que tinha aprendido refletiu-se numa posterior mudança de aparência. Quando Maria de Guise, viúva do rei dos escoceses Jaime V e mãe de Maria Stuart, rainha da Escócia, visitou Eduardo em Whitehall, em outubro de 1551, Elizabeth teve o cuidado de se apresentar como o modesto modelo de uma princesa protestante. Num ambiente no qual a magnificência era tudo, onde a maneira de se apresentar era uma medida de poder, Elizabeth rejeitou os ornamentos esplendorosos da corte.

Como notou John Foxe em tom aprobatório, a jovem mulher tinha "tão pouco prazer no que resplandece ao olhar, nas roupas vistosas, nos trajes ricos e nas joias preciosas", que mal olhava os que lhe tinham sido deixados pelo pai. Enquanto as damas da corte de Eduardo se apresentavam em vestidos de seda, com o cabelo "duplamente cacheado" caindo sobre ombros nus, Elizabeth "em nada se alterou, e, para vergonha de todas elas, manteve seu antigo acanhamento virginal". Essa era uma poderosa afirmação, que Elizabeth sabia ser vital para sua sobrevivência. Com o caso de Thomas Seymour, ela vira com que velocidade até aqueles que aparentavam segurança e poder podiam ser derrubados, enquanto com a perda de Katherine ela aprendera como eram irrelevantes os laços afetivos quando confrontados com o poder político. Além do mais, tinha compreendido também que a apresentação, a "imagem", podia contribuir como argumento de defesa da inocência. Essas lições seriam testadas até o limite em seus subsequentes confrontos com Maria Tudor.

Os acontecimentos de 1548-49 azedaram ainda mais a relação de Elizabeth com a irmã. Quando o pai morreu, Maria, que já tinha passado da idade de ter a própria casa, convidou Elizabeth a juntar-se a ela. Ela ficara desgostosa com o casamento apressado de Catarina Parr, escrevendo à irmã sobre "o corpo ainda quente do rei nosso pai, tão vergonhosamente desonrado pela rainha nossa madrasta". Elizabeth respondera com muito tato que achava melhor submeter-se à vontade de Henrique quanto àquela questão, lembrando a Maria a bondade e a afeição que Catarina Parr lhe demonstrara. Era evidente que ela não tinha o menor desejo de ficar enclausurada com Maria e seus sacerdotes, mas diplomaticamente deixava transparecer que não deveria ser ingrata. Agora Maria provava que tinha razão. Sua irmã, a filha da odiada "concubina", lhe mostrara que o sangue ia correr na promíscua atmosfera da casa de Catarina.

De sua parte, Eduardo parecia mais preocupado com a recalcitrância religiosa de Maria do que com a indiscrição sexual de Elizabeth. Maria continuava a ouvir alegremente a missa, suscitando uma severa repreensão do irmão, devoto protestante: "Vossa nobre posição, as condições da época, tudo torna maior vossa afronta. É escandaloso que uma pessoa de tão elevada classe negue nossa soberania real." Ele a ameaçou, como uma versão em miniatura do pai, dizendo que faria com que suas leis fossem obedecidas; quem ousasse transgredi-las seria "observado e denunciado".[4] Mais uma vez rejeitada na corte, repelida de casa em casa, Maria não encontrou apoio em Elizabeth.

Maria tinha convicções que a faziam renegar a autoridade do irmão e manter o compromisso com sua fé, qualidade que Elizabeth não demonstrou, ao menos externamente, durante o reinado da irmã. Será que mais tarde Maria sentiu desprezo pela pouca firmeza confessional da irmã, mesmo quando ela tentou seriamente orientá-la para o que acreditava ser a verdadeira fé? Mais que isso, poderia o firme protestantismo de Elizabeth, sob o reinado de Eduardo, em certa medida, ser um ato de hipocrisia similar ao que demonstrou depois, quando consentiu em ir à missa? A crença pessoal de Elizabeth tem sido mais bem retratada como um "discreto evangelismo"[5] reformador, mas não tão austero quanto desejavam os protestantes partidários de Eduardo.

Como rainha, Elizabeth insistiu em retornar ao assentamento religioso que fora formulado para seu irmão em 1552, pelo qual uma estrutura essencialmente católica era sobreposta à teologia protestante, criando uma dinâmica de contrários que talvez refletisse a "singular ambiguidade"[6] das ideias da própria Elizabeth. Por exemplo, ela continuou a aderir a alguns aspectos do imponente culto cerimonial que conhecera nos últimos anos do reinado de seu pai e no primeiro ano do reinado do irmão – sua Capela Real continuou a usar as partituras corais de 1549 no primeiro ano de seu reinado, e ela insistiu em que a mesa de sua comunhão fosse adornada com uma cruz de prata e velas. Talvez ela fosse pessoalmente menos simpática a zelotes protestantes do que muitos católicos intransigentes, embora, vez por outra, como quando o decano da catedral de St. Paul lhe deu um livro de orações muito ornamentado que parecia um missal católico, ela reagisse com verdadeiro furor. No entanto, Elizabeth se obstinou – e com êxito – a não fazer avançar a Reforma protestante durante seu reinado, de modo que a Igreja em 1603 permanecia estruturalmente idêntica à de 1559. A devoção essencial de Elizabeth, contudo, é inquestionável. Sua veemente adesão à Igreja de seu pai era tanto uma confirmação de crença religiosa quanto um endosso de sua própria "realeza", a qual mais tarde foi de novo desafiada quando Maria subiu ao trono.

Capítulo 6

Os três homens mais importantes na vida de Elizabeth foram William Cecil, Robert Dudley e Felipe da Espanha. É difícil estabelecer qual deles teve efeito mais significativo sobre sua condição de rainha, mas, somados à própria Elizabeth, eles formaram um curioso quadrilátero de poder que por vezes determinava os rumos da política europeia no final do século XVI.

William Cecil nasceu em 1520, numa família de Lincolnshire que tinha a tradição estabelecida de prestar serviço aos reis. Seu avô galês, David, era militar desde 1490 e dependia da avó paterna de Elizabeth, Margarida Beaufort. Esta ajudou o pai dele, Richard, a obter o cargo de pajem da câmara do rei, o que lhe permitiu estar presente no Campo do Pano de Ouro, em 1520. Aos quinze anos, Cecil foi para o St. John's College, fundado em memória de Margarida Beaufort, onde conheceu John Cheke, professor de grego e estudioso que reunia ao seu redor o grupo de teólogos de Cambridge que deu surgimento à Igreja de Eduardo. A primeira mulher de Cecil, Mary (morta em 1543), era irmã de Cheke. Ele também foi muito chegado a Roger Ascham, tutor de Elizabeth – o livro *Schoolmaster*, dedicado a Cecil pela viúva de Ascham, começa com uma cena na câmara deste último. Em 1540, ele foi para Londres, onde estudou direito no Gray's Inn, antes de entrar no serviço do protetor real, Edward Seymour, duque de Somerset.

A conexão da família com a Reforma continuou durante o segundo matrimônio de Cecil, em 1546, com Mildred, filha de Anthony Cooke. Também reformador, Cooke era íntimo de Catarina Parr, compartilhando suas ideias sobre a educação das mulheres. Suas filhas, assim como a própria Elizabeth, tinham sido meticulosamente instruídas de acordo com o novo currículo humanista. No que tange ao futuro relacionamento de Elizabeth com Cecil, esse é um dado interessante: ele não se sentia desconfortável na companhia de mulheres brilhantes, instruídas, e estava acostumado com a ideia de que sua mulher (com quem usufruiu um longo e feliz matrimônio) lhe fosse intelectualmente equiparável. Cecil encontrou-se com Elizabeth pela primeira vez em 1549, na casa de Catarina Parr, num ambiente de devoção e de estudo feminino. No mesmo ano em que Somerset caiu, Cecil passou a ligar-se ao pai de Robert Dudley, duque de Northumberland, que o contratou para administrar uma parte das terras de Elizabeth. A ligação prosseguiu, embora com discrição, durante o reinado de Maria Tudor.

Foi para Cecil que Elizabeth se voltou imediatamente após sua ascensão ao trono, e ele ficaria a seu lado até a morte. Há quase tantos "Cecil" históricos quantas "Elizabeth", mas, seja ele visto como cínico manipulador de um príncipe fraco e indeciso, seja como instrumento de um político muito menos escrupuloso, ou como qualquer das variantes entre esses dois polos, é extraordinário que o relacionamento entre os dois seja sempre qualificado de simbiótico. Seja como for interpretada a parceria, ela não deixa de ser uma parceria – Elizabeth "construiu" Cecil no sentido terreno, mas Cecil também foi responsável pela construção de Elizabeth.

Em contraste, o romance de Elizabeth com seu "doce sabiá", Robert Dudley, o primeiro conde de Leicester, surge de forma muito mais simples, como uma das mais fascinantes histórias de amor. Talvez a questão menos interessante seja saber se esse relacionamento foi ou não um caso de amor na acepção moderna do termo. "Afinal, foi ou não foi?" – essa é uma pergunta cuja resposta jamais conheceremos, e não porque gerações de historiadores tenham evitado especular a esse respeito. O conhecimento do que aconteceu não passa pela porta da alcova. Independentemente de quem tenha ou não dito o quê e onde, Leicester é uma das figuras mas influentes do reino, não só porque Elizabeth o amava e confiava nele, o que ela realmente fez, mas pelo seu papel no emergente estadismo do governo elisabetano. Leicester era o foco dos temores de Cecil e da calúnia católica; ele era um escudo, um escândalo, às vezes um joguete, e um dos principais instrumentos na evolução de Elizabeth como pretendente à construção de uma lenda.

É bem mais agradável evocar os dois enamorados, lado a lado, entrelaçando suas assinaturas para sempre nas obras de um de seus autores favoritos, que considerar as implicações da escolha dos livros. Leicester foi o mais ativo cliente não real de encadernadores de livros, deixando, quando morreu, 220 tomos só em sua casa. Ele também estava ligado, por meio do patrocínio que seu pai deu a John Cheke, ao círculo de estudiosos com sede no St. John's que desempenhou papel tão importante na educação de Elizabeth. John Ashley relembrou mais tarde a "amigável camaradagem" e a "livre conversação" na casa de Elizabeth quando ela tinha cerca de dezesseis anos, sob a tutela de Roger Ascham; ele mencionou muitos "prazerosos estudos" de Aristóteles e Cícero,[1] e é tentador imaginar o jovem Robert Dudley participando desses debates requintados. Esse foi o ambiente que formou não apenas a mentalidade de Elizabeth, mas também sua fé, e Leicester, juntamente com Cecil, viria a ser um dos principais proponentes da Reforma.

O conde de Leicester foi muito mais que o sensual fanfarrão, famoso por ter roubado o coração de Elizabeth durante a aurora do seu reinado; ele era um estudioso e cientista respeitado, patrono de (e muito parecido em temperamento, se não em estilo, com) Cecil, o outro grande político profissional do reino de Elizabeth. Seus esforços em defesa de um tipo mais tradicional de liderança aristocrática jamais passaram disso; ele corporificava a tensão entre o velho e o novo estilo de governança – o cavalheirismo e o estadismo – que definiu a administração de Elizabeth. Sua importância para a rainha pode ser depreendida pelo extraordinário pedido que ela fez, quando estava com varíola, em 1562, para que o nomeassem protetor do reino. Elizabeth também declarou com veemência que "Deus era testemunha de que nada impróprio jamais se passara entre eles".[2] Não há qualquer motivo para duvidar de sua palavra.

Não há registro da presença de Robert em Hatfield durante os primeiros anos de vida de Elizabeth. Em 1566, ele observou ao embaixador francês que conhecia a rainha desde que ela tinha oito anos (isto é, em 1541). Não sabemos como e onde exatamente eles se conheceram. É provável, embora não confirmado, que Robert, três meses mais velho que Elizabeth, tenha sido educado durante algum tempo na casa do irmão dela, o príncipe Eduardo. Elizabeth não compareceu ao enterro do pai, o que era costumeiro, nem à coroação do irmão, o que não era habitual, e tampouco sabemos se Robert esteve presente em uma dessas cerimônias. Mas as crianças orbitavam uma à outra desde o nascimento. Os detratores de Leicester o apresentaram depois como um arrivista, um oportunista que subira ao poder agarrado às saias da rainha. Como tantas outras coisas que se escreveram sobre seu relacionamento, isso simplesmente não era verdade.

Pelo lado da avó paterna, Elizabeth Grey, Robert era descendente do décimo terceiro conde de Warwick, sogro de Richard Neville, conhecido como *kingmaker*, "fazedor de reis", o mestre das marionetes, o manipulador da Guerra das Rosas. A árvore genealógica de sua família abrigava as grandes casas dos dignitários da época – Neville, Talbot, Beauchamp, Lisle. Seu avô, Edmund Dudley, membro do Conselho de Henrique VII, teve a cabeça cortada na nova onda fanática de Henrique VIII, em 1510, mas não antes de ter tido quatro filhos com a mulher, Elizabeth Grey (sobrinha de John Grey, primeiro marido da rainha Elizabeth Woodville). Elizabeth casou-se então com Artur Plantageneta, filho ilegítimo de Eduardo IV. O filho de Edmund e Elizabeth, John, pai de Robert, tornou-se pupilo de sir Edward Guildford, casando-se posteriormente com a filha de Guildford, Jane, e produzindo uma prodigiosa prole de treze filhos, oito dos quais sobreviveram até a idade adulta. John trabalhou assiduamente para afastar a sombra das perdas do pai, e em 1543, pelo direito materno, foi feito visconde de Lisle, sendo promovido ao condado de Warwick (mais uma vez por conexão matrilinear com a família Beauchamp) em 1547.

No final do reinado de Henrique VIII, Robert não só era um conselheiro muito próximo do rei, como também um dos principais apoiadores da Reforma religiosa. No começo do reinado de Eduardo VI, estava claro que seu governo seria conduzido por Edward Seymour, junto com seu rival, John Dudley, que foi elevado a duque de Northumberland em 1551. A cerimônia em Hampton Court incluiu duas conexões dos Dudley: Henry Sidney e Henry Neville foram feitos cavalheiros ao mesmo tempo que William Cecil, secretário do rei desde o outono anterior. Até 1550, Cecil fora o homem de confiança de Somerset. Ao mudar habilmente de lado, ele não só salvou sua carreira depois que o protetorado de Somerset chegou ao fim, como também ajudou John Dudley a assumir o controle sobre o rei e o Conselho. Três meses depois, Edward Seymour foi executado por traição, e o poder de Dudley parecia indisputável: "Nada se faz a não ser por ordem sua", relatou o embaixador do Sacro Império.[3] Longe de ser um adventício, Robert Dudley tinha adquirido experiência de governo com o pai, na época que este fora o homem mais poderoso do reino. Há registro de que Elizabeth e Robert Dudley estiveram na corte ao mesmo tempo pelo menos em duas ocasiões, em 1549 e em 1550. Mas, na primavera de 1553, quando seu irmão estava morrendo, ela permaneceu tranquilamente no campo. Foi Robert, e não Elizabeth, quem testemunhou a tentativa de golpe de Estado feita pelo pai.

Quando Eduardo VI morreu, em 6 de julho, não havia um herdeiro homem para a coroa inglesa – exatamente a situação que Henrique VIII procurara evitar, para isso revirando o mundo inteiro. As irmãs de Eduardo, Maria e Elizabeth, eram consideradas ilegítimas, embora suas posições na ordem sucessória tivessem sido restauradas pelo Ato do Parlamento em 1543 e confirmadas pelo testamento do pai. Os filhos das irmãs de Henrique, Margarida e Maria, faziam suas próprias reivindicações. Maria Stuart, rainha dos escoceses e neta da irmã mais velha de Henrique, Margarida, estava oficialmente excluída do acesso à coroa, mas, como demonstravam as constantes mudanças de status de Elizabeth e Maria no decorrer dos anos, isso não era necessariamente irreversível. A filha do segundo casamento de Margarida, Margarida Douglas, também tinha legitimidade dúbia, de vez que seus pais eram divorciados. A irmã mais moça de Henrique, Maria, tivera Francisca e Eleonora Brandon do segundo casamento, com o duque de Suffolk, e a própria Francisca tivera três meninas, Jane, Katherine e Mary, com o marido, Henry Grey, marquês de Dorset. Eleonora morreu em 1547; sua filha, Margarida Clifford, era a última entre nove pretendentes em potencial ao trono.

Todas essas mulheres iriam desempenhar papéis significativos na vida de Elizabeth Tudor. Segundo o Ato de Sucessão de Henrique VIII, Francisca

Brandon ocupava a primeira posição para subir ao trono, seguida pela próprias filhas – se Elizabeth afinal fosse a herdeira e morresse sem deixar sucessão, o trono caberia às herdeiras biológicas de lady Francisca. O interessante é que William Cecil era primo das moças Grey, por intermédio da mulher, Mildred Cooke. Embora ele tenha ajudado e apoiado John Dudley no que ele iria tentar, o ímpeto por trás do golpe de 1553 veio muito mais do próprio rei.

O protoevangelismo de Elizabeth fora louvado por seu irmão, um reformador fanático. Após o escândalo de Seymour, ela foi astuta o bastante para se apresentar como primeira princesa protestante. Mas Eduardo, além de ter uma mentalidade muito mais independente do que se supunha, também era um pouco arrogante. Elizabeth era bastarda, Maria era uma bastarda católica. Não estaria a coroa mais segura na cabeça de uma mulher cuja religião, assim como o nascimento, fosse impecável? Para ele, lady Jane Grey era a escolha óbvia. Assim, nos últimos meses de vida, Eduardo, com a assistência de Cecil e de John Dudley, tentou mudar o testamento do pai. Com absoluto desprezo pela lei e pela consciência de seus conselheiros, que haviam feito o juramento prescrito pelo Ato de Sucessão, ele finalizou seu próprio "Plano para a sucessão".

Não se sabe exatamente quando o "Plano" foi esboçado, mas Eduardo fez uma crucial emenda no documento antes que ele estivesse pronto. Originalmente, estipulava-se que a coroa deveria passar a qualquer herdeiro masculino de Francisca Grey, e depois a qualquer descendente masculino de suas filhas, por ordem de idade. Mas a expressão "aos herdeiros masculinos de lady Grey" foi alterada para "lady Jane *e* seus herdeiros masculinos" (o itálico em *e* é meu). Maria e Elizabeth eram postas de lado, os Grey seriam a próxima dinastia real da Inglaterra.

O duque de Northumberland pode ou não ter tido alguma coisa a ver com isso, mas o fato é que os herdeiros masculinos seriam Dudley. Em 25 de maio, Jane Grey casava-se com o irmão de Robert, Guilford Dudley, em Durham House, a casa da família em Londres. Àquela altura, os embaixadores da França e do Sacro Império já especulavam sobre quanto tempo de vida ainda teria o enfermo Eduardo. Para John Dudley, seu filho acabara de se casar com a próxima rainha da Inglaterra. Exatamente dois meses depois, Eduardo jazia morto em Greenwich. Em 9 de julho, o Conselho de Eduardo jurou fidelidade a Jane, e no dia seguinte, às cinco da tarde, ela foi aclamada em Londres pelo xerife e arautos reais. Jane morava na Torre de Londres, residência tradicional dos monarcas antes da coroação, mas também a fortaleza mais segura da cidade. A escolha era ao mesmo tempo agourenta e apropriada, já que desde o início não parecia possível que sua reivindicação prevalecesse.

Maria, que recusara com prudência o convite de Northumberland para visitar o irmão no leito de morte, havia se retirado para Norfolk, de onde escreveu ao Conselho reclamando seus direitos. Cecil tinha preparado planos de contingência para fugir, para a extraordinária pirueta política que teria de fazer a fim de preservar sua cabeça caso Maria saísse vencedora (um exemplo da sobrenatural premonição política de Cecil é o fato de ele ter recrutado um sacerdote, Henry Watkyns, para servir em sua casa em Wimbledon na Páscoa de 1553, antecipando exatamente essa vitória). E Elizabeth? Ela praticou a estratégia que, como rainha, transformaria numa arte tão exasperante. Ficou à espera.

Na Torre, Northumberland estava cada vez mais frenético. Nenhuma das mulheres que ele se julgara capaz de manipular parecia estar se comportando da forma conveniente. Maria arregimentava com agressividade seus partidários nos condados do leste, enquanto Jane tinha se afeito tão bem à ideia de ser rainha que, quando o marquês de Winchester a visitou para mostrar as joias reais, explicando que se deveria fazer uma nova coroa para seu consorte, Guildford Dudley, ela anunciou que achava melhor tornar o marido duque de Clarence. Em 14 de julho, Northumberland, confirmado no cargo de líder do exército da rainha Jane, saiu com seus outros filhos para enfrentar Maria. Em Framlingham, Suffolk, numa postura que ficaria mais famosa quando imitada pela irmã, Maria passou em revista as tropas montada a cavalo e depois (quando ia apear, a montaria se assustou) caminhando entre seus homens. Enquanto sua popularidade subia, o hesitante entusiasmo por Jane ia se esvaindo. Robert Dudley proclamou Jane rainha em King's Lynn, em 18 de julho, mas a maior parte das tropas de seu pai já tinha desertado. No dia seguinte, o último do reinado de Jane, seu Conselho simplesmente cedeu. Enviaram-se ordens (assinadas por Cecil, entre outros) a Northumberland para depor as armas, enquanto o conde de Arundel e lorde Henry Paget foram prostrar-se diante de Maria, proclamada às nove horas daquela noite. Em agosto, Northumberland, Robert e seus quatro irmãos estavam na Torre. Ainda se encontravam lá em 19 de março de 1554, quando Elizabeth juntou-se a eles.

> O trustless State of miserable Men
> That build your Bliss on hope of earthly Thing,
> And vainly think yourselves half happy then,
> When painted Faces with smooth flattering
> Do fawn on you and your wide Praises sing...
> All is but feigned.*

Os versos são de Edmund Spenser, de seu poema em homenagem a Leicester, "The ruines of time", escrito após a morte do conde, mas cuja expressão de sentimentos não poderia ser mais adequada às circunstâncias, com os Dudley encarcerados na Torre. As caprichosas mudanças da sorte eram referência constante nos poetas medievais e no Renascimento, incluindo a própria Elizabeth, na tradução posterior de *A consolação da filosofia*, de Boécio; a futilidade de confiar nos caprichos do destino não poderia ser mais cruelmente ilustrada do que no caso daqueles dois jovens prisioneiros perto do Tâmisa. Elizabeth e Robert não se encontraram na Torre de Londres, embora cada um soubesse da presença do outro, mas essa experiência compartilhada, não só a da prisão, mas a da apavorante tensão da espera, na impotência, enquanto lá fora o machado do carrasco golpeava uma e outra vez, foi única em seu relacionamento. Mas o que fazia lá Elizabeth?

---

* Ó, sua insegurança de homens miseráveis, que em vão/ constroem a felicidade, na esperança do que é terreno,/ E se consideram semifelizes, então,/ Quando rostos pintados, com um lisonjear sereno,/ Os bajulam e elogiam em canto pleno.../ Mas é tudo fingimento. (N.T.)

Capítulo 6

Durante os levantes que conduziram sua irmã ao trono, Elizabeth se pusera deliberadamente à parte. O cronista William Camden alega que, em sua resposta ao enviado de John Dudley, ela enfatizou que nada faria para obstruir a reivindicação de Maria.[4] Dez dias após a proclamação da irmã, Elizabeth chegou a Londres para esperá-la. Durante a breve ascensão do grupo Northumberland-Grey, mais uma vez, haviam declarado bastardas as duas mulheres Tudor, sobretudo em dois sermões proferidos pelo bispo de Londres, Nicholas Ridley, em St. Paul's Cross, no domingo anterior à proclamação de Maria. A chegada de Elizabeth em sua nova residência em Londres, Somerset House, foi uma refutação cuidadosamente encenada a essas calúnias. Ela viera com um desfile de príncipe feudal, acompanhada por 2 mil robustos cavaleiros uniformizados com as cores branca e verde dos Tudor. Esse era também um tênue – muito tênue – sinal de que Elizabeth tinha homens sob seu comando. Em 31 de julho, ela saiu de casa para se encontrar com a nova rainha em Wanstead, e em 3 de agosto estava a seu lado, quando ela fez sua entrada oficial na cidade. Quando Maria foi coroada, em setembro, Elizabeth precedeu a rainha na procissão e no banquete. Quaisquer que fossem os sentimentos pessoais de Maria para com a irmã àquela altura, em público, as duas pareciam estar em perfeita harmonia. Após o tormentoso processo de ascensão, Maria precisava de uma prova de lealdade por parte da irmã, e Elizabeth a ofereceu com toda a aparência de boa-fé.

Mas já havia indícios de que Maria não seria capaz de superar seu antigo ódio pela menina que a desalojara. O embaixador veneziano, Giovanni Michiel, descreveu Elizabeth num relatório de 1557, ressaltando três notáveis aspectos. Ela era tida como "uma jovem não menos bonita na alma que no corpo, embora seu rosto tenha traços mais agradáveis que belos; seu talhe, no entanto, é esguio e bem-formado, com boa cor, apesar da pele azeitonada, e com lindos olhos e mãos, como ela sabe muito bem." Ele continuava a descrever a superioridade da cultura de Elizabeth em relação a Maria: "Ela excede a rainha em seu conhecimento de línguas, ... fala italiano melhor que a rainha (e se orgulha disso, não se dirigindo em nenhuma outra língua aos italianos)." Finalmente, comentava como

Elizabeth era "orgulhosa e altiva", embora "nascida de tal mãe". Elizabeth "não tem menos autoestima nem acredita que é menos legítima". Michiel explicava que ela defendia o casamento de sua mãe, alegando que Ana Bolena "não quisera nada mais que um casamento com o rei sob a autoridade da Igreja e do arcebispo; portanto, se fora enganada, agira de boa-fé, o que não deveria comprometer seu casamento nem o nascimento [de Elizabeth], pois ela nascera sob essa mesma fé".[5]

Eis aí o retrato de uma jovem mulher muito atraente, que não tem medo de exibir seus feitos em detrimento dos de sua irmã. Além do mais, Elizabeth, aparentemente, *falava* de sua mãe e a defendia, quando desafiada. Michiel não citava aqui uma ocorrência específica nem uma conversa mantida diretamente com Elizabeth; ele citava o que ouvira sobre ela na corte. Em italiano, ele dizia que Elizabeth "allega a favor suo" (advoga a seu favor); ou seja, "ela fala disso", e não "ela diz isso". Assim, é possível que o embaixador esteja citando declarações feitas em mais de uma ocasião – e de modo plausível, uma vez que a legitimidade das irmãs era um assunto quente em 1553, e não em 1557. A bela, inteligente e orgulhosa Elizabeth falava em defesa da mãe. A referência à "fé" é particularmente interessante. Elizabeth não dizia que nasceu na fé protestante, mas na mesma fé que Ana, isto é, o catolicismo reformado do arranjo henriquiano. Ela não é uma herege, mas a fé na qual nasceu, e a qual, ela argumenta, justificou o casamento de sua mãe, era uma fé que reconhecia o rei, não o papa, como chefe supremo da Igreja. Essa é uma peça de provocação espetacularmente sutil.

Não é de admirar que Maria tenha se enfurecido. A possibilidade de que Elizabeth fizesse tais observações no início de seu reinado também é confirmada pelo fato de que Maria logo se viu provocada a esboçar a não muito majestática observação de que sua irmã era um tanto parecida com Mark Smeaton, que fora um homem muito bonito. Escolher, entre os supostos amantes de Ana Bolena, aquele nascido em berço inferior foi um golpe baixíssimo.

Assim, a simples presença de Elizabeth causava irritação, e ainda mais porque (como sempre) a sucessão era incerta, e ela era a próxima herdeira na linha sucessória. Mas era a questão da fé que de fato catalisava o ódio de

Maria. Praticamente seu primeiro ato como rainha foi rejeitar os estatutos religiosos do reinado anterior e fortalecer seu próprio status, ao declarar legítimo o casamento de Henrique VIII com Catarina de Aragão (medida que a própria Elizabeth nunca tomou). Elizabeth a princípio recusou-se a comparecer à missa, porém, à medida que as promessas de tolerância feitas pela nova rainha se esvaíam, ela sagazmente solicitou um encontro com Maria e pediu de joelhos que lhe desse livros e instruções que a levassem à conformidade com o credo da irmã. Mais tarde, só compareceu à missa depois que falhou sua tentativa de se passar por doente, e acompanhou a cerimônia com uma adolescente exibição de rancor, "ostentando um ar de sofrimento" e resmungando que estava com dor de barriga.

Maria não se deixou enganar e reclamou ao embaixador do Sacro Império, Simon Renard, dizendo que Elizabeth "só fora à missa por hipocrisia, que ela não tinha um único servidor ou uma dama de honra que não fosse herege, que falava todos os dias com hereges e dava atenção a todos os seus desígnios malévolos, que seria uma desgraça para o reino permitir que uma bastarda lhe sucedesse".[6] Elizabeth, sabiamente, resolveu voltar para o campo, não antes de requerer da irmã alguns ornatos para sua capela. Maria os enviou, assim como um elegante capuz de pele, mas resmungou para Renard que temia um grande mal por parte da irmã, se não "se desse um jeito nela".[7]

A melhor maneira de evitar que Elizabeth a sucedesse seria produzir um herdeiro, e em novembro Maria rejeitou com irritação um pedido da Câmara dos Comuns para que se casasse com um súdito inglês, em vez de realizar seu adorado projeto de união com Felipe II da Espanha. Ela se casaria segundo a orientação de Deus, declarou, e, numa cena de piedoso melodrama, testemunhada por Renard, anunciou em foro privado acreditar que o Céu havia escolhido Felipe como único noivo possível. Em 14 de janeiro de 1554, os termos do casamento foram anunciados em Whitehall. Contudo, nas ruas da cidade, o mesmo povo que seis meses antes saudara Maria tão jubilosamente, "aos gritos e choros, ... ao toque dos sinos",[8] ficou mudo, com a cabeça baixa, em ominoso silêncio, enquanto por ele passavam os enviados de Felipe.

A discordância silenciosa logo se tornou revolta escancarada. Quando ascendeu à coroa, Maria libertou da Torre um prisioneiro importante, Edward Courtenay, conde de Devon. Courtenay era descendente de Eduardo IV pela linha da sexta filha deste, Catarina de York, e portanto um distante pretendente ao trono. Era também católico, e seu pai fora executado por Henrique VIII, por traição. Aparentemente, a prisão não ajudara muito Courtenay no aspecto intelectual, mas ele era jovem e inglês. Se Maria parasse um pouco para pensar, ela bem poderia se casar com Courtenay. No entanto, ele não era o noivo real pelo qual seu coração ansiava. Os conselheiros da rainha sugeriram então que Courtenay se casasse com Elizabeth, desde que isso a neutralizasse em termos religiosos — Maria percebia que ter uma presumível herdeira casada seria ainda pior que uma desafiante solteira. Além do mais, Carlos V desaconselhou o arranjo. Diversos dignitários ingleses, exasperados com a determinação de Maria de fazer um casamento espanhol, pensavam diferente disso.

No início de janeiro, um complô estava em andamento. Foram planejados quatro levantes, em Kent, Devon, Leicestershire e Welsh March, que iriam convergir para Londres com o objetivo de destronar Maria e coroar Elizabeth, tendo Courtenay como seu consorte. O esquema, originalmente previsto para meados de março, falhou bem antes mesmo do começo. Maria tomou conhecimento das atividades de seus líderes no início de janeiro; no dia 21, Courtenay fraquejou ao ser interrogado e confessou. Três dos levantes programados nem sequer aconteceram. Não obstante, sir Thomas Wyatt, de Kent, o filho mais velho do Thomas Wyatt que tanto amara Ana Bolena em poesia, se não de fato, reuniu seus homens em 25 de janeiro e marchou sobre Londres. Para consternação de Maria, quando o octogenário duque de Norfolk o confrontou em Rochester, boa parte das tropas da rainha desertou em regozijo, enquanto os que se mantiveram leais retrocederam pela cidade, virando do avesso as cotas que estampavam as armas, para esconder o brasão de Maria.

Era evidente que a lealdade de Londres não estava assegurada, e, se a capital caísse, Maria estaria perdida. Mas ela demonstrara bravura quando desafiou John Dudley e era neta de uma verdadeira rainha-guerreira, Isabel de Castela. Maria foi para Guildhall em 1º de fevereiro, e o discurso que proferiu invocou muitas das imagens que sua irmã posteriormente empregaria com muita eficácia. E, o que é interessante, embora ela utilizasse a mesma figura maternal de que Elizabeth iria se valer, mesclou a imagem de uma mãe amorosa e protetora com a de um príncipe:

> Não posso dizer quão naturalmente uma mãe ama seu filho, pois nunca fui mãe de ninguém. Mas, certamente, se um príncipe e governante pode com a mesma naturalidade e a mesma seriedade amar seus súditos como a mãe ama o filho, então tenham certeza de que, sendo eu sua dama e senhora, com a mesma sinceridade e ternura amo e protejo vocês.[9]

Aqui, no maior dos discursos de Maria, está a retórica que Elizabeth adotou como sua. Ela é o príncipe marcial e o governante autoritário, ela é mãe, mas, sugerindo uma linguagem cavalheiresca, também é "dama e senhora", aludindo à proteção, na linguagem do amor cortês. Essa é a linguagem que iria coalescer, no reinado de Elizabeth, em um sistema tão crucial para sua função majestática de rainha reinante. Maria tampouco esqueceu de brandir o anel da coroação, que representava seu matrimônio com a nação. E a nação manteve seus votos. Depois de ter passado por considerável susto quando entrou em Londres – alguns dos rebeldes chegaram perto do palácio de Whitehall –, Wyatt deparou com os antigos portões em Ludgate barrando sua passagem. Uma semana depois do discurso de Maria, ele estava na Torre.

Se realmente foi a confissão de Thomas Wyatt pai que selou o destino de Ana Bolena, o interrogatório de seu filho quase acabou com a vida da filha dela. Inquirido em 25 de fevereiro e novamente em Westminster, em 15 de março, Wyatt confirmou que tinha escrito a Elizabeth, mas somente para aconselhá-la a "se afastar", para sua própria segurança. Elizabeth nada escreveu em resposta, mas enviara uma mensagem verbal por um servidor, William St. Loe, agradecendo a Wyatt por sua preocupação e dizendo que iria agir como achasse melhor. Essa estudada neutralidade foi confirmada por St. Loe, o qual, apesar da "maravilhosa alternativa" oferecida pelos interrogadores, negou qualquer outra comunicação nefasta. Contudo, havia mais. Quando estivera na corte, no outono anterior, haviam observado Elizabeth numa longa conversa com outro conspirador, sir William Pickering. E, segundo o embaixador francês, Antoine de Noailles, ela tinha "grande familiaridade" com mais um outro, sir James Crofts. Elizabeth escrevera a Maria no final de janeiro, quando o governo já conhecia a rebelião, rejeitando uma convocação à corte, alegando seu precário estado de saúde, e de algum modo uma cópia da carta foi parar entre os documentos do embaixador. (Os franceses, ansiosos por evitar o casamento de Maria com Felipe, supostamente apoiavam os rebeldes.)

St. Loe, defendendo sua senhora como podia, comprometera-se ao aparecer com dois outros rebeldes em Tonbridge. E havia o fato de que Crofts, cuja missão tinha sido declarar a região fronteiriça com Gales a favor de Elizabeth, em seu percurso, fizera uma parada em Ashridge e tentara persuadir Elizabeth a se retirar para Donnington, onde poderia ser mais bem defendida. Elizabeth recusara o conselho, novamente alegando estar doente, mas sua relutância inicial em se reunir à irmã foi vista como evidência de seu envolvimento no complô.

Seria Elizabeth culpada de conspiração traiçoeira na rebelião de Wyatt? Maria certamente acreditava nisso. Assim que a iminente ameaça dos rebeldes foi afastada, ela de novo ordenou à irmã que comparecesse à corte. A doença à qual Elizabeth se referira não parece ter sido simulada – as dores nos braços e nas pernas, o aparente inchaço do rosto sugerem uma nefrite, inflamação dos rins, frequentemente causada por deficiência do sistema imunológico. Como Elizabeth veio a sofrer mais tarde de alopecia androgenética, ou calvície, associada à produção de hormônio de estresse, é possível que a doença tenha sido causada por extrema ansiedade, já que o sistema imunológico também pode se fragilizar sob pressão psicológica, tornando o paciente mais vulnerável a infecções. O androgênio é um dos hormônios associados à nefrite. Ana Bolena também sofria de enfermidades súbitas em épocas de tensão, e Elizabeth era afetada de tempos em tempos. Decerto ela tinha todos os motivos para se sentir terrivelmente nervosa.

Capítulo 6

Sua relutância em comparecer à corte talvez fosse simplesmente medo. Agora que se tinham descalçado as luvas, era bem possível que ela "desaparecesse", como os inconvenientes príncipes de York haviam desaparecido de quase toda memória viva. Num sermão em Lenten, o bispo Stephen Gardiner tinha acabado de dizer que a rainha seria "misericordiosa com o corpo da comunidade", mas isso só poderia se efetivar se "os membros podres e perniciosos dela fossem amputados e destruídos". Lady Jane fora para o cadafalso uma hora depois de seu marido, Guildford Dudley, em 12 de fevereiro; o apoio de seu pai aos rebeldes tinha exaurido a clemência de Maria. Quando entrou em Londres, no dia 23, Elizabeth tinha todos os motivos para acreditar que seria a próxima.

Todavia, sempre consciente da importância que têm as aparências, Elizabeth cuidou de fazer uma boa (conquanto patética) apresentação. Simon Renard espalhara o rumor de que o inchaço em seu corpo se devia a uma gravidez, calúnia diante da qual Elizabeth mostrou seu desdém vestindo-se de branco e mantendo as cortinas da liteira abertas, de modo que sua expressão de sofrimento demonstrasse que o rancoroso embaixador mentia. Enquanto os interrogatórios continuavam, Elizabeth ficou efetivamente presa em Whitehall, onde Maria se recusou a vê-la. Depois de Wyatt apresentar seu testemunho em Winchester, ela finalmente foi visitada, em 16 de março, e acusada de envolvimento na conspiração, sendo informada de que seria enviada à Torre de Londres para o questionamento. Guardas foram postados do lado de fora de seu quarto, e muitos de seus criados foram afastados. Na sábado, 18 de março, o conde de Sussex e o marquês de Winchester chegaram para acompanhar Elizabeth à Torre. Ela pediu um tempo para escrever à irmã, e foi tão convincente que Sussex acedeu a seu pedido.

Pode-se imaginar que ela já tivesse ensaiado o que dizer naquelas longas horas atrás de uma porta bloqueada, mas escreveu com extrema lentidão, tão devagar que o fluxo de maré que deveria levá-la pelo rio reverteu. (A última oportunidade para ela partir à luz do dia teria sido por volta da uma hora da tarde; a partir disso, podemos supor que a "Carta da maré" foi escrita mais ou menos ao meio-dia.) Quando terminou, tendo conseguido mais uma noite de relativa liberdade, Elizabeth riscou as áreas em branco do papel, para evitar que outras mãos temperassem suas palavras.

Considerando as evidências que restaram, Elizabeth não tinha feito aparentemente nada que pudesse incriminá-la. Mantivera-se distante da conspiração, mas não se conhece o que ela realmente sabia. Como rainha, sua tendência constante era evitar agir até o último momento possível, recusando-se a intervir até que fosse obrigada a fazê-lo. Ela prevaricava, mas não passivamente. Se o golpe de Wyatt em 1554 fosse exitoso, ela poderia ir à sua coroação com a consciência limpa; quando falhou, em teoria estava livre de toda pecha. Mas ainda não, não totalmente. Os documentos do embaixador francês confirmam que ele esteve em contato, se não com a própria Elizabeth, pelo menos com os rebeldes. Em 26 de janeiro ele relatou que Elizabeth seria removida para Donnington, e que o castelo estava sendo reforçado. Ela rejeitara a solicitação de sir James de ir para Donnington no dia 22. Será que planejara ir para Donnington e esperar, bem defendida, para ver o que aconteceria, e fora impedida pela doença? Ou seria o deslocamento apenas uma esperança dos rebeldes?

Seja como for, Maria sabia que haviam se reunido homens e munições. Assim, já não importava mais quanta verdade havia no que Elizabeth escrevera. Redigiu um apelo direto a Sua Majestade sua irmã pela justiça que se deve a um príncipe. Suas palavras eram para amansar Maria, ao menos pelo tempo necessário para reconquistar a liberdade.

> Se alguém jamais testou o velho dito de que a palavra de um rei é mais que o juramento de outro homem, eu, da maneira mais humilde, rogo a Vossa Majestade que o comprove a meu respeito, ... que eu não seja condenada sem uma resposta e sem a devida prova do que eu pareço agora, sem motivo, ser acusada, e por seu Conselho e por ordem sua enviada para a Torre, lugar mais adequado a um traidor que a um súdito leal.

Ela refutava radicalmente as duas principais acusações, de ter se comunicado com Wyatt e com o embaixador francês:

Quanto ao traidor Wyatt, ele porventura pode ter me enviado uma carta, mas, por minha fé, nunca recebi nenhum escrito de sua parte. Quanto à cópia da carta enviada ao rei francês, rezo a Deus que me confunda eternamente se jamais lhe remeti uma palavra, mensagem, sinal ou carta.

Elizabeth lembrava os pedidos de Thomas Seymour para ver seu irmão: "Nos últimos dias, ouvi meu lorde de Somerset dizer que, se tivessem permitido que seu irmão lhe falasse, ele jamais teria sofrido", acrescentando que "persuasões" alheias tinham convencido o duque de Somerset a mudar de ideia, e que essas pessoas "não se podem comparar a Vossa Majestade". Essas "persuasões", alegava ela, não deveriam pôr duas irmãs em desavença. A "Carta da maré" é de um soberbo desempenho, mas não deu bons resultados. Maria continuou se recusando a ver Elizabeth e censurou Sussex por lhe ter permitido escrever. No dia seguinte, Domingo de Ramos, Elizabeth entrava na Torre.

O relato hagiográfico de sua chegada, apresentado em *Acts and Monuments*, de John Foxe, mostra Elizabeth jogando com a multidão como só ela sabia fazer. Ao atravessar o "Portão dos Traidores", supostamente teria anunciado: "Aqui chega, como prisioneira, uma verdadeira súdita como jamais pisou esses degraus." Ela então teria encenado um improviso, sentando-se na laje e recusando-se a se levantar, observando que estaria melhor ali "que em lugar pior". Um de seus atendentes sucumbiu, ao ver sua senhora tão degradada, e informou aos espectadores que não havia necessidade daquilo, já que "ela sabia que sua verdade era tanta que ninguém teria motivo para chorar por ela".[10] Na realidade, Elizabeth desembarcou na Torre Wharf e caminhou pela ponte de madeira que fica no lado da Torre de Londres voltado para St. Paul. O único drama foi o medo que a assaltou pelo rugir dos leões da Royal Menagerie.* E embora a cela não fosse o úmido calabouço das lendas românticas, seus alojamentos representavam uma escolha particularmente rancorosa por parte de Maria, pois os quatro cômodos destinados a Elizabeth nos apartamentos

---

* Royal Menagerie: lugar em que eram abrigados exemplares de animais diversos. (N.T.)

reais da Torre eram aqueles usados por Ana Bolena em sua coroação e de novo ocupados por ela antes de morrer.

Elizabeth só tinha 21 anos. Ela não teve acesso ao Conselho e muito menos a um advogado. Ao entrar na Torre, sabia que somente suas palavras, em resposta ao interrogatório a que iriam submetê-la, poderiam salvar sua vida. Em texto atribuído a Robert Dudley, escrito durante sua prisão, do outro lado da fortaleza:

> Where, when the wicked ruled,
> And bore the sway by might,
> No one would please to take my part,
> Or once defend my right.*

O sentimento é lamurioso e a rima, óbvia demais para se tornar uma produção literária convincente, embora o sentido expresso, de desesperançado isolamento, fosse algo de que Elizabeth e Robert compartilhavam.

A única arma de Elizabeth era a sagacidade. Ela foi interrogada na Sexta-Feira Santa, cinco dias após sua chegada. Admitiu, até amplamente, que possuía uma casa em Donnington, mas que jamais dormira lá. Reconheceu que Crofts tentara persuadi-la a partir, mas ressaltou que dificilmente se poderia dizer que era crime ela se deslocar para sua própria casa. A questão crucial era saber se, como a casa *tinha* sido abastecida com "armas e provisões", Elizabeth sabia disso ou concordara com isso? A carta original de Maria convocando-a à corte no início de fevereiro aludia à possibilidade da ida de Elizabeth a Donnington, mas Elizabeth não mordera a isca. O primeiro interrogatório pode ser considerado um empate.

Renard ainda pressionava Maria para declarar Elizabeth culpada, mas agora surgiam cisões no Conselho. Para os inimigos de Elizabeth, ainda havia a possibilidade de que Wyatt confessasse mais alguma coisa, porém, até sua morte, em 11 de abril, ele seguiu afirmando que Elizabeth e Cour-

---

*Onde, quando governou o malvado,/ E pela força se impôs respeito,/ Ninguém se comprazeria a adotar o meu lado,/ Ou a uma vez defender o meu direito.

tenay "não conheciam minha insurreição ou revolta antes de ela começar". No dia seguinte, os interrogadores confrontaram Elizabeth novamente, e mais uma vez não encontraram qualquer nova evidência. Enquanto se pregavam as vísceras de Wyatt em Newgate, dois homens eram postos no pelourinho por alegar que fora ele quem a inocentara. No entanto, Elizabeth ainda tinha medo.

Quando sir Henry Bedingfield apareceu na Torre de Londres, em 4 de maio, na chefia de cem guardas, ela perguntou, alarmada, se o cadafalso que se erguera para a decapitação de Jane Grey tinha sido desmontado. O único alívio que ainda tinha para sua insuportável incerteza era caminhar pelo jardim privado e pelos aposentos em que estava alojada, circulando repetidas vezes como as feras enjauladas na *menagerie* próxima. No sexagésimo segundo dia de prisão, Elizabeth finalmente soube que iria ser libertada – mas que Bedingfield seria seu novo carcereiro.

Capítulo 7

A NOVA CASA DE ELIZABETH seria Woodstock, em Oxfordshire. O trajeto dela até lá corresponde à descrição dos segmentos de um país dividido. A política inicial de tolerância religiosa de Maria Tudor iria desmoronar em dois anos. A partir de fevereiro de 1555, as fogueiras de Smithfield seriam alimentadas com protestantes dispostos a morrer por sua fé. Trezentos homens e mulheres foram queimados por suas crenças durante o reinado de Maria, e, em 1554, para além de Londres, o país já começava a se partir em enclaves confessionais.

De Richmond, onde tinha ficado apenas uma noite depois de deixar a Torre de Londres, Elizabeth passou por Windsor, West Wycombe e Rycote, acompanhada, ao longo de todo o percurso, por multidões que a aclamavam. Henry Bedingfield relatou inquieto que "os homens entre Londres e esses lugares não são corretos e íntegros em matéria de religião",[1] enquanto a resistência a Roma continuava forte em aldeias que faziam repicar os sinos quando a liteira de Elizabeth passava por elas. Tantos presentes de flores e bolos foram oferecidos em High Wycombe que a princesa teve de pedir às gentis damas locais que parassem, tão irresistível era o aroma do açúcar e das especiarias. Nos arredores de Woburn, sir Henry encontrou um lavrador chamado Christopher Cook, que estava ali à espera para ver a princesa de relance. A conversa que eles tiveram, contou sir Henry em tom desaprovador, demonstrou que Cook era "muito protestante". Em Oxfordshire, onde a universidade continuava a ser um bastião da antiga fé, a situação era mais reconfortante. Depois de quatro dias, a comitiva chegou ao deteriorado mas ainda utilizável solar de Woodstock, então recentemente melhorado pelo avô de Elizabeth. O tamanho da propriedade, com dois imensos pátios, logo foi percebido como um problema para Bedingfield, preocupado porque só havia três portas que podiam ser trancadas.

É difícil não se sentir penalizado com a situação de Bedingfield. Seu relato sobre o período em que serviu como guardião de Elizabeth parece uma farsa de alcova. Homem honesto e obstinado, mas de pouca instrução, sua mente não era páreo para o temperamento mercurial da mulher de quem cuidava. A missão de vigiar Elizabeth de perto, enquanto a tratava "de modo tão adequado e honrado que seja agradável a ... seu status e posição",[2] não foi facilitada pelo fato de que a maioria do pessoal da casa era adepta da princesa. Thomas Parry já não participava oficialmente do séquito de Elizabeth, porém, circulava pela Hospedaria do Touro, em Woodstock, de onde Bedingfield não podia tirá-lo, já que era a própria Elizabeth quem pagava as contas de manutenção da casa, e precisava ter seu tesoureiro por perto. Pode-se perceber uma eufórica insolência no modo com que Elizabeth tratava Bedingfield. Talvez o fato de ter escapado com vida a levasse a provocá-lo de forma tão impiedosa, embora ela continuasse ciente de sua condição de prisioneira – e, à medida que as semanas se passavam, caísse numa sombria depressão.

Bedingfield viu que seria quase impossível manter sob controle as idas e vindas na insurreta residência de sua prisioneira. Parry atraía atenções na Hospedaria do Touro, chegando a receber quarenta visitantes por dia, livros suspeitos, potencialmente subversivos, e faisões mandados para Elizabeth, que, vociferante, reclamava de tudo – das instalações, do ar, do exílio de uma das mais protestantes de suas damas, Elizabeth Sandes, da falta de uma Bíblia inglesa, de que seu dossel não fora erguido. Elizabeth sabia que só apelando para a irmã poderia esperar algum alívio de sua condição, mas Maria recusava-se a "ser incomodada com suas tão atrevidas e exuberantes cartas".[3] A princesa solicitava constantemente que Bedingfield lhe permitisse escrever a Maria, mas outro pedido, de que a deixassem ir até a corte em julho, foi simplesmente ignorado. Em setembro, Bedingfield anunciou com relutância que recebera permissão do Conselho para que ela escrevesse mais uma vez, permissão a qual, depois de demandada por tanto tempo, Elizabeth preferiu ignorar durante uma semana, antes de pedir o material necessário. Depois queixou-se de dor de cabeça. Depois lavou os cabelos. Depois anunciou que precisava de uma secretária para escrever ao Conselho. Como não a atendessem, disse que o próprio Bedingfield devia servir-lhe de secretário. Bedingfield obedeceu, mas levou de volta a escrivaninha. Elizabeth roubou uma das penas. Ele escarneceu dos ares dessa "grande dama". Elizabeth disse-lhe sem meias palavras que, como carcereiro, ele era uma piada. Esse tipo de implicância mesquinha durou quase um ano.

Enquanto o mundo de Elizabeth havia se reduzido aos limites de Woodstock, com pouca diversão além de provocar Bedingfield, Maria se casara com o rei espanhol em 26 de julho de 1554. Em novembro, o primeiro Parlamento da rainha como mulher casada solicitou a volta do cardeal Reginald Pole, o núncio apostólico exilado, e no dia 30 daquele mês, depois que lordes e comuns aprovaram a resolução de retorno do país ao catolicismo, Pole absolveu formalmente a Inglaterra da acusação de heresia e cisma. Apesar de consideráveis esforços de propaganda para apresentar a Igreja de Maria I como "nacional" (exatamente a estratégia que seria empregada com tanto e maior sucesso por Elizabeth), o casamento da rainha e sua alegria exuberante com a restauração da fé deixaram poucas dúvidas de que, em termos de religião, a Inglaterra submetia-se novamente a Roma. Para Maria, o triunfo foi coroado pela convicção de ter sentido uma criança "chutar" seu útero. A rainha estava grávida. Qualquer que fosse a ameaça que a irmã tivesse feito um dia, agora aquilo era algo insignificante.

Finalmente, em 17 de abril de 1555, Elizabeth obteve a convocação que tanto esperava. Bedingfield até recebeu instruções de não se preocupar com o reforço da escolta para a jornada. Elizabeth partiu com um conjunto de roupas de linho para bebê que ela bordara em vermelho, como presente para o próximo herdeiro dos Tudor. Ela chegou a Hampton Court no final do mês, mas foi obrigada a permanecer mais duas semanas nos aposentos que tinham sido construídos para seu irmão Eduardo, até receber a visita do bispo Stephen Gardiner. Determinou-se que Elizabeth se submetesse "à graça da rainha". Identificando nisso uma admissão tácita de culpa, Elizabeth se recusou. Após outra semana de espera, ela foi conduzida aos apartamentos de Maria, à luz de tochas, às dez da noite. Elizabeth ajoelhou-se diante da irmã, declarando-se leal súdita, mas, quando Maria repreendeu-a por sua recusa de confessar, ela só concordou em não dizer que fora injustamente punida pela rainha. Maria ficou exasperada. Elizabeth tinha captado os sentimentos da irmã na estrofe de dois versos que riscara com um diamante numa das vidraças de Woodstock: "Much suspected by me/ Not proved can be."* Era de enfurecer. Maria estava convencida da culpa de Elizabeth, porém, sentia-se obrigada a lhe conceder alguma medida de favor, talvez por influência do terceiro participante daquela entrevista noturna, seu marido, Felipe da Espanha. Segundo uma fonte, Felipe estava à espreita atrás de uma tapeçaria durante o encontro das duas irmãs, e pode ter sido por vontade sua que Maria posteriormente chegou a trocar algumas "palavras amenas" com Elizabeth.

O período de "gravidez" de Maria já fora ultrapassado. Em 30 de abril, os sinos tocaram na capital, num falso anúncio de que a rainha tivera um filho. Embora ela ainda estivesse convencida de que esperava uma criança, Felipe era mais realista. Até que a sucessão anglo-espanhola estivesse assegurada, ele precisava de Elizabeth. No início de agosto, nem Maria levava mais adiante aquela ficção. Graças à influência de Felipe, Elizabeth usufruiu uma certa e renovada medida de status, quando a corte se mudou para Oatlands e depois para Greenwich, durante o verão de 1555. Foi-lhe até permitido comparecer à despedida oficial dele, em 25 de agosto, quando o rei zarpou de Greenwich. Somente um mês mais tarde Elizabeth recebeu permissão para voltar à sua própria casa em Hatfield. Deve-se perguntar quem estava mais aliviado em ir embora, o marido ou a irmã de Maria?

ESPECULAR SOBRE SENTIMENTOS a uma distância de mais ou menos cinco séculos nunca é boa ideia, em particular quando isso se refere a uma pessoa tão intensamente discreta quanto Elizabeth I. Mas, quando partiu para Hertfordshire, ela deve ter sentido que, depois das desventuras dos dois

---

* "Muita suspeita quanto a mim/ Nada provado, enfim." (N.T.)

anos anteriores, de seu martírio na Torre e da clausura em Woodstock, algo extraordinário começava. Os sinais estavam ali. Sua popularidade era evidente a ponto de ser quase embaraçosa. Com muito tato, ela pedira a seus cavalheiros que contivessem as multidões que a aclamavam quando partia da corte, mas não havia dúvida de que, se um dia fora amada, agora Maria era detestada.

As fogueiras acesas para aclamar sua ascensão transformaram-se em horríveis piras funerárias. O fanatismo sacro de Maria levara até o próprio capelão de Felipe, Alfonso de Castro, a pedir moderação. Em prédica proferida quando começou a dizimação de pessoas, ele observou: "Não foi nas Escrituras que eles aprenderam a queimar um homem por causa de sua consciência." Quando Elizabeth chegara a Hampton Court, na primavera, ainda em desgraça, seu nascimento estava em questão (embora Maria até então tivesse resistido à sugestão de Stephen Gardiner para que mais uma vez a declarasse bastarda, essa possibilidade continuava presente). Aos olhos presunçosos da irmã, Elizabeth, por infortúnio solteira, representava a parente pobre. Agora que fora inocentada, estava livre e, o mais importante, era saudável e protestante. Segundo os termos do testamento de seu pai, ela poderia ser bem-sucedida. A menos que ocorresse um milagre, não haveria herdeiro, e a doença que iria matar Maria dois anos depois já começava a se fazer notar.

Elizabeth foi rápida no restabelecimento de sua casa segundo os padrões antigos. Thomas Parry voltou, assim como Katherine Ashley, e Roger Ascham chegou para ela retomar seu programa de estudos. Na superfície, a vida de Elizabeth voltara à sua feição tranquila e aplicada, mas ela quase não tivera tempo de se recuperar das reviravoltas do passado recente quando seu nome foi novamente associado à traição. E mais uma vez a fonte foi a desastrada Katherine Ashley.

Em 1550, Elizabeth tinha obtido a propriedade de Durham Place, à beira do Tâmisa, em Londres, entre Whitehall e a então residência do lorde protetor, em Somerset House, como parte do legado do pai. Era uma propriedade espaçosa, com um grande jardim, mas Elizabeth nunca morou lá, embora (ou talvez porque) Ana Bolena tivesse usado o imóvel uma vez. Depois da queda de Thomas Seymour, o duque de Northumberland, pai de Robert Dudley, providenciou para que Elizabeth ficasse com Somerset House, a primeira construção realmente renascentista da Inglaterra. Na primavera de 1556, Somerset House foi revistada, e certo número de itens "subversivos" foram confiscados, incluindo livros, panfletos com "calúnias" contra Maria e Felipe e uma caixa com desenhos e pinturas que insultavam o casal real e a religião católica. A caixa, ou o armário, pertencia a Katherine Ashley, que partiu de Hatfield em maio para seu terceiro período na Torre de Londres. Estariam Elizabeth e sua casa mais uma vez sob vigilância?

O quarto Parlamento de Maria, que se reuniu três dias após Elizabeth deixar a corte, foi aquele que a rainha teve mais dificuldade para manejar. Martírio era uma coisa, dinheiro era outra. Dois projetos de lei foram propostos, um para a devolução das propriedades da coroa que tinham sido originalmente confiscadas pela Igreja reformada, o outro para o confisco das propriedades dos reformadores (cerca de oitocentos) que voluntariamente tinham ido para o exílio a fim de evitar a perseguição movida por Maria. Os projetos eram extremamente impopulares.

Ainda que a coroa tenha conseguido fazer avançar o primeiro – trancando os comuns na sede da Câmara e submetendo-os pela fome –, o segundo encontrou a veemente oposição de sir Anthony Kingston, que também adotou a medida de trancar os comuns – embora, dessa vez, a porta estivesse aferrolhada por dentro. Num discurso apaixonado, ele conclamou a Câmara a não aprovar uma lei à qual tantas consciências se opunham, e a proposta da coroa foi derrotada. Entre os que votaram contra estava William Cecil. Kingston tinha ligações com outro cavalheiro descontente, sir Henry Dudley, e por meio dele com seu sogro, Christopher Ashton. Dudley era parente distante de Robert Dudley (primo em segundo grau de seu pai) e estivera a serviço de Northumberland na época da ascensão do duque, viajando para a França a fim de promover a causa de Jane Grey. Ele foi novamente a Paris no final de 1555, e lá debateu com ninguém menos que o próprio rei da França as implicações do casamento espanhol de Maria.

O complô dos Dudley quase pode ser considerado o protótipo das conspirações com base continental do reinado de Elizabeth, nas quais a divisão religiosa da Inglaterra era (em retrospecto) explorada ora em benefício da França, ora da Espanha. Christopher Ashton e Anthony Kingston concordaram que Dudley liderasse uma força de invasão a partir da França, via Portsmouth, que se uniria a outra força rebelde criada por Kingston. Juntas, elas marchariam sobre Londres, território de Edward Courtenay (naquele momento flanando em Veneza), fariam-no casar com Elizabeth e "descartariam" Maria – o plano original parece indicar que ela seria exilada com Felipe, porém, relatos mais radicais sugerem que tencionavam assassinar a rainha. Em fevereiro de 1556, no entanto, os reis da França e da Espanha assinaram uma trégua em Vaucelles, e o complô foi suspenso. Era crucial, como se informou ao embaixador francês em Londres, Antoine de Noailles, que Elizabeth não fosse envolvida: "Acima de tudo, assegure-se de que madame Elizabeth não comece ... a empreender aquilo que eu lhe escrevi. Pois isso iria estragar tudo e se perderia o benefício que eles podem esperar de seus esquemas."[4]

Para isso há duas leituras possíveis. Uma, que Elizabeth ignorava o plano, e o embaixador francês era advertido de que ela não devia ser envolvida. Outra, que o embaixador francês julgava Elizabeth já informada do plano "que eu lhe escrevi" e estava preparada para agir; isto é, ela sabia do golpe e concordava com ele. No entanto, se houvesse um mínimo de evidência quanto a isso, por que Maria não aproveitou a oportunidade para se livrar da irmã intriguista de uma vez por todas? Talvez ela estivesse deixando a trama se desenrolar para dar o bote sobre Elizabeth quando já dispusesse de provas, porque, incrivelmente, Dudley e Ashton tinham conseguido rapinar o erário.

Para financiar o complô, eles executaram o assalto e, em lugar de encontrar o dinheiro de Henrique II, deram com o depósito de barras de ouro. Quando isso chegou ao conhecimento do cardeal Pole, arcebispo de Cantuária e principal conselheiro de Maria, os dois conspiradores já tinham zarpado para a França, a fim de organizar a invasão. Em março, o grupo de inconfidentes de Londres foi cercado, e Kingston estava morto, tendo possivelmente se suicidado enquanto era levado preso. Elizabeth, em seu mais alto estilo, manifestou-se chocada e ultrajada, escrevendo a Maria:

> Entre as coisas terrenas, a que eu mais desejo é esta: que bons cirurgiões façam a anatomia do meu coração revelando meus pensamentos sobre Vossa Majestade, assim como há médicos especialistas do corpo aptos a explicar a seus pacientes as agruras intrínsecas às suas doenças. Porque então eu não duvidaria, mas teria certeza de que, seja o que for que os outros sugiram por malícia, Vossa Majestade saberia, por conhecimento próprio, que quanto mais essas nuvens escuras ofuscam a clara luz de minha verdade, mais meus pensamentos assim testados irão ofuscar a obscuridade da malícia oculta.

Tendo desembaralhado tudo isso, em certa medida é tentador imaginar se Elizabeth realmente levava suas palavras a sério.

Maria não estava totalmente ofuscada por nuvens escuras, e, ainda que depois tenha enviado um anel de diamante e uma mensagem polida a Elizabeth, fez revistar Somerset House. Em maio, foram feitas prisões em Hatfield. O tutor italiano da princesa, Battista Castiglione, e um empregado, Francis Verney, foram levados com Katherine Ashley e outras três das damas de Elizabeth. "O número de pessoas presas cresce a cada dia", relatou o embaixador veneziano animado, "o que causou grande e geral constrangimento. ... Entre os domésticos há um certo Battista ... que já fora preso duas vezes por sua conta [de Elizabeth], ele mesmo sob grande suspeita quanto à questão religiosa."

Francis Verney era um dos membros da casa de Elizabeth que tinha suscitado as suspeitas de Bedingfield durante o confinamento em Woodstock. Protestante, de uma família burguesa de Buckinghamshire, ele estivera na Hospedaria do Touro com Parry, e aparentemente conseguira meter o bedelho em inúmeras cartas do Conselho. Tanto ele quanto o irmão, Edmund, atraíam o olhar vigilante do governo. "Se qualquer mal for praticado em toda a Inglaterra, Verney terá conhecimento dele",[5] advertiram Bedingfield. Em junho, Elizabeth foi informada de que haviam obtido quatro confissões de pessoas que sabiam do complô de Dudley, mas os mensageiros de Maria lhe garantiram que ela própria não estava sob suspeita.

Maria não acreditava que a irmã fosse inocente. Mas Felipe, em Bruxelas, insistiu em que Elizabeth fosse isentada. Se a eliminassem, o herdeiro seguinte era Maria da Escócia, futura rainha da França, possibilidade intolerável para o dinástico matrimônio Habsburgo. E, assim, Maria, desesperadamente leal ao marido, isentou a irmã, que de forma arrogante recusou um convite para comparecer à corte. Essa deve ter sido uma decisão dolorosa para a rainha. Seu insignificante valor como mulher, mais que como veículo para a ambição espanhola, tornara-se abominavelmente óbvio.

Em certo sentido, no entanto, o complô de Dudley foi uma espécie de rebate falso. Era um esquema louco, que só por um breve período contou com o apoio de considerável força militar francesa. Mais atenção merece a conexão italiana – a prisão de Castiglione e a evidência que isso fornece, de que a casa de Elizabeth, durante alguns anos, estivera ligada à propaganda anti-Maria.

No verão de 1556, sir William Cecil e sua mulher, Mildred, receberam um amável convite para ir à casa de campo de sir Philip Hoby, em Bisham. Lady Cecil estava grávida, e sir Philip, com muita consideração, ofereceu-se para enviar sua carruagem se os Cecil consentissem em se juntar ao grupo. Tratava-se sobretudo de uma reunião de família – entre os convidados estava o cunhado de Cecil, sir Thomas Hoby, e sua mulher, Elizabeth, irmã mais moça de Mildred. Esse encontro, planejado para uma tarde de julho, reunia alguns dos mais influentes personagens do que poderia ser denominado "resistência anti-Maria", a qual, por intermédio de Battista Castiglione, nos leva de volta a Katherine Ashley e seus "panfletos subversivos" – e daí até Elizabeth.

Outro membro do grupo era Richard Morison, a quem o tutor de Elizabeth, Roger Ascham, tinha acompanhado como secretário, quando o primeiro era embaixador na corte imperial, em 1550. Morison atraíra uma indesejada atenção durante o serviço como embaixador por promo-

Capítulo 7

ver leituras públicas dos trabalhos de Maquiavel. Ele também era colega de Bernardino Ochino, integrante do pequeno grupo de italianos partidários da Reforma que tiveram significativa influência no progresso do protestantismo na Inglaterra. Na própria Itália, a Reforma tivera curta duração. Sob concentrada opressão da Igreja e do Sacro Império Romano, que controlava grande parte da península, o movimento reformista foi meticulosamente esmagado num intervalo de setenta anos. Mas a Itália logo daria um importante lugar para os ingleses dissidentes forçados ao exílio por Maria Tudor. E ainda continuou a injetar na Reforma inglesa a energia do humanismo renascentista.

Pádua, governada pela República de Veneza e, por isso, ao alcance da autoridade imperial, era um centro para os que buscavam refúgio da perseguição católica. Suas universidades atraíam humanistas, enquanto (de modo curioso) a arte superlativa de suas edificações públicas, adornadas com obras de Giotto e Mantegna, ofereciam aos dissidentes reformistas um contexto constituído pelas mais belas realizações do Renascimento católico. Os irmãos Hoby eram italófilos, e, entre 1548 e 1555, durante algum tempo acompanhados por John Cheke, suas viagens pela península os levaram a conhecer muitos reformadores italianos, entre eles Pietro Bizari, de quem Cheke fez um adepto de St. John's, Bernardino Ochino e, mais tarde, Jacopo Aconcio. As jornadas do grupo dos Hoby eram um exílio não oficial. Quando as perseguições de Maria se intensificaram, eles explicaram que faziam uma prolongada excursão pelos centros culturais e estações balneárias da Itália. É possível que entre os "refugiados da consciência" eles tenham também encontrado Francis Walsingham, mais tarde secretário de Elizabeth, que viajava pela região entre 1554 e 1556.

Thomas Hoby é mais lembrado pelos relatos de viagem e pela tradução, em 1562, daquele texto essencial do século XVI, *O cortesão*, de Castiglione. Ele traduziu também um texto contra o papado, *Tragédia do livre-arbítrio*, de Francesco Negri, que dedicou ao irmão de Catarina Parr, o marquês de Northampton, para cujo serviço entrara em 1551. Outro reformador italiano associado a esse círculo, amigo íntimo de Bizari, foi o tutor de Elizabeth, Battista Castiglione (parente distante do autor de *O cortesão*), que se incorporou à sua casa em 1544. Pesquisadores convergem ao dizer que provavelmente os dois primeiros períodos de Castiglione na prisão estavam associados aos incidentes com Seymour e Wyatt. Castiglione tornou-se posteriormente um dos camareiros de Elizabeth e a serviu até morrer, aos 82 anos.

Nem todos os membros do círculo de Hoby sentiram-se obrigados a fazer suas grandes jornadas de consciência. Alguns, como William Cecil, chegaram a um termo de compromisso com o regime (Cecil votou contra o projeto de lei do exílio, ao mesmo tempo que se tornava alto-comissário do solar do cardeal Pole, perto de sua casa, em Wimbledon), enquanto trabalhavam discretamente contra ele. Elizabeth nomeou Cecil supervisor de suas terras em 1550; em 1553, por um salário de £20 por ano, ele era seu consultor quanto aos assuntos de suas propriedades, algumas das quais ficavam perto da residência familiar de Cecil, em Burghley. Só uma vez os dois se encontraram durante o reinado de Maria, mas se mantinham em contato por intermédio de Thomas Parry, parente de Cecil cujo nome aparece ocasionalmente nos relatos deste último. Tanto Elizabeth quanto Cecil, numa estratégia que prefigurava a essencial harmonia de seu futuro relacionamento político, estavam preparados para manter a cabeça baixa durante a ascensão de Maria, a fim de ver em que direção soprava o vento: "Estamos acostumados à grande e antiga narrativa protestante da história inglesa que tem o reinado de Maria como uma monstruosa aberração; ... em 1555, não havia triunfo do protestantismo Tudor."[6]

Mas nem Elizabeth nem seu futuro ministro eram totalmente submissos. Cecil tolerava a presença em sua terra de uma gráfica de propriedade de certo John Day, que desde o dia da coroação de Maria publicava panfletos contra ela. E Elizabeth, qualquer que tenha sido a extensão de seu envolvimento nas rebeliões de Wyatt e de Dudley, abrigava um rebelde em sua casa: Castiglione.

John Cheke, o centro desse círculo de dissidentes dissimulados, estava menos habilitado para se acomodar aos tempos. Ele deixara a Inglaterra após passar um período na Torre. Depois, quando viajava entre Bruxelas e Antuérpia, foi capturado por ordem de Felipe da Espanha e voltou ao cativeiro. A prisão foi demais para ele. Embora tivesse escrito a Cecil ainda naquele ano para adverti-lo das consequências espirituais do conformismo, o segundo período na Torre o venceu. Só duas semanas após a planejada festa de Philip Hoby, ele fez duas retratações oficiais em relação à sua crença na Reforma e foi recebido pelo cardeal Pole, em seu retorno à congregação católica, tendo a corte de Maria como testemunha. Cheke morreu pouco tempo depois, incapaz de perdoar a si mesmo.

Não há registro da reação de Elizabeth à traição de Cheke às suas crenças, mas é interessante que na época ela tenha se comunicado brevemente com Cecil sobre uma questão sem importância relativa a propriedades suas em Northamptonshire. Naquele momento a conspiração de Dudley estava morta, e, graças ao rei Felipe, ela fora oficialmente inocentada. No entanto, o círculo Cheke-Cecil-Hoby dá um indício sobre o que eram aqueles "panfletos" que tanto incriminaram a infeliz Katherine Ashley. A disseminada influência de reformadores italianos em Londres já fora observada pelo embaixador do Sacro Império, Simon Renard: "Há italianos sem conta aqui, ... que andam no círculo dos comerciantes, falando com malícia, como só eles sabem."[7] Consta que Richard Morison se envolveu na literatura "de resistência" (e que era fomentador das ideias de Maquiavel), e é notável que muitos dos libelos apresentados contra Maria e Felipe tivessem nitidamente um viés italiano que emanava das cidades – Veneza, Ferrara e aquele centro específico dos resultados da diáspora de Maria, Pádua. Em vista de sua relativa liberdade religiosa, esta última cidade era o centro ideal para a produção de panfletos de incitamento. Em maio de 1555, o embaixador veneziano relatou que mais de mil cópias de um *Dialogue*, "cheio de coisas escandalosas e subversivas contra a religião e o governo",[8] tinham sido distribuídas em Londres. Também mencionou dois livros em processo de tradução, *O luto de Milão* e *O lamento de Nápoles*, que advertiam os ingleses contra o exemplo da dominação espanhola da península.

Elizabeth era uma impressionante conhecedora da língua italiana. O emprego que fazia desse idioma foi amplamente registrado, e ela continuou a exibir seus talentos durante o reinado, conversando em italiano com Francesco Gradenigo, em 1596, e debatendo seu amor por esse idioma com o embaixador veneziano Giovanni Scaramelli, em 1603. Um estudioso fala como Elizabeth "transformou, de modo determinante, uma realização intelectual em ferramenta política",[9] o que ela certamente fez quando rainha. Quem sabe o italiano também não forneça mais uma chave para explicar suas conexões com a "resistência" em meados da década de 1550? Com quem mais poderia Katherine Ashley ter obtido esses "panfletos" clandestinos senão com Castiglione? O embaixador veneziano dá indícios desse envolvimento:

> Certos patifes neste país tratam diariamente de perturbar a paz, a tranquilidade e a condição atual do reino, de modo a, se possível, introduzir alguma novidade e insurreição. ... e, apesar de toda diligência empregada para descobrir os autores, não se obteve nenhuma luz sobre o assunto, salvo o fato de que um italiano foi encarcerado na Torre, sendo ele professor de língua italiana de Milady Elizabeth, e que alguma suspeita aparentemente lhe é atribuída.

O tutor integrava estreitamente a rede Hoby-Cecil, era um reformador conhecido e próximo de Elizabeth. Se Castiglione contrabandeava literatura proibida, isso sugere que o envolvimento de Elizabeth na propaganda anti-Maria era mais considerável do que se supunha.

Somerset House foi o lugar em que se descobriu o material subversivo. Foi também o local de um encontro entre Elizabeth e William Cecil, em março de 1558.[10] Os detalhes desse encontro são escassos, tanto que durante muito tempo ele foi desconsiderado. Mas é possível que Somerset House fosse uma espécie de sede, na capital, de um "governo paralelo" de Elizabeth. Em fevereiro do mesmo ano, Elizabeth tinha se instalado em sua casa de Londres com um grande contingente de pessoal e de empregados. Um mês depois, um serviçal registrou uma tarifa de barqueiro totalizando cinco pence, referente ao transporte por água de William Cecil a Somerset House, onde ele se encontrou com a princesa. O biógrafo de Cecil conclui que "foi um encontro que ajudou a configurar o reinado dela e também sua vida".

Contudo, há uma forte possibilidade de que as comunicações de Cecil com Elizabeth por esse sistema tenham sido mais extensas do que se vem considerando. A natureza dos "panfletos" que incriminavam Katherine Ashley parece muito semelhante à dos descritos pelo embaixador veneziano. Assim, pode-se postular que a própria Elizabeth, via Castiglione, estivesse envolvida de forma consistente na resistência anti-Maria, acima e além dos alarmes públicos despertados pelos complôs de Wyatt e de Dudley.

Capítulo 8

ELIZABETH FICOU EM LONDRES somente uma semana, em fevereiro de 1558. Enquanto ela voltava ao campo, Felipe da Espanha ouvia um relato de Simon Renard advertindo-o de que havia poucas alternativas além de aceitá-la como sucessora. A mulher de Felipe ainda teria dez meses de vida, mas a segunda falsa gravidez só tinha confirmado a desimportância de Maria para o esposo. O otimismo cauteloso de Elizabeth nos últimos quatro anos agora se mostrava fundamentado. Ela iria governar. Durante o ano, à medida que a saúde da irmã declinava, Elizabeth começava a reunir forças para ocupar o poder. Em outubro Maria finalmente obrigou-se a conceder aquilo que todos no mundo da política já tinham aceitado, e acrescentou a seu testamento um codicilo reconhecendo a disposição do próprio Henrique VIII, de que Elizabeth seria sua sucessora. Uma vez que, com a morte da rainha, o marido não teria "mais governança na Inglaterra", Felipe escolheu o conde de Feria como enviado para salvaguardar os interesses espanhóis sob o novo regime. Um dos primeiros relatos de Feria dizia respeito a William Cecil, que, segundo rumores, ocuparia o cargo de secretário. O enviado espanhol via esse endosso a um homem suspeito de heresia (o que é interessante, em vista da impecável conformidade à religião católica demonstrada exteriormente por Cecil) como indicação de que a nova rainha não estaria "bem-disposta em matéria de religião".

Oficialmente, Elizabeth ainda manipulava sua aposta. Confrontada com o desejo de Maria de que ela observasse o catolicismo, Elizabeth respondeu à enviada de sua irmã, Jane Dormer, dizendo que "rezava a Deus para que a terra se abrisse e a tragasse viva se não fosse uma verdadeira católica romana". Por volta de novembro, Feria fez uma lista dos homens

Capítulo 8

que, segundo acreditava, Elizabeth iria favorecer, incluindo o conde de Bedford, Robert Dudley, sir Nicholas Throckmorton, sir Peter Carew, John Harington e Thomas Parry, além de Cecil. Como todos esses homens se inclinavam pela Reforma, Elizabeth dificilmente podia esperar que a irmã acreditasse nela. Mas isso já não importava.

Maria morreu ao amanhecer de 17 de novembro. A notícia chegou a Hatfield ainda antes de Elizabeth ser proclamada em Londres. Cecil foi informado em seu gabinete, e Elizabeth teve tempo suficiente para preparar sua reação. Ela não recebeu os conselheiros de Maria sob um carvalho, com uma pausa para alguns poucos minutos femininos de desfalecimento, antes de citar o Salmo 118:23, "Isso foi obra do Senhor, é maravilhoso a nossos olhos" (embora esse seja o tipo de coisa que se possa imaginá-la fazendo). Em vez disso, expressou polidamente sua tristeza pela perda de Maria e seu próprio "assombro", e explicou como tencionava começar seu governo. No primeiro discurso como rainha da Inglaterra, Elizabeth anunciou: "Não sou mais que um corpo, considerado natural, embora, com sua permissão, um corpo político para governar." Em seu último discurso no Parlamento, em 1601, ela diria praticamente a mesma coisa:

> Sei que o título de rei é um título glorioso. Mas assegurem-se de que a brilhante glória da autoridade principesca não ofusque tanto os olhos de nosso entendimento, mas que saibamos e lembremos que também devemos prestar contas de nossas ações diante do Grande Juiz. ... Por mim, nunca me deixei seduzir tanto pelo glorioso nome de rei, ou autoridade real, ou rainha quanto me deliciei com que Deus me tenha feito Seu instrumento para manter Sua verdade e glória.

A diferença entre os "dois corpos" do monarca à qual Elizabeth decidiu se referir na primeira comunicação régia era primordialmente uma distinção legal. Isso é mais bem explicado numa declaração dos advogados da coroa, feita em relação a propriedades de terra no ducado real de Lancaster, no quarto ano de seu reinado:

Pois o rei tem em si dois corpos, a saber, um corpo natural e um corpo político. Seu corpo natural (considerado em si mesmo) é um corpo mortal, sujeito a todas as enfermidades que vêm da natureza ou por acidente, à necedade da infância ou da idade avançada, assim como a deficiências que ocorrem aos corpos naturais de outras pessoas. Mas o corpo político é um corpo que não se pode ver ou manipular, que consiste em política e governo. ... e esse corpo é completamente destituído de infância, de idade avançada e de outras deficiências e necedades às quais o corpo natural está sujeito, e, por esse motivo, o que o rei faz em seu corpo político não pode ser invalidado ou frustrado por qualquer deficiência em seu corpo natural.[1]

Desse modo, o corpo político é imortal, o que o distingue do corpo natural, que é matéria. A diferença resumida nesse caso de Lancaster é traçada sobre uma antiga tradição concernente à qualidade "angelical" do corpo político do rei. Sir John Fortescue, jurista do século XV, explica essa concepção assim: "Os santos espíritos e anjos que não pecam, não envelhecem, não ficam doentes nem se ferem, têm mais poder que nós, que podemos ser atingidos por todos esses males. Da mesma forma é maior o poder do rei." A condição de rei, portanto, com a divisão dos dois corpos, encerrava determinantes políticos e também espirituais que faziam crer na sempiternidade do corpo político real. A associação com "santos anjos" era um fator consistente com o entendimento de uma realeza sacramental em toda a Europa, por volta do século XIII, mas foi de particular relevância na Inglaterra no século XVI.

A fusão do estatal com o espiritual na supremacia do rei foi reforçada na recitação do Credo de Atanásio, o qual afirma a paridade entre os três elementos da Santíssima Trindade. Em contraste com as Igrejas protestantes do continente, o Credo foi repetidamente citado nos serviços da Igreja anglicana (o Livro de Oração Comum oferece dezenove ocasiões para recitação, uma em cada três aprovada nos 39 artigos). A explicação de Fortescue para o poder "angelical" da realeza é uma interpretação do pensamento de Miguel Pselo, teólogo do século XI cujas teorias sobre "angelologia" deram a Milton, no século seguinte, a fonte para os debates acerca das relações entre espírito e matéria. A qualidade angelical do corpo político real parece especialmente pertinente no caso de Elizabeth, no fato de que a matéria angélica, o espírito santo da realeza, era desprovida de sexo. Em sua primeira declaração aos conselheiros reais, então, Elizabeth ressaltava a *irrelevância* da feminilidade de seu "corpo natural".

O cortesão, de Baldassare Castiglione, foi um dos mais influentes "livros-espelhos" do século XVI. Exatamente como expressa o termo, os "livros-espelhos" apresentavam um reflexo do comportamento ideal que o leitor podia imitar. Escrito em Urbino, Itália, em 1508, e publicado na Inglaterra em 1561, *O cortesão* é metade tratado filosófico, metade manual de conduta, delineando as qualidades ideais do cortesão e também da "perfeita dama". A controvérsia quanto às aptidões da mulher, seu intelecto, sua capacidade para governar tem sido recorrente entre estudiosos e teólogos durante séculos, é a *querelle des femmes*, que até hoje perdura. Numa declaração que reflete as ideias de Thomas More sobre as aptidões intelectuais da mulher, Castiglione não tem dúvida quanto à inteligência feminina e sua receptividade à educação: "Eu afirmo que todas as coisas que os homens podem compreender, as mesmas [coisas] as mulheres também podem compreender; e onde penetra o intelecto de um, lá também pode penetrar o de outra." Mas ele faz uma interessante distinção: "Você não acredita que se podem encontrar muitas delas que saberiam governar cidades e exércitos tão bem quanto os homens? Mas eu não lhes atribuí tais deveres, porque estou modelando uma dama da corte, e não uma rainha."[2]

Assim, enquanto Castiglione é totalmente claro sobre as aptidões das mulheres (e, num texto que constitui forte premissa quanto à importância da nobreza, essa é uma qualificação importante), ele sabe que as rainhas são outra coisa, são algo diferente.

Como acontece hoje, "feminilidade" invocava o engajamento em um intricado feixe de expectativas culturais e normas sociais as quais, contudo, eram fixas, não transitórias. Tratados europeus do século XV enfatizam que a mulher nascida para governar deve ter direitos de educação que são negados às outras, que sua conduta e seu juízo devem ser os de um homem. Maria Tudor pode ter sido a primeira rainha reinante da Inglaterra, mas, juntamente com o legado da irmã, Elizabeth I, também pôde se valer de uma tradição de quinhentos anos de rainhas inglesas, um sagrado ofício carregado de autoridade ritualizada e de fato.

Na prática, as rainhas inglesas sempre tinham sido excepcionais em termos de status legal. A lei comum reconhecia três estados de existência feminina, cada um definido em sua relação com a autoridade masculina: donzela, mulher e viúva. Era somente como viúva que as mulheres podiam ser oficialmente liberadas da guarda – ou da propriedade – masculina e conduzir seus próprios assuntos. Na realidade, *de facto*, as mulheres podiam exercer e exerciam considerável grau de poder, mas seu status *de jure*, legal, permanecia tecnicamente limitado. As rainhas, no entanto, eram mais independentes perante a lei que outras mulheres, por ter o status de *femme sole* mesmo em vida do marido. Podiam processar e ser processadas, adquirir propriedades e terras, testemunhar sua outorga ou outras transações legais, ouvir juramentos, nomear eclesiásticos, presidir processos em tribunais e fazer testamentos. No reino anglo-normando, a expansão de territórios da coroa para a Inglaterra ou para a França fez com que um governo partilhado entre o rei e sua esposa fosse uma necessidade prática, naturalmente compatível com o status legal de rainha. Daí, por exemplo, encontrarmos Matilde de Flandres atuando como regente para Guilherme I na Normandia, ou Matilde da Escócia, mulher de Henrique I, presidindo a primeira assembleia de que se tem notícia no Tribunal do Exchequer (o Erário Público), em Winchester, em 1111.

Se uma rainha atuava praticamente de modo diferente do de outras mulheres, isso não poderia implicar uma falha na categorização quanto a outros aspectos? A cultura escandinava primeva (ao contrário da europeia cristã) atribuía um status mais flexível à "mulher", em parte ligado à atividade, em parte ao sexo. Linguisticamente, na antiga Escandinávia, atividades, mais que indivíduos, eram classificadas quanto ao gênero. Assim, uma mulher que praticasse pirataria organizada (e um número considerável delas o fazia) era viking, ou seja, o que ela fazia determinava o que ela era.

O único retrato feito em vida da mãe de Elizabeth, Ana Bolena.

Teria a evidência fornecida por Thomas Wyatt ajudado na queda de Ana Bolena?

A família de Henrique VIII. Com o escândalo da morte de sua mãe, Elizabeth (à dir.) retorna ao seio dos Tudor.

(*acima, à esq.*) Princesa Elizabeth, altiva e culta, modelo de princesa protestante.

(*acima, à dir.*) Muitas das figuras de retórica que Elizabeth adotou foram aprendidas com a irmã, Maria.

(*à dir.*) Eduardo VI, companheiro de estudos de Elizabeth.

A conexão entre as duas imagens, a de Ricardo II – que não teve filhos – e a de Elizabeth, ambos nos trajes da coroação, demonstra o compromisso da rainha com a sagrada virgindade.

Retrato Clopton. Um dócil monarca? A conservadora Elizabeth no início de seu reinado.

Elizabeth I e as três deusas. Do medieval ao moderno, entrando pelo futuro.

William Cecil (*à esq.*), Felipe II da Espanha (*embaixo, à esq.*) e Robert Dudley (*embaixo, à dir.*): os três homens mais importantes na vida da rainha.

A obra de Maquiavel encarnou o conflito entre a realeza cavalheiresca
e o estadismo que dominou a governança de Elizabeth.

Capítulo 8

A lacuna entre os status *de jure* e *de facto* era contemplada na lei escandinava com uma área na qual, em caso de necessidade, o princípio do sexo era ignorado. No sistema *wergild*, uma estrutura de compensação para os casos em que os homens fossem assassinados, a filha solteira funcionava legalmente como filho se não houvesse outros parentes diretos de sexo masculino. A exceção feminina podia ser institucionalizada, como depois o foi na Inglaterra dos Tudor.

A cultura anglo-saxã era igualmente tipificada por uma concepção muito mais fluida dos papéis exercidos pelos gêneros. A diferença sexual, alegava-se, era menos uma consequência da distinção biológica que um modo pelo qual o indivíduo tinha acesso ao poder e interagia com ele. Efetivamente, o sexo dependia do status. Como a cultura anglo-saxã era permeada pelo cristianismo, esse poder podia ser adquirido e usado em termos espirituais – e aqui começaram a surgir muitos dos tratados que colaboraram para consagrar o poder místico atribuído à rainha da Inglaterra. As mulheres têm sido vistas tradicionalmente como "tecelãs da paz", aptas a negociar, com palavras, tréguas ou alianças, em contraste com as violentas formas de resolução impostas pelas sociedades guerreiras. Esse papel evolui para o tema da intercessão, pela qual a rainha tornava o rei misericordioso, persuadindo-o, com sua feminilidade, a ser generoso sem comprometer seu status masculino.

A intercessão tornou-se cada vez mais ritualizada durante o período medieval, já que a ideia da "tecedura da paz" se mesclava à de humildade e piedade cristãs. O herói já não tinha como predicado a agressividade, mas requeria também certo grau de militância espiritual, o que, por sua vez, significava que era possível transcender o gênero. Na cultura anglo-saxã, uma mulher podia ser *geworth werlice* (tornada masculina) pela fé. As primeiras hagiografias da Inglaterra cristã apresentam exemplos frequentes de "santos travestidos", isto é, de mulheres que superaram sua feminilidade biológica adquirindo masculinidade espiritual. Elfrico, teólogo do século X, explica isso: "Se uma mulher se torna máscula e forte de acordo com a vontade de Deus, ela será contada entre os homens que se sentam à mesa de Deus." Quando a alma se torna o campo de batalha, as distinções de gênero podem se mesclar na forma de feminilidade heroica, modo antecipatório de um novo poder feminino, como se confirma no século XVI, em *Vida de santa Radegunda*:

> Ele [Cristo] obtém poderosas vitórias por intermédio do sexo feminino, e, apesar da fragilidade física [delas], confere glória e grandeza às mulheres, por meio da força da mente. Pela fé, Cristo torna fortes as que nasceram fracas, de modo que ... elas acumulam louvores a seu Criador, que guarda seu tesouro celestial em vasos terrenos.

A construção medieval da virago – a categoria do "terceiro sexo" para designar mulheres cujo poder excedeu os limites convencionais do gênero – evolui a partir da feminilidade heroica do período cristão inicial. O termo foi aplicado à esposa de Henrique I, Matilde da Escócia, em reconhecimento a seu estudo e sua devoção, embora se possa perceber uma subversiva ambiguidade potencial nas reações contemporâneas à filha de Matilde, conhecida como "imperatriz", que representou pela primeira vez a possibilidade de haver uma rainha na Inglaterra. *A crônica anglo-saxã* relata que, quando a corte de Henrique I estava em Windsor para o Natal de 1127, o rei "fez com que arcebispos, bispos, abades, condes e todos os proprietários de terra ali presentes jurassem entregar, após sua morte, a Inglaterra e a Normandia nas mãos da filha". Depois Henrique reviu essa decisão, e o caos daí resultante mergulhou a Inglaterra na guerra civil. Mas é crucial observar que o fracasso de Matilde em tomar a coroa não foi simplesmente em decorrência de seu sexo. De início, muitos dignitários acharam difícil engolir a ideia de uma mulher no governo, mas muitos outros, inclusive o meio-irmão da imperatriz, Robert de Gloucester, mudaram de ideia e, com isso, de lado sob a influência de uma passagem das Escrituras: "Algumas julgavam que, pela fraqueza de seu sexo, não lhes seria permitido receber a herança de seu pai. Mas o Senhor, quando Lhe pediram, promulgou a lei de que tudo que o pai possuía seria passado às filhas."

A guerra civil do século XII *não* foi travada para impedir que a Inglaterra fosse governada por uma mulher. Na verdade, o rival da imperatriz, o rei Estêvão, também baseava sua reivindicação na descendência matrilinear, como neto de Guilherme I por intermédio da filha deste, Adela. Entre os muitos fatores que contribuíram para o fracasso da imperatriz Matilde, sua conduta é altamente relevante. Como vimos, a cultura escandinava e a anglo-saxã viam no gênero uma categoria fluida, que dependia extensivamente da ação em referência ao poder. Muitos dos protagonistas masculinos dos dois lados passaram grande parte da guerra civil como reféns, e o conflito foi dirigido em considerável medida por duas mulheres, a filha de Henrique I, a imperatriz Matilde, e a mulher de seu rival, Matilde de Boulogne. O que uma realizava era muito semelhante ao que realizava a outra; como o faziam e a maneira pela qual isso era percebido é que influía no êxito das respectivas causas.

Como rainha, Elizabeth I enfatizou de modo consistente seu status de filha de Henrique VIII, tanto em palavras quanto em imagens. Isso não só se opunha à controversa legalidade do matrimônio de seus pais e às alegações de que ela nem mesmo era filha do rei (uma das maneiras de refutar isso era receber as visitas diante de um grande e imponente retrato de Henrique que realçava a semelhança entre os dois), mas era uma forma de canalizar o poder feminino por intermédio da autoridade patrilinear.

As rainhas anteriores da Inglaterra tinham demonstrado que mulheres que exerciam o poder podiam ser "enaltecidas, e não percebidas como transgressoras, contanto que o poder fosse alterado num contexto de devoção e submissão adequadamente feminino".[3] Um escritor que apoiava a imperatriz tentou fundamentar sua tentativa de obter a coroa nesse cenário, enfatizando que ela agiu segundo a vontade do pai, "humildemente", "submissa" à sua vontade.[4] Matilde de Boulogne sempre teve o cuidado de se apresentar de maneira semelhante, como a defensora dos direitos do filho, ou como a mulher obediente que realiza os desejos do marido; ela foi mais conciliatória que confrontadora. A imperatriz Matilde pode ter se estilizado como "Dama dos Ingleses", porém, para os críticos, seu comportamento não tinha nada que lembrasse o de uma dama. Ela estava "acima da suavidade feminina",[5] era rude, teimosa e exigente, recusando-se a ouvir os demandantes e exigindo dinheiro dos cidadãos de Londres, que por brevíssimo período a abrigaram em Westminster. No entanto, a mesma fonte que critica a imperatriz elogia Matilde de Boulogne como *astute pectoris virilisque constantiae femina* – por ter o coração viril, corajoso de um homem, mas a constância ou fortaleza de uma mulher.

Elizabeth não adotava em absoluto a ideia de que uma rainha possuísse o coração e o estômago de um rei. Matilde de Boulogne teve êxito, e a imperatriz falhara de modo evidente na manipulação do conceito de virago, ao exibir uma coragem de tipo másculo temperada com a feminilidade convencional. Ou, como a própria Elizabeth iria formular: "Embora eu seja mulher, tenho a mesma coragem que a responsabilidade de minha posição exige quanto a teve meu pai." O nexo entre gênero e poder era uma rede de cordas bambas, a força de um afetando a conquista de outro. Militar e taticamente, a imperatriz Matilde nunca dispôs de poder suficiente para fazê-la esquecer sua condição feminina, erro que sua sucessora raramente cometeu.

Elizabeth desfrutou a menos acidentada ascensão à coroa desde Henrique VI, mais de um século antes. Apenas seis horas separaram o anúncio da morte de Maria Tudor e a proclamação de Elizabeth. Rainhas governantes não eram uma novidade histórica, e ainda havia a circunstância especial de que Elizabeth sucedia a outra mulher. No que concerne a contemporaneidades, nunca houvera antes na história europeia tantas mulheres no cargo ao mesmo tempo. Mas alguém aparentemente não captara a mensagem. Nenhum estudo sobre Elizabeth estará completo sem uma citação do *shock jock** do século XVI, John Knox, em *First Blast of the Trumpet Against the Monstrous Regiment of Women*, de 1558:

> Promover uma mulher para que tenha governo, superioridade, domínio ou império sobre qualquer reino, nação ou cidade é algo que repugna à natureza, é uma afronta a Deus, uma coisa das mais contraditórias à Sua vontade

---

* *Shock jock*: palavra atual que designa uma espécie de locutor de rádio, ou animador que, por método e estilo, tece observações e comentários atrevidos e irreverentes, às vezes chocando os ouvintes. (N.T.)

revelada e a ordenação [por Ele] aprovada, finalmente, é a subversão da boa ordem, de toda equidade e justiça.

O alvo de Knox (para seu grande e subsequente embaraço) não era a própria Elizabeth, mas as mulheres governantes católicas, que, a seu ver, estavam frustrando a disseminação do protestantismo – as regentes Catarina de Médici e Maria de Guise, na França e na Escócia, e Maria Tudor, na Inglaterra. Knox era um fanático e poderoso vociferador, mas suas ideias de forma alguma representavam a época – como talvez pudesse parecer. Sua invectiva é uma torrente de furiosa retórica peculiarmente pessoal. É como se tomássemos os editoriais do *Daily Mail*, sempre indignados, sempre em pânico de que a civilização cambaleie à beira do caos, como indicativos da progressão da história no século XXI. Knox decerto tinha seus adeptos, mas a ideia de que as mulheres não estavam aptas para governar já se encontrava ultrapassada, tanto biológica quanto biblicamente, antes que ele tocasse a pena no papel.

Em 1560, uma tradução da Bíblia feita em Genebra, dedicada a Elizabeth I, exibia uma nota à margem, no episódio da criação de Eva, dizendo que o homem, antes da criação da mulher, era "como uma construção imperfeita". O aparecimento de Eva significava que o homem era "perfeito". Não é exatamente isso que se espera encontrar na tradição judaico-cristã do pecado original, que acaba com a festa antes mesmo de ela começar, mas sinaliza um insight para as flexíveis definições de gênero presentes nas estruturas linguísticas escandinavas e anglo-saxãs, assim como para a mutável feminilidade da virago medieval.

Antes do século XVIII, pode-se argumentar, a biologia feminina era vista de forma muito diferente. Até então, era possível entender a estrutura e a função da genitália feminina dizendo que os órgãos sexuais da mulher eram iguais aos do homem, só que do avesso. Não existia termo técnico em latim, no grego ou nos vernáculos europeus para indicar a vagina como um tubo, uma bainha ou um estojo. Quando o século XVIII descobriu a conformação dos órgãos sexuais, "uma anatomia e uma fisiologia de incomensurabilidade substituiu a metafísica da hierarquia na representação da mulher em relação ao homem".⁶ Em outras palavras, o Renascimento priorizou o entendimento cultural do gênero (como na Escandinávia primeva) em detrimento das distinções baseadas na diferença biológica.

Isso não sugere que a sociedade fosse algo além de "intensamente sexuada",⁷ como exemplifica a histeria de Knox, mas que o Iluminismo relegou, na classificação de uma pessoa, o papel econômico ou a função social para segundo plano, abaixo do incontrovertido e absoluto sexo biológico. No Renascimento, no entanto, "não havia um sexo verdadeiro, profundo, essencial, que diferençasse culturalmente o homem da mulher". Onde o gênero se interceptava com o poder, nos mais altos níveis político e social, a distinção podia ser negada. Nas palavras de um dos defensores de Elizabeth, John Bale, exilado por Maria I, era perfeitamente possível considerar uma mulher o "príncipe ideal". Por consequência, as objeções de Knox ao governo feminino são muito menos significativas do que parecem à primeira vista.

Tendo em mente a distinção legal e teológica entre os dois corpos do rei, John Aylmer sugeriu, em *An Harborow for Faithful and True Subjects,* que as mulheres governantes fossem simplesmente tratadas como homens honorários, uma vez que seu "corpo natural" não era a questão preponderante: "Se fosse contra a natureza da mulher governar porque lhe falta a força do homem, então os reis idosos, mais adequados ao governo por seu discernimento e sua experiência, por lhes faltar a força, deveriam ser tidos por inadequados, em razão da fraqueza do corpo." Além disso, a discórdia em relação aos ungidos de Deus com base no gênero oscilava precariamente no limite da heresia. Numa carta a Knox, de 1554, ele observa que "é uma coisa arriscada para as pessoas divinas se indispor com os regulamentos políticos, em especial quando o Evangelho não parece perturbar ou ab-rogar os direitos políticos". De modo semelhante, Aymler justifica o governo feminino como uma aceitação da vontade de Deus:

> Se a natureza lhes deu por nascimento, como ousaríamos tirar isso delas pela violência? Se Deus as chamou para isso, ... por que deveríamos nos queixar do que é a vontade e a ordem de Deus? ... Se Ele capacita as mulheres, de-

veríamos incapacitá-las? Se Ele não quisesse que elas governassem, poderia ter indicado outrem.

A vontade de Deus era inequívoca, e conquanto Elizabeth nunca tivesse sido avessa a agir de acordo com as convenções de seu gênero, o que ela exigia era submissão ao instrumento da Providência que era seu corpo político.

Na prática, a hostilidade à simples ideia de um governo feminino foi ambivalente e também efêmera. Poder igual já fora conferido à primeira rainha reinante da Inglaterra, Maria, num ato aprovado dois meses após a rebelião de Wyatt, declarando que "o poder real deste reino está na majestade da rainha, tão completa e absolutamente quanto sempre esteve em qualquer dos mais nobres reis progenitores deste reino". Apesar das persistentes demandas para que Elizabeth se casasse, sua própria condição de soberana deveria ser mantida à parte, como o fora a de Maria, para que uma erosão do poder real não degradasse o poder de seus súditos. Claramente, foi o casamento de Maria, mais que o gênero *per se*, que deu início a seu declínio em direção à impopularidade. Os argumentos de figuras como Knox, em última análise, parecem ter se baseado mais na hostilidade ao catolicismo que ao governo feminino em si mesmo. E o próprio Knox, no fim, fez concessões, reconhecendo Elizabeth como outra Débora, a heroína do Antigo Testamento que levou a paz às tribos de Israel. Mas talvez o melhor comentário sobre essa ambígua interação entre os corpos natural e político do monarca tenha vindo da velha senhora que, olhando de relance e vendo Elizabeth passar, observou perplexa: "O quê? A rainha é uma mulher?"

Capítulo 9

PARA O ENVIADO DE MÂNTUA à Inglaterra, Il Schifanoia, a chegada de Elizabeth à abadia de Westminster para a coroação, em 16 de janeiro de 1559, ressoou como "o fim do mundo". Sinos, órgãos, pífanos, clarins e tambores estrondeavam e irrompiam num coro de triunfo que, embora não requintado, era de impressionar. Elizabeth pode ter sido um príncipe político, mas ela foi à sua coroação como mulher, com os cabelos soltos, como tinham feito sua irmã, sua mãe, sua avó e sua bisavó. O cabelo solto era um símbolo de virgindade: a rainha vinha para a cerimônia sagrada de sua unção como uma noiva.

O primeiro dos documentos de Estado de Elizabeth que sobreviveu até hoje, de 17 de novembro de 1558, dia da morte de Maria Tudor, incluía um memorando nomeando os "comissários para a coroação". Outra nota, de 18 de dezembro, mostra que cinco desses comissários haviam sido escolhidos. Sir Richard Sackville, conselheiro privado e subsecretário do Tesouro, foi encarregado de dirigir o evento, sendo uma de suas primeiras tarefas providenciar a adaptação, para a futura rainha, da coroa e do anel. Elizabeth e Cecil estavam ansiosos em relação ao protocolo do cerimonial, pois da última vez ele fora adaptado para Maria, portanto talvez tivesse uma ênfase católica objetável. Como fizera Eduardo VI, Elizabeth usou o *ordo* do *Liber Regalis* de 1375, concebido pelo abade de Westminster, assim como uma referência ao *Little Device* redigido para Ricardo III. Elizabeth tinha consciência de que o espetáculo de coroação era uma excelente ocasião para consolidar sua legitimidade diante dos novos súditos, contudo era preciso algo mais que uma exibição de magnificência, era necessário um meio de acomodar uma nova mas ainda não totalmente realizada ordem religiosa no interior da própria cerimônia.

Capítulo 9

Na verdade, de Henrique VIII em diante (com a breve exceção da minoridade de Eduardo VI), a monarquia Tudor tinha se desenvolvido numa contínua crise de sucessões, e, como a terceira de sua dinastia a ser coroada num intervalo de doze anos, era essencial que o juramento da entronização de Elizabeth refletisse a mudança no vínculo entre coroa e Igreja imposta pela afirmação da supremacia real feita por seu pai. A cerimônia teria de ser cuidadosamente calibrada em relação às dos irmãos de Elizabeth, estabelecendo a continuidade entre o reinado de Maria, que enfatizava a legitimidade de uma rainha reinante, e a coroação de Eduardo VI, que sedimentara o estamento protestante – que, como já tinham determinado muitos membros do Conselho de Elizabeth, deveria ser fortalecido no reino.

"Um segredo de governo deve estar envolvido em cerimônias pomposas, pois as pessoas se deixam naturalmente levar pelos espetáculos exteriores", observou sir John Hayward,[1] e Elizabeth estava determinada a ter a máxima pompa. Num raro exemplo de extravagância, as despesas com a coroação excederam £20 mil, mais de 10% da receita projetada para o primeiro ano de reinado. A City de Londres também gastou uma fortuna com os quadros vivos que as corporações decidiram criar para o evento, tanto que, de modo bem canhestro, duas vezes durante o cerimonial eles mencionaram essa despesa à rainha, uma em Fleet Bridge e outra em Cheapside. Coroações realizam-se em quatro etapas: a jornada para a cerimônia de tomada da posse da Torre de Londres, com isso assumindo o comando da cidade; a procissão até Westminster; a coroação propriamente dita; e o banquete oficial. Il Schifanoia descreve a partida de Elizabeth, por água, de Whitehall para a Torre, em 12 de janeiro:

> Os necessários navios, galeotes, bergantins etc. estavam preparados na maior suntuosidade possível para acompanhar Sua Majestade e sua corte pelo Tâmisa, o que me fez lembrar o Dia da Ascensão em Veneza, quando o *Signore* vai desposar o mar. ... Sua Majestade, acompanhada por muitos cavaleiros, barões, damas e por toda a corte, embarcou em seu batelão, que estava coberto pelas usuais tapeçarias, tanto externa quanto internamente, e era rebocado por um comprido galeote impulsionado por quarenta remadores

vestindo camisa, com o acompanhamento de uma banda de música, como é costumeiro quando a rainha se transporta na água.²

O próprio enviado participava da procissão de coroamento, que ele estimou reunir mais de mil pessoas. Duas mulas puxavam a carruagem da rainha, coberta com um pano dourado e revestida em tecido de ouro e prata, enquanto as de suas damas eram envoltas em ouro e cetim vermelho com almofadas de damasco da mesma cor (de algum modo Il Schifanoia soube que haviam usado 24 mil pregos dourados na construção das carruagens). Elizabeth estava com uma coroa de ouro coberta de gemas, e ela mesma brilhava como uma joia em seu vestido de tecido de ouro e uma touca dourada sobre o cabelo Tudor vermelho-acobreado. Ela podia ser a estrela do show, mas isso era muito mais um desempenho interativo, uma oportunidade psicológica única de se colocar não só ante os olhos do público, mas dentro de seus corações.

A procissão avançou lentamente, oferecendo ao povo a maior oportunidade possível de ver a rainha (e de fato os quadros que representavam a coroação ficaram no lugar por mais três dias, para que as pessoas pudessem estudar seu significado). Em Fenchurch, Elizabeth foi saudada por uma criança em nome da cidade. Enquanto o menininho concentrava-se intensamente nos versos que proferia, os espectadores observaram uma "atenção permanente" no rosto de Elizabeth e "uma maravilhosa mudança de aspecto quando as palavras da criança se referiam à ... sua pessoa". Qualquer que fosse sua opinião pessoal sobre a poesia – e fora a cidade, não ela, que encomendara os quadros vivos –, Elizabeth estava atenta a cada detalhe de sua recepção, e isso se refletia em seu semblante. Com frequência ela iria comparar o papel do príncipe ao de um ator no palco, e nisso, efetivamente sua atuação de estreia, ela se desempenhou com apuro.

O quadro seguinte teve um profundo significado pessoal para Elizabeth. Na Gracechurch Street ela deparou com uma estrutura de três portais, três cenas erigidas sobre o pórtico central, ornado com as rosas dos Tudor vermelhas e brancas; a mais baixa das cenas representava Henrique VII e Elizabeth de York; a seguinte, Henrique VIII e Ana Bolena; e a mais alta, a própria Elizabeth, de pé e sozinha. A rainha, claro, já tinha feito esse percurso um quarto de século antes, no ventre de sua mãe, e agora ali estava Ana, sua desgraça oficialmente obliterada no momento do triunfo da filha. Na coroação de Ana, em 1533, havia um quadro vivo em St. Paul no qual três "sibilas" seguravam cartazes proclamando: "Vinde, meu amor, sereis coroada", "Senhor Deus, guiai meus passos" e "Confiai em Deus", com uma faixa entre seus pés, onde se lia "A rainha Ana terá um novo filho de sangue real e haverá um mundo dourado para vosso povo". Algumas das pessoas que testemunharam a procissão de Elizabeth se lembrariam dos *wafers*,* pedaços de papel em que estava escrita a mensagem das sibilas, distribuídos entre a multidão enquanto a rainha a atravessava. A posição de Ana entre a herdeira de York, xará de sua filha, e a própria Elizabeth não só legitimava seu casamento, e com isso o lugar de Elizabeth na linhagem Tudor, mas evocava inevitavelmente comparações com a Virgem, cuja mãe era outra Ana. A cidade não poderia ter enviado mensagem mais clara de sua aceitação da nova ordem.

Em Cheapside, deram a Elizabeth uma bolsa de cetim cor de carmim que continha mil marcos em ouro, e seu discurso de aceitação, simples e gracioso, levou a multidão à loucura:

> Agradeço a meu lorde prefeito, seus confrades e a vocês todos. E enquanto sua solicitação for de que eu continue a ser sua benfeitora e sua rainha, estejam certos de que serei boa para vocês como uma rainha sempre é boa para seu povo. Não me faltará a vontade, nem, assim confio, me faltará o poder. E estejam certos de que, pela segurança e tranquilidade de todos vocês, se necessário, não me pouparei de derramar meu sangue. Deus agradece a todos vocês.

Um velho senhor foi levado às lágrimas, e Elizabeth gentilmente se dirigiu a ele: "Eu lhe afianço que isso é de alegria." Em Little Conduit, ela perguntou qual o significado de outro painel, e ouviu que ele representava

---

* *Wafers*: em sentido literal, "hóstias". (N.T.)

o Tempo, conduzindo sua filha Verdade para fora de uma caverna. "E o Tempo", ela respondeu, "trouxe-me até aqui." No adro de St. Paul, Elizabeth ouviu um discurso em latim dos alunos da escola e então seguiu por Ludgate até Fleet Street, onde estava o último quadro vivo. Em termos políticos, esse talvez tenha sido o mais significativo. De novo era evocada a coroação de Ana Bolena, dessa vez em associação com a de Eduardo VI. Em 1533, o símbolo de Ana, o falcão, tinha voado de uma "nuvem" de tafetá para um ninho feito de rosas Tudor, com o acompanhamento de versos declarando que Deus tinha conferido autoridade imperial a ela como rainha e à prole de Henrique, por intermédio dela. Uma ave fez o mesmo percurso na cerimônia de coroação de Eduardo, em 1547, dessa vez transformada na fênix de Jane Seymour. (Talvez seja tentador para os estudiosos atribuir grande significado a esse paralelismo, mas deve-se lembrar que os Tudor tinham uma tendência a economizar nas apresentações públicas; em 1501, para o casamento de Catarina de Aragão com o príncipe Artur, Henrique VII pintara quatro "feras", dois leões, um cervo e um alce, a partir de quadros vivos anteriores que reapareciam implacavelmente nas festividades.)

O roteirista da cerimônia de Ana, Nicholas Udall, era tutor de Richard Mulcaster, que escreveu o cenário para a recepção de Elizabeth em Fleet Street. Mulcaster, como faria John Knox com alguma relutância, invocou a bíblica Débora, cuja capacidade de julgamento possibilitou aos israelitas tomar o país pagão de Canaã, numa reação encenada aos que atacavam o governo feminino.

No quadro vivo, Débora era anglicizada na figura de uma governante conciliar, vestida em roupas parlamentares e de pé sobre as imagens dos três estamentos: a nobreza, os comuns e o clero. Mulcaster alegara que o propósito do quadro vivo era "fazer [Elizabeth] se lembrar de consultar o valoroso governo de seu povo, ... de que cabia a homens e mulheres que assim governavam usar a recomendação de um bom conselho". O imperialismo real e a Reforma divina estavam ligados, por implicação, a uma política criada pelo Parlamento sob Eduardo VI. O significado desse legado era "a conjunção e o liame de nossa dama soberana ao Evangelho e à verdade da palavra sagrada de Deus, para o governo pacífico de todos

Capítulo 9

os seus bons súditos". Os poderes da supremacia real, para essa Débora imperial, estariam sujeitos a limitações parlamentares. Segundo um escritor, o argumento "enfureceu" Elizabeth, mas isso é mais uma especulação, e nada sutil, dada a tranquila revolução constitucional prestes a ser promulgada na abadia.[3]

Ao deixar o centro de Londres, Elizabeth voltou a Whitehall para esperar a coroação propriamente dita, que deveria se realizar no domingo, 16 de janeiro. Para os espectadores, essa foi uma oportunidade de ver a corte completa e a administração de Elizabeth reunidas. À frente da procissão marchavam os mensageiros da Câmara, o *serjeant porter* e o cavalheiro precursor (cuja função era preparar as residências reais). Seguiam-se servidores da Câmara, fidalgos, meirinhos, capelães e funcionários do Selo Privado; o advogado e os juízes da rainha; depois, em fileiras duplas, o lorde barão principal, o lorde presidente do Supremo Tribunal de Causas Comuns, o *Master of the Rolls* (o terceiro juiz mais importante) e o lorde presidente do Supremo Tribunal. Depois deles vinham os cavaleiros e pares do reino, os oficiais do Estado, liderados pelo conde de Arundel, carregando a espada real. O duque de Norfolk, como conde xerife, e o conde de Oxford, lorde Chamberlain, prediam quatro embaixadores estrangeiros, seguidos pelo marquês de Winchester, o lorde tesoureiro e sir Nicholas Bacon, o lorde guardião do Grande Selo. O arcebispo de York tinha de caminhar sozinho, já que a sé de Cantuária continuava vaga. Depois vinham o tesoureiro, o mordomo da casa real e o secretário, William Cecil. Em seguida Elizabeth, em sua magnífica liteira cercada por soldados, tendo atrás de si Robert Dudley, conduzindo o cavalo da rainha. Depois vinham seis damas em palafréns, três carruagens com as fidalgas e suas damas. A guarda real fechava a retaguarda.

No dia da coroação, as ruas em torno da abadia foram preparadas com cascalho novo e tecidos azuis. Foram estendidas passadeiras de pano dourado e veludo azul feitas especialmente para a cerimônia. De Whitehall, Elizabeth prosseguiu até Westminster Hall para vestir seus trajes de gala e cumprimentar o bispo de Carlisle, Owen Oglethorpe, que iria coroá-la. (O arcebispo de York, Nicholas Heath, não estava convencido, e com razão, do compromisso de Elizabeth com o catolicismo, e Thomas Cranmer "infelizmente" fora queimado por Maria.)⁴ O tom reformador da cerimônia também foi dado pela nomeação do conde de Huntingdon para carregar as esporas reais, e do conde de Bedford (ambos eram protestantes) para carregar os paramentos de santo Estêvão. Para quem tinha ouvido musical, foi possível perceber que Elizabeth não entrou na abadia ao som do glorioso – e muito católico – "Laudes Regiae", usado desde a coroação de Carlos Magno e, para os monarcas ingleses, desde a rainha Matilde de Flandres, em 1068, até Henrique VIII, mas de "Salva Festa Dies", "Salve, dia festivo".

EM 31 DE JANEIRO DE 1547, na primeira proclamação conhecida que trata da sucessão no reino, o arcebispo Cranmer alterou o formato da coroação de Eduardo VI de acordo com o Ato de Supremacia de 1534. Por convenção, um rei fora "eleito, escolhido e requisitado ... por todos os três estamentos do reino para tomar sobre si a coroa e a dignidade real da Inglaterra". A adaptação de Cranmer declarava que "as leis de Deus e do homem" já tinham feito de Eduardo o herdeiro da "dignidade real e da coroa imperial", anunciando assim que Eduardo era rei da Inglaterra e chefe supremo da Igreja por intervenção mais divina que humana, argumento que foi reforçado pela reconfiguração da própria cerimônia, na qual se declarou que "reis são ungidos de Deus não por respeito ao óleo usado pelo bispo, mas em consideração ao seu poder, que é ordenado, e ... [às] suas pessoas, que são *eleitas por Deus*".⁵

Desde o século XIV, o juramento da coroação tinha elaborado cinco exigências feitas ao monarca em benefício de seus súditos: a confirmação das leis e liberdades que reis anteriores haviam assegurado ao povo inglês; agir da mesma maneira em relação às liberdades do clero; prometer paz e concórdia ao clero, à Igreja e ao povo; praticar justiça e misericórdia; e observar as leis tal "como serão escolhidas por vosso povo". Cranmer alterou isso de modo que a constituição da lei, da liberdade, da paz e da concórdia era determinada pela coroa para a Igreja e para o povo, mas não para o clero, abandonando completamente a segunda cláusula e emendando a quinta, sendo que agora o povo, e não o rei, deveria consentir nas novas leis. À primeira vista, isso parecia uma afirmação do direito divino do governante; mas em termos legais significava coisa diferente.

A Reforma eduardiana da Igreja foi "grave",[6] no sentido de que foi concretizada não como prerrogativa real, mas por estatuto, mudando assim a forma da própria lei. Atos do Parlamento tornaram-se não apenas "afirmações declaratórias ou definições da lei tal como se julgava existir", mas novas leis de direito próprio. Assim, o potencial desse estatuto não mais era limitado em sua autoridade. A legislação que criou uma nova ordem protestante não expressava a vontade do rei, mas um exercício do Parlamento. Desse modo, a figuração de Débora como governante parlamentar no quadro vivo da Fleet Street era menos um comentário sobre as limitações da autoridade feminina que uma reconfiguração da autoridade real em termos gerais. Para que as reformas obstadas no reinado de Eduardo se transformassem tranquilamente em lei sob o governo de Elizabeth, era importantíssimo, em termos legais, que ela fosse coroada da mesma maneira que seu irmão de nove anos, para reafirmar a supremacia real de modo a permitir, constitucionalmente, que seus conselheiros dessem prosseguimento à Reforma.

Esse detalhe legal explica a confusão em torno do juramento de coroação proferido pela rainha. Trajando as roupas vermelhas da cerimônia, ela seguiu em procissão sobre o carpete azul de Westminster Hall até a abadia, uma distância de mais de quinhentos metros. Elizabeth foi conduzida a um palco no centro da nave, com o grande altar a leste, o coro a oeste. Em cada um dos quatro cantos desse palco, o bispo Owen Oglethorpe perguntou se o povo a teria como rainha. Quando os entusiásticos brados cessaram, Elizabeth fez uma oração no altar, depois sentou-se no trono para ouvir o sermão e ajoelhou-se para a Oração ao Senhor. Houve uma desajeitada troca de missais. A rainha deu um missal "a um lorde", que o entregou ao bispo, que o devolveu e abriu outro missal; após o que Cecil apareceu e entregou mais um *booke* ao bispo, que dele fez uma leitura. Um historiador sugere que Elizabeth fez o juramento "da forma usual", e diz que o *booke* provavelmente era o texto em latim do indulto da coroação.⁷ Contudo, para saber o que a rainha Elizabeth efetivamente jurou, é necessário avançar no tempo, uma vez que não há registro das palavras que ela proferiu.

Tendo em vista a já mencionada adaptação constitucional, é muito improvável que Elizabeth tenha feito o mesmo juramento que Maria. De modo enfático, esta última não usara em sua coroação o formato de 1547. Uma pista quanto às palavras vem do julgamento por traição do arcebispo de Cantuária, William Laud, em 1644. Laud alegou que *não* tinha alterado o juramento da coroação de Carlos I para reforçar a prerrogativa real a expensas do estatuto parlamentar. Qualquer alteração feita, declarou ele, ocorrera sob Eduardo VI e Elizabeth I. Sabemos que Carlos I usou o mesmo juramento que o sucessor de Elizabeth, Jaime I (com uma emenda que restaurava o texto anterior à reformulação, de que o rei deveria observar as leis existentes). O juramento de Jaime, porém, tinha um enunciado que não se encontra em nenhum texto subsistente, daí Laud tê-la atribuído à cerimônia de 1547 ou à de 1559. Mas, como não foi usada em 1547, só pode ter sido acrescentada em 1559, isto é, expressamente para Elizabeth.

Nos artigos de Cecil para a coroação, anteriores a 18 de dezembro de 1558, há o lembrete de se providenciar uma cópia do juramento para a rainha. Quando a cerimônia começou, Owen Oglethorpe não possuía cópia alguma. A única cláusula com a qual Cecil apareceu no momento crucial foi a respeito da lei pela qual a soberana deveria agir "de acordo com as leis de Deus e a verdadeira profissão do Evangelho estabelecida no reino". Assim, não havia nada de "usual" no juramento que Elizabeth fez a seu povo na abadia; pelo contrário, suas palavras, como ela, foram únicas. E embora essas observações possam parecer um detalhe, a coroação "forçou a cultura política da monarquia Tudor a [assumir] um novo molde", o qual teria um profundo impacto no reinado de Elizabeth e na futura governança da nação.

Elizabeth já estava comprometida com o uso da liturgia da Reforma, como indica a nomeação do evangélico Edmund Allen como seu capelão. Ela tinha dado a instrução de que não mais se elevasse a hóstia durante a missa e, numa ação famosa, se cancelasse o serviço na Capela Real em seu primeiro Natal como rainha, em 1558, quando ele foi realizado contrariamente à sua vontade. Em 27 de dezembro, ela emitiu uma proclamação ordenando que a Litania, a Oração ao Senhor e o Credo fossem recitados em inglês, e anunciou que seu primeiro Parlamento iria debater mudanças nos "temas e cerimônias religiosos". Sua opinião sobre práticas idólatras da religião da qual se declarara tão devota apenas alguns meses antes é resumida em seu veredicto quanto ao crisma com o qual fora ungida. Elizabeth foi consagrada com o óleo usado por Maria, que o obtivera do bispo de Arras. A nova rainha reclamou que ele estava gordurento e malcheiroso: "Assim como seu santo óleo, é muita superstição para que se lhe dê crédito, ou para quaisquer coisas fictícias inventadas por Satã a fim de cegar o povo simples. Seu óleo é óleo de oliva trazido da Espanha, muito bom para saladas."

A própria Elizabeth rejeitava a doutrina da transubstanciação, mas a missa da coroação seguiu a Ordem da Comunhão de 1548, que tecnicamente continuava válida. A rainha fez três modificações – a Epístola e o Evangelho foram lidos em inglês, a hóstia não foi elevada após a consagração em latim e, em total contravenção à lei em vigor, Elizabeth recebeu a comunhão das duas formas (isto é, recebeu tanto o pão quanto o vinho consagrados), discretamente administrada por George Carew, novo decano da Capela Real, atrás de uma divisória no lado sul do altar. No momento de receber a coroa, os duques, marqueses, condes e viscondes ergueram suas coroas "e depois as puseram de novo, de modo a continuar assim durante o dia inteiro até que Sua Majestade a rainha se recolhesse à sua alcova de noite".

A primeira rainha inglesa a passar por uma cerimônia de coroação foi Judite, filha do rei francês Carlos o Calvo, que em 856 casou-se com Etelvulfo, rei da Saxônia Ocidental. Ela foi consagrada pelo bispo de Reims, que colocou uma coroa em sua cabeça e "formalmente conferiu-lhe o título de rainha, o que não era costumeiro antes disso". A última coroação de um monarca inglês, a da rainha Elizabeth II, em 1953, não foi em essência tão diferente do rito do século IX celebrado num campo no norte da França. A consagração e a coroação são o que distingue o monarca e o torna especial. Podemos vislumbrar algo do momento vivido por Elizabeth I em sua replicação no coroamento de Elizabeth II, quando a abadia foi tomada pelo emocionante brilho das joias resgatadas para a ocasião. Ao olhar para baixo, do alto do estrado, Elizabeth viu um mar prateado de orgulhosa lealdade inglesa no momento de sua apoteose. Ela era rainha. A partir desse momento até a morte, Elizabeth seria única, sagrada, mágica.

Capítulo 10

PARA ELIZABETH, como para todos os governantes renascentistas, o conceito de "magnificência" era central em sua autoapresentação. Discutido por Aristóteles na *Ética a Nicômaco*, ela era definida como uma virtude, "um atributo de dispêndios do tipo que chamamos de honroso". A magnificência não poderia estar ao alcance dos pobres, uma vez que seus recursos limitados os impediam de gastar grandes somas "de maneira adequada", mas "um grande dispêndio é decoroso para os que dispõem de recursos, ... para todas essas coisas que lhes trazem grandeza e prestígio". Na *Retórica*, Aristóteles inclui magnificência e liberalidade entre os constituintes da virtude, enquanto Cícero, em *De Inventione*, debate a ideia em relação às quatro virtudes cardeais – justiça, coragem, temperança e prudência, tal como aplicadas à dignidade de soberania dos governantes.

Elizabeth passou a infância discutindo e traduzindo esses escritores com seus preceptores Roger Ascham e Edmund Grindal. Contudo, mesmo que sua educação tivesse sido menos rigorosa, o mundo visual e sensorial no qual ela cresceu reiterava constantemente a importância de vestimentas, arquitetura, música, entretenimento e objetos preciosos como aspectos cruciais do status. Uma exibição de magnificência transmitia autoridade e poder; era uma forma de governo, e, no caso de monarcas ungidos, um modo de conexão mística com seu direito divino de governar. À medida que seu reinado progredia, quando Elizabeth caminhava ou passava de carruagem por entre o povo, ela o fazia como uma deusa. As refinadas e clássicas alusões pelas quais seus poetas áulicos fascinavam só eram acessíveis para uma pequena minoria de súditos. Enquanto infindável conjuração da rainha como Diana, Vênus, Astreia, Belfebe atendia a variadas expectativas simbólicas nos grupinhos de elite de todo o reino, para a maioria, o status e a *magnificenza* da rainha sinalizavam um aspecto sensorial e visual mais imediatamente acessível.

Para começar, Elizabeth I era asseada. A famosa observação de que a rainha tomava um banho a cada três meses, "tivesse ou não necessidade disso", desvirtua o fato de que ela era bem escrupulosa quanto à higiene, banhando-se regularmente em água quente e perfumada e usando os modernizados banheiros instalados em vários de seus palácios. Os perfumes criavam uma importante conexão associativa, e, embora o século XVI tenha sido incrivelmente sujo para os padrões modernos, o ambiente imediato de Elizabeth era aromado. Havia uma relação fortemente percebida não só entre odor e saúde, mas também moralidade, e o ato de lavar-se era um sinal essencial de nobreza.

Elizabeth e seus cortesãos usavam *aquamaniles*, jarros com formato especial para verter água nas mãos em ocasiões formais, aromatizados com diferentes perfumes, de acordo com a estação – "unguento sarraceno" no outono, por exemplo, mirra no inverno. Elizabeth usava "sabonete espanhol" (introduzido por uma rainha bem anterior, Eleonora de Castela), uma elegante mistura de cinzas de madeira salgadas e perfume. Havia também pastilhas perfumadas para adoçar o hálito, óleos e "pomos" (bolas feitas de goma pulverizada, decoradas com ouro, que iam soltando seu aroma em contato com as mãos). Os trajes, roupas de cama e almofadas sobre as quais a rainha se reclinava, no chão, entre as damas, eram perfumados com alfazema e especiarias, e queimava-se incenso em recipientes de metal para odorizar seus aposentos. Na alcova da rainha, utilizaram-se durante seis meses em 1564 duas libras de raiz de lírio só para esse fim. Até as lareiras de Elizabeth usavam madeiras pesadamente perfumadas, como zimbro e macieira, bem como ervas. Tudo isso não somente criava uma aura especial, talvez ligeiramente inebriante, em torno da rainha, mas, para muitos, lembrava o aroma das igrejas – a governante e o altar tinham o mesmo odor.

Mesmo após as brutais depredações da Reforma eduardiana, a igreja era o único local onde muitas pessoas tinham acesso a deliciosos perfumes, cores vívidas e tecidos suntuosos. A associação cultural de Elizabeth com o marianismo tem sido muito debatida, mas, para os que tiveram a sorte de ter um vislumbre dela, essa associação era também visual. Muitos dos ornamentos "papistas" do catolicismo tão abominados pelos reformadores tinham começado como simples mensagens sensoriais a congregações que eram em grande parte analfabetas e incapazes de entender o latim em que se realizavam os serviços. Cálices dourados, incenso ou o lindo azul da preciosa tinta lápis-lazúli usada para representar o manto da Virgem reforçavam a santidade daquele espaço sagrado. Quando tudo isso evaporou, a aparência da classe governante, e acima de tudo a da rainha, adquiriu enorme importância. O direito de governar sempre tinha sido imposto pelos olhos, e agora sua dimensão espiritual poderia ser arrogada às roupas e aos enfeites dos poderosos.

No século XVI você era o que você vestia. As roupas transmitiam uma mensagem imediata de hierarquia, e leis suntuárias, que dispunham sobre a qualidade dos materiais a serem usados nos trajes das diferentes classes da sociedade, eram uma tentativa – de sucesso limitado – de implementar uma ordem social fundamentada no alfaiate. Os tecidos eram extremamente preciosos, não só as tapeçarias que tremulavam nas paredes das casas da elite, mas os tecidos em si mesmos – até os panos de sela dos cavalos tinham certa medida de valor que poderia ser um indicativo de status segundo o olhar da época. Alegava-se que a legislação suntuária protegia as pessoas de si mesmas; por exemplo, o Ato de 1533, de Henrique VIII, foi promulgado contra "vestimentas dispendiosas" que contribuíam para "o total empobrecimento e ruína de muitas pessoas frívolas, com inclinação para a soberba, a mãe de todos os vícios".[1]

Sob o reinado de Elizabeth, a aristocracia empreendeu uma ação de retaguarda em relação à vestimenta, determinada a proteger seus privilégios da burguesia e das classes mercantis cada vez mais ricas. Assim, a rainha usou seus magistrados para expedir os Atos de Vestimenta, que impunham certas interdições, como a do cetim e do veludo para quem estivesse abaixo do grau de barão. Não só a qualidade do tecido, mas o estilo de corte era censurado – certas disposições da moda eram tidas como prerrogativa exclusiva das camadas mais altas, daí o caso do infeliz homem que foi preso em Blackfriars, em 1565, por ostentar "um monstruoso e ultrajante par de calções enormes".[2] Em 1597, Elizabeth emitiu uma proclamação muito precisa a respeito de rendas de seda, ouro e prata, mas então a mania de roupas da moda já estava profundamente entranhada, e os Atos foram revogados em 1604.

O tutor de Elizabeth, Roger Ascham, clamara em *The Schoolmaster*, de 1570, contra "o ultraje na vestimenta", alegando que a corte deveria dar o exemplo, mas essa foi uma injunção do velho mestre que Elizabeth se encantou em ignorar. Não só o gosto da rainha por roupas, mas a lógica das leis suntuárias e as imposições da magnificência principesca praticamente a obrigavam a ser tão extravagante quanto possível. Talvez ela tivesse conhecimento do guia de moda de Alexandre Piccolomini, *Raffaella*, publicado em 1540, que dava dicas às mulheres sobre como usar a roupa para que se adaptasse bem ao corpo. *Raffaella* aconselhava às mulheres dar destaque a seus melhores aspectos – se tinham mãos bonitas, por exemplo, deveriam exibi-las calçando e descalçando luvas elegantes, técnica que Elizabeth certamente praticou. *Raffaella* também advertia quanto a se vestir em estilos muito joviais – Deus perdoaria a frivolidade juvenil, mas, numa idade avançada, um traje excessivamente caprichado poderia resultar em "ruína e vergonha". Essa advertência Elizabeth também ignorou alegremente. Seu primeiro par de sapatos de salto alto foi encomendado quando ela tinha 62 anos. A rainha possuía mais de 3 mil vestidos nos mais refinados e exóticos tecidos – damasco, seda e veludo da Itália, peles luxuosas e, talvez o maior, se não o mais simples símbolo de seu status, os mais frescos e puros linhos.

O linho era usado junto à pele, por conforto e higiene, já que as roupas raramente podiam ser lavadas, embora se fizesse uma espécie de "limpeza a seco" com ingredientes como cinzas e pedra-pomes. A partir de 1561, Elizabeth começou a usar meias de seda, juntamente com o espartilho de barbatana e as anquinhas – anágua que mudava de formato no decorrer dos anos, desde o estilo cônico espanhol ao quadrado francês, que se projetava dos quadris, e depois as "grandes anquinhas", no formato de roda. Imensas saias também eram um símbolo de status, e era preciso treinar para manejá-las com graça, mas também eram um alvo fácil para os moralistas. Eles denunciavam "esses traseiros canhestramente modelados",* que associavam a modas continentais, portanto católicas, por seu aspecto "efêmero e diabólico". (Ironicamente, os devotos protestantes que no transcorrer do século tornaram-se conhecidos como "puritanos" adotaram o estilo mais "católico" de todos, as roupas pretas e brancas no estilo "espanhol".)

John Knox, que nunca perdia uma oportunidade de escarnecer das mulheres, reclamou que as governantes femininas estavam perturbando a ordem natural com suas "deslumbrantes vestimentas", o que era "abominável e odioso". A queixa era tão antiga quanto as montanhas – Eleonora da Aquitânia fora denunciada no século XII por usar brincos, longas toucas de linho e caudas orladas de pele –, mas é interessante que, à medida que o reinado de Elizabeth progredia, as mulheres também fossem criticadas por adotar estilos masculinos – chapéus masculinos de pelo de castor, corpetes parecidos com gibões, com ombros estofados e golas em favos engomados, uma tendência perturbadora e subversiva, que "ofendia, diante de Deus, e era injuriosa ao homem".

A gola em favos, talvez a peça de vestuário que caracterizou de maneira mais marcante o adjetivo "elisabetano", levou puritanos como Philip Stubbes, em *Anatomy of Abuses*, de 1583, a um rendilhado e enfurecido palavrório. As golas em favos dependiam de muita manutenção, quase não tinham função além de enfeitar e precisavam de linho úmido para ser armadas com varas aquecidas nas "casas de engomar" – introduzidas na década de 1560 (e que logo adquiriram a reputação de local de paquera, como as lojas de chapéus da Londres vitoriana). Essas proclamações foram feitas contra as "ultrajantes" golas em favos, mas a tendência ficou cada vez mais elaborada; para horror

---

* "These bottle arsed bums": jogo de palavras com o verbo *arse*, "fazer algo canhestramente", e o substantivo *arse*, "bunda". (N.T.)

de Stubbes, as golas eram decoradas com seda e recebiam rendas de ouro e prata, "elas drapejam ao vento como trapos esvoaçantes, pousadas nos ombros como o pano de prato de uma meretriz".³

As roupas e os acessórios de Elizabeth não eram apenas bonitos, caros e desafiadoramente extravagantes, mas também tinham muitos significados. Os 3 mil vestidos que possuía quando morreu formavam "um cartaz móvel de propaganda e simbolismo".⁴ Emblemas – rosas, flores-de-lis, romãs, fontes e serpentes – faziam de seus trajes um farfalhante e animado quadro vivo. Isso às vezes podia ser subversivo, como no caso da moda masculina na década de 1570, quando Elizabeth criou uma tendência com os gibões e as jaquetas encomendados a seu alfaiate, William Whittell. Rainhas que transgrediam os códigos de gênero nas roupas tinham sido severamente criticadas no passado (Eleonora da Aquitânia foi o escândalo da Europa no século XII por usar culotes e montar a cavalo como os homens), e o interessante é que Elizabeth optou por adotar essas modas – o que é muito lisonjeiro – durante o período em que seus namoros diplomáticos chegavam ao fim. O estilo masculino mudava sua condição, de mulher casadoura para príncipe marcial. Enquanto isso, retratos oficiais disseminavam mensagens alegóricas ao mesmo tempo óbvias e sutis. O *Retrato do arco-íris*, de 1600-03, apresenta um manto dourado bordado com pérolas e enfeitado com orelhas e olhos, uma clara e levemente perturbadora referência à autoridade de Elizabeth (e, talvez, para os que sabiam das coisas, uma "espionagem" que mantivera a rainha segura durante tanto tempo), que tudo vê. O mote que o acompanha torna isso claro:

> Be serv'd with eyes, and listening ears of those
> Who can from all parts give intelligence
> To gall his foe, or timely to prevent,
> At home his malice, and intendiment.*

---

* "Que se sirva dos olhos e orelhas atentas daqueles/ Que podem de todas as partes dar informação/ Para atormentar seu inimigo, ou a tempo evitar/ Que a atinja o despeito deles, e sua intenção." (N.T.)

Capítulo 10

Na manga esquerda da rainha está enrodilhada uma serpente, símbolo de sabedoria associada a prudência, mas também, talvez, uma intrigante alusão à descendência de Elizabeth por parte da bisavó, Elizabeth Woodville: a mitológica deusa-serpente Melusina. A esposa de Eduardo IV era filha de Jacquetta St. Pol, que por sua vez era descendente dos condes franceses de Lusignan, cujo sangue se mesclava ao da casa de York. Os Lusignan tinham como ancestral Melusina, a mulher-serpente cuja história remonta às lendas dos reis cruzados na Terra Santa francesa, Outremer. Melusina era a protetora dos lusignanos, e no século XV essa associação levou Elizabeth Woodville e sua mãe a serem acusadas de feitiçaria. É apenas uma especulação a ideia de que a rainha invocava essa conexão, mas isso se encaixaria de modo intrigante com o misticismo expresso no retrato, uma alusão ao poder dinástico dos antepassados maternos de Elizabeth I.

Na peça tardia de Shakespeare *Um conto de inverno*, uma rainha idosa, Hermione, se protege tornando-se a estátua dela mesma, transformando-se assim em sua própria imagem. No filme *Elizabeth*, de 1998, dá-se muito destaque ao momento em que a rainha, representada por Cate Blanchett, pinta-se de acordo com a "máscara" oficial, tão familiar em seus retratos, como símbolo de sua renúncia ao amor e de sua dedicação ao reino. A maquiagem de Elizabeth era um componente importante e eficaz de sua imagem, e, embora sua aplicação não resumisse exatamente um momento de clímax operístico, como no filme, não obstante era uma afirmação autoritária, quando não subversiva. Ao usar maquiagem de modo tão flagrante, Elizabeth estava atuando segundo as convenções culturais de sua época e redefinindo a si mesma em termos das relações – tais como eram percebidas – entre as mulheres, a natureza e a arte.

O debate sobre a superioridade relativa da natureza ou do artifício era uma preocupação tipicamente renascentista e com a qual Elizabeth estava familiarizada. Em essência, segundo a visão "aristotélica", no melhor dos casos, a arte poderia apenas imitar a natureza; já a ideia "platônica" era de que a arte podia produzir criações superiores às encontradas na natureza. O debate tinha a ver com os gêneros, já que o modelo aristotélico privilegiava o masculino, superior ao "natural" feminino; e o platônico postulava uma liberdade de forma (arte) "masculina" acima da matéria "feminina" (natureza).

Uma gradação de síntese entre essas duas matrizes filosóficas foi formulada por Tomás de Aquino, que via a natureza como um estágio intermediário entre as criações do humano e do divino. Os dois autores mais significativos sobre esse tema na época de Elizabeth, Philip Sidney e George Puttenham, associaram a arte tanto ao masculino quanto ao divino. Para Sidney, em *Apologia*, o poeta "não está encerrado no estreito mandato de suas dádivas [da natureza], mas só vagueia livremente dentro do zodíaco da própria inteligência", enquanto para Puttenham, em *Arte da poesia inglesa*, de 1585, o poeta "melhora as causas em que ela [a natureza] é falha e deficiente". Ambos os escritores sugerem que o artista é mais "viril" que a própria natureza, transcendendo os limites da biologia para "criar" de modo divino.

Uma visão diferente é a da escritora feminista do século XIII Christine de Pisan. Vários estudiosos têm sugerido que Elizabeth tinha algum conhecimento da obra de Christine, já que um inventário de Henrique VIII mostra que ela possuía, quando tinha catorze anos, uma coleção de tapeçarias (hoje perdidas) que ilustravam a mais celebrada obra de Christine, *La cité des dames*. O livro foi traduzido em 1521, e o manuscrito foi registrado na corte de Henrique, mas a própria Elizabeth nunca o mencionou, embora a potencial influência do texto seja intrigante, pois ele detalhava a vida de rainhas importantes e apresentava teorias de como resistir à misoginia. Em outra obra, *Vision*, Christine propõe um modelo unificado de natureza e arte, atribuindo à natureza a imagem de um cozinheiro que alimenta o caos, formando e direcionando a matéria; em vez de se opor à arte, a natureza pode absorver tanto a biologia feminina quanto o empenho intelectual da mulher. O uso de maquiagem pela rainha pode ser interpretado, à luz desses argumentos, como uma necessidade política que também, literalmente, aplicava pintura sobre os limites entre seu corpo de mulher e seu ser de príncipe.

A maquiagem era o domínio das mulheres nas duas extremidades do espectro social, as aristocratas e as prostitutas. Moralistas desaprovavam a frivolidade e o desperdício de cosméticos, a deplorável impudência e, talvez mais que tudo, a ilusão que eles suscitavam. Se aos homens era permitida a criatividade, as mulheres, confinadas por seus corpos, deveriam usar aquilo que Deus lhes dera – "Que desacato a Deus é este, preferir a obra de teus próprios dedos à obra Dele".[5] Ao pintar o rosto, as mulheres disfarçavam seu corpo mortal, transformando a si mesmas e até desafiando a ordem social, ao usar de "talento artístico" não só para se tornar mais atraentes, como também para se redefinir como agentes sociais. Um texto elisabetano tardio, *Tract Containing the Art of Curious Painting, Carving and Building*, deixa clara a conexão da maquiagem com o artesanato, ao incluir uma crítica à maquiagem, "na qual uma forma natural conhecida é desfigurada, para que um matiz desconhecido artificial possa ser pintado sobre ela".

A famosa pele de porcelana de Elizabeth era suavizada com uma espumante mistura de clara de ovo, bórax, alume e sementes de papoula, embora também se usasse muito o mercúrio (às vezes com efeito mortal para o usuário). Seu rosto era então polvilhado com alabastro moído, e as faces e os lábios coloridos, com "creiom veneziano", outro composto de alabastro colorido com ingredientes como pétalas de rosas esmagadas e cochonilha. Lábios vermelhos eram vistos como sinal de boa estirpe, bem como de juventude, enquanto o brilho luminescente da pele de Elizabeth evocava a qualidade de uma joia, a reminiscência luminosa dos halos em torno de figuras sacras numa pintura religiosa, efeito depois incrementado no reino com a moda de golas de favos rígidas e translúcidas, que emolduravam o rosto. A maquiagem de Elizabeth não era projetada para acentuar a beleza natural que ela certamente teve quando jovem. Era desafiadoramente não natural, uma máscara de singularidade, não de sedução. A tez de um branco plúmbeo (a que algumas mulheres tentavam dar um aspecto natural pintando veias azuis), a vermelhidão dos lábios, as sobrancelhas escurecidas e as faces rosadas propagandeavam Elizabeth como uma criação dela mesma.

Para Sidney, a arte se aliava tanto ao divino quanto ao masculino. A pintura ostentatória de Elizabeth se arrogava um lugar em ambas as categorias. Seguindo a argumentação de Christine de Pisan, a imagem que ela impôs a si mesma não era "inatural", no sentido de que aquilo que gerava críticas a outras mulheres seria apropriado para uma rainha. Talvez Elizabeth, como Hermione na peça, tivesse se tornado prisioneira da imagem protetora na qual se enclausurava, mas ela, com seu talento artístico, devolvia as críticas dos moralistas sobre eles mesmos, transformando um artifício repreensível em prerrogativa do príncipe.

As JOIAS SÃO PARTE da "marca" de Elizabeth tanto quanto sua tez branca ou as golas elaboradas. As joias, claro, eram uma exibição de riqueza, mas também envolviam os que as tinham dado e os que as usavam numa linguagem simbólica. Pérolas, com suas associações a castidade e pureza sagradas, eram as preferidas da rainha, mas safiras e esmeraldas, que evocavam a descrição da Jerusalém celestial, seus muros construídos com pedras preciosas, também tinham propriedades místicas. "Dicionários" de joias e lapidação explicam essas propriedades. A safira era considerada particularmente adequada para ser usada em anéis, pois se acreditava que ela podia acabar com a discórdia – daí, talvez, o fato de Elizabeth ter escolhido um anel de safira para enviar como signo de sua acessão a seu paciente herdeiro, Jaime da Escócia. O diamante tornava indômito quem o usasse, a cornalina promovia a concórdia, a esmeralda era associada à eloquência. Assim, as joias incrustadas nos vestidos de Elizabeth também refletiam suas qualidades pessoais.

As joias de Elizabeth, muitas das quais estão listadas nos inventários dos presentes de ano-novo, frequentemente representavam os símbolos da rainha, a lua crescente, a fênix, o pelicano, o crivo. Em 1571, o embaixador espanhol mencionou um presente do conde de Leicester, uma joia que representava Elizabeth em seu trono com as terras da França e da Espanha submersas a seus pés, e Maria Stuart prostrando-se nas ondas. Em 1587, Elizabeth recebeu duas mãos em ouro segurando uma colher de pedreiro, referência à reconstrução de Jerusalém pelos israelitas. Mas essas joias foram interpretadas como um estímulo para que a rainha perseguisse seu "programa divino" com mais assiduidade.[6] As joias podiam ser comemorativas, como a magnífica fênix em ouro e rubis presenteada por lorde Howard, ou engraçadas, como a curiosa representação de Antônio e Cleópatra na proa de um navio. Nelas enxameavam criaturas – caranguejos, tartarugas, borboletas, com flores e folhas, arcos, flechas e espadas, cada qual transmitindo uma narrativa, uma brincadeira, uma esperança.

As joias também eram um meio de Elizabeth se comunicar com as pessoas – anéis com camafeu e miniaturas representando sua imagem eram moda na corte (embora a rainha, sempre sovina, costumasse dar as miniaturas esperando que o infeliz destinatário providenciasse por conta própria uma joia de custo compatível), enquanto medalhas com a figura da rainha e um emblema correspondente eram um meio mais acessível de demonstrar lealdade. Usadas sobre a roupa, essas medalhas eram uma adaptação das medalhas consagradas, que se utilizavam para comemorar santos específicos ou peregrinações, antes da Reforma – tão abundantes no duque de Norfolk que, segundo diziam, ele chegava a tilintar –, outro exemplo da absorção das imagens religiosas por parte do monarca. Pois as joias, quando portadas por um rei, tinham qualidades espirituais particulares. Objetos preciosos eram espiritualmente vantajosos: "Além de meu deleite com a beleza da casa de Deus – o encanto das muitas gemas coloridas me afastou de meus cuidados exteriores, ... transferindo o que é material para o imaterial."[7]

A luz emitida pelas joias numa época tão escura indicava santidade. Elizabeth brilhava, resplandecia, *fulgurava* com a radiância dos ungidos.

Capítulo 11

WILLIAM CECIL TALVEZ tenha sido o melhor amigo de Elizabeth, Robert Dudley, seu grande amor, porém o mais longo e curioso relacionamento que ela viveu com um homem talvez tenha sido o com o ex-cunhado, Felipe da Espanha. Seis anos mais velho, o líder da maior superpotência do mundo até então foi contemporâneo da solitária monarca do Estado protestante pária da Europa, seu parente, em algum momento (houve quem dissesse) seu admirador e, por fim, o mais implacável inimigo. Por décadas, um povoou constantemente o pensamento do outro, nenhum dos dois capaz de agir sem considerar os movimentos do outro, unidos por suas mais profundas diferenças.

Haviam proposto Felipe como pretendente de Elizabeth quando ela tinha apenas nove anos, e, como num matrimônio disfuncional à longa distância, a ligação entre os dois só foi quebrada com a morte do rei da Espanha, em 1598. Conquanto suas relações fossem governadas pelas exigências impessoais da estratégia política, elas eram também coloridas pelo status comum de membros da minúscula elite dos ungidos por Deus. Como no caso de outra relação e de outra inimiga, Maria Stuart, havia no cerne dos sentimentos por Felipe a consciência do status místico da monarquia que somente eles poderiam entender.

Embora a perspectiva de um noivado na infância tivesse se frustrado, Felipe foi o primeiro e mais poderoso pretendente à mão de Elizabeth como rainha, depois do humilhante fracasso de sua primeira tentativa de aliança matrimonial com os Tudor, com Maria. Na sequência do complô de Dudley em 1555, o embaixador veneziano confirmou que fora a intervenção de Felipe junto à irmã, Maria, que salvara Elizabeth da prisão, se não do cadafalso: "Não há dúvida de que, não fosse Sua Majestade contida pelo rei, ... ela, por qualquer motivo banal, teria com satisfação infligido a [Elizabeth] todo tipo de punição."

Após o embaraçoso fiasco da falsa gravidez de Maria, o embaixador observou que Felipe estava muito encantado com a charmosa e vivaz cunhada, cujas inteligência e espirituosidade não poderiam estar em maior contraste com a macambúzia, desapontadora e aparvalhada esposa do rei da Espanha, e não demorou muito para se ouvir nas fofocas da corte que Felipe estava apaixonado por Elizabeth, naturalmente para horror de Maria. Está mais que evidente que os sentimentos de Felipe em relação a Elizabeth sempre foram condicionados a alguma estratégia, mas, como rainha, ela não desmentiu esses rumores de maneira inequívoca. Flertar com o marido de Maria enquanto ela era viva seria suicídio, mas não era desagradável deixar crer, como fato já consumado, que o homem mais poderoso do mundo tinha sofrido de uma paixão não retribuída pela requisitada cunhada. Quando Felipe autorizou seu enviado, o conde de Feria, a propor casamento à rainha em seu nome, ele especificou que estava agindo contrariamente às suas inclinações, explicando que, "não fosse para servir a Deus, acredite-me, eu não faria isso". Somente a recompensa de com isso manter a Inglaterra no âmbito católico poderia instá-lo ao sacrifício.

Duas semanas após a autorização de Felipe, reuniu-se o primeiro Parlamento sob o governo de Elizabeth. Seu objetivo primordial, nas palavras de sir Nicholas Bacon, lorde guardião do Grande Selo, no discurso de abertura, era "a boa feitura de leis para o acordo e união do povo deste reino numa ordem religiosa uniforme, para honra e glória de Deus, o estabelecimento da Igreja e a tranquilidade do reino".[1] É inconcebível que Elizabeth pudesse considerar seriamente a proposta de Felipe enquanto o Parlamento discutia a forma da lei que promulgaria sua supremacia sobre a Igreja, uma vez que fazer isso seria solapar os próprios princípios dessa supremacia. Como Felipe fora casado com sua irmã, ele e Elizabeth estavam incluídos nos "graus" proibidos especificados pela Igreja católica, tal como estipulado no Levítico.

O matrimônio de pessoas nesses graus constituíra um problema legal complexo para os monarcas europeus durante a Idade Média. De fato, Henrique VIII invocara o interdito em relação a seu divórcio da viúva de seu irmão Artur, Catarina de Aragão, mas em geral havia a solução das dispensas concedidas pelo papa, permitindo que casais aparentados se unissem. Feria estava autorizado a ressaltar que uma dispensa poderia desfazer a objeção ao matrimônio entre os monarcas da Inglaterra e da Espanha, contudo, isso exigia que Elizabeth concedesse ao papa autoridade quanto a essas questões. Isso não só seria contraditório às condições de governança sobre a Igreja que Cecil então calibrava com tanto cuidado na Câmara dos Comuns, como também contestaria a própria reivindicação de Elizabeth ao trono, uma vez que aceitar a dispensa seria admitir que a disposição papal quanto ao matrimônio de Henrique e Catarina era a prevalente, e que, portanto, a própria Elizabeth era bastarda.

Além do mais, numa objeção que iria influenciar a coreografia diplomática das negociações quanto a seu casamento durante os próximos vinte anos, Elizabeth estava bem cônscia da impopularidade de um pretendente estrangeiro. Conquanto Felipe representasse um incrível prêmio matrimonial – não apenas em termos de poder contra a ameaça da França, mas também economicamente, pelas suas cruciais relações mercantis com os Países Baixos, controlados pela Espanha, principal centro do comércio da Inglaterra com o continente europeu –, Elizabeth ressaltara diretamente para Feria, antes de se tornar rainha, que o casamento com Felipe tinha feito Maria perder a afeição do povo. Quando recebeu a proposta formal do rei, em fevereiro de 1559, no entanto, Elizabeth foi obrigada a jogar para ganhar tempo. Se Cecil e seus aliados no Parlamento conseguissem aprovar a lei da supremacia no formato que desejavam, isso poria a Inglaterra definitivamente fora da lista das monarquias católicas da Europa. Nesse ínterim, prosseguiam as negociações entre a França e a Espanha para a Paz de Cateau-Cambrésis, que resolveria o eterno conflito entre os dois países pelo domínio da Itália e (assim esperavam Elizabeth e Cecil) estabeleceria a recuperação de Calais – e portanto a paz entre a Inglaterra e a França.

Capítulo 11

(Em 1557, os franceses tinham rompido a trégua que mantinham com a Espanha em Flandres. Não obstante a cláusula no tratado de seu matrimônio segundo a qual "Este reino da Inglaterra, por ocasião deste matrimônio, não se envolverá direta ou indiretamente com a guerra", Maria Tudor cedeu à pressão de Felipe e com relutância declarou guerra à França, em 7 de junho daquele ano. Em janeiro, 27 mil soldados franceses, comandados pelo duque de Guise e com ajuda considerável da fatal mesquinharia Tudor – Maria tinha feito economias na guarnição de Calais, com consequências desastrosas para ela –, conseguiram tomar o último pedaço do antes poderoso Império Angevino em apenas oito dias. Os ingleses mantinham Calais desde 1347; a cidade foi o último e crucial símbolo das pretensões inglesas ao poder continental. A reputação de Maria nunca se recuperou dessa perda.)

Era portanto vital que Elizabeth pelo menos fingisse considerar a proposta de Felipe, a fim de garantir o apoio da Espanha na conferência de paz, enquanto a lei da supremacia continuava em debate. Em 3 de abril, Cateau-Cambrésis foi encerrada, e os ingleses obtiveram somente o último de seus objetivos. A despeito de alguns floreios diplomáticos formais sobre uma potencial devolução de Calais depois de oito anos, era dolorosamente claro que o último resquício de território inglês na França estava perdido para sempre, humilhação da qual Cecil se ressentiu profundamente. Duas semanas antes, Elizabeth fora incentivada a informar com secura a Feria que não havia possibilidade de aceitar a proposta de Felipe, pois ela era simplesmente uma herege. Isso era o reconhecimento do ato revolucionário que seu governo estava prestes a realizar e a aceitação de sua própria participação num destino decididamente protestante. Ao recusar o maior pretendente com que jamais poderia sonhar, Elizabeth adotava uma atitude profundamente política e teológica, que no final fez de qualquer pretendente uma nêmesis em potencial.

O projeto de lei que Cecil tinha preparado para a assinatura da rainha em 29 de abril de 1559 baseava-se no "intransigentemente radical"[2] "Dispositivo para a alteração da religião", o qual, como concordam hoje os historiadores, foi esboçado pelo próprio secretário. Enquanto os membros do Parlamento assumiam seus assentos no início do ano, Cecil já começara a campanha de propaganda no centro de Londres. Semana após semana, teólogos protestantes, incluindo muitos exilados por Maria I que tinham retornado, pregavam em St. Paul's Cross sobre os malefícios do papado e a necessidade de uma religião verdadeira e reformada que pudesse salvaguardar as liberdades inglesas. Em 8 de fevereiro, Elizabeth ouviu em Whitehall um sermão do dr. Richard Cox, ex-tutor de seu irmão, que tinha escapado da perseguição de Maria fugindo para Frankfurt. Essa era a clara indicação de uma nova ordem que o projeto de lei apresentado aos comuns no dia seguinte iria estabelecer.

Sob a orientação de sir Anthony Cooke, sogro de Cecil, e de um parente de Elizabeth, sir Francis Knollys, o projeto foi encaminhado para apresentação aos lordes em 28 de fevereiro. Foi recebido como um ultraje pelos conservadores. Ambos os lados invocaram séculos de precedentes, argumentos de eruditos, legisladores e teólogos. O mais pertinente para muitos dos opositores era a questão em torno da própria Elizabeth – como ousou declarar o arcebispo de York: "Uma mulher não deve pregar ou ministrar os santos sacramentos, nem que seja a chefe suprema da Igreja de Cristo."[3]

Após a Páscoa, em 10 de abril, uma nova emenda foi apresentada. Os comuns foram informados de que Elizabeth era humilde demais para aceitar o título de "chefe suprema", mas poderia ser chamada de "governante suprema". Como dois dos mais estridentes opositores da lei (os bispos de Winchester e de Lincoln) estavam agora convenientemente alojados na Torre de Londres, acusados de desacato à autoridade por um mandado do Conselho Privado, essa interpretação teve acolhida mais amena. Enquanto isso, os lordes votavam o Ato de Uniformidade, requerendo a restauração do livro de orações de Eduardo, de 1552, que deveria ser usado por todos os ministros da Igreja sob pena de demissão – uma base legal prática para a utilização do serviço religioso protestante em inglês. Funcionários do governo e da Igreja eram obrigados a aceitar isso e a declarada governança de Elizabeth. Quem se recusasse a acatar a supremacia ou a uniformidade podia agora ser legalmente punido, com uma escala progressiva de multas, desde a primeira transgressão até o mais grave dos crimes, o de alta traição. No "Dispositivo", Cecil tinha sido calmo e lúcido quanto às ameaças ao reino que as medidas revolucionárias poderiam provocar. Ele previu uma possível excomunhão de Elizabeth e a interdição da Inglaterra pelo papa; antecipou a fúria das forças católicas e a possibilidade de invasão francesa através da Escócia. Anteviu dissensões domésticas e até a insatisfação de reformadores, que podiam achar que o governo não tinha ido longe o bastante. E o que Cecil sabia Elizabeth sabia também.

A rainha tinha consciência de sua própria excepcionalidade confessional. Praticante da fé reformada, ela o fazia, de modo único, no interior de uma estrutura religiosa – a Igreja da Inglaterra – da qual ela mesma era a figura de proa. Numa oração que compusera, Elizabeth iria agradecer a Deus por mantê-la

> desde os primeiros dias, ... trazer-me de volta dos profundos abismos da ignorância natural e das condenáveis superstições, de modo que eu possa usufruir o grande sol da retidão que traz com seus raios vida e salvação, enquanto deixa tantos reis, príncipes e princesas na ignorância, sob o poder de Satã.[4]

Elizabeth nunca quis se apresentar como defensora do Evangelho reformado; esta se tornou uma posição para a qual ela evoluiu sob a influência de condições pragmáticas e espirituais. Contudo, nada seria uma indicação mais clara de como Elizabeth concebia sua religião que sua ativa conformidade a essa primeira estruturação legal da Reforma religiosa. A famosa observação sobre não querer abrir janelas nas almas dos homens podia muito bem ser um reconhecimento de sua relutância em se intrometer no pacto final entre Deus e a consciência, mas desde o início de seu reinado estava preparada para implementar essa conformidade – e para fazer isso de maneira impiedosa. A princesa protestante tinha assumido seu lugar, e quaisquer que fossem as inconsistências de sua prática pessoal, ela foi instada por seu secretário a sacramentar esse legado num estatuto. Elizabeth não poderia ter previsto a angústia pessoal pela qual passaria, os desafios com os quais sua ética própria iria se defrontar, nem imaginar a duração e a complexidade do processo para estabelecer a Inglaterra como Estado protestante seguro. Mas ela sabia, ao apor sua assinatura no texto da lei, que estava se afastando irrevogavelmente do refúgio católico oferecido pelos relutantes, mas zelosos, braços de seu cunhado.

Ao rejeitar tão decididamente a autoridade papal, Elizabeth e seus ministros, implicitamente, desafiavam a Espanha. O conflito que iria dominar tantos aspectos de seu reinado e que resultaria, em seu episódio mais famoso (se não o mais conclusivo), na vitória sobre a Invencível Armada, tinha raízes na aliança firmada desde 1493 entre a coroa espanhola e Roma. Como parte de uma série de favores diplomáticos vantajosos para sua própria ambição dinástica sobre a península Itálica, o papa Alexandre VI, da família Bórgia, promulgara naquele ano a bula *Inter Coetera*, dividindo os então recentemente descobertos territórios do Novo Mundo entre a Espanha e Portugal, ao longo de uma linha traçada a partir do arquipélago de Cabo Verde. Territórios a leste da linha seriam feudos papais de Portugal, territórios a oeste, da Espanha. Em 1494, o papa conferiu o título de Reis Católicos a Isabel de Castela e Fernando de Aragão – pais de Catarina de Aragão –, em reconhecimento pela reconquista de Granada, último Estado muçulmano na península Ibérica. O título refletia uma aliança entre os poderes temporal e sagrado, importantíssimo para a hegemonia da Espanha no século seguinte:

> A assunção desse dever exemplar de preservar a Fé Verdadeira foi entendida ... como um *quid pro quo* pela quase miraculosa aquisição de um vasto e rentável império. Desafiar um seria negar o outro, como os futuros inimigos da Espanha compreenderam bem.[5]

Mas considerar a política de Elizabeth em relação à Espanha uma resposta defensiva ao imperialismo agressivo de Felipe é interpretar mal o elemento inglês (se não o elemento Tudor) do conflito entre as duas nações. Felipe partilhava com Elizabeth a percepção de seu papel como instrumento da vontade de Deus, mas sendo ele, como sem dúvida era, um evangelista tirânico da Contrarreforma, a política inglesa desde o início foi tão agressiva quanto reativa. O "Dispositivo" de Cecil não só representava uma evidente declaração aos súditos de Elizabeth de como iria funcionar a partir de então a relação entre Estado e Igreja. Era também a declaração de um beligerante isolacionismo motivado pela crença de que o ataque era a melhor forma de defesa.

O Ato de Uniformidade não foi absolutamente o fim da Reforma elisabetana, cujo feitio, em 1559, continuava incoerente e incerto, mas era indiscutível que não poderia haver qualquer acomodação com o catolicismo romano. A velha fé não permitiria um relativismo que admitisse a autoridade de Elizabeth para governar. No entanto, de início, tanto a Espanha quanto a Inglaterra buscaram favorecer a paz. Apesar da decepção de Cateau-Cambrésis, Felipe tinha sido diligente na promoção da causa inglesa, e, com um olho na França, dedicou-se a consolidar a amizade expressa nos tratados anglo-imperiais, com a distribuição de "pensões" a líderes protestantes, inclusive para o conde de Leicester e o próprio Cecil.

Apesar das muitas desavenças pelo caminho, se passariam quase trinta anos até que Elizabeth e o cunhado se encontrassem na guerra. Inicialmente, Felipe estava preparado para apoiar o Estado "herético" de Elizabeth em seus primeiros e vulneráveis anos, desde que a rainha nunca demonstrasse qualquer tendência para diminuir a autoridade católica na Europa como um todo. Durante muitos anos – às vezes com uma hipocrisia espetacular – ela afirmou que seu compromisso primordial era preservar a paz com a coroa espanhola: "O rei da Espanha acusou-me de ser brigona e iniciadora de todas essas guerras; no que ele cometeu comigo o maior erro possível; pois minha consciência não acusa, em meus pensamentos, onde eu possa lhe ter feito o menor dos males."[6]

De sua parte, foi com relutância que Felipe adotou uma postura agressiva quanto à Inglaterra. A inimizade anglo-espanhola não era inevitável, mas foi surgindo lentamente, com um misto de "ambições espirituais e queixas temporais"[7] nas quais França, Escócia, Países Baixos, Roma e o Novo Mundo tinham alguma participação. Tampouco as políticas do papado e da Espanha eram tão estreitamente alinhadas como muitos ingleses chegaram a acreditar; quando a Inglaterra confrontou a "prosperidade tirana"[8] da Espanha, em 1588, poucos se deram ao trabalho de lembrar que, se Elizabeth não tivesse rejeitado seu pretendente, talvez não houvesse uma destemida Inglaterra protestante para velejar contra a Armada.

Capítulo 12

POUCO DEPOIS DA COROAÇÃO de Elizabeth, o embaixador dos Habsburgo, o barão de Pollweider, resumiu a charada que iria preocupar não somente os próprios ministros da rainha e as casas reais da Europa, mas todas as gerações de historiadores a partir de então: "É inconcebível que ela quisesse continuar virgem e jamais se casar." O fato, em sua crueza, é que ela fez isso. *Por que* Elizabeth jamais se casou, apesar das reiteradas declarações públicas de que queria fazê-lo? Essa é a questão intrigante.

No baile de máscaras de um casamento, já no final de sua vida, em 1600, uma das damas de Elizabeth, madame Fitton, pediu-lhe que se juntasse à dança. "Que papel eu deveria assumir?", perguntou a rainha. "Afeição", respondeu madame Fitton. "A afeição é falsa", respondeu Elizabeth. Mesmo assim, levantou-se e dançou. Essa era uma resposta típica dela, brincalhona e cínica ao mesmo tempo. Elizabeth queria dizer que nenhuma afeição é confiável, ou que ela, no papel de Afeição, seria inconvincente? Fosse o que fosse, ela fez seu papel dançando no casamento.

Elizabeth demonstrou não acreditar que o casamento por amor fosse uma possibilidade para ela, não importa que atitudes sentimentais ocasionalmente se permitisse. O amor era um esporte, e o matrimônio entre as classes dominantes do século XVI era um negócio. Numa época em que toda política era uma política dinástica, isto é, de família, nenhuma mulher da realeza podia esperar que a atração erótica desempenhasse qualquer função em seu casamento. Ela teria sorte se pudesse se encontrar com o noivo primeiro. Noivados, contrapropostas e a posterior concessão de um dote para a mulher, uma rede cognata de parentescos e pessoas estavam entre os instrumentos da diplomacia, a serem oferecidos ou retirados de acordo com a exigência da política. Como a maioria das mulheres da realeza, Elizabeth esteve no mercado de casamentos quase desde que nasceu, e aí permaneceu obstinadamente até os quarenta e muitos anos, idade em que muitas de suas contemporâneas já eram avós. Fazer a corte era uma parte das artes do Estado, algo lisonjeiro e divertido, mas desde a primeira juventude Elizabeth nunca teve a intenção de que fosse algo mais que isso.

Lembrando seu cargo na sala de aula, o professor de Elizabeth, Roger Ascham, escreveu que, "em seu modo de vida, ela parecia mais Hipólito que Fedra. Observação essa que então eu fiz não em referência à graça de sua personalidade, mas à castidade de sua mente". Na mitologia clássica, Hipólito foi morto após rejeitar o assédio sexual da madrasta, Fedra. Como na verdade ele rejeitara Afrodite, a rival desta, Ártemis (Diana), a deusa da virgindade, se apiedou dele e o trouxe de volta à vida, que ele dedicou castamente à caça.

Assim que já tinha idade suficiente para falar por si mesma, Elizabeth tornou sua aversão ao matrimônio perfeitamente clara. Vários pretendentes foram propostos durante o reinado de seu irmão, incluindo o conde de Pembroke e o príncipe Frederico da Dinamarca, enquanto os embaixadores imperiais resmungavam sombriamente sobre as intenções dos dois Dudley (o pai de Robert Dudley e seu irmão mais velho, Ambrose) de abandonar as esposas e casar com a princesa. E, claro, houvera o terrível escândalo de Thomas Seymour. No entanto, não se tomaram medidas sérias concernentes ao noivado de Elizabeth até que ficou evidente, no reinado seguinte, que Maria Tudor não teria filhos. Felipe da Espanha sugeriu seu sobrinho, o arquiduque Fernando, ou mesmo o próprio filho de onze anos, dom Carlos, fruto de seu primeiro casamento com Maria Manuela de Portugal, mas seu candidato favorito era Emanuel Felisberto, duque de Savoia. Apesar de uma pressão considerável sobre ela, durante o ano de 1556, para que aceitasse esse último pretendente, Elizabeth declarou que preferia morrer a se casar com ele, ressaltando cruelmente para Maria que "as aflições que ela [Maria] sofrera" lhe haviam tirado qualquer vontade de ter um marido, e que, quanto a dom Carlos, ela não se casaria "mesmo que eles lhe dessem o filho do rei ou lhe achassem um príncipe ainda mais nobre".

Essa atitude era bastante inequívoca, porém os motivos para as objeções de Elizabeth ao matrimônio iriam evoluir com o tempo. Ela deixou claro que tinha uma aversão pessoal ao matrimônio, embora nunca tivesse esclarecido exatamente por quê. Conhecia as circunstâncias da morte de sua mãe e de sua madrasta, Catarina Howard, assim como do falecimento após o parto da rainha Jane e de Catarina Parr, e as horríveis consequências de sua atração por Thomas Seymour. Talvez estivesse aterrorizada em relação ao sexo, mas também tinha observado como Maria jogara fora a boa vontade de seu povo no abominado casamento estrangeiro com um homem que não nutria por ela qualquer sentimento além da cortesia. A obsessão de Maria por ter um filho resultara numa consternadora humilhação; além do mais, como naquele momento era provável que a irmã não tivesse filhos, Elizabeth sabia que se tornaria rainha. Seria irracional casar-se em tal conjuntura, em particular com um pretendente católico, e bastante desnecessário, quando em pouco tempo poderia escolher por si mesma. Ou talvez, como ela própria dizia, não tivesse vontade de se casar em geral.

Como rainha, tendo rejeitado o ex-cunhado, a mão de Elizabeth foi pedida por Carlos, arquiduque da Áustria, mas a única pessoa seriamente interessada nesse casamento era o embaixador espanhol Alvarez de Quadra. Uma visita prospectiva jamais chegou a acontecer, e polidamente apresentaram-se diferenças religiosas como motivos pelos quais esse arranjo matrimonial não poderia ir adiante, e nenhum dos lados demonstrou qualquer entusiasmo. Um candidato mais apropriado e persistente foi Érico da Suécia, que passou quase todo o seu reinado pretendendo se casar com Elizabeth. Em 1556, Érico cometeu uma gafe, enviando seu embaixador diretamente a Elizabeth, e não à rainha Maria, que ainda teria seis meses de vida. Outra delegação chegou depois da subida de Elizabeth ao trono. Não obstante o fato de o próprio Érico ser um perfeito príncipe renascentista, talentoso cantor, alaudista, compositor e colecionador de belos manuscritos, o comportamento de seus embaixadores foi menos refinado – "as pessoas mais importantes da corte falavam deles com desprezo, pois os enviados só sabem falar de modo ridículo e não têm senso de decoro, ... eles gastam muito dinheiro, e ainda assim são tidos como nada".[1]

Sem se dar por vencido, em 1559 Érico enviou a Londres o irmão mais moço, João, duque da Finlândia, mas Elizabeth não se impressionou com o espetáculo do duque a espalhar moedas de prata pelas ruas, nem com seu anúncio de que o irmão distribuiria peças de ouro se se casasse com a rainha inglesa. "O rei bárbaro da Suécia fez uma grande despesa para esse casamento", ela admitiu, "mas como poderíamos aceitar tal diferença de conduta?" Depois ela enviou a Érico um presente bem desastrado, um exemplar do manual de Castiglione, *O cortesão*. O pobre Érico desesperava por ir à Inglaterra convencer Elizabeth, mas foi detido em 1560 pelos trâmites de sua coroação, e enviou outros embaixadores e novos presentes (incluindo dezoito cavalos) que encheram dois navios. Em 1561 zarpou duas vezes para a Inglaterra, mas teve de voltar em consequência de tempestades. Sua determinação era tamanha que os vendedores de suvenires para a realeza já tinham preparado xilogravuras representando o feliz casal, e Elizabeth foi obrigada a escrever ao prefeito de Londres, em 1561, para que as proibisse.

Érico continuou a escrever a Elizabeth cartas elegantes em latim, e em setembro de 1565 sua irmã, a princesa Cecília, margravina de Baden-Rodemachern, chegou à corte. A agitação causada pela visita aumentou muito quando ela deu à luz um filho, pouco tempo depois de chegar, e Elizabeth lhe ofereceu uma esplêndida recepção. Mas as relações ficaram azedas quando a princesa sueca envolveu-se em terríveis dívidas e teve de se retirar para o continente europeu a fim de fugir dos credores.

Em muitos aspectos, Érico teria sido um marido adequado para Elizabeth. Era jovem, bem-apessoado e, melhor ainda, protestante. O domínio sueco sobre as rotas de comércio no Báltico assegurava que o matrimônio seria de grande vantagem para ambas as nações, e a política da Suécia continuaria a ser de grande interesse para o reinado de Elizabeth. Infelizmente, a família de Érico, os Vasa, apresentava uma tendência à loucura. Por volta de 1567, Érico ficara tão paranoico a respeito de complôs imaginários contra ele que assassinou pessoalmente vários cortesãos de alto escalão e foi deposto e aprisionado por seus irmãos. Ele morreu em 1577, envenenado por arsênico posto num prato de sopa de ervilhas.

A corte que Érico fez a Elizabeth deixou dois legados à Inglaterra. O primeiro são os manuscritos musicais conhecidos como livros de partitura de Winchester, um dos mais significativos artefatos na história da música inglesa. São produções muito tipicamente renascentistas: canções em francês na forma de madrigais italianos, impressos em Antuérpia, grande centro de música italiana. Érico tentava demonstrar a Elizabeth que era dotado de pelo menos algumas das qualidades do cortesão exigidas por Castiglione; três das melodias de vilancicos do manuscrito foram usadas por Philip Sidney como cenário de *Certaine Sonnets*, em 1570, um lamentoso eco do desesperançado romance do rei. O segundo foi Helena Snakenborg, dama de honra da princesa Cecília, de beleza excepcional. Durante sua visita, o irmão de Catarina Parr, William, marquês de Northampton, apaixonou-se por Helena, e Elizabeth deu à moça um lugar em sua própria casa para permitir que o casamento se realizasse. Helena e Elizabeth tornaram-se tão amigas que quando a marquesa de Northampton enviuvou, depois de seu breve casamento de cinco meses, ela voltou à câmara de Elizabeth e lá ficou durante quarenta anos.

O matrimônio de Helena Snakenborg foi uma coisa extraordinária, um casamento por amor. Mas o que preocupava os ministros de Elizabeth era que a rainha fizesse sua obrigação, arranjando um pretendente e gerando um filho o mais depressa possível. "Que Deus envie à nossa rainha um marido", escreveu Cecil pouco depois da coroação de Elizabeth, "e por meio dele um filho, a fim de que possamos esperar uma sucessão masculina para nossa posteridade." Em 1564, num momento em que a corte inglesa foi assaltada por escândalos e ofuscada pelo problema da sucessão, ele murmurou: "Deus, dê a Sua Majestade nesta hora uma disposição tal que, por seu casamento ou outra medida comum, nós súditos possamos saber onde buscar apoio."

Entre essas duas queixas houvera Robert Dudley. Há pouca dúvida de que Elizabeth o amava – decerto ela estava preparada para fazer papel de boba por ele, e sem dúvida muita gente acreditava que ia se casar com Dudley, mas será que a rainha alguma vez teve a sincera intenção de fazer isso? A coroa mal fora colocada na cabeça de Elizabeth, e seu governo já lhe solicitava que se casasse. Durante o primeiro Parlamento, ela respondeu à moção de que logo tomasse um marido declarando reiteradas vezes preferir o celibato. Ela já teria se casado, explicou, se quisesse obedecer à irmã, ou por medo ou ambição. Mas não queria. Tinha sido "constante" em sua "determinação". Concluiu com uma de suas mais famosas declarações: "Para mim, será suficiente que uma pedra de mármore proclame que a rainha, tendo reinado por algum tempo, viveu e morreu virgem." É evidente que ninguém acreditou nela. Que mulher não haveria de querer se casar? Que mulher poderia imaginar-se governando sozinha? Essa era a maneira como Elizabeth via a si mesma, e isso foi vinte anos antes de ela convencer seus ministros a aceitar, embora com relutância, que essa era de fato sua intenção. Surpreende que Elizabeth seja tantas vezes caracterizada como uma governante volúvel, mercurial. Nessa questão específica, ela manteve uma orientação perfeitamente clara. Demorou bem mais para o resto do mundo perceber isso.

A julgar pelo que dizia a própria Elizabeth, seu relacionamento com Robert Dudley poderia ser caracterizado mais como uma paixão e um flerte constante que um caso que a levasse à beira do matrimônio. Em 1559, Dudley era a escolha perfeita para uma amizade romântica, dado que ele fora casado com Amy Robsart por nove anos. Sim, ele era jovem, galante e bonito, um esplêndido dançarino, um cavaleiro maravilhoso; sim, Elizabeth o conhecia e confiava nele; sim, havia em ambos o trauma da Torre. Contudo, acima de tudo, Robert era *seguro*. E Elizabeth, cuja juventude fora prejudicada por tantas restrições que teve de negociar seu percurso ao longo de um labirinto de lealdades conflitantes e tentações, fez o que faria qualquer mulher jovem que de repente se visse livre, rica e feliz. Ela se divertiu.

Robert ainda exercia outra função para Elizabeth. Enquanto eles passavam o tempo caçando e dançando durante o primeiro verão do reinado, a possibilidade, já aventada por embaixadores fofoqueiros, de que ele encontrasse um meio de se divorciar de Amy e se casar com Elizabeth manteve muitos outros pretendentes a distância. O duque de Norfolk e os condes de Arundel e de Westmorland foram sugeridos como maridos, embora somente Arundel – que empregou boa dose de tempo e dinheiro promovendo apoio para esse arranjo matrimonial – acreditasse que tinha alguma chance. Falava-se também de sir William Pickering, que, segundo rumores, Elizabeth achava atraente, embora ele mesmo confirmasse que sabia da intenção dela de continuar solteira. O conde de Arran, sucessor protestante da coroa escocesa depois de Maria Stuart, também estava na corrida, e o arquiduque Carlos renovara sua tépida corte.

O fato de Elizabeth demonstrar preferência pelos Dudley não era extraordinário. Quando de sua ascensão, o irmão de Robert, Ambrose Dudley, sucedeu ao pai no posto de *Master of the Ordnance*,* enquanto as irmãs de Robert, Mary Sidney e Katherine, condessa de Huntingdon, tornaram-se damas da alcova real. Como *Master of the Horse*, Robert era responsável não só pelos estábulos de Elizabeth, mas também por toda a cena de sua pomposa apresentação pública. A proximidade física da rainha quando cavalgavam e saíam a passeio não só suscitou uma rara e deliciosa intimidade, como lhe concedeu algum poder, por estar bem posicionado para lhe dirigir solicitações ou pedir favores. O que preocupava os ministros de Elizabeth era o padrão de favoritismo que a rainha agora começava a demonstrar. Ela concedeu uma quantidade considerável de terras a Dudley e, em abril de 1559, o fez cavaleiro da Jarreteira, juntamente com o duque de Norfolk, a marquesa de Northampton e o conde de Rutland, todos estes considerados de mais alta hierarquia que ele. Em novembro, concedeu-lhe o título de *Lord Lieutenant*** de Windsor, o que provocou uma discussão com o aflito duque de Norfolk.

Ninguém estava bem seguro do que significaria o possível casamento de Elizabeth com um plebeu. Rainhas inglesas já haviam feito isso antes – muito antes, no século XII, Adeliza de Louvain casara-se com William d'Aubigne, e Isabel de Angoulême casou-se com Hugo de Lusignan. Catarina de Valois casara com um tal de Owen ap Maredudd ou Tudor, e por

---

* *Master of the Ordnance*: oficial da alta hierarquia militar responsável pela logística, pelo suprimento de munição e material de engenharia militar, em especial nos depósitos da Torre. (N.T.)
** *Lord Lieutenant*: representante do soberano num condado. (N.T.)

esse motivo o neto de um servidor galês acabou ascendendo ao trono da Inglaterra – contudo, essas mulheres faziam segundos casamentos, depois de enviuvarem de reis. O único precedente para o matrimônio de uma rainha reinante fora o de Maria com Felipe da Espanha. Concedeu-se a Felipe o título de rei, mas ele nunca foi coroado nem ungido, como estipulava o contrato de casamento. Embora tivesse ajudado sua mulher na governança, o papel de soberano ficara nela investido. Isso causara tensão entre o casal e no reino como um todo, quando Maria submeteu sua vontade soberana à do marido, no desastroso caso de Calais.

Outro exemplo podia ser o casamento de Eduardo IV com uma plebeia, Elizabeth Woodville, cuja enorme família despertou um grande ressentimento e, muito possivelmente, outra rodada de guerra civil, com suas incursões na aristocracia estabelecida. O casamento de Maria Tudor fora muitíssimo impopular, mas não se provaria igualmente prejudicial a cisão em facções surgida da elevação de uma duvidosa dinastia de dignitários? O embaixador do Sacro Império, o barão de Bruener, pensava assim: "Se ela se casar com o assim chamado milorde Robert, isso vai suscitar tanta inimizade que poderá se deitar uma noite como rainha da Inglaterra e se levantar na manhã seguinte como uma simples madame Elizabeth."[2] O único outro precedente para uma rainha dividir a governança com alguém que não seu esposo real ou sua mãe foi o regime escandaloso de Isabel da França, viúva de Eduardo II, que, durante a minoridade do filho, fez de seu amante Roger Mortimer um rei *de facto*. Sexo e favoritos, como Eduardo II tinha demonstrado com Piers Gaveston e Hugh Despenser, podiam ser uma combinação fatal, e conquanto os amantes de reis ingleses fossem algo corriqueiro, a ideia de uma governante feminina impudica era constrangedora. Em setembro de 1560, Cecil confidenciou ao embaixador espanhol que previa "a mais manifesta ruína pender sobre a rainha por causa dessa intimidade com lorde Robert. Lorde Robert fez-se o senhor dos assuntos de Estado e da pessoa da rainha".

De outras fontes, relatou Feria, ele tinha ouvido que Elizabeth até visitava Dudley em sua alcova, à noite. A primeira dama da alcova de Elizabeth, Katherine Ashley, sua ex-governanta, ousara implorar à própria rainha, de joelhos, mencionando esses rumores escandalosos e advertindo quanto ao "falatório maldoso" sobre o par e o consequente dano à reputação de Elizabeth. A rainha respondeu com muita tristeza que o falatório era absurdo, mas queria Robert perto dela porque, "neste mundo, [ela] tinha tantas tristezas e atribulações, e tão pouca alegria". A própria Elizabeth sabia que a fofoca era infundada – como ressaltou a madame Ashley, não estivesse ela sempre cercada de suas damas –, mas o veneno já se espalhara para além da corte. Escrevendo de Bruxelas, sir Thomas Chaloner confidenciou que "essas pessoas têm a boca grande quando se trata de alguém muito favorecido", acrescentando que ele mesmo considerava o "escândalo muito falso". O embaixador sueco sentiu-se obrigado a defender a rainha das alegações de que ela estava dormindo com Dudley, escrevendo a seu senhor que ele não via "qualquer sinal de uma vida imodesta, mas vi muitos sinais de castidade, virgindade e modéstia". O próprio fato de ele ter tido de fazer esse protesto demonstra que o dano que madame Ashley tanto temia já fora feito. E ficou pior com a súbita e misteriosa morte de Amy Dudley.

Um quarto de século após Amy Dudley ter sido encontrada morta ao pé de uma escada em Cumnor Place, perto de Oxford, em 8 de setembro de 1560, um tratado de propaganda católica, *Leicester's Commonwealth*, alegava que Robert Dudley tinha ordenado o assassinato de sua mulher. Por algum tempo correram rumores de que ele planejara fazê-lo, e de que a própria Amy tinha medo de ser envenenada. O autor da mais abrangente história sobre o fim de Amy conclui que a participação de Dudley no caso "não passa de conjectura",[3] e ele foi inocentado de qualquer acusação. Mas a morte de sua mulher provocou uma pausa abrupta em seu relacionamento com Elizabeth.

A rainha até então ignorara as fofocas, mas a morte de Amy não poderia ser descartada com tanta facilidade. A reputação de Dudley estava gravemente comprometida, e Elizabeth sentiu que era preciso afastá-lo da corte enquanto se realizava um inquérito sobre o incidente. O veredicto foi afinal pronunciado em Cumnor Assizes, em agosto do ano seguinte, muito depois de Dudley ter se reintegrado, e o júri concluiu que a supracitada lady Amy ... caiu acidental e precipitadamente pelos já mencionados degraus, ... e teve o pescoço quebrado, por conta de cuja fratura do pescoço a dita lady Amy morreu instantaneamente no lugar e na hora, ... e foi encontrada ali, ... sem outra marca ou lesão em seu corpo.

Na verdade, Amy também tinha duas feridas profundas na cabeça, que podem muito bem ter sido causadas pela queda. O júri emitiu um veredicto de "infortúnio", mas isso não deteve a onda internacional de que o caso não passava de um ultraje.

Escrevendo de Paris, sir Nicholas Throckmorton expressou sua mortificação:

> Estou quase num beco sem saída, e não sei o que dizer: um ri de nós, outro ameaça, outro vilipendia Sua Majestade, e alguns não deixam de perguntar que religião é essa em que um sujeito mata sua mulher e o príncipe não só o tolera como além disso se casa com ele. ... Ai de mim, que vivi tanto para ver este dia. Toda a nossa estimativa de que teríamos esse caso esclarecido se foi, e a infâmia prevaleceu até agora, e meu coração sangra ao pensar nos rumores de difamação que ouço.[4]

De modo humilhante, Elizabeth foi obrigada a se defender de outro de seus pretendentes, o duque de Holstein, que expressara choque diante das alegações de que os amantes tinham conspirado para se livrar de Amy: "Ela irá considerar um favor se ele não acreditar em qualquer dos rumores que está ouvindo, se eles são inconsistentes com sua verdadeira honra e sua dignidade real."

Se Elizabeth teve alguma vez qualquer intenção de se casar com Robert Dudley, a morte de Amy seria o pior impedimento possível. Se ela o tomasse por marido, seria considerada pouco menos que uma assassina. Isso não impediu que se continuasse a falar da plausibilidade do casamento, em particular porque os dois continuaram muito próximos um do outro. Elizabeth persistiu acumulando favores em relação a Dudley, numa medida tal que, falando depois sobre isso, ela observou que não poderia destituí-lo mesmo que o quisesse, pois ele tinha protegidos e parentes em cada posto importante do país. Mesmo cinco anos após a descoberta do corpo de Amy, Cecil escreveu, num memorando de prós e contras que esboçara a respeito do casamento, que Dudley estava "difamado pela morte da mulher". Elizabeth era muito sensível à mínima desfeita à sua dignidade real, e aceitá-lo com essa mácula, embora ela mesma estivesse totalmente convencida de sua inocência, agora era impossível.

O cuidado de Elizabeth com seu status de príncipe era algo que ela nunca mais iria negligenciar. Quanto ao padrão de seu relacionamento com Dudley, cabe notar que as brigas entre os dois de que se têm registro em geral irrompiam quando a rainha sentia que de algum modo fora comprometida ou diminuída por causa dele. Em 1562, Dudley recebeu um ácido lembrete quanto a isso, quando madame Ashley, intrometida como sempre, enviou um criado chamado John Dymock à corte sueca com cartas para o rei Érico explicando que ela, Katherine, sabia que sua senhora "tinha boas intenções" relativas a ele. Estava claro que madame Ashley ainda dava atenção aos persistentes rumores de casamento entre Elizabeth e Dudley, e o esquema visava a encorajar Érico. No entanto, ela (e o resto da corte) teve a resposta de Elizabeth quando a rainha descobriu não apenas o plano, mas o fato de que Dudley tinha mandado dois brutamontes para deter Dymock, e eles declararam que iam vigiá-lo a noite inteira, por medo de "perder para sempre o favor de lorde Robert".[5] Elizabeth voltou-se contra Dudley e passou-lhe publicamente uma descompostura, "com uma grande raiva e muitas reprimendas e provocações", acrescendo que "nunca se casaria com ele nem com ninguém tão desprezível quanto ele".[6] Essa foi sua resposta, a mais cruel possível, embora, mais uma vez, tenha levado algum tempo para que aqueles que a cercavam, e o próprio Dudley mais que todos, a aceitassem.

Não há como se demonstrar a alegação de que "a morte súbita de Amy, ... e os rumores e escândalo que a acompanharam, tendo logo extinguido ... a esperança, e Elizabeth, impossibilitada de se casar com o único homem que ela talvez tenha realmente amado, permanecendo solteira pelo resto de sua vida, criou com isso a figura da Rainha Virgem".[7] Claramente, a morte de Amy e a ignomínia dela consequente horrorizaram Elizabeth, mas atribuir o complexo mito nacional que se desenvolveu em torno de sua virgindade a este único evento parece algo reducionista demais. Elizabeth tinha declarado seu compromisso com a virgindade muito antes, tanto privadamente quanto diante do Parlamento, enquanto o "culto da Rainha Virgem" (que alguns historiadores não aceitam de todo) teve longa e flexível duração, reagindo a cambiantes necessidades e exibindo diferentes escopos, à medida que progrediam o reinado e as exigências da nação.

Escrevendo em 1579, Petruccio Ubaldini, italiano que tinha servido tanto a Elizabeth quanto a seu pai e seu irmão, e que trabalhava na condição não oficial de escritor de cartas diplomáticas para governantes italianos, produziu um retrato escrito da rainha no qual a comparava à irmã, Maria, em suas visões diferentes quanto ao matrimônio:

> Entre sua irmã, Maria, e ela [Elizabeth], não havia pouca competição de virtude, mas sua irmã esteve sempre inclinada ao matrimônio, inclusive buscando casamentos para as mulheres em seu serviço real, enquanto ela [Elizabeth] era avessa a se casar, o que ela não somente não buscou para si mesma, como seria adequado, mas tampouco o fez para outras mulheres.

Muitas vezes se tem mencionado a tentativa que Elizabeth fez, frequente e escandalosamente malsucedida, de manter suas damas de honra solteiras, e sugere-se que ela procurava conservar seu próprio misticismo de virgem impedindo, com crueldade, que as damas se casassem. No entanto, esse objetivo poderia ser mais bem atingido se ela se cercasse de mulheres casadas, com menos probabilidade de desviar a atenção dos cortesãos com quem manteve seus famosos flertes. O comprometimento de Elizabeth com a virgindade e a aversão ao casamento de suas damas estavam de acordo com o endosso do celibato afirmado por são Paulo, o qual, embora reconhecesse a necessidade do casamento (para evitar o pecado da fornicação), afirmou que a virgindade era um estágio superior, numa emulação com Cristo e Sua Mãe. "Eu digo aos solteiros, ... é bom para eles assim continuarem." A virgindade era vista como um estado mais puro, que trazia os indivíduos mais para perto de Deus e os libertava das preocupações mundanas.

Essa visão era reforçada pelos teólogos escolásticos, inclusive santo Agostinho e são Jerônimo: "A morte veio através de Eva, a vida veio através de Maria. Por essa razão, a dádiva da virgindade jorrou mais abundante nas mulheres, vendo que foi através de uma mulher que ela começou", escreveu este último.[8] Confirmado pelo Novo Testamento, o poder místico (em especial o feminino) da virgindade foi endossado durante milhares de anos, atravessando as tradições pagãs, medievais e humanistas, desde a pureza sexual dos cavaleiros de *Le morte d'Arthur* até a interminável iconografia da Igreja medieval e a obra do próprio Ubaldini. Este publicou um livro sobre seis celebradas mulheres, incluindo uma descrição de Venda, da Polônia, rainha guerreira pré-cristã cuja virgindade foi considerada a chave de seu sucesso militar. Num primeiro nível, por sob a complexa propaganda em torno da imagem da Rainha Virgem, talvez jazesse algo mais simples, o comprometimento de uma mulher devota com aquilo que sua fé acreditava ser o estado de santidade, um estado que ela preferia ver replicado naqueles que a cercavam e que também tinha implicações na "castidade" da corte – e portanto em sua adequação ao papel.

Tem-se evocado um argumento alternativo, de que Elizabeth não havia demonstrado antes nenhum compromisso com a virgindade, e que o fato de ter permanecido solteira tinha mais a ver com disputas no Conselho – dado que nunca houve, em tempo algum, nem um só candidato que seus ministros pudessem aprovar com entusiasmo. A imagem da Rainha Virgem, assim, é consequência mais de uma necessidade – pintando com as melhores cores possíveis o mau negócio do celibato – que de uma decisão consciente por parte dela. Sua posterior divinização como deusa virgem teria sido criada a partir da ausência de qualquer marido plausível. E se esta tivesse sido, o tempo todo, a intenção de Elizabeth? Além de tudo o que ela mesma sempre dissera, de forma consistente, quanto à questão da virgindade, Elizabeth já fizera um possante anúncio sobre isso na escolha de sua pose para o retrato da coroação.

Capítulo 12

A IDENTIFICAÇÃO DE ELIZABETH com Ricardo II depois da rebelião do conde de Essex, no fim de seu reinado, tornou-se um dos lugares-comuns da narrativa sobre ela, mas essa identificação também é oportuna quanto ao começo do fim de seu reinado. Durante uma conversa com William Lambarde, o arquivista real, a rainha mencionou um retrato de Ricardo II que se acreditava perdido, mas que fora recuperado por lorde Lumley. "Eu sou Ricardo II, você não sabia disso?", observou Elizabeth. O comentário refere-se a uma apresentação da tragédia de Shakespeare feita antes da revolta de Essex, mas também evoca o retrato da coroação da própria Elizabeth, que se pode ver numa cópia do século XVII e que é notavelmente semelhante ao retrato da coroação de Ricardo.

Conhecido como o *Westminster Portrait*, o quadro de Ricardo data da década de 1390, e é um exemplo extremamente raro do retratismo individual no norte da Europa, nesse período. O rei está sentado, numa visão totalmente frontal, coroado e usando uma gola e um manto de arminho, o orbe na mão direita, o cetro na esquerda. No retrato de Elizabeth, as posições estão invertidas, assim como o efeito de gota de lágrima criado pelos mantos dos dois monarcas, que envolvem suas mãos e seus torsos, destacando os símbolos de majestade que eles empunham. É provável que o rosto de Ricardo tenha sido tirado de um modelo (prática comum na Itália no século XIV e que foi empregada pelos pintores da corte da própria Elizabeth), e é concebível que o mesmo modelo tenha sido usado para ambos os monarcas. A pose ereta, o aspecto das mãos, a débil cabeça coroada e o rosto liso e impassível, assim como o cabelo ruivo-dourado (pois, não obstante uma restauração posterior, o rosto no retrato de Ricardo é considerado original), são muito semelhantes. Ambos os quadros são exemplos da *divina majestas* medieval, a contenção do governante por ordem divina, inserindo-os na tradição das sacras imagens reais que remontam aos romanos. Ambos evocam uma presença sagrada em sua relação com ícones religiosos antigos, e ambos fazem parte do que tem sido chamado de "culto da imagem do governante renascentista",[9] amplamente disseminado por toda a Europa.

Ao invocar essa imagem única – pois não há outros retratos de coroação medievais – em sua primeira apresentação como rainha, Elizabeth modela a si mesma fisicamente a partir do último monarca inglês cuja reivindicação ao trono era inquestionável. Os quadros criam uma conexão que elide a condição de bastarda de Elizabeth, o contestado status do casamento de sua mãe, que transcende a tomada do trono, por conquista, por seu avô Henrique VII, vai além das reivindicações conflitantes dos York e dos Lancaster e da Guerra das Rosas, para não mencionar a usurpação de Ricardo por Henrique IV: "O quadro, em suma, abole iconograficamente um século e meio de história inglesa e de iconografia real, e nos faz retornar ao último momento no qual a legitimidade da monarquia não era um problema."[10] O efeito espelhado é revelador porque implica não só a medida da determinação de Elizabeth quanto a seu irrestrito direito de governar, mas também vários outros paralelos com Ricardo, que servem para esclarecer a concepção de Elizabeth sobre si mesma como monarca casta e divinamente indicada.

No relacionamento de Ricardo com a primeira mulher, Ana da Boêmia, é possível detectar um comprometimento com a castidade que remontava ao último rei anglo-saxão da Inglaterra, Eduardo o Confessor, e que já delineia o status de Elizabeth como Rainha Virgem. Pouco depois do casamento de Ana (então com quinze anos) com Ricardo, em 1382, a jovem rainha pediu a dispensa papal de celebrar o dia festivo de sua xará santa Ana, mãe da Virgem. Santa Ana e seu marido, Joaquim, tinham esperado vinte anos pela bênção de um filho. Seria possível que a veneração da rainha Ana pela santa estivesse ligada a seu próprio temor de que teria de esperar muitos anos por um filho? É mera especulação supor que Ricardo e Ana não usufruíssem uma vida sexual perfeitamente normal, mas o fato é que não tiveram filhos, e há vários indícios de que o próprio Ricardo se comprometera com uma vida de castidade.

Em 1385, quando sua mulher tinha dezenove anos, Ricardo II convocou a última hoste feudal reunida na Inglaterra a fim de marchar para o norte contra os escoceses. Cerca de 14 mil homens, o maior exército que a Inglaterra já tinha visto, a maior parte da nobreza inglesa e o último contingente de sacerdotes combatentes, participaram de uma expedição cujas conquistas estiveram em proporção inversa à sua magnificência. A expedição escocesa de Ricardo mostrou-se frágil e inútil, mas, quando retornou, ele emitiu uma proclamação nomeando um menino de onze anos, Roger Mortimer, seu herdeiro adotivo. Por que teria ele antecipado em tão prematuro estágio que sua jovem e saudável mulher não teria filhos? A declaração de Ricardo bem pode ter sido uma tática política, visando a neutralizar uma competição entre facções, mas sua certeza de que não teria herdeiros é curiosa. Oficialmente, o assunto era tabu, como o Parlamento deixou claro uma década depois em sua belicosa pergunta: "Quem ousa dizer que o rei não terá herdeiro?" Mesmo que então já se tivesse tornado patente que a rainha Ana era incapaz de ter filhos, isso não podia ser previsto em 1385.

Duas outras peças de evidência sugerem que Ricardo estava comprometido desde o início com um matrimônio casto, e que o casamento na verdade nunca foi consumado. Em 1394, o rei deu permissão para que seu amigo íntimo Thomas Mowbray usasse uma insígnia tradicionalmente reservada ao filho mais velho do monarca, representando um leopardo coroado. O emprego, no texto dessa concessão, do pretérito imperfeito, *"si quem procreassemus"* (como se o tivéssemos procriado), foi interpretado como indicação de que Ricardo aceitava sua infertilidade. No mesmo ano, ele recebeu *Wilton Diptych*, o belo e perturbador quadro formado por dois painéis que significa uma das maiores realizações artísticas de seu reinado, e no qual ele mesmo é apresentado à Virgem e ao Menino Jesus por um trio de santos: Eduardo o Confessor, o rei-menino anglo-saxão Edmundo e João Batista. O brasão de Ricardo está junto ao do Confessor, sugerindo que ele também, como seu predecessor, rejeitara o matrimônio consumado em troca de uma união espiritual com seu país. De fato, em 1395, Ricardo modificou o brasão real, que tinha sido formalmente adotado na festa do Confessor, entrelaçando os quartéis com as flores-de-lis e os leões com o do Confessor, enfatizando seu compromisso como "um príncipe de paz gloriosa",[11] aspiração que Elizabeth I também compartilhou.

O segundo matrimônio de Ricardo, em 1396, foi uma extraordinária afirmação de seu compromisso com a castidade, dada sua então urgente necessidade de um herdeiro. A noiva, Isabel da França, tinha nove anos, e assim, por alguns anos, não havia esperança de um filho. No entanto, isso estava de acordo com a autoconcepção de Ricardo como figura divina, que governava como eleito de Deus, o que se ligava profundamente (e de modo pressagioso, no caso de Elizabeth) ao celibato. Se as teorias a respeito da devoção de Ricardo II a uma vida casta estão corretas, então a conexão com o retrato da coroação sinaliza algo mais que as dobras do manto dinástico; a imagem o coloca em primeiro plano como protótipo do monarca adulto celibatário.

A SANTIDADE DA MONARQUIA tinha sido enfatizada como nunca antes na coroação de Elizabeth I, e já vimos quão efetivamente ela absorveu e explorou a interação entre o formalizado desejo erótico da traição do amor cortês e a devoção religiosa. A divindade real era também um componente-chave do entendimento de Ricardo quanto à sua realeza. Os cronistas da coroação do menino de nove anos o apresentaram como uma figura nos moldes de Cristo, o salvador de seu sofrido povo, e vários historiadores perceberam no *Wilton Diptych* os signos inconfundíveis da crença literal em sua própria divindade de ungido. Ricardo foi atento ao poder iconográfico da imagem real, não apenas no retrato de sua coroação ou no *Diptych*, mas na cultura de corte ricamente visual que estimulou, o mais elaborado e ritualístico cenário para a monarquia que a Inglaterra jamais conheceu. Assim como o posterior reinado de Elizabeth iria celebrá-la como deusa virgem, Ricardo alardeava seu direito divino. Foi ele quem introduziu os tratamentos "Vossa Alteza", o qual um nervoso comentarista ousou dizer que não era "honraria humana, mas divina, ... dificilmente adequada a meros mortais".[12]

O desastre da campanha escocesa de 1385 poderia ter sugerido a Ricardo que a guerra não era realmente o seu forte, e assim, embora não fosse avesso a arrogar a aura cavaleiresca de seus mais bem-sucedidos predecessores para a própria coroa, ele preferiu enfatizar os aspectos espirituais do ideal cavaleiresco. Um documento de fantástico misticismo encomendado pelo rei Carlos VI da França a Philippe de Mézières para incentivar um arranjo matrimonial com sua filha conjura a visão de Ricardo como um segundo Artur, o rei que finalmente conduziria a Inglaterra pelo caminho de uma nova Jerusalém. De Mézières fez a conexão de Ricardo com os castos heróis da lenda arturiana, na qual o Santo Graal só pode ser vislumbrado pelos puros, e também – como no caso de seus ancestrais cruzados, predestinados a chegar à Cidade Santa –, ao menos em teoria, mediante abstinência sexual. Não há meios de saber se Ricardo II era virgem assim como se o era Elizabeth I, mas, implícita ou explicitamente, os dois governantes compartilharam uma necessidade de transformar essa característica – que pode ter começado como idiossincrasia pessoal e evoluído para uma necessidade política – num destino transcendental.

Do ponto de vista pessoal, Elizabeth parecia estar serenamente segura de seu status divino. Em resposta a *Ad Elisabetham*, do humanista alemão Paul Schede, em que o poeta se atribui o papel convencional do litigante petraquiano – "Eu me coloco sob vosso jugo real/ fazei de mim vosso fiador, lady, e sede a ama/ de um escravo nascido livre" –, Elizabeth (como sempre aproveitando a oportunidade de exibir seu latim) responde: "Quem regum pudeat tantum coluisse poetam/ Nos ex semideis qui facit esse deos?" (Que rei se envergonharia de estimar tal poeta/ Que de semideuses nos faz sermos deuses?). A consciente conexão com Ricardo II lança uma luz diferente sobre a carreira romântica da Rainha Virgem. Lado a lado com suas declarações, o uso que Elizabeth faz do retrato de sua coroação pode ser lido como um compromisso com a virgindade sagrada, o compromisso de que ela iria governar não como mulher, e que a autoridade de seu corpo real seria fortalecida por um compromisso com a castidade que faria elevar seu corpo mortal ao âmbito do angelical.

Capítulo 13

NESSA CONJUNTURA, dadas as ambições francesas tanto na Escócia quanto na própria Inglaterra, era particularmente necessário que Elizabeth e Felipe mantivessem relações estáveis. Tal como Elizabeth, Felipe via com profunda suspeita o progresso da facção de Guise e de sua protegida, Maria Stuart, na corte de Valois. A aliança entre a Escócia e a França fora alvo de ansioso interesse por parte da Inglaterra e da Espanha depois da batalha de Pinkie Cleugh, em setembro de 1547, quando as tropas inglesas derrotaram os escoceses no último confronto do "Rough Wooing" – uma série de tentativas feitas pelos ingleses para amalgamar pela força as coroas da Inglaterra e da Escócia, propondo o casamento do herdeiro de Henrique VIII, Eduardo, com Maria Stuart, rainha escocesa por direito próprio desde 1542.

O novo rei da França, Henrique II, tinha outras ideias. A perda de Calais revertera uma situação na qual os ingleses tinham uma cabeça de ponte na França. Em vez disso, Henrique almejava estabelecer um posto avançado francês na Inglaterra. Ele imaginava um império franco-britânico que, no fim, uniria os reinos de Inglaterra, Escócia e França num imenso bloco de poder. Do ponto de vista francês, as perspectivas da dinastia Tudor eram sombrias. Eduardo era um adolescente frágil, sua irmã, Maria Tudor, cuja reivindicação ao trono nunca fora rejeitada pela Europa católica, tinha 34 anos e era solteira, enquanto a própria Elizabeth via-se descartada como ilegítima. O próximo herdeiro, segundo a visão francesa, era Maria Stuart, filha de Maria de Guise e Jaime V, cuja mãe governara a Escócia como regente desde a morte do marido. Quando Maria Stuart pediu ajuda à França um mês após a batalha de Pinkie Cleugh, Henrique viu uma oportunidade de realizar seu sonho. Pelo Tratado de Haddington, de 7 de julho de 1548, a ajuda militar da França à Escócia foi formalizada com a união dinástica da jovem Maria com o herdeiro da coroa francesa, o filho de Henrique, Francisco. Escrevendo aos Estados da Escócia após a chegada de Maria à França, Henrique declarou que, "em consequência, seus negócios e seus súditos são com os nossos a mesma coisa, nunca separados".[1] A visão de Henrique II era profética. Quando Eduardo morreu, como todos sabiam que ia acontecer, parecia possível que as forças combinadas de Escócia e França fizessem cumprir a reivindicação de Maria Stuart. Numa carta belicosa ao sultão otomano, em 1550, Henrique se jactava:

> Eu pacifiquei o reino da Escócia, que mantenho e possuo com o mesmo poder e autoridade que tenho na França, dois reinos aos quais juntei e uni outro reino, a Inglaterra, sua realeza, seus súditos e seus direitos, dos quais ... posso dispor como meus próprios, de tal maneira que os mencionados três reinos juntos podem agora ser considerados uma só monarquia.[2]

Entre as pessoas importantes que promoveram ativamente o projeto de Henrique II estavam os tios de Maria Stuart, filhos de Cláudio de Lorena, duque de Guise. Aos dois mais velhos (o herdeiro, Francisco, e Carlos, cardeal de Lorena) foram concedidos lugares no Conselho Privado, e em 1546, Diane de Poitiers, a poderosa amante do rei, casou sua filha com o terceiro irmão Guise, Cláudio II. Em 1548, Francisco casou-se com a neta de Luís XII da França, Ana d'Este, recebendo um enorme dote e conquistando uma significativa aliança italiana para os Guise, já que o pai de Anne, Hércules d'Este, duque de Ferrara, era um dos principais banqueiros que financiavam a dívida da realeza da França. A irmã deles, Maria, governava a Escócia, e a próxima rainha da França estava ao abrigo na corte francesa. Portanto, os Guise comandavam uma enorme e formidável rede de poder. Mas seu apoio a um império franco-britânico ficou comprometido dez anos depois do começo. Como observa um biógrafo dos Guise: "O cerne desse projeto era que a rebelião reformista deveria desferir o primeiro golpe."[3]

Embora Henrique II de início tenha dado continuidade à política do pai, perseguindo os protestantes, em meados da década de 1550, quando a perseguição começava na Inglaterra de Maria Tudor, as execuções já estavam em declínio na França. Em 1557, no entanto, dois irmãos protestantes de Meaux tentaram assassinar o rei da França. Em janeiro do mesmo ano, os franceses haviam transgredido a trégua assinada com os espanhóis em Flandres, e Felipe da Espanha pressionou sua mulher para declarar guerra, o que os ingleses fizeram com relutância em 7 de junho. Em 10 de agosto os franceses sofreram uma esmagadora derrota em Saint-Quentin, que muitos católicos ansiosos interpretaram como sinal da desaprovação divina ao abrigo dado aos hereges. Para os Guise, as diferenças confessionais não eram necessariamente a questão central dessa conjuntura, mas eles foram rápidos em tirar vantagem do clima de crise nacional e da confusão de seu ansioso rei.

Chamado de volta de uma campanha na Itália, o duque de Guise chegou a Paris em 6 de outubro e preparou-se para conquistar Calais, último e patético reduto do antes poderoso Império Angevino, o que ele fez com sucesso em apenas oito dias, em janeiro de 1558, e foi aclamado como salvador da nação. Parecia que a estrela dos Guise se elevava cada vez mais. Quando o casamento de Maria Stuart (então com dezesseis anos) com Francisco foi celebrado em abril, na catedral de Notre-Dame de Paris, o bastião de seu poder na geração seguinte parecia estar completo.

Para seu casamento, Maria Stuart vestiu-se de branco, uma de suas cores prediletas, embora, por tradição, ela representasse o luto para as rainhas francesas. Aqui torna-se inevitável pensar numa ironia dramática: talvez Maria tivesse sentido que sua idílica época de criança, que usufruíra no deslumbrante castelo da monarquia francesa, estava perdida para sempre. Decerto a infância dela não poderia contrastar mais com a de sua prima Elizabeth, que fora criada o mais próximo possível de uma educação punitiva. Um dos biógrafos de Maria pergunta, com muita propriedade, se sua vida charmosa na corte francesa fora uma preparação adequada para as tribulações que ela teria de enfrentar,[4] mas enquanto acompanhava o tio Francisco ao longo da grande nave da catedral, tudo era celebração e serenidade, ao menos na superfície.

Quando o Tratado de Cateau-Cambrésis foi assinado, em abril de 1559, Francisco de Guise tornou-se a figura de proa dos dignitários franceses descontentes e dos soldados veteranos que julgavam o acordo desonroso. Mas sua família era poderosa demais, importante demais para ficar marginalizada do projeto de Henrique II, de construir um império franco-britânico. Em fevereiro, a filha de Henrique, Cláudia, casara-se com seu primo, o duque de Lorena, numa série de festejos que horrorizou o embaixador de Elizabeth. Este observou que Maria Stuart e o marido tinham mesclado os quartéis de seu brasão com os da Escócia e os da Inglaterra. Desde janeiro daquele ano o jovem casal passara a se intitular "rei e rainha delfins de Escócia, Inglaterra e França", mas o brasão era uma insolente e agressiva declaração de intenções que logo seria posta à prova. Em 1º de julho, o visor do elmo de Henrique foi despedaçado por uma lança quando ele competia no torneio comemorativo da assinatura da paz com a Espanha. Nove dias depois ele estava morto, e Maria Stuart era de fato a rainha da Escócia e da França.

A "lenda negra" dos Guise surgiu nesse momento, quando eles precipitaram-se sobre o novo rei e sua mãe, Catarina de Médici, fracos física e intelectualmente, e os levaram à força para o Louvre. Como Ricardo III da Inglaterra, eles são retratados pela história como personagens de pantomima, os malvados tios que conspiram ali no fundo enquanto mandam seus inocentes e jovens parentes direto para a ruína. Em termos de estratégia, há uma considerável continuidade entre os reinos de Henrique II e de Francisco II, e sua posição diante da heresia protestante não foi, em qualquer medida, tão claramente demarcada nem decisiva quanto eles ou os cronistas hostis posteriores estavam dispostos a admitir.

Na Escócia, no entanto, o conflito entre a antiga e a nova fé já provocara uma crise. Tumultos haviam irrompido em maio, levando Henrique, pouco antes de sua morte, a comunicar a intenção de enviar um exército para esmagar os insurretos reformadores do papismo. Quando os Guise deram seu golpe branco, os lordes protestantes da Congregação dos Lordes Escoceses não perderam tempo em atacar de modo violento "a fúria e a ira dos tiranos deste mundo, ... a insaciável cobiça da geração dos Guise".[5] Ao promover suas ambições na Escócia, os Guise cometeram dois erros. Em primeiro lugar, supuseram que a confirmação das credenciais católicas de seu sobrinho na Escócia seria um fator de força; em segundo lugar, subestimaram as consequências que sua atitude imperialista teria sobre a política de Elizabeth. Enquanto a corte francesa estava em Amboise, em dezembro de 1559, o brasão de Maria e de Francisco era novamente exibido, acompanhado de uma inscrição em latim cuja tradução é: "A Gália e a belicosa Bretanha estiveram em permanente hostilidade. ... Agora os gauleses e os distantes britânicos estão num único território – o dote de Maria os reúne num só Império." Como Maria de Guise escrevesse freneticamente aos irmãos pedindo tropas que a ajudassem a dominar o caos na Escócia, uma afirmação inglesa de apoio à Congregação poderia ser desastrosa. Mas a arrogância das declarações firmadas na inscrição em latim era uma provocação intolerável, e Elizabeth logo reconheceu que não poderia ficar neutra.

No "Dispositivo" que tinha composto em 1558, o clarividente Cecil observara que a Reforma na Inglaterra dependia em medida considerável da balança de poder em sua fronteira do norte. Tem-se argumentado que a ansiedade inglesa diante do brasão inglês exibido por Maria Stuart foi exagerada – afinal, Elizabeth não continuava a usar o da França? Mas a reivindicação inglesa relativa à França estava em desuso havia um século, e agora, perdida Calais, já não tinha qualquer significado, enquanto o poder francês na Escócia era uma ameaça autêntica. Inicialmente, contudo, Elizabeth relutou em se engajar na Escócia, onde, segundo seu entendimento, os lordes da Congregação se rebelavam contra seu soberano. Até a morte de Henrique II, ela tinha se limitado a mandar a Edimburgo enviados cuidadosamente instruídos, que fizeram muitos discursos floridos sem comprometer nem as libras nem as tropas inglesas. Quando chegaram os furiosos relatos de sir Nicholas Throckmorton sobre as pretensões de Maria e Francisco (tinham até mesmo lhe servido o jantar num prato de prata com aquele brasão), Cecil preparou outro memorando radical, incluindo "certos pontos necessários para restaurar no reino da Escócia seu antigo bem-estar".

Os termos do que veio a ser o Tratado de Edimburgo estipulavam que Maria Stuart podia nomear os doze conselheiros que governariam o país,

Capítulo 13

com a aprovação do Parlamento da Escócia. Nenhuma posição seria dada a um súdito francês. Se esses termos não fossem cumpridos, a Inglaterra teria o direito de intervir na Escócia para salvaguardar a fé protestante. Se Maria Stuart, sob a influência de um "ganancioso e tirânico afeto à França", não concordasse com isso, por consentimento dos Estados da Escócia a coroa passaria ao próximo herdeiro. Levou mais 44 anos para Cecil conseguir o que pretendia, mas no fim foi precisamente isso que aconteceu. Ele (e não os Guise) enxergou em 1559 que a Reforma era uma cunha que, com bastante força e perseverança, poderia ser afundada até criar uma brecha permanente.

Em dezembro, os argumentos pró e contra a intervenção na Escócia foram debatidos em Whitehall, onde a maioria dos conselheiros de Elizabeth adotou uma posição conservadora. A Inglaterra simplesmente não era forte o bastante para confrontar a França, portanto seria incauto, além de desnecessário, dar apoio aberto à Congregação. Quando, em 26 de dezembro, Cecil recebeu informações de que a marinha francesa estava preparada para zarpar, com 15 mil mercenários alemães prontos para ser alinhados, o Conselho reuniu-se novamente, e dessa vez votou por unanimidade, com exceção de lorde Arundel, por ir à guerra. Elizabeth ouviu os argumentos no dia seguinte, mas ainda se recusou a sancionar a iniciativa. Cecil ficou tão frustrado que chegou a preparar uma carta de demissão, mas continuou a insistir com a rainha, alegando que ela devia empreender uma ação contra seus inimigos mortais, Maria Stuart e os Guise. Somente quando Elizabeth ouviu que Francisco II tinha enviado cartas patentes confirmando o marquês d'Elbeuf (o mais jovem tio Guise de Maria Stuart) como seu lugar-tenente oficial não só na Escócia, como também na Inglaterra, ela se deixou convencer.

Por que Elizabeth foi tão obstinada? Ela sabia que era pobre, fraca. Confrontar os franceses era um risco enorme, que poderia derrubar seu governo e sua Igreja. Como se mostrar insensível às reivindicações de Maria, já que ela própria continuava a ser tão litigiosa aos olhos da Europa? Além do mais, ela era uma rainha moça, ainda na casa dos vinte anos, e ocupava o trono havia menos de dois anos. Ela tinha de firmar sua autoridade diante de seus próprios conselheiros, mesmo com toda a experiência deles, para lembrar-lhes que a vontade dela, e somente a dela, determinaria a política a ser seguida. Finalmente, tinha sido sua crença na santidade da monarquia, na justiça de seu direito de nascença, que a sustentara durante os tumultuados anos do governo de seus irmãos. Por mais poderosos que fossem os argumentos políticos a favor dos lordes da Congregação, eles continuavam em revolta contra sua rainha ungida. Para Elizabeth, este era o fator mais significativo, até místico, um aspecto com o qual talvez seja difícil estabelecermos empatia, com a distância que se encontra de nossa época, quando a *realpolitik* é a única política. Mas o conflito entre o cavalheirismo e o estadismo do qual Elizabeth se tornaria adepta ferrenha ainda estava surgindo em meados do século XVI. A ideologia poderia ser o futuro, mas o direito divino não era de forma alguma algo do passado, e Elizabeth não estaria preparada para desafiá-lo ainda por um bom tempo.

Os adeptos da causa do nacionalismo escocês raramente mencionam que foi a desprezada Inglaterra que os salvou da ocupação francesa em 1560. Pelo Tratado de Berwick, em março, Elizabeth finalmente concordou em enviar ajuda militar aos lordes protestantes. Seis mil homens foram reunidos e o porto de Leith foi bloqueado. Os franceses chegaram a apelar para Felipe da Espanha, mas naquele momento ele estava mais preocupado com a ameaça de um império franco-britânico do que com os hereges reformadores, declarando que os escoceses deviam cuidar dos próprios assuntos. Os lordes pediram a retirada de todas as tropas francesas (que não tiveram coragem de permanecer). Por volta de junho, os franceses cercados em Leith estavam comendo *fricassée de rat*. Maria de Guise sucumbiu à doença e morreu em 10 de junho. No início de julho, Cecil tinha concluído (embora não ratificado) o Tratado de Edimburgo, o que iria se tornar "a pedra de toque de sua carreira; ele avaliaria tudo usando-o como medida, e durante cerca de trinta anos tudo julgaria a ele comparando".[6] O escoceses proclamaram triunfantemente em agosto que não mais aceitariam a jurisdição papal e que a missa estava legalmente proscrita.

Os Guise continuaram a ser a facção política dominante na França, mas o país entrava agora em guerras civis que o sufocariam pelas três décadas seguintes. Quando se erguiam da morte súbita de um rei Valois, começaram a ruir com a morte de outro, pois no fim do ano o jovem marido de Maria Stuart, tão débil de corpo quanto atrofiado de mente, morreu de um abscesso infeccionado na orelha. Outra mulher governante, Catarina de Médici, assumia a regência da França. Mas, para Elizabeth, que se orgulhava de ser "o melhor partido em sua paróquia", isso significava que ela tinha agora uma rival na dança da corte diplomática, para a qual já desenvolvera um gosto ágil. Bonita, impecavelmente majestosa, Maria Stuart voltava ao mercado do matrimônio. E, o que era ainda pior, parecia que logo estaria de volta à Escócia.

Capítulo 14

A ATITUDE DE MARIA na volta à Escócia, em 1561, foi cautelosamente conciliatória. Ela afirmou que não faria qualquer tentativa de criar disputas com o estamento religioso, desde que pudesse praticar sua fé em particular, mas se recusou, de modo muito suave, a ratificar o Tratado de Edimburgo, alegando que deveria primeiro estabelecer e ouvir seu novo Conselho. Cecil não quis conversa com esses termos tão evasivos, e escreveu a Thomas Randolph, embaixador inglês na Escócia, dizendo temer que Maria quisesse reverter os acordos da Congregação. Já Elizabeth ficou simplesmente furiosa. Num raro momento de descontrole impetuoso, ela negou licença para Maria passar pela Inglaterra, o que permitiu à rainha escocesa se apresentar como a vítima do caso. Maria atormentou Throckmorton com a ingênua alegação de que, como Elizabeth não a deixasse viajar por território inglês, então ela teria de chegar em seu reino por mar, "e a rainha sua senhora ter-me-á em suas mãos para fazer o que quiser; se ela for tão cruel a ponto de desejar o meu fim, poderá então se comprazer em me sacrificar".[1]

Na ocasião, poucas galeras inglesas meramente saudaram a brava comitiva da rainha dos escoceses, formada apenas por sessenta pessoas, em seu percurso até Leith. O *timing* da chegada de Maria não foi deliberadamente provocador, mas, para Elizabeth, aquilo não poderia ser mais exasperante. Desde a coroação ela não conseguia esquecer nem por um momento o problema da sucessão. O romance com Leicester estava efetivamente no fim, embora sua amarga sombra se estendesse até a morte do conde, e mesmo depois. Agora, não apenas Maria Stuart reivindicava seus direitos ao norte da fronteira, como também se descobriu que a próxima herdeira na linhagem inglesa, Katherine Grey, estava grávida.

Capítulo 14

Katherine, segunda filha de Francisca Brandon, neta de Henrique VII, conhecia a rainha desde a infância. Ela se casara com lorde Herbert, filho do conde de Pembroke, na mesma cerimônia que unira sua irmã mais velha, Jane, com Guildford Dudley, em 1553, embora esse casamento tivesse se desfeito durante o reinado de Maria Tudor. Katherine e sua irmã Mary tinham sido poupadas do terrível fim de Jane; seis meses depois da execução desta última, elas foram convidadas para a corte, com a mãe, Francisca, que serviu na câmara privada de Maria. A exemplo de Elizabeth, durante o reinado de Maria elas se passaram por católicas praticantes. Francisca Brandon (que nunca reivindicou qualquer direito ao trono, o que lhe valeu a aprovação de Elizabeth) morreu em 1559, e Katherine imaginou que seria a herdeira de Elizabeth, de acordo com os termos do testamento de Henrique VIII. Em vez disso, numa corte agudamente sensível às hierarquias do espaço físico, ela viu-se rebaixada da câmara privada para a câmara de presença da rainha.*

Segundo o embaixador espanhol, o conde de Feria, Katherine não conseguia conter seu sentimento de vítima injustiçada, dirigindo "palavras arrogantes e inapropriadas" à rainha. A validade legal de sua reivindicação, contudo, era duvidosa. Uma vez que seu pai, o duque de Suffolk, tinha sido executado juntamente com a filha mais velha em 1554, depois da rebelião de Wyatt, sua família estava tecnicamente sujeita ao confisco de bens por traição. Todavia, como a rainha não tinha marido, e muito menos filhos, inúmeras pessoas, entre as quais a própria Katherine, achavam que a reivindicação ainda era válida. Elizabeth nunca demonstrou qualquer afeição particular por Katherine, mas em 1560 ela voltou à câmara privada (talvez porque assim pudesse ser vigiada mais de perto) e acompanhou a rainha em sua primeira viagem de verão, que incluiu os palácios de Eltham e de Nonsuch. Ali Katherine aproximou-se de Edward Seymour, conde de Hertford, outra vítima de segunda geração do mortal jogo de poder dos Tudor. Seymour era herdeiro, pelo segundo casamento, do ex-lorde protetor, o duque de Somerset.

---

* Câmara de presença: aposento no qual o monarca recebe pessoas qualificadas, concede audiências etc. (N.T.)

No final do outono, o flerte entre o jovem casal tinha ido tão longe que eles se animaram a fazer um casamento secreto, celebrado na casa dos Hertford em Cannon Row, apenas com a presença de um sacerdote e da irmã de Hertford, Jane. Katherine continuou a serviço de Elizabeth, mas em julho de 1561 encontrava-se em situação desesperadora. De algum modo, naquele ambiente abarrotado e público da corte, ela conseguira ocultar que esperava um filho, e agora chegava o momento do parto. Seu marido estava fora, em Paris, e ela voltou-se em desespero para o conde de Leicester, que fora seu colega de prisão na Torre, e este concordou em falar com Elizabeth. A reação da rainha foi brusca e totalmente inamistosa. Katherine se maculara com a audaciosa traição de sua família, confiara tolamente no embaixador espanhol quando sentiu que estava sendo posta de lado, ousara se casar – ou pretender se casar – sem o consentimento de Elizabeth e estava em gravidez avançada. O próprio Hertford era um descendente de menor importância de Eduardo III. Não tinha direitos de reivindicação próprios, mas, casado com Katherine, a herdeira protestante, e possivelmente pai do filho dela, ele passava a representar uma perspectiva ameaçadora.

Ninguém sabia melhor que um Tudor que a mais tênue reivindicação ao trono às vezes é forte o bastante para significar sua conquista. Elizabeth naturalmente suspeitou de um complô. Katherine logo foi enviada para a Torre, enquanto a rainha declarava que "não havia maneira de favorecê-la, exceto se mostrasse a verdade". Ela foi interrogada em 22 de agosto, mas não pôde, ou não quis, revelar nada de substancial quanto a seu casamento. A única outra convidada da cerimônia, Jane Seymour, tinha morrido no mês de março anterior, aos dezenove anos, e Katherine não conseguiu encontrar o sacerdote que poderia corroborar sua história. Convocado de Paris, Hertford também foi para a Torre, em 5 de agosto.

Em setembro de 1561, William Maitland, o enviado da rainha dos escoceses, viajou para o sul, para Hertford Castle, numa missão junto a Elizabeth. Sua senhora só estava na Escócia havia treze dias, e seu lugar na sucessão inglesa era uma de suas prioridades. Desse modo, reconciliar-se com Elizabeth era para Maria uma coisa natural. Ela não dissera ao duque de Bedford "Estamos ambas na mesma ilha, ambas falamos a mesma língua, somos a parente mais próxima que a outra tem e ambas somos rainhas"?² Apenas a última dessas considerações chegou a ter algum peso para Elizabeth. O resto é uma medida da incrível ingenuidade política de Maria, que sempre a fez pensar que havia uma esperança. O charme não é um substituto para a submissão, e por baixo das expressões delicadas escondia-se o árduo problema da sucessão inglesa.

Maitland encontrou Elizabeth num óbvio estado de ansiedade. "Com toda a aparência de estar definhando, ... extremamente magra e com uma cor cadavérica."³ O aborrecimento dela com a missão de Maitland, de fazê-la reconhecer Maria como sua herdeira, também era óbvia. Elizabeth disse ao enviado que esperava uma mensagem bem diferente por parte da nova corte na Escócia: a disposição de Maria para ratificar o Tratado de Edimburgo. Ela concluiu as entrevistas com uma explicação a Maitland sobre por que era impossível seu próprio "dispositivo para a sucessão". Os príncipes, disse ela, não podem confiar nem em seus filhos quando se trata de questões sucessórias. Além do mais: "Conheço a inconstância do povo da Inglaterra, como eles jamais gostam do governo atual e têm os olhos fixos na pessoa que é a próxima na sucessão, e naturalmente os homens têm essa disposição: *plures adorant solem orientem quam occidentem*" (há mais gente cultuando o sol nascente que o sol poente). A observação final sugere que a máxima se aplicava tanto ou mais à jovem mulher na Torre que àquela que estava em Edimburgo; havia "mais coisa oculta" no casamento de Katherine, ela confidenciou a Maitland, "do que já se disse ao mundo". Dois dias depois que Elizabeth foi aclamada por multidões embevecidas quando voltava para Londres, Katherine Grey deu à luz um filho.

Para o governo, foi agoniante a exposição da debilidade de Elizabeth quanto à sucessão. Para William Cecil, aquele era também um embaraço pessoal. Seu cunhado, William, era casado com a prima de Katherine, a filha de lorde John Grey de Pyrgo. Tanto lorde John quanto a mãe do conde de Hertford pediram ao secretário que aplacasse Elizabeth, mas em vão. A resposta de Maria Stuart à conversa franca com Maitland fora, um mês após o batismo do filho de Katherine, fazer seu Parlamento questionar a validade da cláusula no testamento de Henrique VIII que excluía os

Stuart. A criança nascida, Edward, lorde Beauchamp, nos termos daquele testamento, era o herdeiro homem protestante que a nação reclamava com tanta urgência. A rainha simplesmente não sustentaria a legitimidade do bebê, e Cecil, em desespero, escreveu a Throckmorton no Natal:

> Vejo tão pouca demonstração [do êxito] de meus esforços, porque Sua Majestade não os leva em consideração, que os larguei todos a cargo do vasto mundo. Eu apenas prossigo em aparência, mas, internamente, não me intrometo, deixando as coisas seguirem seu curso, como se faz com o relógio quando nele damos corda.

Elizabeth jamais perdoou Katherine Grey. Ela e Hertford de algum modo tramaram ter outro filho, e o tiveram enquanto estavam prisioneiros, mas a rainha nem cogitou reconhecer a reivindicação de Edward Seymour ou de seu irmão mais novo, Thomas. Hertford foi multado com a astronômica quantia de £15 mil e ficou na Torre por nove anos. Katherine foi solta depois do nascimento de Thomas. Durante os últimos quatro anos de sua infeliz existência, foi transferida de um guardião a outro, morrendo de tuberculose aos 27 anos, em 1568, em Cockfield Hall, Suffolk, consumida por vários anos de inanição voluntária.

Hertford conseguiu se reabilitar em 1591, quando ofereceu à rainha três dias de entretenimento em Elvetham que podem ter lhe custado a mesma quantia que a multa. Foram apresentados a poesia de John Lyly, três ilhas artificiais, um quarto para retiro especialmente construído no jardim e um desfile aquático no qual Nereu, deus do mar, proferia um discurso à "Fada Cynthia, a imperatriz do vasto Oceano". Uma nau de guerra com um carregamento de joias navegava em direção à rainha; houve um banquete de mil pratos, a exibição de fogos de artifício, um castelo de contos de fadas com o brasão real, todo construído de açúcar. Os esforços de Hertford lograram a observação, quando Elizabeth partia, de que, "de agora em diante, ele [seria] recompensado por aquilo com favorecimento especial por parte dela". Mesmo depois de trinta anos de desgraça Hertford não pôde resistir a fazer uma sutil alusão à falta de herdeiros próprios de Elizabeth.

Quando a idosa rainha atravessava o parque em direção à casa, ao som de versos que a proclamavam "uma grande deusa cujos raios borrifam o céu com uma luz nunca antes vista", seis virgens tiravam blocos de pedra do caminho de seu cavalo. Esses obstáculos supostamente haviam sido colocados pela "Inveja".

O FATO DE ELIZABETH se recusar a resolver o problema da sucessão teve consequências que foram além da ruinosa sina de Katherine Grey. Enquanto a Inglaterra não confirmasse um herdeiro protestante, o reino permaneceria vulnerável às incursões católicas. Essa ameaça ganhou maior nitidez nos eventos ocorridos na França, em março de 1562. Tem-se dado muita atenção ao Massacre do Dia de São Bartolomeu, que ocorreu em Paris uma década depois, quando os mais importantes huguenotes da França foram assassinados numa matança que envolveu o populacho da cidade, mas pode-se dizer que as guerras de religião que banhariam a Europa em sangue durante 36 anos começaram naquela primavera, numa cidadezinha onde hoje é a província de Haute-Marne. Foi em consequência do que aconteceu na comuna de Wassy que a palavra "massacre", antes usada para designar o bloco empregado pelos açougueiros franceses para cortar carne, adquiriu uma conotação muito mais sinistra.

Em 1º de março, o tio de Maria Stuart, o duque de Guise, estava atravessando a cidade vindo de sua moradia, em Joinville, quando se deteve para que seus homens pudessem assistir à missa. Ouvindo os sinos tocarem na cidade, o duque foi informado de que a comunidade de protestantes local realizava seus serviços de domingo. Wassy compreendia parte do dote real de Maria Stuart, e Guise mantinha senhorio sobre a comuna, protegendo os direitos da sobrinha. Ele sentiu-se desafiado e ofendido. Parecia que os protestantes (que teoricamente tinham permissão para realizar seus próprios serviços fora dos muros da cidade) estavam usurpando seu direito de ouvir a missa, ao prestar culto dentro de Wassy, no âmbito da visão e da jurisdição do castelo real. Guise alegou depois que invadira a reunião protestante para reprovar a Congregação pelo ilícito, mas seus homens tinham perdido o controle, ou ele perdeu o controle sobre seus homens, e em consequência cinquenta pessoas foram mortas no fio da espada.

Mais tarde Guise minimizou a ocorrência, e logo jorravam das gráficas, em todas as línguas da Europa, relatos de um "acidente" não motivado por sectarismo religioso, mas pela "arrogância" de "vassalos" que deveriam saber se comportar e não desafiar a autoridade do duque – e de sua sobrinha. Sua declaração, bem como o conflito religioso que tão poderosamente configurou o reinado de Elizabeth, teve origem na interconexão entre fé e autoridade, em particular a autoridade real. O massacre em Wassy deu duas importantes mensagens ao governo de Elizabeth. Em primeiro lugar, os protestantes eram chacinados abertamente por um poder católico. Em segundo lugar, o massacre era comandado – ao menos segundo o entendimento da política feudal que seria varrida para longe pelas guerras religiosas – em nome de Maria Stuart. Os aliados franceses de Maria, em especial seus parentes Guise, tinham demonstrado brutalidade no sufocamento da religião reformada. É importante considerar que isso constituiu um cenário para a relação entre Elizabeth e Maria na década de 1560. Xilogravuras representando o massacre foram amplamente disseminadas em Londres; as silhuetas de tinta eram um lembrete para Elizabeth do ponto até onde sua prima do norte estava disposta a ir em suas reivindicações ao trono.

EM SETEMBRO DE 1564, Elizabeth recebeu sir James Melville como enviado de Maria Stuart à corte. Numa primeira leitura, ela não se saiu bem, segundo os registros que sir James fez do encontro. Para falar com franqueza, ela se exibiu. "Quem é mais bonita?", perguntou. As duas eram as mais bonitas de todas, cada qual em seu país, respondeu o diplomata, admitindo que a cútis de Elizabeth era mais branca, porém a de Maria era igualmente bonita. E qual delas era mais alta? Melville foi obrigado a admitir que Maria, da estatura de uma modelo atual, com cerca de 1,80 metro, levava vantagem. "Então", gabou-se Elizabeth, "ela é alta demais, pois eu mesma não sou nem alta demais nem baixa demais." Elizabeth perguntou ruidosamente se Maria caçava, se lia, e quanto à música? Maria era uma intérprete consumada? Melville respondeu que sua senhora tinha um talento razoável para uma rainha. Naquela noite, o enviado dos escoceses foi conduzido a uma galeria que dava para um aposento, e lá estava Elizabeth, esmerando-se com seus virginais.* Naturalmente Melville ficou encantado com essa intrusão "acidental" e admitiu a superioridade musical da rainha inglesa. Na noite seguinte, Elizabeth exibiu-se na dança, obrigando Melville – que havia prolongado a visita por mais dois dias, a fim de ter a honra de ver a rainha dançar – a salientar que os passos de Maria não eram tão "altos" nem tão bem executados quanto os dela.

Por que Elizabeth se comportava de modo tão tolo? Decerto ela era vaidosa, decerto era curiosa, mas também estava consciente de que havia muito mais em jogo do que seu talento na dança. Esse recuo para a feminilidade pode ser lido como um deliberado estratagema, uma apresentação de si mesma como figura não ameaçadora, preocupada em como o penteado "italiano" realçava seu cabelo, por exemplo, o que significava uma diversão efetiva e uma barreira para as penetrantes perguntas de sir James. É característico do comportamento de Elizabeth em relação a Maria o fato de ela invocar modelos de feminilidade quando lhe convinha, a fim de evitar as realidades mais sombrias que estavam em pauta.

Na totalidade de suas relações com Maria Stuart durante a longa crise anglo-escocesa (em especial, como veremos, na conclusão dessa crise), Elizabeth empregou as três principais estratégias de invocar clichês contemporâneos de feminilidade, de se arrogar qualidades masculinas e de fazer referências à masculinidade de seu "corpo místico" – que ela mesma estabelecera. E ela as empregou de acordo com as circunstâncias desde a sua ascensão. Voltando ao encontro com Melville, ele pode ser considerado uma obra-prima de coreografia diplomática, nem que seja pelo uso que a rainha fez da dança como meio de comunicação.

Em 1589, um dos cavalheiros da câmara de Elizabeth, sir John Stanhope, escreveu a lorde Talbot sobre o estado de saúde da rainha, que tinha 59 anos, observando que "seis ou sete galhardas matinais, além de música

---

* Virginal: instrumento musical semelhante a um pequeno cravo. (N.T.)

e canto, eram seu exercício habitual". Já se havia observado a dança de Elizabeth com o duque de Norfolk, "esplendidamente engalanada", na festa de coroação; e referências à sua dança na corte eram abundantes durante todo o reinado – desde a do embaixador veneziano Paolo Tiepolo, em 1559, até a de sir Thomas Smith, nos bailes do Natal de 1572, a aprovação às "mulheres magnificamente vestidas" na corte, no Natal de 1585, e a observação rabugenta de um espanhol em visita, em 1599, de que ele testemunhara "a chefe da Igreja da Inglaterra e da Irlanda dançando três ou quatro galhardas". Para Elizabeth, a dança significava muito mais que um prazenteiro e saudável passatempo.

Como têm demonstrado estudos recentes,[4] a dança na corte do século XVI era um sistema de sinais profundamente integrado em toda comemoração ou evento cultural. Durante uma mascarada ou um baile na corte, o status podia ser indicado pela circunstância de quem estava dançando com quem, em que ordem, e qual era a posição do monarca nesse espaço da dança; autoridades como Castiglione, o historiador italiano Francesco Guicciardini e sir Thomas Elyot concordavam que a dança era uma virtude e um meio para a virtude. Este último a definiu como "modelo de prudência em ação".[5] Para o cortesão, a dança era um meio de exibir a nobreza inata, que mereceria promoção e favorecimento. Um bom dançarino podia obter sucesso político e social, testemunha sir Christopher Hatton, que "chegou à corte por intermédio da galharda", proeza referida na mascarada *O sátiro*, de Ben Jonson, de 1603:

> They came to see and to be seen
> And though they dance before the Queen
> There's none of these do hope to come by
> Wealth to built another Holmby.*

---

* "Eles vieram para ver e serem vistos./ E embora dancem diante da rainha,/ Nenhum deles espera se tornar/ Rico o bastante para comprar Holmby." Holmby era a propriedade rural de Hatton. (N.T.)

Para um monarca, a dança era parte de seu aparato político. Henrique VIII era um consumado dançarino. O embaixador milanês o descreve em 1514 numa espécie de *Embalos de sábado à noite* renascentista, descalço e só de camisa, "saltando como um veado" e fazendo as moças girarem em êxtase. Dançar era um dos poucos meios de exibição física disponíveis para uma governante mulher (Catarina de Médici também a usou com eficácia). Ao mesmo tempo, era igualmente uma atividade viril, "principesca", como observou o duque de Alençon em 1581, declarando-se impressionado com o comportamento de Elizabeth "em matéria de prazeres principescos, como a dança, a música, o discurso... e [sua] proficiência em muitas línguas". Interessante aqui é a associação entre linguagem e dança, a linguagem da dança e a dança da linguagem. As conversações diplomáticas como as que se deram entre Elizabeth e Melville conduziam-se com as mesmas mesuras imponentes de uma dança: primeiro uma reverência recíproca, depois cortesias feitas e retribuídas, a movimentação em passos pré-combinados, com permissão para perspicazes improvisos de parte a parte, concluindo como começara, com uma reverência. Reconfigurada como dança, linguística e efetivamente, a recepção de Elizabeth a Melville parece bem diferente.

O subtexto da interação entre Elizabeth e Melville lampeja, mas nunca vem à tona. As observações da rainha podem ter se limitado às trivialidades da competição feminina, mas o tema que ambos sabiam estar debatendo era se Elizabeth estava ou não preparada para ter com o embaixador escocês uma conversa séria sobre o urgente problema da sucessão. Ela não estava. Depois do intervalo para a comédia musical, quando Melville apreciou devidamente seu desempenho, ele tentou aproveitar "a ocasião para transmitir seu requerimento". Elizabeth não o recebeu. Ser persuadido a ficar na corte por mais dois dias a fim de vê-la dançar envolvia uma perda de status para Melville, uma admissão de que era fraco o bastante para ter de dar esse prazer à rainha. Assim, Elizabeth usou sua dança para invocar a prática do amor cortês, obrigando Melville a assumir o papel do pretendente que assiste ao seu bailado: "A dança de Elizabeth é um elemento-chave nessas conversas. ... Ela claramente incorpora sua dança e seus talentos musicais, assim como a discussão sobre sua dança, em uma manobra que a apresenta como superior."⁶ Quando Melville assegura a Elizabeth que seu estilo "italiano" de dançar é mais requintado que o de sua senhora, ele está admitindo uma rendição. O "requerimento" não seria apresentado dessa vez.

Elizabeth usou a dança como argumento diplomático em diversas ocasiões semelhantes. Roger Aston, posterior mensageiro da corte escocesa sob o reinado de Jaime VI, foi tratado com similar e "improvisado" desempenho, "posicionado no saguão, a cortina descerrada, de onde ele poderia ver a rainha dançar ao som de um pequeno violino".⁷ O gesto foi assim interpretado por Aston: "Podia contar a seu senhor, considerando a disposição juvenil da rainha, que probabilidade ele tinha de chegar à coroa, pela qual estava tão ávido". Em 1597, o embaixador de Henrique de Navarra, André Hurault de Maisse, chegou "por acaso" quando Elizabeth tocava espineta em sua câmara, na véspera de Natal. Depois que ele elogiou a execução de uma peça, eles assistiram à dança das damas, durante a qual Elizabeth observou casualmente que tinha convocado o Conselho (reunião pela qual Maisse pressionava sem êxito desde a sua chegada) e sugeriu que ele estivesse presente. Só depois que se cumpriam as mesuras da coreografia diplomática Elizabeth se sentia preparada para voltar a atenção à política, na suposição, claro, de que seu parceiro tivesse se desempenhado com a devida "honra, prudência e decoro".

Em 1599, o embaixador dinamarquês observou Elizabeth dançar com o conde de Essex na Noite de Reis, "vestida com muita riqueza e frescor" – mais uma vez, um sinal importante de favorecimento a um indivíduo que no momento estava no centro de muita discórdia. Em 1601, quando Elizabeth entretinha os embaixadores da Rússia e da Barbária, juntamente com o duque de Bracciano, Virginio Orsini, ela concedeu a este último a grande (se não totalmente autêntica) honra de sair com ele "pela primeira vez em quinze anos". Orsini, sobrinho do grão-duque da Toscana e primo da rainha da França, era a mais importante figura italiana a visitar a corte de Elizabeth. Cabia impressioná-lo, e a rainha o fez, o que o levou a escrever que ele "parecia ter se tornado um desses cavaleiros que viajam por palácios encantados".⁸

Capítulo 14

EM 1563, Elizabeth fez uma proposta muito estranha: que Maria Stuart se casasse com seu parceiro de danças favorito, Robert Dudley. A visita de Melville no ano seguinte, ao menos na forma, foi um prosseguimento desse plano bizarro. Para tornar mais atraente o homem do qual Maria uma vez se desfizera como guardador de cavalos da prima, Elizabeth aproveitou a oportunidade para dar um título de nobreza a Dudley, fazendo-o conde de Leicester em 29 de setembro, e demonstrou a familiaridade que havia entre os dois a um chocado Melville, passando a mão no pescoço de Dudley, acima da gola, quando ele se ajoelhou para receber o título. Esse era um gesto de balé, à primeira vista, executado por uma garota, não por uma rainha. Mas era também um lembrete, dadas as posturas físicas naquele momento, da ameaça sempre pendente envolvida no favor real. Como Elizabeth não tinha intenção de se casar com Leicester, o plano não era tão esquisito assim. A Escócia teria um consorte ligado à Reforma, e a própria Elizabeth teria um servidor leal na cama de Maria. Além disso, se Elizabeth estabelecesse a sucessão como Maria tão ardentemente desejava, talvez um dia o filho de Leicester fosse rei, a maior recompensa que Elizabeth poderia conceder pelos serviços que ele lhe prestara. Quando os representantes das duas rainhas se encontraram em Berwick, em novembro, os enviados de Maria Stuart deixaram patente que ela não aceitaria o casamento sob nenhuma outra condição. Elizabeth recuou.

As interpretações sobre o objetivo de Elizabeth obrigando Maria a se casar com Leicester variam. Alguns alegam que este era outro jogo diplomático, um meio de estimular Maria a pensar que a prima levava em consideração seus interesses, enquanto ganhava tempo para manter os pretendentes mais poderosos a distância. Outros viam nisso um primeiro risco assumido por Elizabeth para controlar sua própria política, e o consideram um "terrível erro de cálculo".[9] Quando comparadas, a primeira interpretação parece a mais provável, porém, ao perder tempo nas negociações que envolviam Leicester, Elizabeth estava cometendo um engano, que consistia em negligenciar a ameaça de uma família muito mais poderosa que os Dudleys.

A repulsa de Elizabeth ao comportamento de Katherine Grey também desempenhou algum papel em sua avaliação errada acerca do caráter de

Maria. Ela não esperava que a rainha da Escócia se comportasse de modo inadequado a uma rainha. Se ela conseguia se controlar, por que Maria não poderia fazê-lo? Ao contrário de Katherine, ambas tinham nascido na realeza. E talvez seja esta a chave para a consistente perplexidade de Elizabeth, nos anos seguintes, diante do comportamento de Maria Stuart. Não importa quanto Elizabeth se esforçasse para criar sobre ela mesma a imagem de uma serena e todo-poderosa monarca do *Retrato da Armada*, parte dela continuava a ser uma contida e cautelosa princesa. A diferença da infância das duas rainhas manifestava-se em suas infindáveis e frustradas comunicações. De certo modo, Elizabeth nunca se sentiu segura quanto ao seu status, enquanto Maria, rainha inconteste, querida pela corte francesa já antes do sétimo aniversário, também tinha como certo que as regras simplesmente não se aplicavam a ela. Seu apressado, apaixonado e imprudente casamento com Henrique, lorde Darnley, foi um bom exemplo disso.

A prima de Elizabeth, Margarida Douglas, era filha da irmã mais velha de Henrique VIII, Margarida Tudor. Ela era casada com o conde de Lennox, um dos mais poderosos dignitários escoceses. Margarida era dada a intervenções tempestuosas. Suas imprudentes observações acerca da união entre o sangue Tudor de seu filho mais velho, Henrique Darnley, e o de Maria, rainha da Escócia, já a levara à prisão com o marido na Torre – mas, a despeito disso, em abril de 1564, Elizabeth parecia considerar que o conde de Lennox talvez fosse útil para ela na Escócia. Ele viajou no mesmo mês em que Robert Dudley obteve o título de conde, mas Elizabeth estava "irremediavelmente por trás do jogo".[10] Cinco meses depois, o filho dele o seguiu. Darnley era cruel e extremamente ambicioso, mas tudo que Maria Stuart viu quando pôs os olhos no "mais perfeito e bem-proporcionado homem alto que ela jamais vira"[11] foi, de modo claro e sucinto, o sexo. Ela experimentou um completo *coup de foudre*.

No mês de julho seguinte, em flagrante desconsideração ao desejo de Elizabeth, os dois estavam casados, embora não antes de Maria, de forma temerária e sem o apoio do Parlamento, proclamar seu queridinho príncipe Henrique, duque de Albany, "rei deste reino". Em 24 de junho do ano seguinte, chegaram a Londres as novas de que mais um casal com reivindicações à coroa inglesa fora abençoado com um filho homem. Quando o segundo Parlamento de Elizabeth se reuniu em Londres, naquele inverno, Maria Stuart tramava uma espetacular exibição de magnificência dinástica para o batismo do filho em Stirling. Sua mensagem não poderia ser mais bem direcionada: "Nossa líder transformou Marte em chamas pela guerra civil na paz de nossos tempos. ... A coroa de Maria espera por seus netos."[12] Parecia que a rainha dos escoceses triunfara. "A importância da realeza é eterna", e ela, não Elizabeth, tinha chegado lá.

Capítulo 15

QUANDO ELIZABETH FOI COROADA, em 1559, ela recebeu congratulações de comunidades adeptas da religião reformada de toda a Europa, inclusive a do cônsul e senador de Berna, na Suíça, anunciando sua alegria com as notícias de que a rainha "tinha chamado de volta as pessoas que foram exiladas por sua fé no Evangelho, ... e retomara a obra da Reforma evangélica iniciada por seu irmão Eduardo".[1] Durante o resto do seu reinado, os líderes protestantes iriam estimular, exortar e com frequência se desesperar com a relutância de Elizabeth em se comprometer, prática e ideologicamente, com a causa da Reforma como um todo. Elizabeth podia estar determinada a garantir a segurança de sua própria Igreja, mas se passariam muitos anos até que ela, ainda hesitante, concedesse alguma ajuda, além de palavras, para proteger qualquer outra pessoa. Em nenhum caso isso foi mais aparente do que na maneira como a Inglaterra tratou o conflito entre a Holanda e a Espanha, que tinha começado no início do século e teria profundos efeitos tanto sobre a economia inglesa quanto sobre o contumaz relacionamento com a grande potência que era a Espanha.

As Dezessete Províncias dos Países Baixos Espanhóis tinham sido herdadas pelos Habsburgo em 1482. As relações entre o Império e a Holanda se mostraram tensas desde o início, com reclamações holandesas contra os pesados impostos, a negligência de uma governança clara por parte do enorme e pesado Império e um regime religioso opressivo, o qual, em 1523, sob Carlos V, pôs fora da lei a "heresia" da Reforma e condenou à execução mais de mil pessoas durante os quarenta anos seguintes. Quando Carlos V abdicou, em 1555, seus territórios espanhóis foram para Felipe da Espanha (que logo seria, formalmente, rei da Inglaterra), e seu compromisso com a Contrarreforma o fez reviver esses estatutos anti-heresia que no fim do reinado de seu pai tinham sido aplicados com menos rigor. Enquanto a temporária exaustão das forças da França e da Espanha significava que Elizabeth começaria seu governo num contexto diplomático que em geral aspirava à paz (e isso fez com que a política inglesa inicial em relação aos reformadores holandeses perseguidos fosse extremamente circunspecta), a importância do relacionamento entre a Inglaterra e os Países Baixos logo deixou evidente a improbabilidade de o governo de Elizabeth distinguir as questões espirituais das seculares.

Em 1559, Felipe nomeou sua meia-irmã ilegítima, Margarida de Parma, para o governo dos Países Baixos, cargo antes preenchido, num total de 48 anos, pela tia-avó e pela tia de Margarida, a arquiduquesa Margarida e Maria da Áustria, respectivamente. Elizabeth enviou à colega governante calorosos cumprimentos, que Margarida recebeu "com gratidão", e ouviu de seu enviado, sir Thomas Chaloner, o relato da grande "riqueza de príncipes e de súditos" das Dezessete Províncias. Apesar dessa ascensão ter deslanchado uma onda migratória de amedrontados protestantes dos Países Baixos rumo à Inglaterra (com a qual Elizabeth pessoalmente não via razões para se alegrar, já que desgostava de protestantes fanáticos tanto quanto desprezava católicos dogmáticos), foi essa a riqueza que coube de imediato à política inglesa. Desde que seu avô Henrique VII fizera um acordo de política comercial com o então duque de Borgonha, em 1496, os Países Baixos, em particular Antuérpia, tinham um papel central no comércio inglês de tecidos, ao mesmo tempo que os empréstimos levantados nas casas de câmbio de Antuérpia eram cruciais para o governo inglês, ao permitir certo grau de independência dos fundos aprovados pelo Parlamento. Mas estava além do controle do governo ditar um argumento confessionalmente justificável para a luta que se travava longe dali.

A correspondência de Chaloner está cheia de detalhes terríveis acerca das perseguições decretadas pela Inquisição espanhola, conhecida como Santo Ofício, que Felipe recusava-se a reprimir. Comerciantes anglo-espanhóis estavam particularmente vulneráveis a acusações de heresia e até a justificativas mais tortuosas para a prisão e o confisco de bens, e agora os corsários ingleses começavam a contra-atacar as embarcações ibéricas. Por volta de 1563, relatos davam conta de que cerca de quatrocentos desses navios agiam livremente, com 25 mil marinheiros. Em janeiro de 1564, Felipe ordenou que todos os navios ingleses em portos bascos fossem cercados e tivessem presas suas equipagens. O enviado de Margarida a Londres, Christophe d'Assonleville, apresentou-se a Elizabeth com uma lista de reclamações contra os corsários e o aumento dos impostos aduaneiros ingleses, e teve uma tranquilizadora recepção. Ansioso por preservar o acordo de comércio com Flandres, Cecil escreveu ao conde de Sussex:

> Essa questão de recorrer aos piratas, ou, se assim quiser chamá-los, aos nossos aventureiros, que roubam diariamente os espanhóis e os flamengos, é matéria de grande e longa consequência. Pelo amor de Deus, eu lhe solicito tomar alguma medida quanto a isso, para que alguns possam ser capturados e executados.[2]

Não satisfeita, Margarida fechou seus portos às naus inglesas em novembro de 1564. Elizabeth, por sua vez, determinou que, a menos que a proibição fosse suspensa, e todos os navios e marinheiros ingleses fossem libertados pela Espanha, ela interromperia o comércio com os Países Baixos. O que começara como uma bravata econômica de ambos os lados – cada qual querendo provar sua independência mercantil em relação ao outro – evoluíra para algo muito mais significativo em termos da atitude do rei da Espanha em relação a Elizabeth. Com o colapso do comércio de tecidos de Flandres por falta de matéria-prima inglesa, os trabalhadores desempregados e famintos ficaram mais suscetíveis à pregação incendiária dos teólogos calvinistas. Para Felipe, os protestantes flamengos não eram apenas hereges, mas a manifestação de uma perturbadora revolução social.

O delicado e complexo tecido social que tinha mantido as Dezessete Províncias em tão excelente organização fiscal era ameaçado por uma doutrina de reformismo que encorajava os homens e as mulheres comuns a desconsiderar as regras não somente dos sacerdotes, mas também dos reis. O grande gesto de Elizabeth provocou um grau de intranquilidade civil interpretado por Felipe como ingratidão de sua até então relativamente tolerante atitude para com a herética rainha. Elizabeth nunca tivera a intenção de se apresentar como um paladino protestante, e ela de fato manteria sua resistência a esse papel nas décadas a seguir, mas Felipe começava a ver a Inglaterra como irremediavelmente associada à insurreição de seus súditos flamengos. Era o início de uma guerra fria.

No verão de 1566, rebeldes calvinistas conseguiram levar o governo de Margarida de Parma à paralisação. As concessões feitas pela regente diante de uma agitação civil tão disseminada, que incluíam liberdade de culto aos protestantes, eram inadmissíveis para Felipe. Margarida conseguira restaurar a autoridade dos Habsburgo, mas a paciência de seu irmão se esgotara. Um ano depois, o duque de Alba chegava aos Países Baixos com 10 mil soldados espanhóis. Elizabeth preocupara-se com a possibilidade de domínio francês sobre a região, mas agora ela enfrentava um poder militar muito mais efetivo e determinado a eliminar a heresia. Além disso, o fechamento das casas de câmbio em Antuérpia afetou seriamente seu acesso a empréstimos. Em meio a notícias chocantes sobre as perseguições movidas por Alba, além da cada vez mais urgente busca de créditos, Elizabeth optou por fazer mais um gesto inflamatório.

Em 1562, o capitão inglês John Hawkins tinha empreendido uma pequena expedição a Serra Leoa, onde conseguira negociar várias centenas de escravos, regressando com lucro tão impressionante que a própria Elizabeth, com o lorde almirante e os condes de Leicester e Pembroke, preparou-se para investir em mais uma viagem. O fato de isso equivaler à usurpação direta de uma prerrogativa espanhola não a deteve, e, por volta de 1568, não obstante frequentes reafirmações da lealdade de Hawkins ao rei espanhol e uma boa dose de lorotas diplomáticas para disfarçar o envolvimento da rainha, foram realizadas mais três viagens. Elizabeth estava se comportando de modo intencionalmente provocador, optando por fazer lembrar a Felipe que ela era sua igual. Contudo, dada a situação nos Países Baixos, ela subestimara o impacto diplomático de tirar proveito do comércio ilegal. Enquanto as perseguições de Alba nas Províncias recrudesciam, esquadras de "mendigos do mar" – refugiados protestantes, membros despossuídos da aristocracia dos Países Baixos, simples criminosos e numerosos marinheiros ingleses empreendedores (estimulados pelas autorizações emitidas por Elizabeth legitimando o assalto a navios franceses católicos, sob desculpa de dar assistência aos huguenotes) – atacavam os comerciantes espanhóis e rompiam as linhas de suprimento de Alba. Estava claro que Elizabeth, a essa altura, sentia-se financeiramente segura para ignorar a insatisfação espanhola. Hamburgo se mostrara uma alternativa viável a Antuérpia para o comércio de tecidos, e uma alteração recente nos impostos alfandegários produzira um superávit. Assim, em novembro de 1568, quando quatro navios genoveses levando dinheiro para pagar as tropas de Alba arrastaram-se para o porto de Plymouth depois de escapar à perseguição de "mendigos do mar", Elizabeth decidiu apossar-se daqueles recursos.

Tecnicamente, isso não era ilegal, já que as £85 mil que o navio transportava não tinham sido entregues a Alba, e seus proprietários italianos tinham liberdade de emprestar o dinheiro a quem quisessem. Todavia, o mais recente e profundamente hostil enviado de Felipe, dom Guerau de Espés, fez tudo o que pôde para equiparar o ato à política agressiva inglesa e ao ativo acolhimento de hereges por parte de Elizabeth. Antes que a rainha confirmasse que pretendia reter o dinheiro, as maquinações de De Espés fizeram com que Alba interceptasse os navios ingleses e suas cargas nos portos dos Países Baixos e aprisionasse suas equipagens. Para ambos os lados, na falta de uma declaração direta de guerra, a escalada parecia ser a única possibilidade – uma competição que consistia em Elizabeth e Felipe se encararem para ver quem ia recuar primeiro.

Enquanto os navios genoveses aproavam para o porto, um tribunal estava em sessão em Westminster Hall. Sua tarefa era determinar o destino da rainha da Escócia. Desde o triunfal batismo de seu filho no ano anterior, o governo de Maria Stuart tinha descambado para a anarquia. O matrimônio com Darnley era um desastre, os dignitários escoceses se encontravam cada vez mais ressentidos e ingovernáveis. Em 9 de fevereiro de 1567, uma conspiração liderada por James Hepburn, conde de Bothwell, literalmente explodira uma casa em Kirk o'Field, em Edimburgo, onde o marido de Maria convalescia de uma doença. Darnley foi assassinado quando tentava escapar das ruínas em chamas. Em 15 de maio Maria estava casada com Bothwell. Em junho, uma guerra civil irrompeu na Escócia, e ela se viu prisioneira e abandonada no castelo de Lochleven. Em julho, com o espírito totalmente alquebrado, abdicou de seus direitos à coroa em favor do filho, que foi proclamado no dia 29, tendo o meio-irmão de Maria, o conde de Moray, como regente.

De queridinha da realeza europeia Maria Stuart caíra para o status de adúltera sem casa e sem pátria, ainda por cima acusada de cooperar no assassinato do segundo marido. A simpatia pessoal de Elizabeth por sua parenta talvez seja mais bem expressa pelo fato de que, no dia em que Maria lhe escreveu, quase um ano depois, implorando que tivesse piedade de sua "boa irmã e prima", a rainha da Inglaterra estivesse inspecionando as pérolas pertencentes a uma coleção de Maria que haviam sido enviadas para o sul pelo regente Moray. Além de seis cordões dispostos no estilo "padre-nosso" (isto é, como as contas de um rosário), havia 25 "moscatéis negras", do tamanho e da cor da uva, as quais Elizabeth, regozijando-se cobiçosamente enquanto as contemplava com Leicester, qualificou de "incomparáveis". Ela as adquiriu por 12 mil coroas, tendo o prazer adicional de levar a melhor na barganha sobre a ex-sogra de Maria Stuart, Catarina de Médici. A irmandade não conta muito quando se trata de pedras preciosas.

De início não se sabia ao certo o que fazer com aquela que uma vez fora a rainha da Escócia. Mas, à sua maneira arrojada, ela ajudou as coisas a seguirem seu curso ao escapar de Lochleven poucos dias após Elizabeth receber as pérolas e ao liderar um exército contra Moray. Suas tropas foram derrotadas, e em 16 de maio de 1568 Maria Stuart chegou a Cúmbria num barco de pesca. Como nunca deixou de lembrar a Elizabeth pelo resto da vida, ela não chegou como prisioneira, mas como rainha ungida em busca de socorro. No entanto, para Elizabeth e seu governo, a melhor solução possível era trancafiá-la, o que se fez pelos próximos dezenove anos.

Contestar a legalidade da prisão de Maria Stuart é bem fácil. Em primeiro lugar ela era uma rainha, portanto, estava sujeita somente a Deus. Fora para a Inglaterra de livre e espontânea vontade, depois de ter sido ilegalmente condenada por seus súditos pelo assassinato de Darnley, acusação à qual não lhe deram oportunidade de responder pessoalmente ou por intermédio do Parlamento. Se nada mais lhe restasse, pelo menos tinha o direito de se defender e reivindicar sua recondução ao trono. Contudo, limitar o que está certo e o que está errado nesse argumento ao âmbito extremamente nebuloso das leis do século XVI concernentes a monarcas evadidos é não enxergar o principal. No que dizia respeito aos ministros de Elizabeth, a rainha escocesa era o inimigo mais mortal de seu Estado.

Maria Stuart personificava uma nova percepção do catolicismo que se propagava ativamente na Inglaterra nas décadas de 1560 e 1570, em termos de políticas interna e externa. A Igreja de Elizabeth ainda era nova, vulnerável e informe. A fé católica devia ser reposicionada como algo estrangeiro, uma outra coisa, em contraposição ao que até muito recentemente fora a forma de culto aceita pela maioria. O controle confessional estava se tornando parte da arte de governar: "Em todos os Estados cristãos, no século XVI, o não conformismo tinha profundas implicações políticas e espirituais: na Inglaterra, era uma agressão *de facto* à inelutável premissa segundo a qual o governo definia cada aspecto de sua autoridade."[3] Quando Cecil analisou a situação em 1569, ele identificou o papa e os monarcas da França e da Espanha como os inimigos da Inglaterra, e em Maria Stuart o instrumento deles: "As forças católicas da Europa estão operando Elizabeth como cirurgiões, usando Maria Stuart como seu bisturi."[4] Para Cecil, se o governo estava à espera de uma revolução católica, já era tarde demais para detê-la.

O regime de Moray não tinha interesse no apoio inglês à reivindicação de Maria ao trono. No entanto, parecia que Elizabeth estava pessoalmente inclinada a ouvir tudo o que a prima tinha a dizer. Para se contrapor a isso, Moray produziu uma conveniente coleção de cartas, conhecidas como Casket Letters, supostamente comprovadoras tanto da relação adúltera de Maria com Bothwell quanto de sua aquiescência ao assassinato de Darnley. Cecil descreveu-as como "todo um pacote de material indecente que pretende convencer que a rainha mentalizou o assassinato, e o conde de Bothwell foi seu executor". Era patente que as cartas tinham sido adulteradas e até totalmente forjadas, mas eram boas o suficiente para serem usadas pelo governo.

Depois de passar por um tribunal em York, o caso foi levado a Westminster. Elizabeth concordou que, se a evidência contra Maria fosse confirmada, ela reconheceria o governo do conde de Moray e lhe entregaria a ex-rainha. Os membros da comissão se reuniram na câmara pintada de Westminster, em 18 de novembro, e as cartas foram apresentadas, mas somente quando os representantes de Maria se encontravam fora do recinto. Examinaram-se somente as "cópias" das cartas. Numa segunda reunião, em Hampton Court, um mês depois, declarou-se diante de Elizabeth que não havia discrepância entre as cópias e os originais. Maria foi efetivamente acusada. Em parte, a redução de seu status era um sinal para os outros poderosos, uma manifestação de justiça. Aquele era também um meio de justificar sua prisão, que tivera início em Tutbury Castle e já durava quase duas décadas.

Cecil e seus colegas acreditavam sinceramente que Maria Stuart significava uma ameaça permanente à Inglaterra, e com isso produziram aquilo que mais temiam. As políticas do governo de Elizabeth sempre foram de oposição ao *statu quo* estrangeiro que lhe constituísse uma ameaça indiscutível. Se Maria Stuart era realmente um inimigo do Estado, àquela altura isso era irrelevante. Em 1569, ela era o inimigo do qual esse Estado precisava.

Capítulo 16

PARA O REI DA ESPANHA, a ameaça que o protestantismo representava para a ordem hierárquica social da Europa no século XVI não era apenas uma questão de ansiedade. Uma das muitas objeções de Roma a Elizabeth era que ela tinha demitido grande número de nobres de seu Conselho, substituindo-os por "obscuros" anônimos, argumento compartilhado por alguns de seus mais poderosos súditos. Para os Neville e os Percy, as grandes famílias das províncias limítrofes do Norte que tinham patrulhado a fronteira escocesa durante séculos, que usufruíam o que era um privilégio principesco dentro de seus próprios feudos, a política do governo de Londres parecia há alguns anos confusa e insultuosa.

O conde de Northumberland, Thomas Percy, e o conde de Westmorland, Charles Neville, sentiam-se marginalizados no regime de Cecil, ameaçados pelo estamento religioso e pela aparente falta de decisão quanto ao status de Maria Stuart. Seu descontentamento, no entanto, poderia não adquirir forma mais radical, não fossem as provocações incendiárias de um grupo de ativistas anti-Cecil: Richard Norton (que participara na Peregrinação da Graça, a sublevação contra Henrique VIII três décadas antes), Thomas Hussey e Robert Tempest. Os dois últimos declararam que tinham o apoio do duque de Alba, que desembarcaria tropas em Hartlepool para ajudá-los na rebelião. Eles apostavam no orgulho ferido das grandes famílias do Norte, ao escarnecer, vociferantes, contra os "homens novos" que estavam no poder sob o comando de Cecil, em Londres, censurando-os como novos-ricos e arrivistas que aconselhavam mal a rainha. Detalhes sobre a disposição revoltosa dos dois foram alarmantes o bastante, no entender do lugar-tenente de Elizabeth no norte, o conde de Sussex,

Capítulo 16

para que eles fossem chamados à corte no final de outubro de 1569, a fim de dar explicações sobre os persistentes rumores de sedição. Os condes se recusaram a comparecer. Em vez disso, sua resposta foi convocar as tropas, em um dos momentos de cisão que caracterizaram o reinado de Elizabeth: a convocação do que seria, em todos seus intentos e propósitos, uma hoste feudal para confrontar a nova ordem. Sussex declarou os condes traidores, em 13 de novembro, e sua reação serviu para transformar em conflito específico o que antes era uma atitude geral de descontentamento.

Os murmúrios transformaram-se em rebelião. Os condes possuíam uma causa, a libertação de Maria de Tutbury, apesar de não terem anunciado a intenção de reconduzi-la ao trono. Embora esperassem provocar alguma mudança, sua causa não era especificamente a de Maria Stuart – eles eram conservadores, queriam desacelerar o que viam como alarmante absorção radical da Igreja pelo Estado, enquanto em teoria continuavam leais à coroa. Contudo, uma vez mobilizada a parentela dos condes, eles passaram à rebelião aberta. Não havia caminho de volta. No dia 24 de novembro de 1569, 10 mil homens tinham atingido Bramham Moor, a cerca de oitenta quilômetros de Tutbury, depois de celebrar a missa e queimar Bíblias inglesas na catedral de Durham no percurso. Reuniões de emergência foram realizadas para formar um exército de 15 mil homens a fim de proteger Elizabeth, caso os rebeldes conseguissem chegar à capital. No entanto, quando as tropas da rainha ainda se movimentavam para o norte, e Maria, como medida de segurança, era removida para Coventry, o levante, que nunca tinha contado com muito apoio além daquele dos homens de Neville e Percy, começava a se esgotar. Os rebeldes fizeram uma última parada em Barnard's Castle, que eles tomaram. Contudo, logo constataram que não poderiam prosseguir. Debandaram e em 15 de dezembro estavam em fuga para a Escócia.

Em janeiro de 1570, Leonard Dacre, membro de outra relevante família do norte que estava envolvida com o duque de Norfolk numa disputa sobre a tutela de uma herança, reuniu 3 mil homens em suas terras, em Naworth. Ele fora recebido por Elizabeth em Windsor quando a rebelião era fomentada e voltara para o Norte aparentemente na qualidade de súdito leal, mas mantinha correspondência com Maria Stuart desde 1566, e agora tentava atrair para o seu lado os escoceses que a apoiavam. Elizabeth enviou seu primo-irmão Henry Carey, de Berwick, para enfrentar Dacre. Na batalha de Gelt Bridge, em 20 de fevereiro, ele foi derrotado e cerca de trezentos de seus homens foram mortos. O próprio Dacre escapou, fugindo primeiro para a Escócia e depois para o continente europeu, onde morreu, em Bruxelas, como agregado de Felipe da Espanha, em 1573.

Outros rebeldes foram menos afortunados. Westmorland e Northumberland caíram em desgraça por sua traição. O primeiro e sua esposa depois escaparam para os Países Baixos, mas Northumberland foi executado em 1572. A propaganda Tudor não era apenas uma celebração da magnificência dinástica, ela também podia servir para criar terríveis lembranças entre o povo. Não se permitiria ao Norte esquecer que a justiça real mantivera seu domínio sobre o reino, e assim cada campanário que badalara a favor do levante foi despojado de seu carrilhão, deixando-se no lugar apenas um sino para lembrar ao povo sua desobediência. Muitos rebeldes foram enforcados publicamente, e seus corpos em putrefação foram exibidos "para incutir medo".[1] Na visão de Cecil, "a majestade da rainha tivera um julgamento notável por parte de todo o seu reino e de seus súditos nesta hora".[2] Elizabeth foi tão incisiva quanto seu secretário em relação ao fato de que o país devia se sentir aterrorizado com aquela lembrança.

Não é de surpreender que o governo em Londres acreditasse que uma tempestade estava a caminho. Em fevereiro de 1570, a previsão feita por Cecil em seu "Dispositivo" tornou-se realidade. O papa Pio V emitiu a bula *Regnans in Excelsis*, o desafio mais explicitamente condenatório que Elizabeth enfrentou. "O número dos ímpios", declarava o papa, "de tal maneira aumentou que não resta lugar no mundo que eles não tentem corromper com suas doutrinas mais iníquas; entre outros Elizabeth, a pretensa rainha da Inglaterra e servidora do crime, deu assistência a isso." A bula listava as transgressões de Elizabeth e de seus ministros, incluindo opressão aos seguidores da fé católica, instituição de falsos pregadores, abolição do sacrifício da missa, promoção de livros heréticos, expulsão de bispos e padres, proibição do conhecimento das sanções canônicas e abjuração obrigatória

Capítulo 16

da autoridade de Roma. Por conseguinte, Pio V declarava Elizabeth herege, excomungava-a e a destituía de seu "suposto título à mencionada coroa e de absolutamente toda nobreza, todo privilégio e toda dignidade". Seus súditos, prosseguia a bula, estavam formalmente dispensados de seus juramentos de lealdade à rainha.

Desde a entronização de Elizabeth os católicos ingleses tinham mantido uma incômoda trégua com o estamento religioso, mas a bula tornou isso insustentável. "A dura realidade era que o papa tornara impossível ser bom católico e bom inglês ao mesmo tempo."[3] Como iria expressar posteriormente o padre católico John Hart, interrogado em 1580, "se eles lhe obedecerem [a Elizabeth] terão a maldição do papa, se lhe desobedecerem, estarão ameaçados pela rainha".[4]

O conhecimento da bula já era bem corrente na corte por volta do fim do mês, mas tentou-se esconder isso pelo maior tempo possível, até que, em 25 de maio, um jovem chamado John Felton pregou uma cópia do texto no portão do jardim do bispo de Londres. Mais tarde, escrevendo de um colégio católico em Roma, o dramaturgo e espião inglês Anthony Munday anunciou a existência de um livro de mártires especial do qual, à noite, liam-se inspiradoras histórias para os estudantes. Felton, que foi executado pelo que fez e se recusou a pronunciar no cadafalso o tradicional discurso de submissão à autoridade real, era, segundo Munday, homenageado no livro. *Regnans in Excelsis* tinha articulado aquilo que antes parecia incoerente: oferecera a homens como Felton uma causa claramente definida e a gloriosa perspectiva à qual poderiam aspirar, a de morrer por sua fé.

Elizabeth agora era oficial e legitimamente um alvo para os futuros revolucionários católicos. Cecil temera isso desde o início do reinado, e no final da década de 1560 começou a trabalhar em colaboração com Francis Walsingham, que se tornaria seu mais forte aliado em questões de segurança. Walsingham tinha familiaridade com o círculo de Cecil, como membro do grupo de exilados na Itália, sob o reinado de Maria Tudor. Em seu regresso à Inglaterra foi eleito membro do Parlamento, em 1559. Ativo apoiador dos reformadores franceses conhecidos como huguenotes, ele se tornou embaixador em Paris e juntou-se ao Conselho Privado quando retornou, três anos depois, passando a ocupar o cargo de secretário em 1587. Seu envolvimento na chamada conspiração de Ridolfi é o primeiro exemplo significativo da estreita parceria que criou com Cecil, com o objetivo de proteger a rainha daquilo que os dois percebiam como a principal ameaça tanto à pessoa da rainha quanto ao regime protestante com o qual estavam ambos apaixonadamente comprometidos.

A conspiração de Ridolfi foi finalmente exposta em 1571, mas ela forma o cenário dominante das relações anglo-escocesas a partir de 1569. Há duas leituras para essa trama, segundo o que foi revelado. Uma delas é que Elizabeth e Cecil tinham cometido um calamitoso equívoco ao permitir que um perigoso conspirador ficasse em liberdade. A outra é que a própria Elizabeth estava envolvida quase desde o começo num esquema que teria comprometido de modo eficaz a rainha da Escócia, sem que aparentemente a rainha da Inglaterra tivesse de sujar as mãos.

Desde o final de 1560, a rede de informações de Elizabeth mantinha sob vigilância Roberto Ridolfi, homem de negócios florentino também suspeito de ser agente do papa. Em dezembro de 1568, Francis Walsingham escreveu a Cecil um relatório sobre uma perturbadora comunicação que recebera de Paris, dizendo que os governos francês e espanhol estavam considerando a possibilidade de uma aliança para derrubar Cecil, "o grande herege", e impor um embargo comercial completo a Elizabeth caso ela se recusasse a voltar à congregação católica. Poucos dias após a carta de Walsingham, o embaixador espanhol Guerau de Espés encontrou-se com seu colega francês, La Mothe-Fénelon, para discutir o esquema. De Espés estava em contato com Ridolfi, e em setembro de 1569, quando se ouviam em Londres as primeiras repercussões da revolta do Norte, descobriu-se que Ridolfi tinha deixado letras de câmbio no grande valor de £3 mil à disposição de John Lesley, bispo de Ross, o enviado de Maria Stuart. Isso era motivo de alarme suficiente para que Ridolfi fosse detido, por determinação de Cecil e do conde de Leicester, a fim de ser interrogado na casa de Walsingham em Londres, em Seething Lane (hospital na Idade Média conhecido como Papey), perto de Aldgate.

Capítulo 16

Ridolfi ali permaneceu de novembro até o final de janeiro de 1570 (isto é, enquanto durou a rebelião), tempo no qual admitiu que conhecia Ross e sabia do plano de casar Maria com o duque de Norfolk. Suas revelações foram alvo da intervenção da rainha. Ela afirmou que algumas das respostas eram "totalmente contrárias à verdade", e acrescentou ameaçadoramente que "um interrogatório mais rigoroso revelaria mais". Teria Ridolfi "se dobrado" durante sua estada na casa de Walsingham, possivelmente sob ameaça de tortura? Elizabeth parece ter demonstrado um curioso grau de cordialidade com personagem tão perigoso.

Após a soltura de Ridolfi, sob a promessa de não mais se meter em assuntos que não eram de sua alçada, Elizabeth efetivamente o recebeu numa audiência em seu jardim, no palácio de Greenwich, em 25 de março. Ridolfi jurou-lhe lealdade: "De certo modo ele fez um reconhecimento de sua grande disposição de servir a Sua Majestade e a esta coroa."[5] Pouco tempo depois ele estava a caminho de Roma, com um passaporte assinado pela própria Elizabeth. Em sua jornada, passou pelos Países Baixos Espanhóis e pela corte de Felipe da Espanha, aparentemente com a ideia de promover uma invasão pelo duque de Alba a fim de reconduzir Maria ao trono, com o apoio de um golpe interno dado pelos católicos ingleses. O próprio Alba definiu Ridolfi como *un gran parlaquina* – "um falastrão" –, e ironizou sua capacidade de organizar qualquer tipo de insurreição. Mas deve-se questionar sua opinião de que "Ridolfi... era um homem com um amor italiano pela intriga, mas ... muito pouco do talento renascentista italiano para a diplomacia; ele não entendia como funcionava a mente inglesa, de fato, como funcionava a própria Inglaterra".[6] É quase inconcebível que essa suposta desimportância política fosse bem-sucedida em iludir Walsingham, Cecil e Elizabeth em momento tão delicado. O fato é que Ridolfi morreu como respeitado senador em Florença, evitando caprichosamente as consequências de seu complô revolucionário. Assim,

> há outro modo de olhar a carreira de Ridolfi, ... o de que ele era um embuste; que toda a conspiração foi uma armação desde o início, um complô arquitetado [por Cecil] para expor Maria Stuart e o perigo que ele sabia ser

representado por ela, e para desmascarar aqueles com quem ela tramava na Inglaterra e no exterior.[7]

Walsingham garantiu a Cecil que Ridolfi "agiria discreta e honradamente, como alguém que era sensato e firme em termos de honestidade e reputação", declaração que dificilmente se encaixa no desastrado falastrão, como dizia Alba. A menos, claro, que a indiscrição e a incompetência fossem parte de seu disfarce. O fato de Elizabeth ter escolhido esse momento para promover Walsingham à corte francesa implica que ela confiava na opinião dele. Além do mais, a resistência da rainha à pressão francesa para que fizesse uma declaração definitiva quanto a Maria Stuart pode ser lida, a essa luz, como tática para adiar a ação até que o complô se esgotasse por si mesmo. Ridolfi era um homem cujo talento para "manobrar é tão grande que ainda não podemos ter certeza do lado em que ele está".[8] Trabalharia ele de fato para Elizabeth, ou a estava enganando, fazendo-a pensar que era um agente duplo, quando continuava leal à causa católica? Historiadores recentes passaram a se inclinar fortemente para a primeira hipótese. Contudo, o que quer que Ridolfi acreditasse fazer, suas atividades realmente confirmavam os piores temores de Cecil quanto à segurança de Elizabeth e de seu Estado.

Em 12 de abril de 1571, um homem chamado Charles Bailly, recém-chegado dos Países Baixos, foi preso em Dover e enviado a lorde Cobham, em Londres. A bagagem de Bailly despertara suspeitas por parte das autoridades portuárias quando se descobriu que continha cópias de *A Treatise Concerning the Defence of the Honour of... Mary Queen of Scotland*, assim como cartas criptografadas para o bispo de Ross. Lorde Cobham imediatamente enviou Bailly para a prisão de Marshalsea, tendo obviamente alertado Cecil, pois o companheiro de cela de Bailly era na verdade William Herle, habilidoso informante que trabalhava para o secretário. Bailly descobriu que em sua cela também havia um conveniente buraco na parede, através do qual ele conseguiu se comunicar com um padre irlandês, um secretário do embaixador espanhol e dois criados do bispo de Ross. Herle diariamente escrevia cartas a Cecil, que foi em pessoa interrogar Bailly. Após várias

Capítulo 16

semanas de ameaças e uma boa dose de tortura (contra a qual Ross protestou, embora Cecil e Leicester tivessem negado a prática), Bailly confessou saber das conversas de Ridolfi com Alba, nos Países Baixos, e disse que ele lhe pedira que escrevesse duas cartas a serem passadas a Ross, que providenciaria sua entrega. Bailly sabia apenas que as cartas eram dirigidas a nobres ingleses, designados como "30" e "40". Em 13 de maio, Cecil, acompanhado por sir Ralph Sadler, conde de Sussex, e sir Walter Mildmay, visitou Ross em seus alojamentos e, após um longo interrogatório, obteve a informação de que Ridolfi tinha em sua posse cartas de Maria para Alba, Felipe da Espanha e o papa, e cartas de Ross para Alba, todas relativas a planos para providenciar recursos e tropas em ajuda a Maria.

Após passar o verão em viagem com a rainha, Cecil escreveu uma carta extraordinária, em nome de Elizabeth, ao conde de Shrewsbury, dando instruções ao mensageiro de que fosse diretamente ao castelo de Sheffield, com "pressa e mais pressa, pressa, pressa, pela vida, pela vida, pela vida, pela vida". Essa é uma rara e evocativa peça de poesia; dá para ouvir na repetida injunção o barulho dos cascos do cavalo do mensageiro em seu galope. Shrewsbury foi instruído a pressionar Maria Stuart a fazer novas revelações e impedi-la de enviar ou receber qualquer tipo de comunicação. Se Cecil tinha preparado uma armadilha, ele estava muito perto de dispará-la. Em 29 de agosto, certo Thomas Browne de Shrewsbury tinha recebido de dois funcionários do duque de Norfolk uma bolsa prateada para entregar a outro serviçal de Norfolk, Laurence Bannister. Browne teve a precaução de olhar dentro da bolsa e descobriu £600 em ouro e dois bilhetes escritos em código. Poucos dias depois os homens de Norfolk eram interrogados na Torre, e Elizabeth se declarava "muito curiosa" para ouvir as notícias.

O duque de Norfolk foi levado preso para Howard House em 4 de setembro, mas não antes de ter fornecido a chave do código. Ele recusou-se a assinar uma declaração redigida por sir Ralph Sadler, a quem Cecil encarregara de interrogá-lo, e Elizabeth então mandou que Norfolk fosse levado à Torre para continuar a ser arguido. A rainha sentou-se ao lado de Cecil, à mesa dele, e juntos vasculharam o relatório. Ela propôs que William Barker, um dos criados de Norfolk encarregados do ouro, fosse interrogado novamente, e autorizou o uso de "algumas medidas extremas" contra ele. Elizabeth não estava mais disposta a ouvir os pedidos de clemência de Norfolk, embora ele tivesse dito: "Quando ponderei comigo mesmo quão longe fui na transgressão de meu dever a Vossa mais excelsa Majestade, não ouso agora presumir que possa ter a expectativa ou a esperança do favor de Vossa Graça."

Em meados de setembro, quando a justificativa para a tortura dos criados de Norfolk chegou à Torre, Cecil insistia em obter respostas. Um mês depois, ele estava suficientemente convencido da culpa de Norfolk na emissão de um panfleto, *Salutem in Christo*, detalhando a conspiração para o público. Num método familiar aos modernos manipuladores da imprensa, tratava-se de uma carta "particular", da autoria de um tal "RG", que "por acaso" caíra em domínio público. Embora o complô que a missiva detalhava viesse a ser conhecido pelo nome de Ridolfi, a identidade dele foi omitida, sendo referido apenas como "o mensageiro" (o que, mais uma vez, dá suporte à noção de que Ridolfi estava o tempo todo trabalhando para o governo inglês).

As acusações foram as seguintes: Maria era responsável pela revolta do Norte; ela tinha conspirado para se casar com o duque de Norfolk e com ele orquestrar um plano de tomar Londres e receber tropas dos Países Baixos, num esquema ativado pelo bispo de Ross, aquele "instrumento de todas as calamidades do duque".[9] Maria seria proclamada rainha da Inglaterra e da Escócia, e seu filho Jaime deveria ser sequestrado. Essa era uma peça de propaganda incendiária, "uma revelação sensacional vinda do coração do governo de Elizabeth".[10]

Uma semana depois, Ross foi novamente interrogado, numa investigação que se estendeu por vários dias. Vezes seguidas o bispo foi inquirido a respeito de Ridolfi. Quando sucumbiu, ficou claro que Norfolk era um homem morto. Sim, o duque de Norfolk tinha "conversado" com Alba. Sim, ele tinha conspirado com Felipe e Maria Stuart, e até sugerira Harwich como porto ideal para o desembarque das tropas. Sim, ele se comunicara com o papa. Sim, o duque era "40", e seu aliado, lorde Lumley, era "30". Mais evidências do agenciamento de Ridolfi vinham do código que ele tinha preparado em italiano para Norfolk usar depois de liberado da custódia de Walsingham, e que estava escondido na Bíblia do duque. Com o mesmo código, seria facílimo Cecil decifrar a mensagem. Como observa o biógrafo de Cecil, "quem senão um agente inglês teria cometido erro tão óbvio?".[11] Em novembro, Norfolk escreveu uma longa carta a Cecil pedindo-lhe que intercedesse junto a Elizabeth, porém, alguns dias depois, a própria rainha acusou seu parente de mais seis itens de traição extraídos de suas próprias confissões.

A CONSPIRAÇÃO DE RIDOLFI revela muito de Elizabeth como estrategista política. Desde o começo de seu reinado, é possível vê-la trabalhar em estreita colaboração com Cecil, encontrar-se com o próprio Ridolfi, emitir comunicados em parte protetores, em parte intimidativos. Vemo-la concordar com ameaças e possivelmente com o uso de tortura contra os servidores de Bailly e de Norfolk. Vemos como ela conduz os assuntos públicos, encontrando-se com embaixadores, percorrendo o reino, o tempo todo esperando com paciência que os fios de uma conspiração contra sua vida se juntassem e entretecessem. Mas, nos dias que precederam o interrogatório de Ross, a tensão começou a dar sinais – Elizabeth padeceu de dolorosas crises biliares que só podiam ser aliviadas com o uso de vomitórios, a cura por "purgação" que a rainha em geral desprezava. O esforço requerido para manter a máscara de majestade em tais circunstâncias demandava incrível autodisciplina, em particular por Elizabeth ter agido com tanta duplicidade quanto seu secretário, envolvendo-se numa trama cujas consequências poderiam ter sido desastrosas. Não se sabe exatamente se Ridolfi foi de fato um joguete ou um aproveitador que adorava intrigas, mas Elizabeth estava preparada para arriscar sua própria segurança com a finalidade de derrubar seus inimigos.

As CONVULSÕES ENVOLVIDAS na conspiração de Ridolfi ajudam a compreender a atitude de Elizabeth quanto à Escócia no ano anterior, quando o assassinato do regente, o conde de Moray, em 23 de janeiro de 1570, provocou uma crise. Com o continuado desbaratamento do regime protestante ao norte da fronteira, Elizabeth também era pressionada pela França para declarar suas intenções e o que planejava fazer em relação a Maria Stuart. Num encontro com o embaixador francês, em 6 de fevereiro, Elizabeth afirmou que tinha "tratado a rainha dos escoceses com mais honra e favorecimento do que teria feito com qualquer príncipe que defendesse a mesma causa; embora não tivesse de prestar contas de seus atos a ninguém, ainda assim gostaria de transmitir ao rei, seu bom irmão, algumas considerações sensatas sobre o que estava fazendo".[12]

No entanto, nenhuma "consideração sensata" seria apresentada até abril, quando sir Henry Norris foi instruído a adotar um tom enérgico em sua declaração a Catarina de Médici e seu filho. Depois de detalhar os incidentes relativos ao complô para o casamento de Norfolk, o fracasso na ratificação do Tratado de Edimburgo e a rebelião no Norte, o enviado de Elizabeth declarou:

> Se as solicitações que nos são feitas para ajudá-la com nossa força a restaurar imediatamente seu reino forem aplicadas a coisas anteriores e precedentes, nenhuma pessoa, indiferente de qualquer julgamento, irá ou poderá pensar com razoável consciência em nos levar a cometer tão perigosa loucura, a de causarmos nós mesmos risco para nossas próprias pessoas, ou para a tranquilidade de nosso reino e de nosso povo.[13]

Pessoalmente, Elizabeth ainda não tinha certeza de como devia proceder, e apesar da resolução de seus conselheiros privados, que se opunham firmemente à restauração de Maria Stuart, a rainha convocou uma reunião em Hampton Court naquele mesmo mês para discutir de novo o tema. A indecisão de Elizabeth quanto a esse problema tem sido interpretada como típica de seu caráter, como evidência da natureza "feminina" de seu governo, ou, de modo mais realístico, como a incapacidade de considerar a enormidade do ato de golpear outra rainha ungida por Deus. Contudo, dado o envolvimento pessoal de Elizabeth nos primeiros estágios do notório complô, pode-se admitir que a protelação diplomática tinha como base a convicção de que Maria em breve cairia na armadilha de seus próprios esquemas.

Os eventos de 1571 produziram mais duas peças de legislação, desencadeadas em parte pela *Regnans in Excelsis*, em parte pela conspiração de Ridolfi, que abalaram ainda mais a lealdade dos súditos católicos de Elizabeth e delinearam os lados opostos no que agora era um escancarado conflito confessional no reino. O Ato das Traições tornava ilegal a contestação do direito de Elizabeth ao trono: era traição dizer que ela era herege, tirana, infiel ou usurpadora. O Ato contra os Fugitivos pelo Mar apresentava um problema de ordem mais prática. Os católicos que optavam pelo exílio, em lugar do conformismo (o que representava deixar a Inglaterra sem licença para isso e não retornar dentro de seis meses), eram intitulados "fugitivos, rebeldes e traidores". Todos os católicos ingleses agora eram suspeitos da traição que os militantes católicos promoviam, o que não quer dizer que não houvesse entre eles muitos que tentavam encontrar um caminho para sair do labirinto teológico que o papa e a rainha haviam criado.

Inúmeros membros da pequena nobreza e da burguesia católicas satisfizeram-se em se tornar "papistas da Igreja", aceitando externamente as exigências do Ato de Supremacia enquanto mantinham certa liberdade de consciência; outros buscaram de forma ativa na estrutura do Estado inglês um lugar para católicos leais; outros, ainda, mantiveram o catolicismo mais como sistema social e cultural do que como prática estritamente religiosa – estudiosos que examinaram as distinções e interações entre esses grupos verificaram haver neles consideráveis gradações.

Não é correto supor que Elizabeth estivesse se opondo ferrenhamente a um sólido bloco de conformidade católica, por mais poderoso que o ultralegalista Império dos Habsburgo às vezes parecesse. Por exemplo, os franceses jamais aceitaram o regulamento do Concílio de Trento, de 1563, que endossava o papa como bispo da Igreja católica universal. Daí o "galicanismo", como se tornou conhecido, ter ficado cada vez mais influente na política continental à medida que o século avançava. Ele reivindicava a independência eclesiástica dos reinos católicos, em especial, mas não de forma exclusiva, na França. Assim, o governo inglês não era o único a propor que os súditos obedecessem ao monarca de uma confissão diferente da deles.[14]

Muitos católicos ingleses consideravam o "ultramontanismo" (a afirmação da autoridade de Roma sobre todas as outras autoridades) uma corrupção de sua fé, dando ao secular precedência sobre o espiritual. Anthony Copley, polemista católico que escreveu no final do período elisabetano, exortou "todos os católicos ingleses, tanto por sermos católicos quanto por sermos ingleses, a explodir e processar essa doutrina ... de impostura e deslealdade". Enquanto a França mergulhava numa guerra civil espiritual, panfletos galicanos tornaram-se cada vez mais populares entre os protestantes ingleses, sendo que 130 deles foram traduzidos e publicados em 1595. A militância dogmática não obteve melhores resultados entre os católicos europeus que a insurreição de seus correlatos na Inglaterra: o desafio que Elizabeth enfrentava viinha de uma minoria extremista.

O belo e maleável intelecto de Elizabeth se adequava de forma brilhante e versátil ao sempre mutante calidoscópio, ao arco-íris das lealdades que compunham a política renascentista, porém, cada vez mais ela era obrigada a admitir que seu governo não poderia se permitir reconhecer sutilezas, à medida que a paisagem moral se reduzia inelutavelmente ao preto ou ao branco. A legislação pós-*Regnans in Excelsis* negou aos católicos ingleses uma posição que tanto Elizabeth quanto Cecil tinham assumido durante o reinado de Maria Tudor. Cada um a seu modo tinha declarado que lealdade e consciência não eram incompatíveis. Morrer pela própria crença tinha começado a parecer cada vez mais fora de moda para esses talentosos proponentes de uma nova ideologia política. Contudo, à medida que a posição de ambos os lados se radicalizava, um número crescente de idealistas católicos se preparou para investir onde os pragmatistas temiam pisar.

Para Norfolk, portanto, não poderia haver mercê. De acordo com Cecil, Elizabeth tinha consciência da proximidade de sangue e da superioridade honorífica do duque, e a sentença de morte foi assinada e rescindida quatro vezes antes que ela conseguisse suportar o ônus de autorizar a execução. Se Elizabeth esteve envolvida em infiltrar Ridolfi na trama, isso significa que se sentia tão ansiosa quanto seus ministros para conhecer o alcance do complô contra ela, mas isso não representa que pudesse se conciliar com as consequências daquela informação. Mas a rainha fora ainda mais relutante em agir contra Maria Stuart do que contra Norfolk, e seu Parlamento não permitiria que ela poupasse os dois. No fim de 1570, o dr. Thomas Wilson, jurista em Cambridge, foi encarregado por Cecil de "traduzir" uma obra de George Buchanan, o tutor de Jaime da Escócia. *A Detection of the Doings of Mary Queen of Scots*, sumário brutal das atividades de Maria, fora enviado a Londres pelo embaixador de Elizabeth na Escócia, Thomas Randolph, em 1568. Agora Wilson adulterava o texto para fazer parecer que ele fora escrito num "belo escocês", e o livro foi enviado à corte francesa com o objetivo de destruir o que ali restava da reputação de Maria. O texto resume a visão dos comuns, que estavam determinados a fazer derramar o sangue de Maria:

> Quando um rude escocês vomita um veneno, deve um inglês refinado lambê-lo como se fosse um fortificante? Ó vil indignidade... Ó ambição alimentada com prosperidade, robustecida com indulgência, irritada com adversidade, que não seja negligenciada, que não se confie nela, nem que se a perdoe.[15]

Estabelecido como embaixador na França, Walsingham acrescentou a isso a opinião de que: "Enquanto essa mulher diabólica viver, nem Sua Majestade deve contar manter tranquilamente a posse de sua coroa, nem seus fiéis servidores devem ter certeza quanto à segurança de suas vidas."

No Parlamento de maio de 1572, membro após membro levantou-se para denunciar essa "horrível adúltera" e "subversora do Estado". Cumpre notar que as transgressões maritais de Maria Stuart eram confundidas com a traição política, invocando a antiga associação entre pecado sexual e governo corrompido, combinação que a propaganda antielisabetana também iria adotar. Elizabeth fez fortes pressões no sentido de que a Câmara moderasse suas intenções, pressionando mais por um decreto que excluísse Maria da sucessão que por uma lei incriminatória que custasse a vida da rainha da Escócia – ato de misericórdia que foi aceito de má vontade. Em troca, Elizabeth finalmente concordou que Norfolk fosse para o cepo. Maria ouviu em lágrimas essas notícias e passou muito tempo orando privadamente pelo pretendente perdido, mas deve-se perguntar se ela não estava na verdade aliviada.

Norfolk foi executado em Tower Hill, em 2 de junho. Na noite seguinte, Cecil foi até Elizabeth com um relatório de Walsingham apresentando uma pesquisa de opinião sobre a rainha da Escócia feita entre destacados protestantes franceses, mas a rainha mandou-o embora após alguns momentos, confessando que estava muito perturbada em sua tristeza pela morte de Norfolk para tratar de negócios. Em 25 de junho, o decreto moderado que Elizabeth solicitara foi lido pela terceira vez na Câmara dos Comuns. Ele declarava que Maria Stuart não tinha direito a dignidade, título ou interesse por parte da coroa de Elizabeth, e que, se ela os reivindicasse, ou tentasse provocar qualquer tipo de guerra ou invasão, seria considerada traidora e poderia ser processada como tal pelos pares da Inglaterra. Se condenada, seria executada. Mas Elizabeth não deu seu consentimento, sem o qual o decreto se tornava inútil. Ela solicitou que a decisão fosse adiada até a próxima sessão do Parlamento, em novembro. Permitiu apenas que uma delegação fosse ao castelo de Sheffield e lesse para a insolente e não arrependida Maria mais um grave discurso sobre sua traiçoeira ingratidão – visita que, aliás, teve o mesmo efeito que todas as que lhe haviam precedido.

Capítulo 17

A CORTE ELISABETANA TEM SIDO frequentemente criticada por seu "atraso" em termos de arte. Tornou-se "lugar-comum [a ideia de] que a adoção do estilo renascentista italiano aconteceu tarde na Inglaterra, foi adotado com delonga e só em parte".¹ De modo similar, a segunda metade do século XVI com frequência é considerada um período de "contração", se não de embrutecimento. No que tange à própria Elizabeth, essas críticas a princípio parecem justificadas. Sua atitude em relação à patronagem artística era decididamente mesquinha – "ela se demora muito tempo, dando aos solicitantes, com suas palavras, sólidas esperanças de que irão conseguir o que querem; de fato, sem lembretes constantes, sem amigos e protetores complacentes, é muito difícil obter [dela] qualquer coisa que custe algo à sua bolsa", desdenhava Petruccio Ubaldini.

Embora seja verdade que a viagem de verão de Elizabeth pelo sul da Inglaterra não serviu apenas a seu propósito político de dar ao povo um reforço visual de sua autoridade, mas também inspirou o surgimento das *prodigy houses*,* como as de Hardwick, Longleat e Holdenby, ela mesma não construiu palácios. Apesar de a rainha ter inspirado parte da melhor poesia em idioma inglês do período poético mais fértil da Inglaterra, os livros que ela de fato possuía representam um parco legado. Curiosamente, para uma intelectual de estilo tão peculiar e consciente, Elizabeth tinha poucos livros. O catálogo da Biblioteca Real de 1760 lista 1.600 volumes, mas destes apenas cerca de trezentos eram efetivamente dela. "O conteúdo

---

* *Prodigy houses*: casas especialmente construídas para abrigar a rainha e sua comitiva nas excursões pelo reino. (N.T.)

da biblioteca da rainha Elizabeth I", conclui secamente um historiador e biógrafo, "é tão enigmático quanto o resto de sua personalidade."²

Os antecessores de Elizabeth Tudor, em certa medida, confirmaram as próprias imagens por intermédio de seus livros – Henrique VIII considerava-se um rei "davidiano", o líder espiritual de seus súditos, como confirma um estudo sério de suas anotações à margem do comentário de Lutero, em latim, aos Salmos. Eduardo VI era tipificado como um Davi protestante: ele possuía, entre outras obras que referenciam a comparação, uma tradução do hebraico do livro de Jó feita por Acasse d'Albric, que o descrevia como "Petite fleur d'espérance admirable/ Petit David de Goliath vainceur".* Maria Tudor fez um relatório declarando a posse da obra de François Billon, de 1555, *Le fort inexpugnable de l'honneur du sexe feminine*, enquanto sua insistência sobre a republicação (inútil) da obra de Joannes Genesius, erudito que fora um dos mais relevantes defensores de Catarina de Aragão durante o processo de divórcio, conecta-a à tradição de memorialismo das rainhas pela literatura iniciada com Matilde da Escócia, com a *Vida de santa Margarida*.

Os livros de Elizabeth também são em geral irrelevantes, só que de outra maneira. Talvez ela tivesse o famoso livro de orações com o brasão da rosa dos Tudor entre os fechos banhados em ouro, mas, se o possuía, não o usava muito. A única poesia relatada são alguns versos em latim de Thomas Drant, cujo legado literário é hoje tão familiar quanto seu nome. A literatura estrangeira está pobremente representada, e quanto aos duzentos ou mais livros com dedicatórias à rainha, ela parece tê-los conservado mais pelas encadernações que pelo conteúdo. Muitos dos livros do catálogo que se dizia pertencentes a Elizabeth eram de seus cortesãos favoritos, como Christopher Hatton, ou de seu amado tutor Roger Ascham. Destes, o de mais prazeroso significado talvez fosse uma edição veneziana de 1495 das obras reunidas de Aristóteles em grego, apresentando na página de rosto uma anotação que se acredita ser o emaranhado código de Elizabeth com Robert Dudley, conde de Leicester.

---

* "Pequena flor de admirável esperança,/ Pequeno Davi vencedor de Golias." (N.T.)

Da mesma forma, os quadros que Elizabeth encomendava tinham um tom fortemente medieval, visando mais à replicação que à inovação; o principal estudioso dos quadros de Elizabeth conclui que "a cultura de Elizabeth I não pode ser comparada ao ... esplendor agressivo de Henrique VIII".[3] Essa imagem de Elizabeth como uma relutante e inadequada monarca "renascentista", no entanto, baseia-se em várias concepções equivocadas: primeiro, uma superestimação da importância da Itália; segundo, um conceito particular e herdado do significado da arte para o Renascimento; terceiro, uma desconsideração da interioridade ou da revolução "psicológica" que foi identificada como a característica primordial do pensamento renascentista. A Inglaterra de Elizabeth não era apenas uma parte relevante das correntes renascentistas que transformavam a Europa. Ela e sua corte eram tão capazes quanto qualquer outra dinastia de exibir a *magnificenza* necessária para a soberana dignidade de um príncipe. O apego ao dinheiro, uma das características mais conhecidas de Elizabeth, escondia um aspecto diferente da rainha e de sua corte:

> Por muitos ela é em geral considerada hesitante e mão-fechada, porque só alguns dos mais próximos a ela e que podem lidar com sua natureza ganharam não pouca coisa por serem pacientes, mas com as personalidades estrangeiras enviadas por príncipes ela sempre se provou magnífica e pródiga, como é adequado à sua dignidade e condição real.[4]

Conquanto a cultura italiana fosse profundamente influente na corte de Elizabeth, tanto do ponto de vista político quanto do estético, uma compreensão mais profunda de suas qualidades "renascentistas" deve levar em conta a Borgonha. A tia-bisavó de Elizabeth, Margarida de York, fora duquesa e regente da Borgonha, enquanto seu bisavô, Eduardo IV, ali esteve exilado durante a Guerra das Rosas, e foi influente no período que passou como hóspede do seu dignitário, lorde Louis de Gruuthuse. A Borgonha foi uma das capitais mundiais do luxo e da cultura no século XV, e Eduardo voltou à Inglaterra com a intenção de imitar essa magnificência. Os protocolos reais que a bisavó paterna de Elizabeth, Margarida

Beaufort, tinha codificado para a corte, muitos dos quais ainda em uso no tempo da bisneta, derivavam da reorganização da casa de Eduardo na década de 1470. O orientador de Eduardo era Olivier de la Marche, a quem o rei encomendou a produção de *L'État de la maison de Charles de Bourgogne*.

A relação dos duques borgonheses (que dominavam a paisagem cultural do século XV) com a arte renascentista francesa tem sido comparada à de Roma com os gregos. Os extraordinários requintes da cultura da Borgonha foram adotados a partir da corte francesa, mas adaptados e mesclados à cultura urbana dos Países Baixos para produzir uma distinta expressão artística da ascendência política. O que Eduardo IV absorveu durante sua estada na Borgonha foi todo um sistema de vida principesca, com hierarquias de status incorporadas em cada aspecto da vida da corte – não somente no cerimonial ou nos trajes, mas no mobiliário, na comida, nos objetos usados e tocados, em tapeçarias, serviços de mesa, música e até na configuração do espaço.

Os projetos de construção de Eduardo, ainda existentes no tempo de Elizabeth, demonstram explicitamente a influência borgonhesa, do mesmo modo que seu cerimonial de corte era derivado do de Carlos o Temerário. A escadaria para os apartamentos reais em Nottingham foi modelada pela do Prinsenhof, em Bruges, enquanto em Eltham ele usou modelos borgonheses na construção da galeria e do jardim suspenso com vista para o rio. As artes borgonhesas influenciaram também o avô de Elizabeth, Henrique VII, que reconstruiu o palácio Richmond em 1501 usando o design *donjon* nos apartamentos reais e jardins internos e galerias do tipo *loggia*. Quando a avó de Elizabeth, Elizabeth de York, era rainha, os préstitos reais imitavam diretamente os formatos dos da corte borgonhesa, com elaborados palcos móveis onde se apresentavam dançarinos e músicos fantasiados e, claro, os enormes modelos de animais.

Isso não significa que Eduardo IV fosse um inovador único ao levar as artes borgonhesas para a Inglaterra.

As influências italiana e francesa foram importantes e consistentes durante séculos, mas o progresso do Renascimento fora interrompido na Inglaterra pela guerra civil – a primeira geração de súditos dos Tudor

Capítulo 17

vivera muito mais próximo de uma época bárbara e violenta que dos refinamentos da urbanidade italiana. Contudo, antes da Guerra das Rosas, Ricardo II presidira uma cultura de corte esteticamente sofisticada, de modas delicadas e comida elegante, águas de banho perfumadas e interiores requintados. Como Elizabeth, Ricardo desenvolveu um renascimento literário (embora, como ela, tenha funcionado mais como devoto que como um patrono direto de escritores como Chaucer e Gower); e, como Elizabeth, ele fez de sua própria magnificência e esplendor o centro de todas as celebrações.

No entanto, a linguagem visual aperfeiçoada pelas cortes borgonhesas, ou pela de Elizabeth, não foi uma linguagem acessível aos críticos posteriores. Para o século XIX, que cunhou a expressão, o "Renascimento", quando não se referia a ideias, referia-se à pintura. A grande arte que hoje cultuamos nos museus não era entendida no século XVI nos mesmos termos que os atuais. Os quadros, em si mesmos, eram considerados objetos de status (relativamente) baixo. Objetos de luxo, fossem tapeçarias, vestimentas, mobiliários, serviços de mesa, armaduras – o que agora se denomina "arte decorativa" – eram os elementos-chave indicadores de magnificência, e sua disposição criava o espetáculo com o qual o governante impunha essa magnificência. Os materiais mais requintados e a mais hábil arte artesanal eram usados para atingir objetivos políticos, sociais e religiosos. Eles "demarcavam o transcendente e o mundano",[5] mas também, numa forma de apoteose visual, traduziam o que era mundano em termos do transcendente. A aparência de um governante era o centro de uma "tapeçaria multissensorial" criada por escritores, músicos, atistas de todos os tipos. Monarcas como Elizabeth não só encomendavam arte, eles *eram* arte. O efeito desejado não era menor que o sublime.

Seria míope, então, julgar o Renascimento inglês por uma única categoria de obras, isto é, as pinturas, que foram privilegiadas por diferentes épocas. A função dos retratos, no caso da rainha, era criar apenas um componente da magnificência, mas um componente no qual Elizabeth fez algo de único. A maneira pela qual se via a pintura em sua época era bem diferente da que conhecemos hoje. A originalidade não era premiada, mas a ideia de que as presunçosas e ornamentadas figuras sentadas no "corredor de retratos" de Elizabeth deviam sua rigidez à incompetência dos pintores (o que seria explicado pelo fato de que todos os grandes artistas eram católicos, e portanto não podiam se estabelecer na Inglaterra) é errada. Na época exigia-se um retrato emblemático, a captação do ser interior.

As imagens da rainha assim criadas, a roupa, a maquiagem, as joias, ainda nos saltam da página ou da tela mesmo após quase quinhentos anos. Embora o lema de Elizabeth, tirado do *Semper Eadem* (Sempre a mesma) de sua mãe, reflita na compacidade dos retratos sua imutabilidade aparentemente atemporal, ele era parte de uma imagem que estava em constante transformação. Elizabeth tinha grande interesse pessoal na difusão de sua aparência, e solicitava-se que essa aparência, como corporificação da nação, se alterasse segundo as necessidades da nação. Ao contrário de seus predecessores, Elizabeth era sensível ao fato de que "a arte da representação real fora transformada pelo fervilhante mercado da prensa manual".[6] Agora, como nunca antes, a rainha podia ser vista por um maior número de pessoas. E, assim como a fé reformista fora disseminada por meio da revolução da imprensa – e a explorara –, a ideologia protestante da corte de Elizabeth estava mudando sua consciência de identidade para algo mais reconhecivelmente moderno.

O conceito cambiante de self foi identificado como algo característico do período renascentista. A vida interior, a distinção entre o "self" e o mundo exterior, era reconhecida como o cerne da identidade humana. O ser e o parecer, aquilo que o primeiro era em oposição ao que o segundo apresentava ao mundo, eram qualificados como coisas reconhecidamente distintas, o que, em termos políticos, como identificavam os críticos de Maquiavel, era perturbador do ponto de vista moral. Na Inglaterra do século XVI, essa nova distinção foi catalisada tanto em termos confessionais quanto psicológicos. Fora identificada uma "relevante mudança ideológica"[7] entre, numa extremidade, o consenso universal da Igreja católica transnacional, e, na outra ponta, os polos gêmeos de uma espiritualidade que dependia apenas da fé e de um monarca que era o líder declarado tanto da fé quanto do próprio Estado. O espiritual e o temporal estavam se mesclando de uma forma totalmente nova. Portanto, o self tinha de ser redefinido de modo contrário às "reivindicações absolutistas do Livro e do Rei".[8] Uma nova ênfase na individualidade foi criada pela remoção das pontes de comunicação entre sacerdote e massa – na religião reformada as pessoas podiam falar diretamente com Deus de uma nova maneira. Num contexto secular, não havia um "Livro", nenhuma Bíblia para estabelecer essa consciência individual no interior de qualquer estrutura comunal. Em vez disso, havia o monarca. Como lugar-tenente de Deus, a autoridade de Elizabeth era personalizada em um novo modelo de poder e subjetividade, e isso quer dizer que ela era representada de outro modo.

A aparente imutabilidade da imagem de Elizabeth tinha menos a ver com a necessidade de se mostrar constantemente bela ou desejável do que com o poder. Em um nível, ela era uma vitória sobre a natureza; em outro, a "imortalidade" da imagem da rainha se correlacionava com a de sua governança – enquanto uma durasse, a outra não estaria ameaçada. (Pode-se considerar que a moda do século XX de embalsamar os ditadores tenha motivação similar.) A imposição de uma imagem singular da rainha teve tanto sucesso que ela continua a ser reconhecível de imediato, mesmo nas caricaturas da propaganda católica, embora tenham ocorrido transformações no âmbito dessa imagem simbólica durante seu reinado. O cerimonial da corte, de cuja estrutura ela constituía o centro, também era flexível e responsivo às necessidades e disposições do momento. Em seu manejo da tradição do amor cortês, pode-se considerar que Elizabeth posicionou-se intelectualmente tanto como soberana estilizada quanto como chefe protestante; no desempenho de sua *magnificenza*, isso se faz manifestar visual e variadamente.

A qualidade "interior" dos retratos de Elizabeth era o reflexo da influência de um teórico italiano, Gian Paolo Lomazzo, cujo *Trattato dell'arte della pittura* (1584) tornara-se muito popular. Na época, Lomazzo era muito mais conhecido na Inglaterra que Giorgio Vasari, cujo livro *Vite*, sobre a vida de artistas, ajudara a criar a lenda dos gênios inovadores que foram os maiores sucessos populares do Renascimento. Lomazzo destacava a importância da ideia contida num quadro, mais que de sua superfície. Cada aspecto da cultura elisabetana estava imbuído de uma lógica dos emblemas, o que permitia que todas as formas de decoração, inclusive as pinturas, fossem "lidas". Tratados cada vez mais populares, como o de Geoffrey Whitney, *A Choice of Emblems*, ajudavam o público a se manter informado e ofereciam uma seleção de emblemas adequados a quem desejasse posar como modelo. A própria Elizabeth observou numa carta a seu irmão Eduardo que "a boa intenção interior também pode ser apresentada, como o rosto e o semblante exterior". As leituras simbólicas de seus retratos podem encher (e enchem) volumes inteiros. A pretensão de originalidade nos retratos de Elizabeth é limitada, mas, ao mesmo tempo, eles eram ousados a ponto de serem revolucionários. Imagens da Virgem Maria têm sido identificadas como a mais consistente fonte para a pintura de propaganda Tudor, mas foi Elizabeth, e não seus antecessores, quem ousou se postar diretamente no santuário da arte sacra.

Dois quadros pintados por Nicholas Hilliard, datados de 1572-76, conhecidos respectivamente como *Retrato da fênix* e *Retrato do pelicano*, são os primeiros a incluir uma iconografia mais personalizada do que os símbolos genéricos associados à rainha. Foram produzidos no período entre a excomunhão papal e a conspiração de Ridolfi, assim, considera-se provável que os emblemas usados sejam uma reação a esses eventos. O pelicano já estava associado a Elizabeth num inventário de joias de 1573. Esta ave aparece nos bestiários como símbolo da redenção e da caridade, comentada por Lyly em 1580 como "o bom pelicano que, para alimentar os filhotes, se deixa dilacerar", referência ao fato de que as fêmeas, se necessário, alimentam os filhotes com seu próprio sangue. O que se deixou passar foi a conexão do pelicano com rainhas mais antigas, como o presente de aniversário dado pelos cidadãos a Ana da Boêmia, no século XIV. O pelicano era, pois, um emblema altamente apropriado para representar a relação sacrificial, materna, de Elizabeth com seus súditos, em particular considerando-se a atmosfera de insegurança e ameaça que cercava a bula *Regnans in Excelsis* e a conspiração de Ridolfi.

Também é concebível (em termos) que, dada a associação de Ana Bolena com Ana da Boêmia, por intermédio de seu interesse pela Bíblia em vernáculo, o pelicano tenha sido um gesto de reconhecimento, por parte de Elizabeth, do "sacrifício" da mãe, embora essa conexão seja apenas especulativa. Contudo, o pelicano tem outra associação: com o próprio Cristo. Na iconografia católica, o pelicano é Cristo, que deu seu sangue como alimento espiritual aos fiéis. Desse modo, "Elizabeth tinha arrogado a si mesma um símbolo que, sob a antiga ordem religiosa, estava reservado ao próprio Deus". O que torna esse emblema particularmente ousado é que desde os editos de Henrique VIII sobre a idolatria, o uso desses símbolos era considerado blasfemo. O *Retrato do pelicano* representa assim uma audaciosa ironia, porque a imagem sacra é invocada em defesa de uma nova ordem política que transferira sua potência para a figura da própria monarca. Nenhum outro governante antes de Elizabeth tinha ido tão longe.

Os préstitos de corte encenados pelos duques borgonheses do século XV talvez tenham sido os mais poderosos indicadores visuais de sua importância cultural. Esses desfiles eram parte marcante da apresentação da monarquia inglesa no final do período e continuaram até o século XVII, na forma de mascaradas. Mas sua própria natureza, ao contrário das telas, torna-os de difícil apreciação. Eles eram temporários, efêmeros, projetados para serem breves e deslumbrantes apresentações teatrais centradas no governante, de modo que, quando ele partia, a magia ia embora junto. O impacto dos préstitos era criado por meio de "uma disposição em camadas de diversas artes, a estimulação simultânea de todos os sentidos, a inventividade com que eram transmitidas as mensagens políticas e a enormidade da riqueza despendida em coisas tão efêmeras". Festividades principescas eram eventos multimídia que nem a beleza dos objetos isolados hoje expostos nos museus tem condição de expressar. No reinado de Elizabeth, os torneios do Dia da Ascensão estavam entre os mais elaborados desses préstitos, e foram uma instância a mais, como o *Retrato do pelicano*, na absorção do sagrado pelo secular.

Organizados por sir Henry Lee de Ditchley, os torneios tinham começado como celebração informal do dia da entronização de Elizabeth, 17 de novembro. Na década de 1580, haviam se tornado o maior espetáculo no calendário da corte, não apenas uma oportunidade para que cavaleiros e nobres de Elizabeth demonstrassem suas proezas, mas também uma chance para que milhares de pessoas comuns vissem (mediante o pagamento de um *shilling*) sua rainha. Os torneios eram elaborados de forma a emocionar, com roupas e decorações exóticas, além da violenta agitação dos combates, nos quais adversários trajando armadura chocavam-se em confronto direto nas liças, tentando quebrar a lança (e às vezes outras coisas) do rival, numa romântica exibição corroborada pelo endosso teológico e político do Estado elisabetano.

A inauguração do torneio de 1581 como o mais importante festival do Estado, comparado com os torneios menores, como o de The Four Foster Children of Desire, organizado para os embaixadores franceses no mesmo ano, é notável pelo fato de coincidir com o ingresso "oficial" de Elizabeth na condição de virgem. Naquele ano, Philip Sidney apresentou-se como pastor – numa provável conexão com *The Shepheardes Calender*, de Edmund Spenser –, e sua descrição das justas ibéricas em *Arcadia* evoca o torneio de 1581, no qual Elizabeth foi comparada a Helena, rainha virgem de Corinto, cujos "divertimentos eram conduzir as riquezas do conhecimento nas correntes do prazer". A responsabilidade pública de sir Henry Lee pelos torneios durou até 1590. Ele também fez dois grandes préstitos para Elizabeth, em Woodstock em 1575 e em Ditchley em 1592. A correlação entre esses festivais e os torneios neles apresentados fornece, através do tempo, um quadro da emergente mitologia de Elizabeth como "Gloriana"* e da maneira como o aparato do cavalheirismo era explorado publicamente para transpor a tradição religiosa para sua pessoa.

A Rainha Encantada aparece pela primeira vez relacionada a Elizabeth no primeiro dos préstitos de Lee, que começava com dois cavaleiros, Contarenus e Loricus (um dos pesudônimos de Lee no torneio), e um eremita, que contava a história da princesa apaixonada por um cavaleiro humilde. Sugere-se que Lee era o autor dessa peça, recebida por Elizabeth com tal

---

* "Gloriana": um dos epônimos de Elizabeth I, assim como "Rainha Virgem". (N.T.)

entusiasmo que, no Natal seguinte, lhe foram oferecidas três cópias, em latim, italiano e francês. Na segunda parte do drama, representada no dia seguinte, a princesa Gaudina rejeitava seu humilde amante por razões de Estado, o que levou Elizabeth e suas damas às lágrimas. Após as saudações, a comitiva da rainha foi levada a uma casa de banquetes coberta de hera, com as mesas cobertas de relva e flores, com pratos de ouro, sob um carvalho de cujo galho pendiam buquês e emblemas dourados. O efeito de camuflagem fazia parecer que a Rainha Encantada e suas damas jantavam na árvore, pairando acima do solo.

O préstito de Lee em Woodstock aconteceu algumas semanas depois de uma das mais elaboradas celebrações do "culto" de Elizabeth, encenada pelo conde de Leicester em Kenilworth. Esse entretenimento sensacional foi interpretado como última (e fracassada) tentativa feita por Leicester para convencer Elizabeth a se casar com ele, mas também como declaração de um projeto político – de intervenção militar em favor dos protestantes europeus – que o conde se acreditava capaz de convencer a rainha a adotar. Como é o caso de todos os conceitos do Renascimento, é difícil desenredar um elemento significativo isolado das complexas camadas do espetáculo, e talvez as festividades em Kenilworth fossem também um tributo à relação entre a rainha e o cortesão, encenada num momento em que Leicester aceitara, pessoalmente, que era tempo de seguir em frente.

Elizabeth estava chegando ao 42º aniversário naquele verão. Sua capacidade de ter filhos era uma constante fonte de especulações e boatos (a alegação posterior de Ben Jonson, de que um tumor membranoso a impedia de ter relações sexuais, só foi suplantada pela recente conjectura de que na verdade ela era homem). Não há evidência efetiva de que seu ciclo menstrual fosse anômalo, e um exame feito por médicos quando ela tinha 46 anos atesta que a rainha ainda estava "apta" a conceber. Mas teria Leicester aceitado com toda a certeza que, embora ele ainda pudesse aspirar (e só aspirar) ao poder da coroa por matrimônio, era improvável haver prole real? No começo do reinado, ele tinha se utilizado das apresentações para pressionar quanto ao seu próprio intento e à necessidade de que Elizabeth produzisse um herdeiro. Uma peça em Whitehall, em 1565, na qual um diálogo entre Juno e Diana sobre castidade resultou no argumento de Júpiter em prol do casamento, provocara a enfastiada observação de Elizabeth de que "Tudo isso é contra mim". Três anos antes, quando irrompera o escândalo de Katherine Grey, Leicester levara ao Templo Interno uma peça originalmente apresentada à corte, para a comemoração de ano-novo. *Gorboduc* é uma meditação extremamente longa e preciosa sobre o problema da sucessão, inspirada em Geoffrey de Monmouth, na qual um reino dividido e sem herdeiros é deixado à mercê de forças estrangeiras. Elizabeth não fez comentários.

As ambições de Leicester em Kenilworth eram consideravelmente mais sutis. A rainha chegou mais ou menos às oito horas da noite de 9 de julho, sendo saudada por dez "sibilas" vestidas de seda branca. Um gigante entregou suas chaves à rainha no campo de torneio, enquanto trompetistas de dois metros de altura tocavam "de modo muito agradável" à medida que Elizabeth se aproximava do lago, onde uma ilha artificial abrigava uma dama e suas ninfas. A dama, que declarou estar à espera desde o tempo do rei Artur, ofereceu-lhe seu poder, depois do que Elizabeth prosseguiu até uma nova ponte de mais de vinte metros de comprimento, passou por uma cornucópia com pássaros canoros, frutos, peixes, vinho, armas, instrumentos musicais, presentes de Pomona, Netuno, Marte, Febo, Silvano, Ceres. Quando a rainha desmontou no pátio, uma salva de canhões anunciou os fogos de artifício, que foram ouvidos numa extensão de mais de trinta quilômetros.

As sibilas e suas profecias foram uma escolha apropriada para Leicester marcar sua posição quanto ao papel de Elizabeth na proteção à causa da Reforma. A profecia sibilina tinha sido um dos primeiros escritos cristãos e fora adotada particularmente pelo avô de Elizabeth, Henrique VII, como forma de conectar os aspectos sagrados e dinásticos da realeza, por meio da obra do poeta da corte Johannes Opicius, *Praises to the King*. Como já vimos, a profecia sibilina também tinha sido apresentada na coroação de Ana Bolena, quando três mulheres portaram cartazes com os motes "Vinde, meu amor, sereis coroada", "Senhor Deus, guiai meus passos" e "Confiai em Deus". O uso das sibilas nessa oportunidade era uma sutil afirmação da própria legitimidade dinástica de Elizabeth.

Reformadores ingleses como John Jewel e John Foxe também fizeram uso do tema das sibilas, citando passagens como: "A sibila disse ... que o grande terror e a fúria do Império do Anticristo, e o maior inimigo que ele obrará, estará às margens do Tibre, e o Anticristo será um bispo e estará em Roma." Vários escritores no decorrer do reinado de Elizabeth identificaram-na à figura "sibilina" na revelação como a mulher vestida de sol, entre eles Jane Seager, que em 1589 traduziria dez ou doze profecias sibilinas a respeito de Cristo, a partir de um texto latino do século XV, como presente para a rainha.

The Divine Prophesies of the Ten Sibyls tem como centro uma "Virgem verdadeira", que protegerá a Igreja. Jane tinha conexões com Leicester por intermédio de seus irmãos William e Francis, ambos reformadores militantes, e estava entre as dez mulheres que saudaram Elizabeth em Kenilworth no verão de 1575. Seu discurso apresentava a rainha como um "príncipe da paz", que presidiria um reino seguro até a batalha final, apocalíptica, na qual o "Último Imperador" (imagem que foi apropriada tanto por Henrique VII quanto por Henrique VIII) derrotaria os inimigos do cristianismo.

As sibilas faziam uma conexão entre o entretenimento de Leicester em Kenilworth e o de Lee em Woodstock, onde o "eremita" saudara Elizabeth com o anúncio: "E agora a melhor e a mais bela Senhora, assim denominada pelo Oráculo e assim considerada pelo mundo, ... o que a Sibila mostrou se confirma com sua muito feliz chegada." Tanto Leicester quanto Lee optaram por enfatizar a centralidade do papel da rainha na salvação da Reforma. No caso de Lee, isso teve a aprovação de Elizabeth. Contudo, o magnífico entretenimento de Leicester, que durou mais de uma semana, incluindo a costumeira caçada, rituais de espancamento de um urso, danças, mascaradas e um final espetacular, no qual havia um golfinho cantante de oito metros de comprimento, aparentemente não a divertiu nem a impressionou tanto quanto o conde esperava: "Tem-se a impressão de que ele acabou sendo bem raso. Seu classicismo era de um espírito levemente acadêmico e provinciano, seu romantismo, levemente ridículo."

Talvez Elizabeth estivesse bem cansada das intermináveis ninfas e dos gigantes, ou talvez ficasse irritada com a tática de ostentação cortesã de Leicester num período em que, ela sabia perfeitamente, ele tivera um caso clandestino (e possivelmente um casamento secreto) com lady Douglas Sheffield, que lhe deu um filho. Seja como for, a rainha partiu (com visível ressentimento?), enquanto, num esforço desesperado de salvar sua festa, Leicester fez seu poeta George Gascoigne improvisar alguns versos de undécima hora para serem cantados como "Deep Desire", sob um azevinho, quando Elizabeth passasse por ele.

Ou talvez, embora estivesse satisfeita com a posição que ocupava no complexo festejo alegórico de sua realeza, que a apresentava como a salvadora da fé de seu povo, Elizabeth simplesmente se opusesse a ser pressionada a agir. Apesar de Kenilworth muitas vezes ter sido interpretado como um projeto de uma semana de duração, apresentando um "casamento rústico" entre os divertimentos, ele também pode ser compreendido como um local de conflito entre os planos de Leicester e da rainha. A armadura que Leicester usa no retrato que encomendou a Federico Zuccaro para os cortejos está imbuída de uma imagem protestante, e Elizabeth aparentemente não gostou de sua representação como um comandante que defenderia sua fé nos Países Baixos Espanhóis. A manopla da armadura de Lee, com o dístico *"Defensor Fidei"*, era menos agressiva e mais aceitável.

Quinze anos depois, no torneio de despedida de Henry Lee, em 1590, sir Henry e seu sucessor, o conde de Cumberland, apresentaram-se a Elizabeth na janela de sua galeria, diante de uma coluna coroada com inscrições de versos latinos em louvor à Virgem e a seu império. As àlegorias pastorais instituídas em Woodstock e repetidas nos torneios ocorridos nesse ínterim indicavam que Elizabeth levara a nação de volta à idade de ouro, na verdade, uma Arcádia, confundindo-a, por meio do cavalheirismo protestante, com a Virgem Maria. Como disse Lee, dirigindo-se à rainha:

> Sua Majestade, contemplando esses cavaleiros armados que vêm até ela, ouviu de repente uma música tão doce e secreta que cada um ficou com ela maravilhado. E escutando essa excelente melodia, era como se o coração se

abrisse, aparecendo um pavilhão feito de tafetá branco, ... sendo, em proporção, igual ao templo sagrado das Virgens Vestais, ... arcado como uma igreja, com muitas lâmpadas ardendo dentro dele.

O pavilhão encantado da Rainha Encantada tinha se transformado no recinto sagrado da Virgem. O discurso em verso de Lee a Elizabeth combinava a pastoral cavalheiresca ao amor cortês e ao culto religioso.

> My helmet now shall make a hive for bees
> And lovers songs shall turn to holy psalms
> ...
> And so from court to cottage I depart
> My Saint is sure of mine unspotted heart.*

Os torneios foram uma das poucas formas de ostentação que sobreviveram aos tempos pré-Reforma. Depreende-se que eles eram intencionalmente organizados como um substituto para as antigas festas da Igreja a partir do manuscrito do último entretenimento que Lee preparou para Elizabeth, no qual o "cura" "oferecia a seus paroquianos um feriado que suplantava todos os feriados do papa, e ele seria no 17º dia de novembro". A festa de Ditchley foi de caráter nostálgico, evocando Woodstock, quinze anos antes. Um "velho cavaleiro" era despertado pela música e explicava: "Not far from hence nor very long ago/ The Fairy Queen the Fairest Queen saluted."** Ele falava então dos torneios, que haviam sido os tributos anuais do amor de Loricus por sua rainha – configurando as justas como uma prestação anual, em quinze anos de narrativa de um romance de cavalaria.

Essa é uma bela imagem que engloba todo o fulgurante brilho da *magnificenza* de Elizabeth. Contudo, na época em que Lee prestou seu último

---

* "Meu elmo agora servirá como favo para as abelhas,/ E canções de amantes se tornarão sagrados salmos/ .../ E assim, da corte eu parto para o meu rincão,/ Meu santo sabe que conta com meu imaculado coração." (N.T.)
** "Não longe daqui, nem faz muito tempo,/ A Rainha Encantada saudou a mais encantada das rainhas." (N.T.)

tributo, a rainha já começara a conhecer o preço dessas atitudes extravagantes quando elas se apresentavam ao mundo real. A poesia dos cavaleiros de Elizabeth podia representar uma era de ouro. No entanto, seu governo, tal como percebido em grande parte da Europa, era um regime tirânico, paranoico, repressivo e torturador, em contraste chocante com o mundo de sonhos idealizado nos torneios.

Capítulo 18

COMO GOVERNANTE RENASCENTISTA, Elizabeth foi adepta da linguagem da iconografia. Cortesãos que quisessem bajular, persuadir, celebrar (e também insultar) a rainha dispunham de um enorme campo de analogias iconográficas – clássicas, bíblicas, cosmográficas – como fonte de inspiração, produzindo às vezes um desconcertante amontoado de imagens superpostas ou contraditórias. Comparações entre Elizabeth e Diana constituíam um desses casos. Diana era a deusa virgem que pediu a Júpiter para manter sua virgindade; sua iconografia, com os símbolos de arcos e quartos crescentes, tornara-se uma espécie de culto em torno da amante real francesa Diane de Poitiers. Uma tapeçaria encomendada por Diane para o castelo de Anet, em 1550, mostra a deusa fazendo a seus pares o pedido não só de ficar imune à luxúria, mas de lutar ativamente contra ela. A caça não era a única presa da deusa caçadora – segundo a inscrição em Anet, ela também perseguia o "apetite insensato", isto é, qualquer coisa que ameaçasse a ordem social.

Alusões a Elizabeth como Diana são relativamente esparsas no início de seu reinado, quando, ao menos em teoria, a rainha ainda levava em conta o matrimônio, embora no *Retrato do arco-íris* e nas miniaturas de Hilliard da década de 1590 o quarto crescente enfeitasse seu cabelo, e ela ganhasse joias que evocavam a imagem de Diana. Conquanto o aspecto virginal de Diana e seu compromisso com a castidade, com o objetivo de preservar o equilíbrio social, fossem adequados a Elizabeth depois do fim de seu último namoro diplomático, também havia na deusa um lado mais sombrio. Em algumas fontes clássicas, Diana é a deusa da vingança e da morte (o horrível destino de Actéon, que espiara a deusa se banhando e fora transformado num veado e despedaçado por seus caçadores, era aludido em relação à proposta de casamento feita por Felipe da Espanha a Elizabeth), uma vez que a virgindade, seu traço definidor, impedia a reprodução da vida. A resistência de Elizabeth a se tornar uma figura de proa para os protestantes holandeses está inserida numa referência particularmente chocante feita a ela como Diana, na gravura *Rainha Elizabeth I como Diana e papa Gregório XIII como Calisto*, de Pieter van der Heyden, 1584.

A história de Calisto é um emaranhado de erotismo macabro. A ninfa predileta da deusa é estuprada por Júpiter na forma de sua filha Diana; quando a gravidez é revelada, Diana a repudia; depois, quando ela dá à luz um filho, a esposa de Júpiter, Juno, a transforma num urso. Na gravura de Heyden, Elizabeth é apresentada nua, como Diana, enquanto a seus pés o papa, como Calisto, dá luz a uma ninhada de monstros, o ventre gráfico exposto pelas figuras do Tempo e da Verdade, enquanto as ninfas por trás de Elizabeth representam as províncias holandesas. É compreensível que essa composição não tenha atingido o objetivo de persuadir Elizabeth a se tornar defensora mais ativa dos holandeses. A própria rainha parece nunca se ter se identificado com Diana, preferindo (se é que preferiu mesmo) a imagem lunar, mais pacífica, de Selena, deusa da Lua. No entanto, para muitos católicos ingleses, relacioná-la a Diana como símbolo de vingança e morte se tornara muito mais apropriado.

Como deixa claro a paródia que Van der Heyden fez do quadro de Ticiano, Elizabeth não pôde evitar ser arrastada aos jogos de guerra teológicos. Ao contrário da irmã, Elizabeth nunca mandou queimar pessoas por causa de sua fé. Ela as torturou e enforcou por traição. Uma publicação de 1583, *A declaration of the Favourable Dealing of her Majesty's Commissioners appointed for the Examination of Certain Traitors and of Tortures Unjustly reported to be done on them for matters of Religion*, da autoria de um tal de Thomas "Rackmaster" Norton, pretendia deixar isso claro. Norton alegava que só prisioneiros culpados haviam sido torturados, que ninguém fora supliciado por sua consciência, somente por traição, e que, além disso, nenhuma ação dessas poderia ser realizada sem um mandado assinado por ao menos seis conselheiros privados da rainha.

Para muitos dos assessores de Elizabeth, aquele era um mal necessário, porém as permanentes condições de crise e de guerra que acompanharam a Reforma na Europa criavam também uma atmosfera de conspiração e medo que servia para encorajar aquela mesma ameaça que esse mal esperava suprimir – "com toda a incerteza e imprevisibilidade que a Inglaterra de Elizabeth enfrenta, parece claro que os ministros da rainha deixaram-se hipnotizar pelo medo".[1] Uma percepção tardia é um argumento ruim para julgar as ações empreendidas por Elizabeth contra seus súditos católicos – nós sabemos que ela sobreviveu, ela acreditava que talvez não sobrevivesse. O sacerdote do English College em Roma que denunciou Elizabeth como "Essa Jezebel orgulhosa e usurpadora", e expressou seu desejo, "Espero que não demore muito para que os cães despedacem sua carne, e de todos que são seu apoio e suporte", falava pela maioria da Europa. A Rainha Virgem podia ter voltado o rosto com relativa serenidade para a lua da castidade, mas, com as forças de que dispunha no papel de líder protestante acumulando-se em torno dela, não tinha muita escolha além de se tornar não só um instrumento de vingança, mas, em termos modernos, uma tirana.

O termo do século XVI para o tipo de medida do qual dependia a segurança de Elizabeth era *spiery*, "espionagem", a encardida face interna do magnífico manto que cobria a governança renascentista. Vários escritores compararam a mentalidade da rainha à de um agente duplo, não só por sua habilidade em preservar a privacidade enquanto vivia uma vida pública tão intensa, mas pelo obstinado compromisso, a qualquer custo, com sua própria sobrevivência; e um essencial desinteresse pelo mérito de qualquer causa, contanto que lhe favorecesse. Elizabeth apenas tinha percebido – o que não o fizera, por exemplo, Maria Stuart – que essa era a nova realidade do Estado moderno emergente. Nisso ela foi uma verdadeira figura maquiaveliana, não no estereotípico sentido da duplicidade, e sim mais profundamente, como uma governante que apreendera por completo qual o dever primordial para consigo mesma e com o Estado.

A aprovação dos Atos de Supremacia e de Uniformidade, em 1559, tinha gerado um Estado confessional, em que a lealdade política e a religiosa estavam entrelaçadas de forma inevitável; também produzira uma tensão entre esses dois elementos, a qual, a partir de 1570, propiciou uma influência desproporcional ao número relativamente pequeno de católicos recusantes (do latim *recusans*, "aquele que recusa"), cujas atividades deram origem a uma atenção obsessivamente paranoica. Elizabeth não teve muita escolha a não ser dar ouvidos às intermináveis denúncias de conjura, o que a envolveu na negação daqueles princípios que eram grande parte de sua apresentação como modelo de tolerância e quietude. Francis Walsingham resumira essa necessidade em sua máxima: "Há menos perigo em temer demais que em temer de menos." Thomas Phelippes, o "mestre dos códigos" de Walsingham, com frequência usava a tão moderna expressão "segurança do Estado", segurança e suspeita eram irmãs siamesas – perca a segunda, alegavam os ministros de Elizabeth, e a primeira desaparecerá também. O andamento mais soturno que pulsava sob o ritmo luminoso da magnificente vida pública de Elizabeth era o de um perpétuo e surdo terror.

Em 1579, estimava-se que o número de migrantes católicos que tinham ido para a Itália e a França era de cerca de trezentos. Isso não parece muito, mas a maioria deles vinha do ambiente da pequena nobreza ou da classe alta, com redes de conexões e meios que se estendiam, a partir deles, de volta à Inglaterra. Seu líder era William Allen, que em 1568 fundara um seminário católico em Douai, mais tarde transferido para Reims, enquanto o próprio Allen ia para o English College, em Roma. Relatos propagandísticos, como o de Anthony Munday, em 1582, *Mirror of Mutabilitie*, tentam descrever um quadro tão sinistro quanto possível do ambiente no College. Munday, jovem espião que posava de simpatizante dos católicos, detalha a incessante conversa sobre a necessidade de um "potente ataque à Inglaterra", enquanto narra as penitências macabras que os seminaristas jesuítas se infligiam no refeitório. Usando mantos com capuz, mas sem a parte das costas, eles se chicoteavam com cordas feitas de arame até o sangue correr pelo chão. Esses fanáticos sem rosto estariam tramando destruir a Igreja da Inglaterra, derrubar o governo e destronar a rainha. Allen contestava que esses padres fossem combatentes pela liberdade, sendo sua missão apenas salvar almas católicas em perigo.

O papa realmente apoiava a missão dos jesuítas, mas seu apoio era apenas pastoral, destinado a socorrer almas católicas, não a derrubar governos. Em 1580, um padre chamado John Hart foi interrogado acerca do reconhecimento papal da bula *Regnans in Excelsis*, promulgada uma década antes. Hart confirmou que a bula, tal como emitida por Pio V, ainda estava em vigor, mas que o papa Gregório XIII, seu sucessor, tinha feito uma concessão permitindo que os súditos de Elizabeth respeitassem a autoridade da rainha sem que isso constituísse ameaça a suas almas. O governo preferiu ignorar. Hart, como muitos de seus colegas, foi torturado.

No que concernia à lei, a *Declaration* de Thomas Norton fazia uma distinção entre a fé em si mesma e os meios pelos quais essa fé seria conduzida na Inglaterra. A tortura não era necessária para perseguir os católicos, mas para "se inteirar de práticas específicas realizadas com o fim de estabelecer sua religião, por meio de traição ou uso de força contra a rainha". E assim, por volta da década de 1580, a tortura tornou-se norma. Juntamente com Norton, o governo utilizou o talento de Richard Topcliffe, que estivera a serviço de Elizabeth pelo menos desde 1578. Descrito como "Stasi de um homem só",[2] Topcliffe tinha tal apreço por seu trabalho que seu nome tornou-se um verbo: na correspondência de exilados católicos na Itália, *topclifizare* era sinônimo de "praticar tortura". Mas, quando se tratava dos animados ensinamentos de esperançosos mártires, nem a tortura era um fator de dissuasão. No texto que se tornou conhecido como *Campion's Brag*, escrito em Southwark, no início de sua missão na Inglaterra, em 1580, Edmund Campion, que fora o favorito do conde de Leicester em Oxford, afirmou: "[Jesuítas,] não deveis desesperar de vossa recuperação enquanto tivermos um homem para desfrutar seu Tyburn,* para ser torturado com vossos tormentos ou consumido por vossas prisões." O julgamento e a execução de Campion são emblemáticos das elipses e evasões teológicas e legalísticas que se multiplicaram na política de Elizabeth relativa à segurança do Estado.

---

* Tyburn: referência ao triplo cadafalso instalado em Tyburn desde 1196, cujo método de execução depois se tornaria o padrão. (N.T.)

A progressão geográfica de Campion registra a evolução de seu comprometimento com a fé católica. De Oxford ele viajou para Douai, onde lecionou no seminário de Allen, e daí foi para Roma, e lá foi recebido como jesuíta. Depois realizou trabalho missionário nos Estados alemães, antes de chegar de volta à Inglaterra, disfarçado como joalheiro irlandês, em 1580. Acompanhado por um colega jesuíta, Robert Persons, Campion movimentou-se cautelosamente pelo sul da Inglaterra, pregando em segredo em Smithfield uma quinzena antes de escrever uma carta destinada ao Conselho, caso fosse preso. Na lista de intenções enumeradas como resumo de sua missão, ele incluiu duas declarações-chave. Alegava que sua missão era "pregar o Evangelho, ministrar os sacramentos, instruir os simples, regenerar os pecadores, rebater erros – em suma, dar um brado de alarme espiritual contra o vício imundo e a ignorância orgulhosa". Indo adiante, Campion alegava: "Nunca tive em mente, e disso estou estritamente proibido por nosso Pai que me enviou, tratar de qualquer aspecto relativo a questões de Estado ou de política deste reino, coisas que não pertencem à minha vocação." Oficialmente, Campion manteve a mesma posição de Allen e de Hart, de que sua presença na Inglaterra era justificada pelo cumprimento de sua missão pastoral como sacerdote.

Campion's Brag logo circulava amplamente, e o impressor de Elizabeth, Christopher Barker, se viu atarefado na produção da contrapropaganda. Em janeiro de 1581, foi emitida uma proclamação que pedia a prisão de todos os jesuítas na Inglaterra e ordenava que todos os membros de seminários no continente europeu retornassem às suas sedes. Em virtude da concessão feita pelo papa Gregório, não era necessário que os católicos fossem automaticamente considerados súditos desleais, mas o governo estava determinado a que assim fosse – a lealdade à Igreja da Inglaterra e a lealdade à coroa eram indissolúveis. Como se considerasse um ato de infidelidade o padre reconciliar um súdito com Roma, os convertidos foram enquadrados na lei, ficando com isso vulneráveis às mais severas punições, sem possibilidade de recurso.

Em tal ambiente, Campion tornou-se um troféu, o inimigo número um de última hora, e a rede de *spiery* de Walsingham estava em seu encalço. George Eliot, então recente apóstata do catolicismo que oferecera seus serviços a Leicester, estava entre os espiões. Eliot declarou ter tido conhe-

Capítulo 18

cimento, havia pouco tempo, de outra conspiração, em que um grupo de cinquenta homens selecionados por William Allen e outro padre, John Payne, atacariam a rainha em uma de suas viagens e matariam Elizabeth, Cecil, Leicester e Walsingham. Fosse verdade ou mentira, com o propósito de demonstrar sua disposição de trair as famílias católicas às quais antes servira, Eliot foi autorizado, em meados de julho de 1581, a viajar a Lyford Grange, Oxfordshire, onde se suspeitava que Campion estivesse escondido.

Campion foi descoberto na manhã do dia 17 de julho, quando enfiaram uma haste de ferro numa parede oca, revelando assim "a toca do padre, atrás dela". Ele mal fora levado para a Torre, e os impressos rivais já fervilhavam com relatos triunfalistas de seu iminente martírio. Começou então um processo terrível e curioso, no qual Campion era alternadamente torturado e reanimado para debater temas eruditos com os quatro membros da comissão designada para julgá-lo em Westminter Hall, ou mesmo com o decano de St. Paul, o próximo a ser amarrado na mesa de tortura. Isso continuou até que o julgamento propriamente dito começou, em novembro. Agora que o caso de Campion era uma *cause célèbre* internacional, o governo teria de provar que ele era traidor, e não vítima de perseguição confessional. O ato de 1581 declarava que:

> todas as pessoas [que] pretenderem ter o poder para absolver, persuadir ou eximir quaisquer dos súditos de Sua Majestade a rainha de sua obediência natural a Sua Majestade, ou para afastá-los para tal intento da religião ora estabelecida pela autoridade de Sua Alteza nos domínios de Sua Alteza, serão para todos os propósitos consideradas traidoras e portanto condenadas por lei, se houver julgamento, a penas e perdas como nos casos de alta traição.

Não foi a lei quem condenou Campion. A legislação recente ainda não era suficiente para provar que o jesuíta estava sendo julgado por traição, e não por sua fé. Assim, os membros da comissão voltaram a um estatuto mais antigo, de 1352, que admitia considerar traiçoeira uma trama para matar o rei, excluindo completamente a religião. Eles alegaram que Campion e seus seguidores tinham, "em diversos outros lugares, ... além dos mares", conspirado para "destituir, derrubar e deserdar" a rainha, incentivar seus inimigos a ir à guerra e fomentar a insurreição e a rebelião no reino. Para provar isso, Walsingham foi obrigado a revelar os disfarces de seus espiões, de modo que os londrinos, que esperavam avidamente por qualquer retalho de notícia, foram brindados com toda uma vinheta que incluía agentes duplos, dossiês secretos e comunicações em código dos quais dependia sua segurança como súditos de Elizabeth. Ou assim lhes contavam os que publicavam as notícias. De Roma, William Allen classificou o julgamento como "a mais deplorável prática de que já se ouviu falar para derramar sangue inocente como se fosse um ato de justiça".

Campion foi enforcado, arrastado e esquartejado em Tyburn em 1º de dezembro de 1581. Ele rezou por Elizabeth no cadafalso. A rainha ausentava-se da maior parte desses procedimentos levados a efeito em seu nome. Supõe-se que lorde Howard ousou confrontá-la com a acusação de que ela executara um inocente, ao que a rainha replicou que se fizera justiça de acordo com a lei. Não há como conhecer os sentimentos dela quanto às mãos sujas de seu governo, conquanto seu comportamento no que concernia à sua vida privada sugira que ela pessoalmente não nutria ódio ao catolicismo. Além do mais, ela era o piedoso produto da corte reformadora de Catarina Parr, satisfeita em ser associada, ao menos no fausto e na pompa, aos inimigos do anticristo papal.

Elizabeth assinou as autorizações de tortura e depois ordens de execução. Ansiava para que os julgamentos dos católicos tivessem força de lei, embora estivesse consciente de que, aos olhos dos Estados católicos, não tinha legitimidade para fazer aprovar essa legislação. Em 1559, ela tinha aceitado o "Dispositivo para a alteração da religião" com plena consciência de seus resultados. O julgamento de Campion foi uma dádiva para os propagandistas católicos. Dizia-se que até Walsingham teria comentado que, para a rainha, seria melhor jogar fora 40 mil moedas de ouro que executar alguém publicamente. A causa dos missionários teria sido então incrementada pela ameaça de perseguição. Escrevendo em 1597, um jesuíta observou que "o rigor das leis ... tem sido o fundamento de nossa credibilidade".[3] No caso de Campion, ambos os lados reivindicavam uma vitória na perda.

A controvérsia e a subversão que cercaram o caso de Campion eram em grande parte produto do pensamento renascentista e exigiam uma solução renascentista típica. Não se tratava mais, como a jovem erudita Elizabeth sugerira, de dizer que "a ideia dominante de governança da Inglaterra renascentista ... era acreditar numa ordem cósmica que governava tanto as instituições humanas quanto os fenômenos naturais".[4]

Elizabeth pode ter exercido seu poder pelo direito divino da "ordem cósmica", e ela acreditava piamente nesse conceito, mas viu que se impunham medidas diferentes para assegurar que esses direitos continuassem em exercício. Se Maquiavel é "a melhor fonte unitária dessa visão renascentista de uma política que exaltava a astúcia e a crueldade acima do cristianismo",[5] então o tratamento que Elizabeth deu a Campion é um exemplo perfeito dessa visão. O abismo criado pela Reforma era profundo demais e não mais acomodaria um debate escolástico. Para usar um termo moderno, o governo via os padres missionários como terroristas espirituais, e, como os governos atuais, declarou-se despreparado para lidar com eles. Mas em que medida a disposição de Elizabeth para matar seus inimigos foi estimulada por um medo autêntico ou por uma brutal determinação de preservar seu Estado? A questão torna-se mais confusa com o debate sobre a gravidade do que a Inglaterra realmente enfrentava. Seria a ameaça católica tão temível quanto se percebia, ou esse temor era produto da mesma vigilância em que tanto insistia (e de que tanto dependia) o governo? Os cadáveres, contudo, são irrefutáveis.

Capítulo 19

ELIZABETH NUNCA PRETENDEU se tornar a campeã da causa protestante na Europa. As divisões confessionais na década de 1570 já lhe causavam dificuldades suficientes dentro de casa. Além do mais, ela era extremamente avessa ao risco e à despesa que uma intervenção no estrangeiro implicaria. No entanto, estava preparada para dar apoio a seu correlato francês, Carlos IX, no objetivo de sanar a cisão religiosa que já tinha custado à França tão dolorosos e destrutivos anos de guerra. O plano de Carlos tinha três componentes: Elizabeth iria se casar com o irmão dele, o duque de Anjou, criando assim uma aliança anglo-francesa contra a Espanha; sua irmã Margot iria se casar com Henrique de Navarra, da família Bourbon-Valois; e, finalmente, a cisão entre seus súditos mais poderosos, o pró-católico duque de Guise e o huguenote Gaspard de Coligny, devia ser reparada. Coligny e Guise já haviam sido amigos, descritos como "os dois diamantes da França", mas anos de brutal faccionismo religioso os levaram à desavença. Os esforços de Carlos pela pacificação não só fracassaram, como a inimizade entre os dois homens resultaria no "maior dos imponderáveis da história do século XVI", o Massacre do Dia de São Bartolomeu.[1]

No final de 1571, o enviado de Elizabeth, sir Thomas Smith, chegava a Paris para dar início às negociações. Infelizmente o duque de Anjou não tinha qualquer interesse em se casar com uma mulher de 38 anos que ele descrevia como uma herege que estava ficando calva. Mas sua mãe, Catarina de Médici, diplomática, sugeriu como substituto o filho mais moço, de dezoito anos, o então duque de Alençon. Sir Thomas aprovou a sugestão, escrevendo para Elizabeth que Alençon não só era menos obstinado e arrogante que o irmão, como também era um católico menos ardoroso e menos "tolo e indócil como uma mula". Como desvantagem, Alençon era quase um anão, com um semblante repulsivo, arruinado pela varíola, embora a mãe acrescentasse, de forma protetora, que ele estava deixando crescer a barba, o que lhe esconderia as feições. Em 19 de abril de 1572, a Inglaterra e a França assinaram o Tratado de Blois, acordo para uma aliança defensiva, mas os eventos nos Países Baixos tornaram dispensável a união.

Desde o mês de julho do ano anterior, as províncias rebeldes do norte da Holanda tinham reconhecido Guilherme, príncipe de Orange, como seu líder. Os chefes protestantes na França tinham tentado convencer Catarina de Médici de que seu país se beneficiaria caso ajudasse na libertação dos Países Baixos em relação à Espanha. Ela seria apoiada pelo enviado holandês Luís, conde de Nassau, irmão de Orange (um aliado de Coligny). Carlos IX e a mãe tiveram pelo menos dois encontros às ocultas com Nassau. Embora o rei da França estivesse preparado para prestar ajuda secreta à campanha de Nassau nas províncias do Sul, ele não daria o passo definitivo de declarar guerra. A perspectiva em relação à Inglaterra era um elemento-chave, mas o Tratado de Blois manteve Elizabeth fora de um compromisso marcial, naquelas circunstâncias, enquanto o casamento com Alençon não progredisse. Sem um firme comprometimento por parte de Elizabeth, Catarina de Médici não estava disposta a intervir.

O Conselho Real em Paris estava em desordem. Os católicos, apoiados pelo duque de Anjou, recusavam-se a travar uma guerra em favor dos hereges, enquanto a facção de Coligny argumentava que agora só a intervenção poderia evitar um conflito pior no futuro. Caso se provocasse a Espanha, replicava a facção católica, Felipe II poderia invadi-los a partir da Itália e dos Pireneus. Walsingham escreveu a Elizabeth contando sobre o estado de suspense que prevalecia na cidade e dizendo que fora sua recusa em se envolver – apoiada pela facção moderada no Conselho Privado francês – que derrotara Coligny. Ironicamente, justo quando Elizabeth, temerosa de um potencial domínio francês sobre os Países Baixos, considerava a reaproximação com o duque de Alba (até se propôs no Conselho que a Inglaterra o apoiasse no caso de uma invasão francesa), Felipe a tomou como responsável por toda aquela confusão:

O rei está informado [escreveu a Cecil um correspondente em Madri] de que, não fosse por Sua Graça, a rainha da Inglaterra, Flandres não teria se rebelado contra o duque de Alba. ... Há muitos ingleses chegando aos Países Baixos, e a rainha e seu Conselho sabem muito bem disso, ... de modo que o rei está muito zangado com Sua Graça, a rainha, e ... ele jurou que vai se vingar de tal maneira que tanto a rainha quanto a Inglaterra se arrependerão por terem se intrometido em qualquer desses países.²

Coligny, que fizera um juramento particular de apoiar a casa de Orange, sentiu-se assim mesmo instado por sua consciência a favorecer os rebeldes holandeses, descrevendo os espanhóis, numa carta a Cecil, como "servidores de Satã". Enquanto dignitários protestantes do Sul reuniam-se em Paris para o casamento de Henrique de Navarra com a princesa Margot, Coligny anunciava que pretendia deixar a cidade em 25 de agosto, acompanhado por 15 mil homens. Em 22 de agosto, ele saiu do Louvre cerca das onze horas da manhã para atravessar o rio em direção à sua casa. Quando chegou em Saint-Germain, um tiro foi disparado. Coligny sobreviveu, embora tenha perdido um dedo e fraturado o braço. Mas quem quisera matá-lo?

Nos dias que se seguiram à tentativa de assassinato, Coligny foi morto em sua cama pelos homens de Guise. Mas ele não agia sozinho. O Dia de São Bartolomeu foi um massacre numa escala muito além da de Wassy. Foram mortos entre 2 mil e 6 mil protestantes. Mais de seiscentas casas foram pilhadas em Paris, mulheres e crianças foram horrivelmente chacinadas. Dessa vez o clichê de que as ruas se inundaram de sangue seria totalmente apropriado. Carlos IX, tentando salvar a aparência da monarquia francesa depois do Dia de São Bartolomeu, informou a seus embaixadores que aquilo "acontecera no âmbito de um conflito privado, há muito tempo fomentado, entre ... duas casas", o que deu ensejo à interpretação de que o massacre fora consequência de uma vendeta Coligny-Guise, embora chacina e disputa familiar fossem dois eventos separados, conquanto superpostos. Guise foi isentado por Walsingham, que testemunhara pessoalmente os terríveis acontecimentos daqueles dias:

O *Retrato do pelicano*. A apropriação por Elizabeth de uma iconografia religiosa foi sutilmente revolucionária.

Xilografia em cores do tsar Ivan, conhecido como Ivan o Terrível. Os acordos de Elizabeth com a Rússia assinalaram seu envolvimento com a causa protestante na Europa oriental.

Tratando com o inimigo: os sultões Murad III e Mehmed III. Elizabeth tirou proveito do comércio de armas com os "infiéis".

Túmulo de Battista Castiglione na igreja de Santa Maria, Speen.
O tutor italiano de Elizabeth foi elemento-chave em
suas negociações com os clandestinos meandros anticatólicos.

Henry Lee organizou o complexo festival de propaganda nos torneios do Dia da Ascensão.

Francis Walsingham: o mundo da "espionagem" muitas vezes chegava terrivelmente perto da corte.

O duque de Anjou: apesar de suas declarações, Elizabeth nunca teve real intenção de se casar com seu mais sério pretendente.

A execução de Maria Stuart talvez tenha sido
o maior desafio pessoal e político de Elizabeth.

O Retrato da Armada: Elizabeth como deusa vitoriosa.

Exausta, mas triunfante, Elizabeth, o homem de Estado, em sua face mais humana.

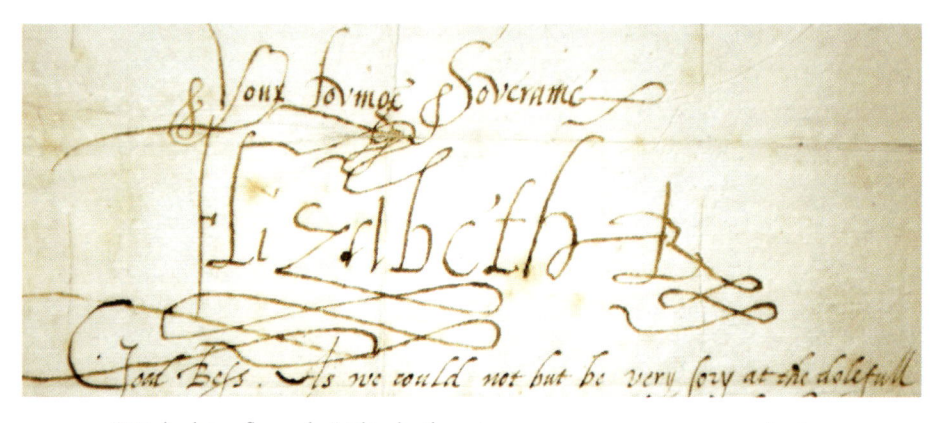

"Minha letra floreada." Elizabeth assinava seu nome como um príncipe.

O duque de Guise não é tão sanguinário, nem matou pessoalmente nenhum homem. ... Falou abertamente que se sentira contente com a morte do almirante [Coligny], pois sabia que ele era seu inimigo. Quanto ao resto, julgava que, se o rei enviasse à morte quantos lhe aprouvesse, poderia com isso lhe prestar um ótimo serviço.

A evidência sugere que Guise agia em conluio com Catarina de Médici e o duque de Anjou para evitar a partida de Coligny e a guerra civil que eles acreditavam ser a consequência imediata disso. Quando a tentativa de assassinato fracassou, em uma série de reuniões de Conselho, tarde da noite, decidiu-se que chegara o momento de agir contra a liderança protestante. Então montou-se uma lista de setenta nomes. O que tornou esse terrível plano – de início concentrado em pessoas específicas – um morticínio generalizado foi a milícia de Paris. Formada após o massacre de Wassy para controlar as tensões religiosas na cidade, a milícia tinha sido infiltrada por ultracatólicos, e, na insustentável tensão da atmosfera da capital naquele verão, aproveitou-se da infeliz frase de Guise para provocar uma explosão sangrenta. Quando seus homens saíram da casa de Coligny, nas primeiras horas de 24 de agosto, deixando o cadáver do almirante ser mutilado pelo populacho, Guise exclamou: "Caiamos sobre os outros, o rei o ordena!" Ele se referia aos demais nomes da lista original de setenta pessoas, mas a milícia entendeu outra coisa. Seu grito de guerra era assustadoramente simples: "Matem, matem."

A resposta inglesa à matança tem sua epítome na reação de Edmund Grindal, futuro bispo de Londres, em geral moderado, que pediu que todos os católicos ingleses fossem presos e que a cabeça de Maria Stuart fosse cortada imediatamente. À medida que a descrição dos horrores perpetrados contra os huguenotes franceses continuava a chegar à Inglaterra – pois o massacre original logo se espalhou pelas províncias francesas –, o clamor de Grindal por medidas de emergência passou a unir muitas vozes. Francis Walsingham, que abrigara huguenotes em fuga em sua casa durante a crise, passou uma lista de pessoas assassinadas para o Conselho Privado da rainha. Como muitos protestantes, ele acreditava que Roma e Madri estavam agora em conluio para o que o nosso século reconheceria como a "Solução Final". Uma perspectiva ganhou crédito no decorrer dos anos seguintes: a de que o Dia de São Bartolomeu era o indício de que uma solução negociável não era mais exequível, e que a ofensiva era a única estratégia possível para a preservação da fé protestante.

Em termos de política internacional, não se poderia considerar de imediato o prosseguimento dos acordos com os franceses. Por outro lado, Carlos IX, completamente destituído de política relativa aos protestantes, mais que nunca precisava da Inglaterra. Se Elizabeth esperava se contrapor à ambição imperial da Espanha, a longo prazo, e às "genocidas" políticas das facções ultracatólicas na França e em Roma, ela precisava de tempo, e para isso era necessária uma conciliação com os espanhóis. Tanto Elizabeth quanto Felipe da Espanha estavam agora preparados para sair do impasse do fim da década de 1560. Pelo Tratado de Bristol, de 1574, os embargos comerciais entre a Inglaterra e os Países Baixos foram suspensos. Elizabeth passou três dias nessa cidade portuária, chegando em cortejo, montada a cavalo numa sela verde-esmeralda com orlas douradas. A sela sobrevive, tendo usufruído uma longevidade maior que o acordo, o qual assinalou o último breve período de paz entre a Inglaterra e a Espanha pelo resto do século.

De início, a estratégia de Elizabeth em relação à Espanha e aos Países Baixos durante a década seguinte parece contraditória, quando não contraproducente, um jogo de "Mamãe, posso ir?", com tentativas de apaziguamento de cada lado proferidas e logo depois retiradas. Gostasse a rainha deles ou não (e em geral não gostava), o fato é que descartar os protestantes holandeses era inconcebível. Não se podia permitir que a Espanha os suprimisse de todo, embora isso tivesse de ser feito, ao mesmo tempo que se evitava um confronto direto com Felipe – que faria a agressão progredir até o ponto em que nenhum dos lados poderia escapar. Com relutância, Elizabeth continuou a drenar recursos para os Países Baixos, enquanto alegava "neutralidade" para os espanhóis, na esperança de um acordo que preservasse tanto a autoridade monárquica quanto um conceito vago de "antigas liberdades".

Capítulo 19

Felipe emitiu alguns sinais de reconhecimento da confederação orangista, conhecida como Estados Gerais, e de retirada completa de seus exércitos. Contudo, em 1578, quando os protestantes foram derrotados na cidade belga de Gembloux, a causa parecia perdida aos olhos dos ingleses, a menos que Elizabeth se dispusesse a intervir, o que tanto Leicester quanto Walsingham a pressionaram a fazer. Além disso, dom João da Áustria não foi discreto quanto a seu apoio à medida, proposta pelo papa, de substituir Elizabeth por Maria Stuart, projeto que Gregório XIII promovia com a ideia de casar a rainha da Escócia com um pretendente católico adequado. Dom João naturalmente via a si mesmo como esse pretendente, e, embora um romance seu com Maria nunca viesse a acontecer – ele morreu de peste logo após Gembloux –, o recrudescimento da ambição espanhola sobre as províncias parecia ameaçador.

Mais intimidadora ainda foi a ascensão de Felipe II ao trono de Portugal, no outono de 1580. O fato de ele ser um reivindicante legítimo, pela linhagem da mãe, a rainha Isabel, não era consolo para os portugueses, que de início declararam não ter intenção de aceitar a soberania da Espanha. Mas a chegada do enérgico duque de Alba acompanhado por 50 mil homens logo os fez mudar de ideia. Felipe passou a controlar não somente a grande riqueza espanhola no Novo Mundo, mas também as possessões portuguesas, assim como a Armada lusitana. O oceano Atlântico e o Pacífico estavam efetivamente sob controle espanhol, o que significava grande parte do comércio europeu. Felipe foi coroado em Lisboa em setembro, ao mesmo tempo que Francis Drake entrava com seus navios no porto de Plymouth, depois de completar com sucesso a circum-navegação do globo terrestre.

Os confrontos anglo-espanhóis no mar não tinham cessado com o Tratado de Bristol. Elizabeth proibira que se atacassem naus espanholas ao sul do equador durantes três anos, enquanto fazia vista grossa para as lucrativas (e, para os espanhóis, as mais sensíveis) operações de piratas ao norte. John Hawkins financiou várias expedições ao Caribe, enquanto Francis Drake fazia sua fortuna pessoal com o ataque a uma frota que carregava ouro em lingotes, em Nombre de Dios, durante sua terceira viagem como pirata, em 1572-73. A propensão de Drake para bradar "Vitória à rainha da

Inglaterra" durante os ataques parecia prejudicial às profissões de inocência de Elizabeth. Em 1577 ela abandonou essa pretensão e, juntamente com vários membros de seu Conselho, forneceu recursos para a tentativa de circum-navegação de Drake.

O feito de Drake foi assombroso, como reconheceu Elizabeth quando lhe deu as boas-vindas triunfalmente, a bordo do navio, e o sagrou cavaleiro. Mas a viagem também expusera a fraqueza das possessões espanholas no Pacífico, a qual Elizabeth se declarou inclinada a explorar. Ela anunciou ao enraivecido embaixador espanhol Bernardino de Mendoza que tinha o intento de ficar com seu quinhão de £140 mil do butim de Drake, e que Felipe não poderia culpar ninguém por isso, a não ser ele mesmo, uma vez que "os espanhóis tinham causado esse mal a si mesmos com sua conduta injusta em relação à Inglaterra, ao impedir seus negócios, violando o direito das nações ".[3] Ela prosseguiu com arrogância, dizendo que estava perfeitamente capacitada para declarar seu direito de "tomar posse de colônias" em regiões nas quais Felipe ainda não tinha súditos, uma vez que "prescrições sem posse não têm validade".[4] Para o caso de Mendoza não a compreender, ela usou as joias que Drake lhe presenteara bem debaixo do nariz do embaixador nas comemorações de ano-novo.

Capítulo 20

ATÉ OS ERUDITOS QUE RESISTEM à ideia de "culto a Elizabeth" caem muitas vezes sob seu feitiço. Em decorrência de uma perceptível "aversão dos historiadores ingleses a tudo que diga respeito ao continente europeu", as teorias sobre a governança de Elizabeth circulam obsessivamente em torno da figura da rainha, e suas órbitas excluem trajetórias muito mais amplas, descritas pelas correntes e contracorrentes do estatismo do século XVI. O "complô de Throckmorton" é um exemplo disso. A conspiração contra a qual Elizabeth teve de lutar em 1583 representa mais que apenas outro plano para usurpar o poder de uma governante herege. Ele não evoluiu a partir de uma crise na sucessão inglesa, mas na francesa. A frase "Eles [os historiadores ingleses] referem-se ao projeto de invasão como o 'complô de Throckmorton', como se Francis Throckmorton fosse algo mais que um subalterno paroquial num mecanismo internacional muito maior", é um franco menosprezo.[1] A crise religiosa que tinha começado na França com o massacre em Wassy chegara às portas do palácio real – facções confessionais agora determinariam quem seria o futuro governante da França. O projeto acalentado pelos Guise, de um império franco-britânico, estava no cerne dessa conspiração que abrangeu toda a Europa.

Henrique III, o terceiro dos filhos de Catarina de Médici a ascender ao trono francês, sucedeu a seu irmão Carlos em 1575. Um ano depois ele assinaria o Edito de Beaulieu, que fazia significativas concessões aos huguenotes. Mas, sob pressão da Liga Católica fundada por Guise, ele revogou a maioria das outorgas. As relações entre Henrique e a família Guise se deterioraram lentamente durante alguns anos. Quando fora coroado, o rei estava ansioso por conciliar seus súditos mais poderosos, e aparentemente favorecera os Guise, porém, tinha seus próprios escolhidos, um grupo de janotas da corte conhecidos como *mignons*, que tinham conseguido tirar o duque de Anjou[2] da corte francesa em 1578, antes de voltar sua ira para os Guise. O duque de Guise estava disposto a ver seus rivais – na maioria membros da nobreza menor do Sul – promovidos, na crença de que o rei o faria chefe de polícia da França, mas quando ficou claro que Henrique não tinha tal intenção sua tolerância evaporou-se. Da parte do rei, que não tinha filhos, havia a suspeita de que os Guise ambicionavam reivindicar o trono de Navarra. Contendas armadas irromperam entre os servidores dos Guise e dos *mignons*. Na Páscoa de 1582, o duque decidira se retirar da corte. Para seus inimigos ultracatólicos, Henrique III da França era um títere nas mãos da rainha inglesa. Enquanto isso, para Elizabeth, Henrique estava dando abrigo a seu "inimigo mortal", o duque de Guise, a respeito do qual ela falou palavras tão "obscenas" que o embaixador espanhol Bernardino de Mendoza sentiu-se incapaz de citá-las a seu chefe. Com o duque de Anjou agora nos Países Baixos, os espanhóis temiam que ele arregimentasse um exército para ir em auxílio dos rebeldes holandeses. Portanto, eles foram buscar aliados na corte francesa. O duque de Guise, sob o empolgante cognome de "Hércules", estava disposto a oferecer seu apoio, mas ele acreditava que a política escocesa poderia determinar os novos rumos das afinidades religiosas na Europa.

    Henrique III passou a primavera em Fontainebleau, enquanto o duque permaneceu em Paris. Em 14 de maio, esse último compareceu a um encontro na casa do núncio papal, Giovanni Battista Castelli. Também estavam presentes Claude Matthieu, reitor dos Jesuítas Professos; o arcebispo de Glasgow, James Beaton, que representava Maria Stuart; e um jesuíta escocês, William Crichton. Crichton tinha conexões com a Liga Católica na Normandia, onde vira Guise pela primeira vez no fim de 1581, e se preparava para deixar a Escócia a fim de se encontrar com Esmé Stuart, duque de Lennox. Naquele verão, Lennox conseguira minar a confiança de Jaime VI em seu regente protestante, o conde de Morton, passando ele mesmo a chefiar o governo quando Morton foi executado, em junho.

A estreita relação entre Lennox e Jaime suscitou acusações de que havia entre os dois um envolvimento sexual. Conquanto Jaime tenha tido uma educação protestante estrita, sob a orientação de seu tutor, o brilhante humanista George Buchanan, Guise acreditava que a influência de Lennox levaria o rei de volta ao campo do catolicismo. No encontro de maio, Crichton apresentou um relatório que condenava os protestantes ingleses, inclusive Leicester, que negavam aos Stuart seu legítimo direito de sucessão na Inglaterra. De acordo com Crichton, Lennox acreditava que poderia reunir 8 mil homens, número a ser igualado por uma força francesa (liderada, insistia Guise, por ele mesmo, embora fosse necessária alguma intervenção jesuítica para dispensá-lo de seu juramento a Henrique III). Com os escoceses sob controle, o duque planejava invadir a Inglaterra.

Crichton foi enviado à Espanha, enquanto um padre seu colega, Robert Persons, antigo companheiro do mártir católico Campion, viajava até Roma para apresentar o plano aos novos aliados de Guise, os espanhóis. Estimou-se que a aventura iria custar 400 mil coroas. Enquanto isso, Guise estava na costa da Normandia, em busca de navios e suprimentos. Mas o plano começou a desandar logo na primeira etapa. Dos recursos necessários, Roma ofereceu apenas 50 mil coroas, enquanto Felipe da Espanha dispôs-se a dar apenas 10 mil. Não convinha aos interesses espanhóis financiar um golpe de Guise na Inglaterra – ele seria mais útil na França, como contraposição a Henrique III, que tinha enviado fundos a seu irmão Anjou, nos Países Baixos, apoiado por Elizabeth. No entanto, Felipe estava disposto a ser generoso com Guise em termos pessoais, concedendo-lhe uma pensão de 40 mil coroas, "não ainda uma aliança formal, mas os primeiros passos em direção a um compromisso que iria evoluir de modo inevitável com o fortalecimento do acordo anglo-francês".[3] Apesar de Guise tirar proveito pessoal dessa inércia, sua manipulação da simpatia que Jaime tinha por Lennox produziu efeito contrário ao que ele esperava. Os lordes protestantes na Escócia já estavam alarmados com os flertes do rei com Lennox e com o catolicismo, o bastante para sequestrá-lo (com o apoio oculto de Elizabeth) em Ruthven, em 1582. A invasão da Inglaterra foi descartada, enquanto a Escócia, uma vez mais, via-se nas mãos dos reformadores.

A rede de espionagem crescia e emaranhava-se – Henrique III recebia informação dos ingleses, enquanto Walsingham estava no rastro dos agentes de Guise dos dois lados do canal da Mancha. Como sempre, era quase impossível saber quem agia em favor de quem. A versão oficial inglesa do "complô de Throckmorton" é apresentada num panfleto (possivelmente de autoria de Walsingham ou do próprio Cecil), *A Discovery of the Treasons Practised and Attempted Against the Queen's Majesty*. Francis Throckmorton e os dois irmãos tinham sido criados como católicos, e em 1581 Francis se juntara à casa de Londres do embaixador francês, onde logo foi escolhido para gerenciar a correspondência secreta entre Maria Stuart e seus aliados na França. Em junho de 1583, ele foi contatado por Charles Paget, membro da casa de Guise em Paris, que espionava para Walsingham já havia dois anos. Paget, cujo delicioso apelido era "Mope", "lastimoso", uma criatura esquiva, instrumento dos mais perigosos, nas palavras de Walsingham, esteve na Inglaterra em setembro para procurar o ponto na costa de Sussex mais adequado ao desembarque de uma força comandada por Guise. Para isso, ele adulava os condes de Arundel e de Northumberland, o qual foi preso em Londres, em 15 de dezembro. As investigações de Walsingham, que incluíam o interrogatório de centenas de testemunhas em Sussex, comprometeram Northumberland, contrapondo-se à sua declaração de que seu encontro com Charles Paget só dissera respeito aos negócios do irmão mas velho deste último. Throckmorton, no entanto, estava na Torre desde o início do mês e já confessara, sob tortura, ter se encontrado com o embaixador espanhol e lhe haver fornecido uma lista de potenciais portos em Sussex.

Se Felipe da Espanha esperava que os Guise conseguissem solapar as relações mais cordiais entre a Inglaterra e a França, o envolvimento espanhol no complô teve o efeito contrário. Em janeiro de 1584, Bernardino de Mendoza foi expulso da Inglaterra sem a menor cerimônia, foi embarcado no *Scout* e despachado para Calais. Em Londres, o ambiente era de paranoica ansiedade. O conde de Northumberland cometeu suicídio na Torre, em junho. Em 10 de julho Throckmorton enfrentou sua terrível morte como traidor, em Tyburn.

As acusações contra Throckmorton incluíam a coleta de evidências para demonstrar a validade da reivindicação de Maria Stuart ao trono (com listas de dignitários potencialmente a favor) e a intenção de depor Elizabeth com a ajuda do exército de Guise, acrescido de forças espanholas, do qual Throckmorton era o coordenador inglês. Sua morte não deteve o duque de Guise, que recebeu o expulso embaixador Mendoza e deu prosseguimento à trama. As pretensões dinásticas de Guise na Bretanha foram incrementadas pela adesão do rei francês à sucessão do ramo protestante navarrense da casa de Valois – para os Guise, um verdadeiro anátema. Se Henrique de Navarra tivesse êxito, advertiu a Guise o embaixador da Savoia, "não tenha dúvida de que sua casa será destruída, e que, como os antigos inimigos e os católicos, serão todos mortos".[4] A situação na França era um espelho da situação na Inglaterra: um monarca sem filhos, adepto de uma confissão ameaçada pelo governante de um Estado menor praticante da fé oposta. Havia assim uma curiosa paridade entre as situações de Elizabeth e de Guise – ambos suspeitavam e temiam que, enquanto o próximo candidato à sucessão vivesse, suas vidas e a autoridade de suas dinastias estariam em perigo.

Quando Elizabeth conferiu a Ordem da Jarreteira a Henrique III, na primavera seguinte, Guise montou uma campanha de propaganda para divulgar o perigo de uma sucessão protestante, enquanto expressava suas esperanças, ouvidas por um espião inglês, de que logo um "belo jogo" fosse jogado na Inglaterra. Mas em junho de 1584 chegaram a Paris as notícias de que o duque de Anjou tinha morrido. Para os franceses, isso dava início a uma guerra de sucessão que iria se arrastar ao longo de treze anos de destruição. Para Elizabeth, na Inglaterra, aquela era uma pungente perda pessoal.

Elizabeth vivera momentos de grande diversão com Anjou, inclusive porque o jogo de corte entre os dois era uma salvaguarda para o orgulho dela. Em setembro de 1578, Leicester se casara com Lettice Knollys, a condessa viúva de Essex, com quem mantivera um caso durante alguns anos. O casal conseguira manter a união em segredo até 1579, quando Elizabeth foi informada do casamento por Jean de Simier, que fora à Inglaterra dar sequência ao romance diplomático em nome de seu rei. O choque e a ira de

Elizabeth por ter sido enganada foram exacerbados pela hipocrisia de Leicester, uma vez que ele, mesmo casado, tramara para evitar o casamento francês da rainha. Anjou fez uma breve visita à Inglaterra em agosto de 1579, retornando em outubro de 1581, e Elizabeth se declarou encantada e determinada a prosseguir com as negociações do casamento. Em novembro, ela provocou sensação quando anunciou em Whitehall que o duque seria seu marido, beijando-o na boca em público e presenteando-o com um anel. Elizabeth pode ter sentido um genuíno prazer na companhia de Anjou, com seu charme e suas lisonjas, mas nunca teve intenções sérias de se casar com ele. Como sempre, o projeto real de namoro era uma alavanca de que a Inglaterra podia dispor para separar a França da Espanha. Acenar com uma aliança francesa na direção de Felipe talvez o mantivesse fora dos Países Baixos. Portanto, era do interesse da rainha protelar as negociações o máximo possível.

A maior arma de Elizabeth para manter seu pretendente a certa distância era a hostilidade de seus súditos a um arranjo matrimonial com qualquer estrangeiro. O processo de manter sua perpétua virgindade em banho-maria, para segurança da nação, concluído uma década depois em Tilbury, começou com a manipulação dos temores ingleses de submissão a uma potência estrangeira, tal como se manifestava na reação à corte feita por Anjou. A retórica que em 1588 identificou indivisivelmente os interesses ingleses à vontade de Deus, após o episódio da Armada – "nós, ao defender a nós mesmos, nosso país natal, nosso príncipe ungido, nossa religião sagrada, nosso próprio Jesus Cristo, ... contra verdadeiros anticristos, ... resistimos à injúria feita a nós" –, está presente na linguagem de um dos muitos panfletos anti-Anjou que apareceram no final da década de 1570, *The Discovery of a Gaping Gulf wherinto England is like to be Swallowed*. O autor, um dedicado reformador de Norfolk chamado John Stubbs, afirma nos termos mais vulgares que o matrimônio "deve ser punido por Deus se Elizabeth casar com esse estranho sujeito, francês de nascimento, papista de profissão, ... que trabalha com diligência na Inglaterra em favor de Roma e da França, no caso atual". Stubbs teve a mão decepada por suas aflições (conseguindo erguer o chapéu e gritar "Deus salve a rainha" antes

Capítulo 20

de desmaiar no cadafalso público), mas a própria fúria de sua linguagem indicou a Elizabeth quão profundamente abominado era aquele matrimônio, fornecendo-lhe o pretexto ideal para descartá-lo depois de atingir seus objetivos diplomáticos.

Quando os holandeses recrutaram Anjou para príncipe dos Países Baixos, no outono de 1580, o namoro adquiriu um aspecto ainda mais cínico de ambos os lados. Elizabeth continuava ocupada em impedir o domínio espanhol das províncias; da parte de Anjou, prosseguir naquele jogo parecia o melhor meio possível de obter o financiamento inglês para sua campanha. As esperanças de Anjou tinham mais a ver com as vantagens fiscais do que com o flerte, portanto o anúncio de Elizabeth de que se dispunha ao matrimônio, em 1581, foi um golpe de mestre. Como ela manifestava o desejo de realizar o casamento ao qual seus súditos tanto se opunham, não poderia ser responsabilizada caso os franceses optassem por se desobrigar do compromisso, o que eles não poderiam deixar de fazer, já que as condições que ela acrescentara à proposta eram francamente absurdas. Nenhum financiamento seria concedido aos Países Baixos, mas a França deveria concordar em dar assistência à Inglaterra no caso de uma invasão espanhola. Anjou sabia estar derrotado, e, embora as duas partes continuassem a manter as atitudes amorosas em público, alguém ouviu o duque amaldiçoar a volubilidade das mulheres em geral e a perfídia dos insulares em particular.

Elizabeth representou com perfeição seu pesar pela impossibilidade do matrimônio. Uma vez que não mais teria de se casar com Anjou, ela se declarou disposta a lhe oferecer £60 mil em dois pagamentos e dar-lhe um beijo de despedida. O embaixador espanhol, Mendoza, disse que ela dançou de alegria no quarto pelo sucesso de sua estratégia, mas Anjou insistiu em ficar rondando por ali, bancando o pretendente inconsolável, até conseguir um adiantamento de £10 mil.

A rainha nunca tivera séria intenção de se casar com Anjou, nem era tola a ponto de acreditar que estava em jogo uma vida doméstica feliz. Mesmo assim, ele representara a última oportunidade possível de matrimônio para ela, e Elizabeth não lamentou por *monsieur* em pessoa, mas pela perda do sonho romântico. Há um certo prazer melancólico em chorar por coisas que na realidade nunca desejamos, e Elizabeth permitiu-se fazer isso. O embaixador francês a descreveu como lacrimosa e triste, declarando-se "uma viúva que perdeu seu marido".

A perda de Anjou foi ainda mais cruel porque Elizabeth tinha plena consciência de que desde o inverno os parisienses já riam dissimuladamente de seu último e fracassado namoro. Em novembro, um "retrato sujo" de Elizabeth fora afixado por toda a cidade, mostrando a rainha montada a cavalo, expondo-se ao levantar a saia com a mão direita, acompanhado de uma caricatura de Anjou com um falcão no punho, "que a acossava continuamente sem jamais conseguir aquietá-la". O gravurista era Richard Verstegen, exilado católico e propagandista dos Guise que antes produzira obras como *A Brief Description of the Diverse Cruelties which the Catholics Endure for their Faith in England*. Quando o embaixador de Elizabeth protestou, descobriu-se um conjunto de chapas gravadas de Verstegen no Hôtel de Guise.

EM 10 DE JULHO DE 1584, depois de jantar, Guilherme de Orange desceu as escadarias de sua casa, Prinsenhof, em Delft, para um encontro marcado com um francês, Balthasar Gérard. Quando o líder dos Estados Gerais dos Países Baixos se aproximava, Gérard sacou de uma pistola e atirou em seu peito. Para o assassino, aquele era o momento culminante de um projeto de três anos. Ele perseguia Guilherme desde 1581, quando Felipe da Espanha declarara formalmente que o príncipe era criminoso e anunciara um grande prêmio pela sua cabeça. Gérard foi preso e teve uma morte especialmente hedionda até para os padrões da época. Felipe economizou as 25 mil coroas, ao mesmo tempo que atingia seu objetivo. O envolvimento da Espanha na trama de invasão projetada por Guise marcou uma mudança na política de Felipe. Talvez ele não estivesse disposto a aceitar um Estado títere governado por Guise na Inglaterra, mas, numa reviravolta em relação à sua atitude nos últimos vinte anos, agora levava em conta a possibilidade de uma guerra contra Elizabeth.

A veemência da campanha antiprotestante na França, aliada ao assassinato (de inspiração espanhola) de Guilherme de Orange, levou William Cecil a acreditar que a lei devia adotar novas medidas de proteção a Elizabeth. Como passo preliminar, ele e Walsingham conceberam o "Instrumento de Associação", assinado em Hampton Court pelo Conselho Privado, em outubro. Esse longo documento afirmava que o assassinato de Elizabeth tinha sido "procurado da forma mais traiçoeira e diabólica", e fazia aqueles que entravam na Associação jurarem solenemente que a defenderiam de qualquer futura conspiração como essa: "Nunca desistiremos de perseguir de todos os modos possíveis essas pessoas, até seu total extermínio, e o de seus conselheiros, ajudantes e instigadores."

Como de hábito, Elizabeth preferiu descartar a necessidade de uma legislação protetora, pelo menos em público. Enquanto o "Instrumento de Associação" começava a percorrer o país, ela mostrava-se especialmente esplêndida nos torneios do Dia da Ascensão de 1584. O relato de uma testemunha ocular da celebração de 17 de novembro descreve como os competidores entraram na liça em Whitehall ao som de clarins, acompanhados de cortejos em roupagens claras, reunindo-se atrás de compridas barreiras postas de cada lado do percurso. Alguns ostentavam crinas de cavalo, outros estavam fantasiados de "irlandeses selvagens", outros entraram em carruagens puxadas por cavalos fantasiados de elefantes. Elizabeth, em seu "recinto" sob um dossel, saudava os competidores – que se aproximavam até o pé de uma escada de acesso, que as pesadas armaduras os impediam de galgar – e ouvia o discurso de cada um, alguns em verso, que recebia rindo com aprovação, avaliando com suas damas os elementos da *impresa* de cada cavaleiro (o emblema pintado num escudo de papelão). Essa imagem da rainha alegre, cortejada e segura não poderia estar em contraste maior com as privações infligidas a Maria Stuart.

Maria fora retirada da custódia do conde de Shrewsbury por um edito de setembro de 1584. Depois de um breve período tendo sir Ralph Sadler como guardião, ela voltou mais uma vez a Tutbury no início de 1585. Seu último carcereiro foi sir Amyas Paulet, ex-embaixador de Elizabeth na França. As instruções de Walsingham a Paulet são interessantes à luz dos desdobramentos de caráter legislativo que se processavam em Londres. Maria deveria ser mantida num isolamento ainda mais rigoroso do que antes, proibida de sair para caminhar ou montar, privada de seu hábito de fazer caridade – para que não se comunicasse com a gente do lugar – e de receber cartas, exceto do embaixador francês. Chegaram a vetar que seus criados tomassem ar nas muralhas do castelo, enquanto seu cocheiro só poderia deixar a edificação sob forte guarda. Numa atitude reminiscente das humilhações a que se submetera Maria Tudor após o nascimento de Elizabeth, Paulet retirou de Maria Stuart o dossel oficial, um dos últimos símbolos visuais de seu status de rainha. Embora Maria conseguisse reavê-lo mais tarde, seu significado simbólico não foi de grande conforto nas condições enregelantes de Tutbury, cuja melhora com o clima do verão logo deu lugar ao fétido odor das estrumeiras do castelo.

Enquanto Maria passava por novas privações, o Parlamento reuniu-se no final de novembro para debater uma lei destinada a proteger Elizabeth de "qualquer coisa tramada ou imaginada com a intenção de ferir a pessoa de Sua Majestade". Embora seu nome não fosse explicitamente mencionado, o objeto visado no Ato pela Segurança da Rainha, como se tornou conhecido, era Maria Stuart.[5] Ataques à segurança da rainha deveriam ser considerados como tais sob o Grande Selo da Inglaterra, vindos de "qualquer pessoa, com ou sem o conhecimento de alguém que pretendesse o título da coroa inglesa". Ao se confirmar o "Instrumento de Associação" em conjunto com o Ato pela Segurança, qualquer súdito inglês tinha agora o direito de,

> por todos os forçosos e possíveis meios, perseguir até a morte cada uma dessas vis pessoas, pelas quais ou por cujos meios, consentimento ou confidência, qualquer invasão ou rebelião na forma acima seja denunciada como de fato realizada, ou tal vil ato como de fato tentado, ou outra coisa tramada ou imaginada contra a pessoa de Sua Majestade.[6]

Desse modo, o Ato pela Segurança da Rainha facultava um processo contra Maria se qualquer pessoa conspirasse contra Elizabeth em nome dela, com ou sem sua ciência ou seu consentimento. O temor anticatólico atiçado pelo complô de invasão dos Guise suscitou muitas adesões voluntárias ao "Instrumento" quando ele foi enviado pelas províncias; mesmo súditos leais que não sabiam escrever apuseram orgulhosamente sua marca no documento. Em York, onde o levante do Norte ainda era lembrado, foram adicionados tantos selos que os comissários não conseguiram postá-lo. Elizabeth viu em Hampton Court essas assinaturas coladas e se declarou satisfeita com o espetáculo de veemente comprometimento por parte do povo. Entre os signatários estava Maria Stuart, a quem nunca faltara estilo, quando não bom senso. E assim Maria pôs um laço em torno do próprio pescoço, e deixou-se a Cecil e Walsingham a decisão de quando apertá-lo. E eles não esperaram muito tempo.

Capítulo 21

As MORTES DO DUQUE de Anjou e de Guilherme de Orange ofereceram à Espanha vantagens estratégicas complementares. A perda de Anjou significava que a casa real francesa de Valois estava efetivamente extinta, e que o próximo herdeiro, aparentemente, era o protestante Henrique de Navarra. Isso levou Felipe a formalizar sua aliança com a Liga Católica dos Guise, para impedir Navarra de herdar o trono, o que também aumentou a força do rei espanhol nos Países Baixos. Ao declarar a intenção de apoiar a Liga contra Navarra, Felipe ficou apto a assimilar sua força militar, que então podia ser mobilizada contra os holandeses. Com Orange morto e os rebeldes holandeses em desordem, o rei podia prosseguir sem medo de que a França interviesse contra ele. Com a tomada espanhola da maioria dos portos da costa flamenga, a balança de poder no continente europeu parecia pender inevitavelmente para os Habsburgo. A ambição de Felipe parecia aterradora. O embaixador francês em Londres relatou a opinião de Catarina de Médici, de que, assim que tivesse esmagado definitivamente os Países Baixos, Felipe voltaria a atenção para a França, e de lá para a Inglaterra.

Após a expulsão de Bernardino de Mendoza, na esteira da conspiração de Throckmorton, reaqueceu-se a postura antiespanhola do governo de Elizabeth. Psicologicamente, ambos os lados estavam prontos para o conflito. Em 10 de outubro de 1584, a rainha convocou seus conselheiros a fim de discutir planos de resistência à "malícia e às forças" do rei da Espanha. Felipe ratificou sua aliança com os Guise no Tratado de Joinville, no final de 1584, enquanto em Nonsuch, em agosto de 1585, Elizabeth finalmente concordou em fornecer mais de 7 mil homens para ir em auxílio aos Países

Baixos. Um mês depois, Drake partiu em outra missão de ataque, com uma frota de 25 navios, dois dos quais pertencentes a Elizabeth. Dessa vez ele tinha permissão expressa de sua soberana para atacar tanto os navios espanhóis quanto os estabelecimentos do Caribe. Após uma prolongada e contínua tendência em direção ao conflito, em que ambos os lados se encontravam sob influência das circunstâncias e de uma política específica, a partida de Drake era um gesto explícito de inimizade.

A preocupação imediata eram os Países Baixos. A pergunta de Walsingham a Elizabeth no Conselho, "Se sua Majestade não os usasse em sua defesa, então o que ela iria fazer ou providenciar para sua própria segurança contra o rancor do rei da Espanha e as forças que ele moveria contra este reino, depois de subjugar a Holanda?",[1] resume as opções da rainha. Ou ela se aliaria aos rebeldes ou esperaria até que a Espanha os tivesse esmagado, depois do que a Inglaterra teria de enfrentar Felipe sozinha. Na primavera, os agentes de informação filtravam notícias sobre o Tratado de Joinville, e embora o acordo não incluísse nenhum objetivo específico em relação à Inglaterra, Elizabeth não poderia mais ignorar o fato de que o efetivo corpo militar da França agora estava coligado à nação mais poderosa no mundo, e de que ambos se uniam na abominação ao protestantismo.

Suas esperanças de obter o apoio de Valois foram frustradas em março, quando Henrique III admitiu que não estava mais disposto a se envolver no caso dos Países Baixos. Elizabeth teria de dar ajuda aos holandeses ou ficar isolada contra a Espanha. Nonsuch "marcou o abandono final, por Elizabeth, do acalentado objetivo de se distanciar das intrigas europeias".[2] É interessante especular sobre o que teria acontecido caso a rainha, nessa conjuntura, aceitasse a oferta dos gratos protestantes holandeses de assumir a soberania dos Estados Gerais. Cecil desaconselhou-a a fazer isso, observando que a soberania iria acarretar um "litígio permanente", enquanto um protetorado resultaria no mal menor de uma "guerra administrável", que poderia, como se esperava, ter fim com a morte de Felipe da Espanha. Como estratégia, essa ideia se revelou irremediavelmente vaga.

A subsequente campanha nos Países Baixos não nos mostra nem a rainha nem seu mais ardente apoiador, o conde de Leicester, em seu melhor aspecto. Eles tinham brigado uma década antes, durante as festividades de Kenilworth, ocasião na qual Leicester ousara se apresentar como o paladino salvador dos Países Baixos; quando isso se tornou realidade, precipitou a mais furiosa altercação que houve no relacionamento dos dois. Alegou-se que o fervor de Leicester para servir fora motivado por um "estimulante desejo de governança e de glória", embora ele também estivesse sinceramente convencido de que, ao servir, realizava uma obra de Deus. Como comandante, há pouca coisa que o recomende, além de seu status e da disposição para financiar a missão do próprio bolso, já que sua experiência militar ativa era limitada a uma única batalha, trinta anos antes. Mas até Leicester era melhor que a própria Elizabeth, cujos constantes recuos nas ordens e cuja falta de vontade de liberar recursos suficientes fizeram seus famintos soldados desertarem, tornando sua autoridade ineficaz.

O opositor de Leicester, Alessandro Farnese, duque de Parma, era o comandante mais destacado de sua geração, e, embora as tropas de Leicester (que logo pareciam espantalhos, segundo testemunhas) fossem corajosas, elas eram comandadas por um cortesão, não por um general. Considerando os equipamentos antiquados dos soldados ingleses, sua irremediável desorganização e a ignorância das táticas, "é um milagre que tenha ocorrido alguma ação militar".[3] Parma conduzia uma brutal máquina militar, e o máximo que Leicester podia esperar era deter o seu avanço. Antuérpia tinha se rendido antes mesmo de sua chegada, e, embora saudado com espetáculos de fogos de artifício, multidões extáticas, cortejos formados por jovens damas entusiasticamente agradecidas e estandartes exaltando a Rainha Virgem como salvadora das províncias, ele sabia, mesmo antes de zarpar, que toda aquela empreitada não tinha qualquer esperança. Escreveu em desespero a Walsingham: "Sinto muito que Sua Majestade tivesse de tratar [a questão] dessa maneira, contente por derrubar tão voluntariamente sua própria causa. ... Nunca houve um cavalheiro ou general tão dedicado quanto eu. Minha causa é a causa de Deus, e é Dele que me vejo depender inteiramente."[4]

Tendo deixado Leicester por conta própria no início da campanha, Elizabeth recusou-se furiosamente a continuar lhe concedendo esse arbítrio

Capítulo 21

quando o conde aceitou o título de governador-geral das Províncias Unidas (cargo que ela mesma recusara) em Haia, em janeiro de 1586. Sua carta para ele era ao mesmo tempo histérica e hipócrita:

> Quão desprezivelmente nos vemos ser usados por você. ... que um homem cultivado por nós e extraordinariamente favorecido por nós, acima de qualquer outro súdito deste país, tenha de maneira tão desprezível desrespeitado nosso comando numa causa que tão grandemente nos toca em nossa honra.

Tem-se sugerido que Elizabeth se enraiveceu com as correrias de Leicester nos Países Baixos por ciúme, porque a mulher dele, Lettice, planejava juntar-se ao marido "com tal séquito de damas e fidalgas, carruagens, liteiras e selas de amazona tão ricas que nem Sua Majestade tem iguais, e haveria uma corte de damas que suplantaria de longe a corte de Sua Majestade aqui". Como sempre acontecia com Elizabeth, havia uma forte tendência de ver o pessoal por trás do político. Leicester depois teve permissão para manter seu título fútil, mas, ao alardeá-lo, ele chamava atenção para o fracasso da empreitada inglesa como um todo. Elizabeth administrou pateticamente mal a campanha nos Países Baixos, mas não porque estivesse com inveja da sela de amazona da condessa de Leicester.

O duque de Parma observara com argúcia a Felipe que Elizabeth de maneira alguma gostava de gastar, mas mesmo as quantias inadequadas que ela estava disposta a fornecer absorviam metade das receitas ordinárias do reino nos três anos anteriores a 1588. Essa despesa era totalmente inviável, dado o fato de que a empreitada nos Países Baixos se demonstrava vantajosa para os interesses espanhóis. Todo o projeto de ataque à Inglaterra tinha agora uma justificativa, já que o ônus financeiro da guerra só poderia diminuir a probabilidade de que as forças inglesas estivessem preparadas para ela. Elizabeth tinha autorizado a intervenção movida pelo razoável temor de uma iminente ameaça espanhola. Ao fazer isso, ela tornara a ameaça ainda mais provável. A presença do exército de Leicester era uma provocação, mas representava uma força muito pequena e com poucos recursos para constituir um sério desafio a Parma, ao mesmo tempo que significava um imperdoável desafio à soberania espanhola. Aquele era um gasto excessivo, horrivelmente negligente em relação a poupar vidas e ineficaz.

Os "falcões" do Conselho de Elizabeth tinham interpretado a combinação de Throckmorton e Joinville como os preparativos para a muito temida cruzada católica contra a Reforma, mas, em 1585, não havia motivo premente para buscar um confronto. Era a política inglesa que estava influenciando a Espanha, e não o contrário. A causa dos rebeldes parecia mais ou menos perdida, em especial se a Inglaterra pudesse se manter fora da equação. Contudo, depois que as primeiras forças inglesas desembarcaram em Middelburg, Felipe acedeu aos pedidos do papa em prol da "recuperação da Inglaterra". Quando apareceu na Holanda, Leicester podia muito bem estar fazendo um convite à Armada.

Sir Anthony Standen, agente de Walsingham na corte do grão-duque da Toscana, forneceu a Elizabeth a cópia de um documento aterrador, poucas semanas depois de o próprio Felipe tê-lo visto, em abril de 1586. Ele detalhava um plano de invasão projetado pelo marquês de Santa Cruz, contabilizando uma frota de 206 navios de guerra, 60 mil soldados e duzentas barcaças de desembarque, que navegaria dos portos da Espanha para a Irlanda, onde derrubaria a autoridade inglesa. Então seria oferecida uma moratória a Elizabeth, se ela concordasse em negociar. Caso não concordasse, a grande frota seguiria adiante. Os detalhes eram menos ameaçadores que o fato de a ideia ser aventada às claras, pois as sugestões de Santa Cruz eram tão absurdamente dispendiosas que nem Felipe nem Elizabeth as levaram a sério. O duque de Parma formulara uma estratégia alternativa, de invasão a partir de Flandres. Ao mesmo tempo, em Londres, Walsingham examinava outro conjunto de documentos, a correspondência entre Maria Stuart, a rainha da Escócia, e um jovem católico chamado Anthony Babington.

Capítulo 22

Video et taceo, "Vejo e me calo", era um dos motes de Elizabeth. Isso se aplicava muito bem a William Cecil, em sua lenta campanha contra Maria Stuart de 1585-87. Tendo decretado a legislação que iria condenar Maria quando chegasse a hora, ele se mantinha quieto, na espreita do delicado detonador de uma armadilha que se tornou conhecida como complô de Babington. A figura-chave foi um dos personagens mais intrigantes do mundo secreto elisabetano, o criptógrafo Thomas Phelippes. Considerando a importância de Phelippes em todo esse empreendimento, surpreende que os encontros posteriores da rainha com esse tranquilo graduado do Trinity College tenham tido caráter de reprimenda. Mas, pensando melhor, talvez não. Favorecer o homem que prestou alguns dos mais sensíveis serviços a seu reino teria sido simplesmente comprometedor demais.

Em algum momento, em meados da década de 1580, depois de ter feito ninguém soube exatamente o que para Walsingham na França, Phelippes voltou e tornou-se colega de quarto de um tal Gilbert Gifford. Parente de Francis Throckmorton, Gifford era mais um dos agentes duplos que operavam entre a trama e a urdidura das lealdades católicas e protestantes que se enredavam pelo continente europeu. Educado nas fábricas de mártires de Douai e no English College de Roma, ele trabalhara com Thomas Morgan, agente de Maria Stuart em Paris, antes de ser "convertido" por Walsingham. Maria confiava em Morgan, e Morgan confiava em Gifford. Assim, Cordaillot, secretário do embaixador francês, também confiou quando Gifford chegou à embaixada e se ofereceu para ser portador das cartas para Maria.

No Natal de 1585, a rainha dos escoceses tinha se mudado de Tutbury para Chartley, em Staffordshire, numa casa que pertencia ao conde de Essex.

Após meses de isolamento sob o inflexível olhar do afetado Paulet, pode-se imaginar sua alegria quando começou a receber cartas de Morgan ocultas em tubos enfiados na cerveja fabricada para a casa. O que Maria não sabia era que o "honesto cervejeiro" de Burton-upon-Trent estava a soldo de Paulet, e este era conhecido de Phelippes, que estivera a seu serviço na França. Com Gifford atuando como mensageiro, as cartas de Maria eram entregues a Phelippes, que decifrava o código e repassava os documentos a Walsingham. Os pacotes eram então novamente selados (por um especialista chamado Arthur Gregory), de modo que Gifford pudesse entregá-los à embaixada francesa, de onde seguiam depois seu caminho até Morgan em Paris.

Com as cartas que chegavam para Maria adotava-se o processo inverso. Conquanto isso fosse demorado, laborioso e dependesse de uma irregularidade nas comunicações que afetava toda a correspondência no século XVI, era incrivelmente eficiente. Quando, de forma reveladora, Elizabeth observou ao embaixador francês Guillaume de l'Aubespine, em abril de 1586, que estava ciente das comunicações secretas com Maria, ela acrescentou: "Acredite-me, sei de tudo que se passa em meu reino." De l'Aubespine talvez tenha sorrido confiante da ingenuidade da rainha, mas ela dizia a verdade. Graças ao sistema do barril de cerveja, o governo inglês tinha obtido controle total sobre a correspondência de Maria.

Com as interceptações feitas sem maiores problemas, Walsingham precisava de um *agent provocateur*, e nesse aspecto ele dispunha de inúmeras opções. Assim como Elizabeth absorvera as práticas do amor cortês e as fundira com as dinâmicas do protestantismo em sua apresentação como monarca, também havia um tropo de resposta na ardente atmosfera de simpatizantes do catolicismo e exilados dos *colleges* no continente europeu. Um dos biógrafos de Edmund Campion fala do odor de martírio que pairava no ar do English College em Douai. Poucos anos após sua fundação, o seminário enviava para a Inglaterra cerca de vinte jovens padres por ano, dos quais 160 foram executados até o final do reinado de Elizabeth, toda uma geração de jovens que "galantemente sacrificaram" suas vidas pela fé.[1] Para o governo de Elizabeth, eles eram efetivamente terroristas; para os católicos moderados, o revezamento de mártires parecia um "odioso e intolerável desperdício".² Contudo, havia muitos, inclusive William Allen, diretor de Douai, que via o martírio como "o privilégio supremo do qual só a graça divina poderia torná-los dignos". Esse era um privilégio do qual se falava e pelo qual até se rezava.

No entanto, muitos dos jovens das famílias católicas nobres educadas no continente eram mais que produtos daquilo que seus inimigos denominavam fanatismo teológico. Eles eram produtos da educação da época, tão imbuídos quanto os cortesãos de Elizabeth dos refinamentos dos clássicos e da tradição do amor cortês. Os "cortejadores" de Elizabeth jogavam esse jogo para obter postos e nomeações. Os que escolheram Maria Stuart como sua senhora ofereciam a vida como sinal de amor. A lendária beleza de Maria, seu sangue real, os maus tratos a que era submetida e acima de tudo sua fé lhe conferiam um glamour obscuro que se mesclava, em alguns, ao desejo sincero de um "galante martírio", em outros, a um envolvimento aventuresco, e resultavam numa mistura embriagadoramente estimulante que suscitava um "tumulto de conspirações".³

Anthony Babington, nativo de Derbyshire, conhecera Thomas Morgan em Paris, em 1580. Ele conhecia também um padre chamado John Ballard, membro do grupo Guise-Mendoza na cidade. Com o aval do ex-embaixador espanhol, Ballard estava engajado numa trama para assassinar Elizabeth. Quando retornou à Inglaterra em 1586, ele encontrou-se com Babington e levou-o a acreditar que um plano para libertar Maria teria o apoio e a ajuda da Espanha e de Roma. Babington a essa altura tinha reunido em torno de si todo um grupo de homens jovens "preparados para qualquer árduo empreendimento que de alguma forma pudesse fazer avançar a causa católica comum".⁴ Com as promessas de Ballard a ressoar em seus ouvidos, Babington decidiu não somente libertar Maria, mas também coroá-la.

Em maio, Maria recebeu uma carta de Morgan endossando Babington como seu contato, e em julho Babington escreve-lhe uma missiva extraordinariamente indiscreta delineando o esquema para sua libertação. Ele descrevia como as tropas estrangeiras chegariam para dar apoio aos contingentes católicos que libertariam a rainha da Escócia e deporiam

Elizabeth – a quem ele chamava de "rival usurpadora". As fantásticas estatísticas de Babington compõem uma leitura patética – seis cavalheiros cuidariam de Elizabeth, Maria seria libertada pessoalmente por Babington, ajudado por mais dez, com a cobertura de cem soldados. No momento em que escrevia isso, Babington só tinha catorze companheiros comprometidos com a trama. Em sua resposta de 17 de julho, Maria estava ditando meticulosamente a própria sentença de morte.

A carta de Maria, como toda a sua correspondência, foi ditada em francês para seus secretários, Claude Nau e Gilbert Curll, que faziam simultaneamente uma tradução para o inglês da Escócia. Se tinha sensibilidade suficiente para não escrever nada de próprio punho, ela não poderia deixar de saber que, com sua simples resposta a Babington, estava condenando a si mesma segundo o Ato pela Segurança da Rainha. O próprio Babington tinha sido explícito quanto à morte de Elizabeth, que ele chamou de "aquela trágica execução",[5] e conquanto Maria não tenha feito referência direta à proposta, sua aquiescência estava sinalizada na expressão "tempo de pôr os seis cavalheiros em ação" no que tange "àquela que agora é rainha".[6] Sua ansiedade se expressa em perguntas sobre as providências de Babington quanto a cavalos e tropas, e em sugestões para a própria fuga, tais como a de começar um incêndio nas construções anexas de Chartley e o uso de carroças para bloquear os portões. Ela propôs até que se convencesse um poderoso dignitário – talvez o conde de Arundel ou o de Northumberland – a atuar como "figura de proa" da revolta. Babington recebeu a carta em Londres, em 29 de julho, mas agora tinha se acrescentado algo às ideias de Maria. Thomas Phelippes recebera o original em 19 de julho e imediatamente enviara uma cópia a Walsingham, enfeitada com o pequeno e alegre desenho de uma forca. Ele então adulterou a carta de Maria com o acréscimo de um pós-escrito falso, solicitando que Babington explicasse "também de tempos em tempos, especificamente, como estava evoluindo, e, assim que você puder, para o mesmo fim, quem já está e até onde cada um já está inteirado". Isto é, Walsingham queria que Babington dissesse nomes.

O contraponto das atividades de Babington com Maria em julho de 1586 é uma série de extraordinários encontros com Walsingham. Uma das pessoas do bando de Babington, Robert Poley, era um homem de Walsingham. Seus companheiros na trama acreditavam que ele fosse espião católico nos redutos de Walsingham; na verdade, ele trabalhava para o governo. Por intermédio de Poley, Babington solicitou uma audiência a Walsingham em sua casa de campo, no início do mês, onde, segundo alegou mais tarde, ofereceu "serviços gerais" em troca de um passaporte para deixar o país. Seria uma simulação concebida para despistar Walsingham? Ou Babington planejava trair sua pretensa futura rainha? Ou simplesmente sentia-se aterrorizado com a enormidade daquilo em que estava prestes a se engajar? O passaporte não foi concedido.

Em 30 de julho, Babington tinha decifrado a carta de Maria do dia 17. Em 31 de julho, ele tornou a mandar um recado por intermédio de Poley, dizendo que tinha a prova da existência de um plano contra a rainha. Walsingham estava ansioso. Teria Babington percebido a falsificação? Era tempo de armar o laço. Em 4 de agosto, o padre Ballard foi preso na casa de Poley, com o próprio Poley (presumivelmente para salvaguardar sua cobertura). No mesmo dia, Babington foi a uma taberna jantar com outro agente de Walsingham, Scudamore. Ele já tinha enviado um recado a Poley dizendo: "Está preparada a fornalha na qual nossa fé deve ser provada. Adeus até que nos encontremos, Deus sabe quando."

Babington sabia com toda a clareza que aquele era um complô sem esperança e que seria fútil qualquer tentativa de última hora para tentar uma barganha com Walsingham. Não havia navios estrangeiros, nem céleres cavalos, nem católicos leais esperando em encruzilhadas no campo – eles nunca existiram. Toda a trama fora uma loucura romântica, um jogo de palavras no qual, como transpirava, era Walsingham quem jogava, e não ele. Babington fugiu. Quando chegou um bilhete para Scudamore, enquanto comiam, ele fingiu que ia pagar a conta e escapou. Juntou-se a dois de seus colegas de conluio em Westminster e foram primeiro para St. John's Wood, nos arredores da cidade, depois para Harrow, onde eles se viram cercados dez dias depois, enlameados e famintos. Chegara a hora de Cecil se encarregar da questão.

No primeiro de nove interrogatórios que começaram em 18 de agosto, Babington confessou tudo a Cecil, a sir Christopher Hatton e ao lorde chanceler Thomas Bromley. Quando se emitiram mandados de busca para mais de trinta casas em Londres e outros membros do grupo de Babington foram capturados, Cecil teve de enfrentar um problema essencial. Babington destruíra a carta adulterada de Maria, de 17 de julho. O único documento de posse do governo era a cópia de Phelippes, que, como peça de evidência, não tinha quase validade. A segunda dificuldade era a rainha.

Em geral, considera-se que Elizabeth tinha mais gosto pela *realpolitik* que seu ministro. Ela ficava à vontade com as exigências do estadismo de Maquiavel, no fundo era uma política pragmática. No entanto, não conseguiu indiciar Maria Stuart. Ela enfatizou para Cecil que não queria chamar atenção para a evidência contra Maria e, conquanto insistisse em que a punição dos conspiradores de Babington fosse deixada a seu cargo e de seu Conselho, recomendou que nenhum "discurso áspero" fosse "usado para condenar ou repreender a rainha dos escoceses".[7] Explicou a um perplexo Cecil que essa era uma medida de autoproteção, caso os defensores de Maria temessem pela vida da rainha da Escócia. Enquanto Elizabeth vacilava, Cecil e sua equipe jurídica trabalhavam freneticamente para elaborar os termos de uma comissão real que lhe permitisse, no âmbito da lei, levar uma rainha ungida a julgamento. Afinal, em 6 de outubro, Elizabeth escreveu a Maria Stuart, de Windsor, informando-a de que seria submetida à prova em Fotheringhay por sua participação no "mais horrível e desnaturado atentado à vida da rainha".[8] Aconselhou Maria a respeitar os oficiais de sua delegação e a responder a eles, embora Maria ainda sustentasse com obstinação que não tinha enviado carta a Babington, que, se seus secretários afirmavam o oposto, isso se dera sob tortura. Quando defesa e acusação se reuniram em Fotheringhay, em 12 de outubro, Babington e seu colega de complô Chidiock Tichborne já tinham sofrido todos os horrores da morte por traição – primeiro foram pendurados, "depois foram ... cortados, as intimidades amputadas, estripados vivos e esquartejados" –, junto com Ballard e mais outros quatro.[9] Permitiu-se que mais sete membros do grupo fossem estrangulados antes de serem estripados e esquartejados. As multidões em St. Giles Fields berravam "Deus salve a rainha!" quando, uma a uma, as escorregadias cabeças eram erguidas da poça de sangue no patíbulo e espetadas em estacas.

O envolvimento de Francis Walsingham no complô de Babington levou alguns escritores a concluir que tudo aquilo fora encenado do início ao fim como forma de atrair Maria para uma armadilha. A defesa dela se baseou no fato de que, como rainha ungida, não devia satisfação a ninguém: "Sou um príncipe absoluto, não estou no âmbito de suas leis ... porque sou igual a qualquer príncipe da Europa."¹⁰ A rainha da Escócia declarou (o que era verdade) que não podia ser acusada, visto não ser possível apresentar contra ela nenhuma palavra ou escrito de sua própria lavra. Mas sua melhor defesa teria exigido que admitisse cumplicidade num plano que, embora em grande medida regulado por Walsingham, ela jamais incitara nem executara inteiramente. Babington destruíra a fatal "carta da forca", mas Cecil conseguiu exibir uma "cópia" no julgamento de Maria Stuart, recodificada por Thomas Phelippes, embora sem a condenatória adição do pós-escrito forjado. Maria sabia que a carta era falsa. Mas admitir esse conhecimento era contradizer sua afirmação de que desconhecia qualquer fato sobre Babington. Destruir a evidência da coroa contra ela significaria efetivamente admitir sua culpa. Maria Stuart era de fato uma monarca soberana. Fora detida ilegalmente e contra sua vontade, tinha sido atormentada, pressionada, espionada e vítima de conspiração durante uma intolerável extensão de tempo, mas, sob os termos da lei, ainda era culpada. Ela o sabia, os membros da comissão o sabiam, e o resto, como tantas coisas na política renascentista, era teatro.

O julgamento de Maria Stuart começou sob o dossel oficial de Elizabeth no salão de Fotheringhay, em 14 de outubro. Cecil arrumara cuidadosamente aquele palco. Dez condes, um visconde, doze barões, o lorde chanceler Bromley e o próprio Cecil estavam sentados uns de frente para os outros, exatamente de acordo com a graduação, ao longo da grande sala. No centro havia uma mesa para funcionários e tabeliães. Em frente ao trono de Elizabeth acomodaram-se sir Christopher Hatton, sir Walter Mildmay, sir Amyas Paulet e Walsingham, com os dignitários locais comprimindo-se logo atrás deles. Do lado oposto ficava a porta pela qual Maria faria sua entrada – depois de trinta anos de longa espera. Todos tinham ensaiado seus papéis muito antes de a porta se abrir. Maria escrevera para o duque de Guise, algumas semanas antes do julgamento: "Estou decidida a morrer por minha religião. ... Com a ajuda de Deus, morrerei na fé católica." Cecil tinha escrito ao conde de Leicester em 1º de outubro: "Espero que Deus, que nos deu a luz para que a descobríssemos [a conspiração], também nos assista para puni-la. Porque ela visava não somente à pessoa de Sua Majestade, e a vossa, e a minha, mas derrubar inteiramente a glória da Igreja de Cristo e erigir a sinagoga do Anticristo."[11] Assim se encaravam um ao outro, a mártir e o ministro, para o começo do último ato.

A parte substancial do caso contra Maria foi apresentada por lorde Bromley e dois assistentes, os sargentos John Puckering e Francis Gawdy. Maria tinha "concebido e imaginado" a morte de Elizabeth? Após serem lidos os termos da comissão real e o Ato pela Segurança da Rainha, Maria protestou dizendo que não se submeteria a responder àquela lei "insuficiente". Cecil contra-argumentou que a lei era adequada e que o julgamento deveria prosseguir com ou sem a presença de Maria. "Então vou ouvir e vou responder", ela replicou. Quando o complô de Babington estava sendo delineado, Maria declarou que não tinha conhecimento dele; mesmo quando confrontada com a confissão de Babington, insistiu: "Nunca escrevi qualquer carta como esta. ... Se Anthony Babington e o mundo inteiro disserem isso estarão mentindo." Quando foi confrontada com a cópia forjada da "carta da forca", Maria chorou. Depois voltou-se para Walsingham: "Senhor Walsingham, creio que sois um homem honesto. Eu vos imploro, na qualidade de homem honesto, quer o tenhais sido ou não."

A réplica de Walsingham foi "uma resposta que não respondia", digna de sua senhora:

> Invoco Deus para lembrar que, como pessoa privada, nada fiz que possa fazer-me parecer um homem não honesto; nem ao exercer meu lugar como pessoa pública fiz qualquer coisa indigna de minha posição. Confesso que, ao ser muito cauteloso com a segurança da rainha e do reino, estranhamente fui buscar as práticas contra essas mesmas coisas.

Na noite do dia 14, Elizabeth escreveu dizendo que se adiasse qualquer sentença até que ela tivesse sido informada pessoalmente das descobertas da comissão, que voltou a se reunir na manhã seguinte. Maria declarou que, segundo julgava, as acusações contra ela tinham sido "há muito tempo concebidas e premeditadas". Empregando imagens bíblicas em geral associadas à condição de rainha, ela alegou que não era a assassina Judite, mas a pacífica Ester, que iria rezar pela libertação de seu povo, e não matar por isso. A própria Elizabeth, ressaltou, não fora vítima de tratamento tão cruel durante seu período na Torre, em decorrência da conspiração de Wyatt, em 1550. Portanto, daí em diante, ela se recusaria a responder a qualquer pergunta. Na ausência de defesa significativa, a dignidade era a última carta de que dispunha. Na verdade, Maria ainda se pronunciou em voz alta por duas vezes. Uma delas afirmando que a conclusão do assistente Puckering, de que sua correspondência provava que ela reivindicava o direito à coroa, com base no Ato pela Segurança da Rainha, era falsa; a outra, quando deixava o salão, para pedir a Hatton que fizesse sua petição a Elizabeth. Ela acrescentou: "Deus me proteja e à minha causa de vossas leis." Estava terminado.

Estava mesmo? Elizabeth ordenou uma interrupção de dez dias para a comissão, que se reuniu na câmara da estrela, em Westminster, em 25 de outubro. Claude Nau e Gilbert Curll foram novamente inquiridos e admitiram "sem qualquer ameaça ou constrangimento" que os papéis que lhes tinham sido mostrados antes estavam em ordem. Curll confirmou que Maria o instruíra pessoalmente a queimar a carta de Babington para ela e o rascunho de sua resposta. Os membros da comissão emitiram então o veredicto de "culpada". A única questão que ainda restava era se Elizabeth estaria disposta agora a condenar Maria à morte.

A execução efetiva de Maria não era um grande problema moral para Elizabeth. Qualquer resíduo de simpatia ou lealdade que sentisse em relação à sua colega rainha tinha se dissipado no genuíno temor de ser assassinada, que Cecil e Walsingham não se cansaram de estimular. Numa carta particular a Paulet, ela descreveu o comportamento de Maria como "iníquo", "vil", "traiçoeiro", "perigoso e astuto". Elizabeth chegou perto de autorizar um assassinato privado, que teria resolvido o problema com discrição. Havia até um precedente na morte de Henrique VI, que tinha sido simplesmente (e até hoje misteriosamente) eliminado em 1471, quando sua existência se revelou um dilema político impossível de se resolver. Um assassinato em surdina era uma coisa, mas o que o Conselho e o Parlamento exigiam era a formalidade de uma execução sancionada pelo Estado. Nos discursos no Parlamento em resposta à petição de cumprimento da sentença de morte, Elizabeth teve o cuidado de declarar como achava abominável a ideia de executar Maria. Se isso fosse deixado a seu encargo, ela ficaria feliz em se mostrar misericordiosa, mesmo que isso significasse sacrificar a própria vida:

> Embora eu julgue que, agora que a questão se tornou tão clara, ela realmente irá se arrepender (como talvez ela pareça demonstrar, externamente), e que ninguém por ela tome para si esse caso, e mesmo que fôssemos somente duas leiteiras com seus baldes de leite nas mãos, ou que não houvesse mais entre nós essa pendência em que minha própria vida estivesse em risco, e nem todo esse estado da religião e toda a boa conduta, eu declaro ... com a maior boa vontade que a perdoaria e relevaria seu crime.[12]

A dissonância que Elizabeth tinha de resolver era aquela que a própria Maria identificara. Se uma rainha podia ser processada e executada pelo Parlamento, isso não significaria reduzir o soberano a súdito? Aquele era um precedente perigoso. Cecil acreditava que a única forma viável de livrar o reino definitivamente do problema representado por Maria era um meio público – ele sabia tão bem quanto Elizabeth que os príncipes se postavam no palco tendo os olhos do mundo sobre eles. Caso se tratasse do problema de Maria em segredo, a menor das consequências seria quanto à reputação de Elizabeth. O conflito entre a rainha da Inglaterra e seu mentor, amigo e servidor não era, pois, se Maria *deveria* morrer, mas o impacto constitucional que isso teria. Na verdade, aquele era um debate sobre os limites da autoridade monárquica.

De modo inevitável, a disputa foi formulada em termos de gênero. Tem-se afirmado que os ministros dos Tudor concebiam a estrutura do

Conselho em termos de relação marital: o rei, o *imperium*, era o "marido"; o conselheiro, o *consilium*, a "esposa" a ele subordinada. De acordo com esse modelo, o relacionamento de Elizabeth com seus conselheiros representava uma perturbadora inversão da ordem "natural". Mas o direito divino suplantava essas considerações, e nem Elizabeth nem seu Conselho jamais reconheceram haver uma diminuição do *imperium* – pelo menos até então. Seria a discordância entre a rainha e seus ministros um indício de "percepções fundamentalmente diferentes acerca da política de Elizabeth"?[13] Cecil, Walsingham, Hatton e Puckering acreditavam agir de acordo com a vontade de Deus. Por isso, Walsingham, com plena consciência, foi capaz de responder a Maria em Fotheringhay. Mas Elizabeth podia alegar que agia segundo a vontade de Deus ao atingir outra de Suas ungidas? Como equilibrar o imperativo principesco de proteger o reino a todo custo com um ato legislativo que feria o cerne da autoridade do príncipe? Esse era um conflito que Maquiavel teria apreciado.

Podemos perceber como as duas respostas que Elizabeth deu às delegações das Câmaras dos Lordes e dos Comuns, em 12 e em 24 de novembro, foram trabalhadas. Primeiro, ela enfatizava estar agindo com base em sua autoridade de soberana, e apenas nela. Num rascunho do discurso de Richmond, do dia 12, Elizabeth modificou a referência verbal ao "Instrumento de Associação", "o qual eu reconheço como um argumento perfeito de seus corações e um grande zelo por minha segurança, *pelo que me julgo eu mesma comprometida a levá-lo em consideração cuidadosamente, e respeitar-vos quanto a isso*" (grifos meus), para, na segunda parte da sentença: "a fim de que meu compromisso esteja ligado a um maior cuidado com todo o bem." Ela repetidas vezes afirma seu exclusivo direito de se aconselhar somente com Deus. Na famosa referência a atuarem os príncipes no palco, ela reconhece o princípio maquiaveliano de que ser vista como alguém dotada de qualidades morais é menos importante que a real posse dessas qualidades, e também alude ao princípio maquiaveliano de que a virtude não constitui proteção contra o mal. Aqui há uma curiosa ressonância. Maria tinha se referido ao tempo que a própria Elizabeth passara na Torre durante o julgamento. Quando estava no cárcere, em 1554, Elizabeth não poderia ignorar a prisioneira anterior, sua mãe, e a desesperança quanto à sua inculpabilidade diante das conveniências políticas. Como diz o poema-testemunho de Wyatt:

> By proof, I say, there did I learn
> Wit helpeth not defence to yearn,
> Of innocency to plead or prate,
> Bear low, therefore, give God the stern,
> For sure, *circa Regni tonat*.*

Quando foi solta de seu cativeiro em Woodstock, Elizabeth tinha escrito seu próprio poema sobre o assunto. Falando a respeito do destino, ela declara:

> Thou causeth the guilty to be loosed
> From bands wherein innocents enclosed,
> Causing the guiltless to be strait reserved,
> And freeing those that death had well deserved.**

Henrique VIII tinha executado uma rainha ungida acusando-a de traição de acordo com as leis do país. Em sua primeira declaração em Richmond, Elizabeth insistiu em que os estatutos para sua proteção não tinham sido feitos contra Maria, como alegava a rainha da Escócia – isto é, ela não era vítima de manipulação legal a fim de ser declarada culpada. Como Ana Bolena, Maria era culpada de acordo com a lei inglesa. Mas, ao tentar equilibrar misericórdia e pragmatismo, Elizabeth enfrentava exatamente o problema maquiaveliano que destruíra sua mãe. A postura

---

* "Por prova, eu digo, que aprendi, e creio,/ Não terá a defesa o anseio/ De inocência pleitear ou mencionar,/ Pouco espere, portanto, deixe a Deus o meio,/ Por certo, *circa Regni tonat*." (N.T.)

** "Fizestes os culpados serem libertados/ Dentre tantos inocentes encarcerados./ Deixando os inocentes estritamente confinados,/ E livres os que à morte mereciam ser condenados." (N.T.)

"anticiceroniana" de Maquiavel, que Roger Ascham, tutor de Elizabeth, rejeitara, argumentava que, de vez que em si mesma a virtude não constitui uma defesa, poderia ser ruinosa. A misericórdia pode gerar ameaças, e só se obtém a preservação do reino por meio de ações que talvez sejam percebidas como viciosas. "Vi nisso uma traição à confiança", disse Elizabeth à delegação, acrescentando na segunda resposta: "Não sou tão ignorante ... a ponto de não saber que seria um procedimento tolo acalentar uma espada que vai cortar minha garganta." Se a misericórdia não era uma opção, a ação viciosa exigia autoridade. *O príncipe* endossa a ideia de que é melhor sacrificar um indivíduo que permitir que se dissemine a discórdia. O conselho de Wyatt é que somente Deus pode fazê-lo, e, como Elizabeth escreveria mais tarde a Walter Ralegh, o único poder superior ao da fortuna é o de Deus. Em outro de seus poemas, a rainha invoca uma conhecida descrição de Maria Stuart:

> The daughter of debate,
> That eke discord doth sow,
> Shall reap no gain where former rule,
> Hath taught still peace to grow.*

Em suas respostas, Elizabeth enfatiza repetidas vezes seu divino desígnio de ser a portadora da paz, um dos mais antigos tropos das rainhas da Inglaterra. Àquela altura, ela formula sua justificativa segundo a Divina Providência, invocada por seus ministros. Mas a autoridade para a destruição da "filha da discórdia" devia emanar de Elizabeth, ou seu *imperium* estaria comprometido. Primeiro, Elizabeth modela Maria como um Maquiavel. Em seu discurso, com sua ardilosa e desconcertante imagem pastoral das rainhas entregadoras de leite gêmeas, a ânsia de misericórdia de Elizabeth é atenuada pela dissimulação da rainha dos escoceses, já que ela só se arrependia como "talvez ... pareça demonstrar, externamente".

---

* "A filha da cizânia,/ Que discórdia poupa e planta,/ Não colherá ganho onde antes o governo/ Ensinara a paz que ainda se agiganta." (N.T.)

Reconhecendo isso, Elizabeth invoca seu direito divino, como tinha feito muito tempo antes, na conclusão de seu poema escrito em Woodstock: "But by her [Fortune's] envy can be nothing wrought,/ So God send to my foes all they have thought."*

Em 29 de novembro, os membros da comissão reuniram-se mais uma vez na câmara da estrela para "subscrever a sentença" de Maria Stuart. Uma campanha de imprensa estava em andamento, incluindo a publicação dos discursos de Elizabeth, para alertar a Europa sobre seu horrível dilema moral e apresentando-a como uma pessoa que, de modo doloroso, adotava o procedimento imposto – que, todavia, era "contrário à sua própria índole e natureza".[14] A proclamação da culpa de Maria foi tornada pública em Londres em 6 de dezembro. Enquanto isso, Cecil tinha preparado a ordem para a execução, confiada à guarda do secretário William Davison até que a rainha a solicitasse. Em 1º de fevereiro de 1587 Elizabeth a assinou.

O que veio a seguir admite duas leituras. Ou Elizabeth revogou suas instruções e foi ignorada pelos ministros, que procederam à execução de Maria sem sua permissão, embora munidos de uma autorização assinada e selada, ou ela manipulou seu amado colega e atribuiu a iniciativa e a culpa de tudo a Cecil. Não pode haver dúvida de que Elizabeth desejava a morte de Maria. No mesmo dia em que assinou a autorização, ela ordenou a Davison e a Walsingham que escrevessem a Paulet, em Fotheringhay, com um relato da conversa que haviam tido pouco tempo antes. Elizabeth dizia que estava um tanto surpresa de que, nos termos do "Instrumento de Associação", pelo qual era um dever dos cidadãos matar quem quer que ameaçasse sua vida, Paulet ainda não tivesse agido. A mensagem era clara: mate Maria. Paulet ficou horrorizado. Ele encaminhou a resposta uma hora após ter recebido a carta, declarando que esse ato constituiria um "terrível naufrágio de sua própria consciência", e que ele jamais se comprometeria com algo tão ilegítimo.

---

* "Mas por sua [da fortuna] inveja nada pode ser alcançado,/ Assim Deus fez a meus inimigos o que eles tinham pensado." (N.T.)

Capítulo 22

Enquanto isso, segundo a versão ministerial dos acontecimentos, o processo para a execução de Maria continuava sem percalços. Elizabeth entregara o documento assinado para Davison, com instruções de que fosse levado ao lorde chanceler Bromley e a Francis Walsingham. Davison declarou que retivera o documento durante a noite e o apresentara uma vez mais à rainha. Por intermédio dele, Hatton e Cecil foram então informados. Decidiu-se que o cunhado de Walsingham, Robert Beale, deveria transportar a autorização, que lhe foi mostrada por Davison na casa de Walsingham, em Londres, em 3 de fevereiro. Paulet foi informado de que o carrasco, Simon Bull (que deveria receber £10 por seu desempenho), estava a caminho, acompanhado por um dos servidores de Walsingham. O machado designado para cortar a cabeça da rainha da Escócia deveria ser ocultado num baú para não chamar atenção. Davison e Beale remaram então até Greenwich, onde, nos alojamentos de Cecil, reuniram-se com Leicester, Hatton, lorde Howard de Effingham e cinco outros conselheiros seniores, que entregaram a Beale cartas para os condes de Kent e Shrewsbury e para Paulet. Beale chegou a Fotheringhay no domingo, dia 5, depois de alertar o conde de Kent, e então seguiu para alcançar o conde de Shrewsbury antes de voltar a Fotheringhay. Com autorização de Paulet, foi escrita uma carta ao lugar-tenente local, requerendo sua presença em Fotheringhay na manhã de 8 de fevereiro. O grupo estava todo reunido na noite do dia 7, com exceção de Bull, que se alojara numa hospedaria próxima.

Maria seguiu para a morte entre as oito e as nove horas da manhã do dia 8. Seu dossel oficial mais uma vez foi cerimonialmente desmontado. Num gesto de particular crueldade, informaram-na de que deveria avançar para o cepo sozinha, sem as damas. O choro delas poderia provocar escândalo, disseram-lhe. Além disso, talvez elas quisessem criar relíquias blasfemas com o linho encharcado pelo sangue da rainha da Escócia. Maria lembrou a Paulet que era prima de Elizabeth e alegou que decerto a rainha não permitiria coisa tão imprópria. Finalmente, permitiram-lhe escolher seis damas para acompanhá-la. Foram dados em Maria dois golpes de machado, e, de modo horrendo, usou-se uma serra para cortar os últimos tendões de seu pescoço. Antes do fim, ela rezou em inglês: "Mesmo que Teus braços, ó Jesus, estejam abertos aqui sobre a cruz, assim me receba em Teus braços de misericórdia e perdoa-me todos os meus pecados." Para si mesma, e aos olhos da Europa católica, a rainha da Escócia morreu como mártir.

Elizabeth ficou furiosa. Ela soube da morte de Maria na noite de 9 de fevereiro. De acordo com Davison, era isso que ela desejava. Na primeira entrevista entre eles depois que a rainha assinara a autorização, em 1º de fevereiro, ela dissera a seu secretário que não queria mais nenhuma discussão sobre o caso até que Maria estivesse morta, "de sua parte [assim ela disse], ela fizera tudo o que dela se podia exigir pela lei ou pela razão". No dia seguinte, Davison afirmou que, quando reapresentara a autorização, a rainha pareceu indecisa, mas "resolveu prosseguir, de acordo com sua orientação anterior". Elizabeth, contudo, negou que tivesse havido tal conversa. Em sua versão, de fato ela solicitara que Davison levasse a autorização assinada a Bromley, mas depois pedira a um dos cavalheiros de sua câmara, William Killigrew, que fosse ao encontro de Davison. Caso esse último ainda não tivesse encontrado Bromley, devia voltar com a autorização e aguardar a próxima ordem.

Aparentemente Davison não estava onde devia ser encontrado. Quando mais tarde informou a Elizabeth que a autorização fora ratificada pelo lorde chanceler, ela o repreendeu pela precipitação. Contudo, já tinham se passado seis dias desde que a rainha soubera que a ordem estava a caminho, e ela nada fizera. Se realmente quisesse evitar a morte de Maria, poderia ter feito isso. Numa carta datada de 26 de janeiro de 1587, apenas alguns dias antes de Elizabeth assinar a autorização, Jaime da Escócia advertira à rainha inglesa que os eventos projetados em Fotheringhay iriam prejudicar "vossa reputação geral e aumentar a (quase) universal antipatia que sentem por vós; e podem pôr perigosamente em risco tanto a vossa honra quanto a utilidade de vossa pessoa e de vossa posição".

Elizabeth sabia muito bem disso. Assim, ela perpetrara uma ação da qual não teria participado, uma grande hipocrisia que deixaria suas mãos oficialmente limpas. Ela esbravejou e vociferou com seus conselheiros, que teriam agido às ocultas, recusou-se a ver Cecil, condenou o pobre Davison à Torre (onde ele permaneceu até 1598, não tendo voltado ao serviço da rainha após a libertação) e, de modo bem organizado, seguiu o princípio de Maquiavel, de que, quando o crime é necessário, melhor delegá-lo aos outros. Além disso, ao manifestar que seus ministros tinham agido sem seu pleno consentimento, ela dava uma medida exata de autoridade em favor de sua consciência. É bastante correta a avaliação do principal biógrafo de Cecil, de que, "por todas as evasões, contradições, omissões e falsificações nos relatos ... dos eventos que levaram à execução de Maria, realmente não há dúvida de que [Cecil] e seus colegas agiram efetivamente por autoridade própria".[15] Eles o fizeram, e era exatamente isso que Elizabeth, com magnífico cinismo, desejava que fizessem.

Capítulo 23

NA TROCA DE BRINDES no ano-novo de 1585, o presente de Leicester para Elizabeth foi "uma pele de zibelina, com a cabeça e as quatro patas de ouro incrustado de diamantes e rubis". Como era costume no caso dos presentes oficiais do Renascimento, essa peça magnífica estava carregada de significados. Em certo sentido, era um presente de despedida, um miosótis, um "não se esqueça de mim". Durante anos Leicester pressionava para liderar uma expedição de auxílio aos assediados protestantes dos Países Baixos. Depois que Elizabeth, embora com relutância, assinara o Tratado de Nonsuch, em agosto anterior, ele enfim recebera esse encargo, no final de dezembro. Aquele era o oportuno lembrete não só da contribuição dada pela família Dudley ao importante comércio com a Rússia, mas, nessa época de crise, do significado da aliança com a família imperial russa, que estava em perigo desde a morte súbita do tsar Ivan o Terrível no ano anterior.

Até 1553 não houvera contato diplomático entre a Inglaterra e a Rússia. O misterioso Império do Norte era um lugar lendário, a "Russland" do baile de máscaras realizado por Henrique VIII em 1509. Isso mudou com a chegada do *Edward*, capitaneado por Richard Chancellor, à República de Novgorod, nas costas do mar Branco. O pai de Leicester, o duque de Northumberland, fora importantíssimo na correção de "nossa grande ignorância anterior das causas marítimas",[1] e foi seu envolvimento nessa viagem que proporcionou o crescimento de "uma autêntica cultura marítima, fundamentada na compreensão científica de mapas da astronomia, [os quais] tinham feito progredir o empreendimento inglês sob o reinado de Elizabeth".[2] Por sua vez, foi essa cultura que se demonstrou tão crucial no embate inglês com a Armada, em 1588.

Durante o tempo que passou no almirantado, sob o governo de Eduardo VI, Northumberland reconheceu a falta de experiência inglesa na construção de navios e na navegação, e foi ele quem importou artífices da Normandia e da Bretanha, muitos deles huguenotes refugiados, para instruir seus colegas ingleses, por exemplo, na arte de fabricar as lonas das velas conhecidas como *poldavies*. Também foi Dudley quem identificou o potencial das empresas em sociedade por ações para o financiamento da exploração comercial de uma possível rota para o norte. A companhia que financiou a viagem de 1553 foi a primeira de sua espécie e explorou com sagacidade o modelo da economia de risco na década de 1550.

A dissolução dos mosteiros tinha criado uma nova classe de homens abastados e a correlativa demanda de bens de luxo. Dudley estava ciente das práticas italianas de sociedade por ações por intermédio de seu *protegé*, o navegador Sebastian Cabot. A Companhia de Moscóvia, como foi denominada, admitiu uma nova forma de financiamento: a captação de capital para custear expedições com dispêndio individual relativamente pequeno (o preço da ação da primeira viagem foi fixado em £25) e enormes retornos potenciais. Um dos últimos sons alegres que o moribundo rei-menino Eduardo ouviu foram os tiros de canhão dos barcos *Edward*, *Bona Esperanza* e *Bona Confidenzia* quando zarpavam de Greenwich em 10 de maio, apenas um mês antes da queda de Northumberland.

A tripulação de Chancellor mais tarde fez contato com a corte imperial em Moscou e deixou muitos registros extraordinários dos costumes e dos aspectos do Kremlin, inclusive do próprio Ivan. Depois de impressionar o tsar com amostras de tecidos ingleses, eles retornaram da primeira viagem com um acordo pelo qual os mercadores da Inglaterra poderiam comerciar livremente, e com a proteção do tsar, nos vastos domínios russos. Com isso teve início uma relação diplomática e econômica que perdurou por todo o reinado de Maria e depois no de Elizabeth. Sobrevivem mais de noventa cartas do governo inglês para o da Rússia entre 1554 e 1603, e Elizabeth trocou correspondência com três tsares: o próprio Ivan, seu filho Fiódor Ivanovitch e o regente e depois usurpador Boris Godunov.

A Companhia de Moscóvia mostrou-se imensamente bem-sucedida, mas o interesse de Elizabeth pela Rússia era mais que apenas comercial. O Império russo e, curiosamente, sua religião ortodoxa assumiram novo significado quando a rainha começou a se engajar em empreendimentos comerciais com os otomanos e numa diplomacia pró-Reforma com os Estados da Europa oriental. Havia também um elemento de cultura. Ivan estava ansioso para modernizar sua corte por meio de contatos com o Ocidente (em oposição aos poloneses e dinamarqueses, que queriam exatamente evitá-los), solicitando a Elizabeth, no início da correspondência entre os dois, que enviasse "um arquiteto para construir castelos, cidades e palácios, um médico, um farmacêutico e outros artífices tais que possam procurar ouro e prata".[3] Ele estava interessado em algo além dos artesãos: em armas. Com a estratégia de expandir suas terras e derrotar os *khans* muçulmanos nas fronteiras orientais, Ivan reconhecia que as matérias-primas inglesas poderiam lhe proporcionar uma vantagem muito necessária. Assim, num rentável relacionamento que prefigurou seus acordos com o sultão em Istambul, Elizabeth tratou de fornecê-las.

Desde o início Elizabeth teve de equilibrar a essencial proteção de seus privilégios (e pessoas) mercantis com as insistentes e não raras exigências inconstantes de Ivan acerca de uma aliança política mais estreita. Em 1569, ela prometeu ao tsar sua "eterna amizade", e em 1570, numa carta coassinada por dez membros do Conselho Privado, incluindo Leicester, concordou em receber Ivan e sua família na Inglaterra se uma insurreição o obrigasse ao exílio. Elizabeth resistiu, contudo, às solicitações de uma aliança formal, dando como razão a relutância do Parlamento. Mas nesse ponto os dois governantes chegaram a um impasse. Ivan era incapaz de entender qual a função do Parlamento ou qualquer forma de política consensual, e escreveu frustrado à rainha: "Tínhamos pensado que éreis uma governante de vossa terra e concedemos honra a vós e lucro a vosso país. ... Agora percebemos que há outros homens que governam, ... e vós fluís em vossa condição virginal como uma donzela."[4] (Apenas Ivan o Terrível teve a audácia de se referir a Elizabeth como mulher de fato!) Num assomo de ressentimento, o tsar suspendeu os privilégios da Inglaterra, que passaram a ser perseguidos pelos comerciantes holandeses e franceses, e confiscou os bens da Companhia de Moscóvia, mas a reação de Elizabeth foi fleumática: "Nosso embaixador vos dirá toda a verdade, de que não são os comerciantes que governam nosso Estado e nossos negócios, mas que nós nos governamos com a dignidade que cabe a uma rainha virgem indicada por Deus."

Por volta de 1572 Elizabeth tinha conseguido amenizar o desentendimento. Os bens alienados foram devolvidos, a proteção imperial foi reconquistada e ela declarou-se satisfeita com o respeito que Ivan demonstrava para com os seus desejos. Dois anos depois, a aliança foi novamente proposta e debateram-se num memorando "certas observações relativas ao benefício que se poderia auferir para a Inglaterra do comércio de mercadores ingleses na Rússia". Todavia, em 1576, Ivan perdeu a paciência e anunciou que em vez disso pretendia concluir um tratado com o Sacro Império Romano. Uma vez que o imperador Maximiliano (e depois Rodolfo II, que lhe sucedeu no mesmo ano) controlava territórios da Romênia ao mar Adriático, abririam-se para a Rússia rotas de comércio com a Itália e o Oriente, o que seria uma grande desvantagem para a Inglaterra. Elizabeth estava aflita e enviou uma embaixada à Rússia, mas infelizmente o embaixador Daniel Sylvester morreu de repente, atingido por um raio, em Kolonogori, justo quando experimentava a roupa de cetim amarelo que encomendara para a audiência com o tsar. Ivan, profundamente supersticioso, interpretou o acidente como sinal desfavorável de Deus. As negociações foram mais uma vez suspensas. Em 1580, o tsar enviou a Elizabeth um inglês que vivia na Rússia, Jerome Horsey, com a requisição de suprimentos de natureza militar escondida num frasco preso à crina do cavalo. Elizabeth atendeu à requisição no ano seguinte, enviando Horsey de volta com treze navios carregados de armas.

O comércio de munições com a Rússia revelou-se quase tão lucrativo quanto o interesse da Companhia de Moscóvia pelas peles. Durante o reinado de Maria, um empregado da empresa chamado Thomas Alcock fora preso na Polônia, acusado de fornecer para os russos "milhares de itens bélicos, e também armaduras, espadas e outras munições de guerra, artífices, cobre e muitas outras coisas". Alcock negou, mas correspondência posterior trocada com Ivan confirmou que Elizabeth o abastecera de materiais "que Sua Majestade não tolera que sejam tirados de seu reino para nenhum outro príncipe no mundo". Isso não era muito verdadeiro. Por volta de 1580, Elizabeth tinha se tornado uma importante negociante de armas, suprindo não apenas a Rússia, mas também o Império Otomano, e é aqui que seus acordos secretos com Ivan se conectam com a política mais ampla da Contrarreforma.

Depois da entrega feita por Horsey, o tsar deixou transparecer que estava pensando num matrimônio inglês, e lady Mary Hastings foi escolhida para ser a feliz noiva. Mary era parente de Elizabeth pelo lado dos Plantageneta, e Ivan declarou-se entusiasmado com um matrimônio na família real inglesa. A moça devia estar menos empolgada que ele, já que o tsar encontrava-se então casado com a sétima mulher, a qual ele propôs descartar. Em 1582, Ivan enviou dois embaixadores, Pissemski e Neovdatcha, para inspecionar lady Mary, que continuava solteira aos vinte e muitos anos (Cecil roubara um pretendente dela, seu pupilo, o conde de Oxford, para a filha Anne). Elizabeth foi favorável à viagem dos embaixadores russos, pois esperava que o matrimônio assegurasse para a Inglaterra os direitos exclusivos de acesso ao porto de St. Nicholas. Mary foi devidamente inspecionada ao caminhar num jardim acompanhada pela irmã de Leicester, Katherine, e a consideraram satisfatória. Mas a rainha instruiu seu novo embaixador, sir Jerome Bowes, a dissuadir o tsar do casamento, uma vez que Mary tinha marcas de varíola e manifestara relutância em se converter à ortodoxia e a abandonar seus parentes ingleses. De modo confuso, depois de aparentemente ter desejado o matrimônio, Elizabeth fizera os embaixadores esperarem oito meses até verem Mary, e depois novamente frustrou a aliança. Pobre Mary, que teve de suportar ser chamada de "imperatriz de Moscóvia" pelos gaiatos da corte. Ela nunca se casou, mas o hipotético noivado ocultara outro nível de intriga diplomática.

Desde o início da década de 1580 a rede de informações de Elizabeth estivera ativa na Polônia, a qual, segundo se acreditava, apoiava a reivindicação de Maria Stuart ao trono e, de modo mais geral, era aliada de Roma e da Espanha na questão da Contrarreforma. Até 1582 a Polônia esteve em guerra com Moscou, em parte pelo disputado território da protestante Livônia. Em 1577 Ivan invadira a Livônia, tida pelos católicos como "baluarte dos Estados europeus".[5] O sucesso que teve ali foi visto pelo imperador como uma "calamidade", sendo diretamente atribuído, segundo o embaixador inglês em Antuérpia que tinha sondado os governantes dos principados alemães, ao "fornecimento de munição aos russos pelos ingleses".[6]

Num gesto reativo, Magno da Livônia reconheceu o governo da Polônia e seu rei, o católico Estêvão Báthory. Com a ajuda de uma trégua com o Império Otomano, Báthory teve êxito em sua reivindicação para que, no fim da guerra, Ivan devolvesse grande parte do território da Livônia, o que tanto Moscou quanto a Suécia protestante consideraram alarmante. Os governos protestantes da Alemanha, de acordo com um relatório enviado a Walsingham, "suspeitavam do rei da Polônia e temiam sua prosperidade e grandeza". As negociações de matrimônio com lady Mary eram, portanto, uma cortina de fumaça para um projeto diferente, uma aliança contra a Polônia.

Os embaixadores de Ivan chegaram à Inglaterra em setembro de 1582. Em 23 de janeiro de 1583, Elizabeth promoveu um "encontro secreto"[7] com Pissemski, e em abril realizou uma série de banquetes para os enviados, com a presença de Francis Walsingham, Leicester, sir Christopher Hatton e sir Philip Sidney. Finalmente Mary foi observada em seu jardim em maio, e os embaixadores partiram. Mas em junho o príncipe Albertus Laski apareceu na corte. Laski era um personagem estranho, um dos refugiados expelidos pelas tempestades religiosas que varriam a Europa. Descendia de uma importante figura protestante da Polônia, Jan Laski (que Cecil tinha ajudado a escapar em segredo das perseguições de Maria Tudor, em 1555), durante algum tempo membro dos calvinistas poloneses e autor de vários tratados em latim sobre religião. Albertus Laski tem sido descrito como um magnata empobrecido que foi "recepcionado honrosamente" na corte de Elizabeth antes de ser obrigado a fugir em razão de suas dívidas. Mas seu tempo na Inglaterra dividia-se entre Winchester House e Oxford, onde levava seus colegas em turnês, e usufruía (ou suportava) os costumeiros entretenimentos de versos e disputas. Em 23 de junho, acompanhado por

Philip Sidney, ele estava numa barcaça envolta com as cores da rainha, impulsionada a remo por seus homens e ao som dos trompetistas reais, descendo o rio para Mortlake, a casa de John Dee.

Dee era outro personagem de Cambridge, graduado no St. John's College e amigo de John Cheke, com quem partilhava a ambição de promover o estudo da matemática, matéria muito negligenciada na época de sua residência na faculdade, na década de 1540. Por conta própria, Dee dedicava dezoito horas por dia a seus estudos, tanto de ciência quanto de línguas antigas, interesse antigo ao qual ele deu continuidade depois, em amplas viagens pela Europa. Retornando à Inglaterra em 1551, Dee foi apresentado por Cheke a Cecil, por intermédio de quem ele teve acesso à corte de Eduardo VI e depois à de Elizabeth. Descrito frequentemente como "mago", Dee era um polímata, proficiente em matemática, astronomia, geografia, história e teologia, assim como em matérias mais ocultas que, mais tarde, iriam suscitar perigosas suspeitas de bruxaria. Para Elizabeth, ele era "seu filósofo". Conquanto a reputação de Dee tenha sido prejudicada pelas acusações de feitiçaria, Elizabeth estava alerta para o fato de que as desconfianças eram provocadas pelo desconhecimento acerca do que ele estudava. Nas próprias palavras de Dee, isso "suscitou em mim grande segurança diante de qualquer outra pessoa de seu reino que, em decorrência da peculiaridade de meus estudos e exercícios filosóficos, buscasse indevidamente a minha derrubada".[8]

Com frequência Elizabeth era visita na casa de Dee, que construíra a maior biblioteca da Inglaterra. Ela estava ansiosa por se encontrar com Laski quando ele chegou. Embora tivesse impecáveis credenciais protestantes, Laski se convertera havia pouco ao catolicismo, o que torna bastante curiosa a calidez da recepção feita pela rainha, bem como o presente que ela lhe deu, uma Bíblia protestante com um par de luvas dentro. Laski era um espião, e um espião muito eficiente. O catolicismo era parte de seu disfarce. Suas conexões incluíam os secretários do cardeal polonês, o núncio papal, o rei da Polônia e, talvez de maior importância, Antonio Possevino, padre jesuíta com veementes ideias anti-Inglaterra e que era chegado ao sobrinho de Báthory, o qual servia com o duque de Parma, nos Países Baixos.

A Polônia defendia uma ação militar e naval contra a Inglaterra para prevenir a futura intervenção contra a Espanha nos Países Baixos. Laski, portanto, estava capacitado a fornecer a Elizabeth detalhes sobre a frente católica leste-oeste, pelo que ela o recompensou em diversas ocasiões antes de sua partida para a Polônia, em setembro de 1583. Ele viajou com John Dee, que tencionava apresentá-lo a Báthory como "prestidigitador", com a ideia de implantá-lo como espião no centro da corte polonesa. Laski não era totalmente confiável – Dee o descreveu como "um devasso e muito propenso ao pecado" –, e de algum modo os dois se perderam um do outro. Dee acabou sozinho em Praga. Ele fez várias visitas à Polônia, mas jamais conseguiu se aproximar de Báthory, que morreu no final de 1586.

A continuidade do comércio inglês com a Rússia dependia agora de um candidato mais maleável ao trono da Polônia, e nesse aspecto Laski mostrou-se de maior utilidade. Desde 1582 Elizabeth apoiava a candidatura de Sigismundo Vasa, da Suécia, sobrinho de seu antigo pretendente, o rei Érico, apesar de ele ter sido educado como católico devoto. Na visão dela, um católico amigável na Polônia seria melhor que um católico hostil na Suécia, opinião partilhada por seus aliados protestantes suecos e também por Ivan. (Sigismundo se tornou também rei da Suécia, em 1592.) Laski dedicou-se ativamente a promover Vasa, que foi coroado rei da Polônia em 1587. Exatamente quando parecia que os poloneses estavam sob controle e o comércio com a Rússia estava assegurado, Ivan morreu.

Elizabeth continuou a se corresponder com o novo tsar, Fiódor, e com o regente, Boris Godunov, mas agora era Fiódor quem estava interessado na aliança política. Numa reviravolta da situação vigente na época, a comunidade de comerciantes ingleses em Moscou foi criticada por viver em alto estilo, desfilando em sedas e veludos, cavalos de corrida, comprando cães de raça para caçar e provocando tanta hostilidade que o embaixador, sir Jerome Bowes, teve a casa cercada por manifestantes e viu-se em dificuldades para voltar vivo à sua terra. Negaram-se novos privilégios comerciais à Inglaterra, e em 1589 as cartas de Elizabeth queixavam-se dos danos causados a seu monopólio pelo usurpador holandês. Em abril de 1590, ela alegava que lhe deviam a enorme quantia de 60 mil rublos, perdidos pelos ingleses por culpa de Ivan. Quando Godunov usurpou o trono de Fiódor, Elizabeth escreveu para felicitá-lo, e os privilégios foram renovados, embora ela continuasse a resmungar de que fora negado à Companhia de Moscóvia o que lhe era devido. Godunov ranzinzou em troca, dizendo que a Inglaterra estava engajada demais na política polonesa e no comércio otomano, pois na década anterior Elizabeth fizera outra exótica e lucrativa aliança.

O envolvimento de longa data de Elizabeth com a Rússia não somente lança luz sobre a extensão e a complexidade da rede diplomática e de inteligência que os ingleses tinham implantado na Europa do leste e do oeste; essa rede era, indiscutivelmente, uma das pedras inaugurais do domínio imperial inglês, mais tarde britânico, nos séculos futuros. O presente dado por Leicester, um manto de zibelina, é um sensual lembrete do talento, da coragem e – por que não? – da ganância que galvanizavam não apenas as artes de construir navios, de fazer mapas e da navegação pelas quais a Inglaterra se tornou famosa, mas também o início de um sistema econômico que fez da cidade de Londres uma das usinas de força financeiras do mundo até hoje. A Companhia de Moscóvia, a Companhia Eastland e a Companhia das Índias Orientais foram fundadas durante o reinado de Elizabeth. "No comércio dessas companhias patenteadas ... está a origem prática e intelectual do ... Império Britânico."[9] Outra patente bastante significativa foi concedida à Companhia do Levante. Nesse caso, Elizabeth estava fazendo negócios com o inimigo.

Capítulo 24

O DISCURSO DE ELIZABETH I em Tilbury dispensa introdução. Sua presença entre as tropas no campo de Tilbury, em 8 de agosto de 1588, e as palavras que proferiu para inspirá-las são lendárias:

> Embora eu tenha o corpo de uma mulher fraca e debilitada, tenho o coração e o estômago de um rei, e também de um rei da Inglaterra – e tomo com total desprezo [a ideia de] que [o duque de Parma] ou qualquer outro príncipe da Europa ouse invadir as fronteiras de meu reino.

O discurso assumiu seu lugar na consciência nacional inglesa tanto quanto a eulogia da "ilha coroada" em *Ricardo II*, de Shakespeare; ele ecoa na bravura destemida dos grandes discursos de guerra de Churchill pelo rádio, invoca os sentimentos patrióticos ao estabelecer pela primeira vez uma imagem da Inglaterra, essa valente e pequena ilha, enfrentando uma superpotência militar, e ainda ressoa, sentimental e politicamente, no século XXI. Mas teria Elizabeth de fato proferido essas agora imortais palavras? Não há qualquer relato feito por uma testemunha ocular desse discurso em Tilbury. Decerto os detalhes que sucessivos historiadores têm atribuído à rainha naquele dia não se originam em fatos. Um escritor fala com confiança do "peitoral de prata que ela portava sobre o vestido de veludo branco", outro acrescenta "um elmo com plumas brancas" a um corselete de aço, outro adiciona um cavalo branco, outro, ainda, um cassetete de prata. Mas não existe evidência de que Elizabeth usasse armadura naquele dia, nem gravura ou pintura que a mostre carregando um cassetete, nem qualquer registro contemporâneo do que disse a rainha.

Elizabeth e seus conselheiros previam uma guerra total com a Espanha havia alguns anos. Informações coletadas pela rede de Cecil indicavam que Felipe determinara uma invasão já em 1585. A execução de Maria Stuart não foi um catalisador para a investida da Armada, embora tenha incitado Felipe a agilizar seus planos. Um memorando escrito por Cecil em fevereiro de 1588 refere-se às prováveis táticas dos espanhóis, à correlata provisão de navios ingleses e sua capacidade de deter um ataque naval, à possibilidade de que Felipe convencesse – isto é, subornasse – Jaime da Escócia a auxiliá-lo, e aos custos gerais de defesa, que ele estimou em dezenas de milhares de libras. Dispunha-se de cerca de 140 navios, frota composta por quarenta navios da marinha de Elizabeth, mais trinta financiados pela cidade de Londres e os restantes fornecidos por outras cidades portuárias, por grupos de comerciantes, assim como de cidadãos privados. Cecil estava incerto do potencial de sua força a ponto de considerar no memorando a possibilidade de obter mais navios da Dinamarca e da Escócia. Em 25 de abril, o papa Sisto V abençoou a bandeira da Armada, e em maio, após receber vários comunicados diretamente de Drake, destacando a importância de adquirir mais navios e sugerindo a possibilidade de um contra-ataque, Elizabeth tinha estabelecido sua política.

A frota deveria reunir-se em Plymouth sob o comando de lorde Howard de Effingham, tendo Drake como vice-almirante, enquanto lorde Henry Seymour disporia quarenta navios no canal da Mancha. A Armada velejou de Lisboa sob o comando do duque de Medina Sidonia, em 28 de maio de 1588. Entre os dias 30 de maio e 24 de junho, os ingleses fizeram três sortidas, mas a cada vez os navios ingleses foram levados de volta ao porto pelo mau tempo. A Armada tencionava prosseguir até a costa dos Países Baixos Espanhóis, onde encontraria 30 mil soldados sob o comando do duque de Parma, que se juntariam aos 18 mil já embarcados com Medina. As condições climáticas também haviam criado dificuldades para os espanhóis, que desviaram seu curso em direção à Inglaterra. Os faróis que aguardavam na costa desde a primavera foram acesos em 19 de julho,

Capítulo 24

quando se avistou a Armada ao largo da estreita península de Lizard, na ponta da Cornualha. Quando o alarme percorreu o caminho de volta até Londres, Drake e Howard manobraram seus navios, pondo-os em posição. Duas escaramuças entre as frotas, em 21 e 23 de julho, terminaram sem resultado conclusivo, mas os ingleses tinham conseguido evitar que os navios de Medina encontrassem abrigo no estreito de Solent.

A Armada voltou para águas profundas, seguiu na direção de Calais, aguardando as tropas de Parma em Dunquerque. No entanto, os espanhóis não conseguiram estabelecer contato com Parma, pois os holandeses tinham bloqueado o porto. Além disso, eles estavam vulneráveis, pois não havia um porto profundo o bastante para abrigar os grandes navios de guerra espanhóis. À meia-noite de 28 de julho, os ingleses enviaram oito navios em chamas sobre a linha de navios espanhóis. Conquanto nenhuma embarcação inimiga tenha se queimado, a tripulação em pânico cortou as cordas das âncoras e fugiu. A formação de Medina estava gravemente desorganizada, e no dia seguinte, em Gravelines, os ingleses os haviam acuado.

Medina planejou utilizar uma técnica que se mostrara bem-sucedida na batalha de Lepanto, de aproximar muito seus navios e fazer os soldados abordarem os do inimigo, mas Howard e Drake se anteciparam a isso. Suas naves eram mais leves e velozes, conseguiam se mover com rapidez em torno dos espanhóis, atirando em seus navios de uma distância segura. A Armada pouco recorreu à munição, enquanto os ingleses mantiveram o bombardeio durante oito horas. Quando se afastaram de lá, por volta das oito da noite, os espanhóis tinham perdido cinco navios, e muitos outros estavam danificados. Seus barcos se dispersaram e rumaram para o norte, rumo à Escócia, com Howard em seu encalço, até 2 de agosto. Embora a invasão pelo exército de Parma ainda fosse considerada uma séria possibilidade, no momento em que supostamente Elizabeth fez seu discurso imortal em Tilbury, o perigo diminuíra de maneira significativa, se é que não fora eliminado.

Sabemos que Elizabeth deixou o palácio de St. James na barcaça real na manhã de 8 de agosto, seguindo a maré rio abaixo. Sabemos que estava acompanhada por outros barcos, que levavam seus *gentlemen pensioners*, sua guarda pessoal, e os *yeomen of the Guard*, membros da guarda real. Em Tilbury, ela foi recebida por Leicester e por lorde Grey, tendo seus lacaios, guardas e um grupo de damas atrás dela. Sabemos que passou as tropas em revista duas vezes, no dia 8 e no dia 9, antes de voltar a Londres em 10 de agosto. Depois disso, nada sabemos sobre os próximos 24 anos.

Um quadro na parede norte na capela-mor da igreja da Santa Fé, em Gaywood, Norfolk, datado de 1588 e encomendado pelo então pároco Thomas Hare, retrata Elizabeth em Tilbury. Uma versão do famoso discurso está pintada abaixo dele. A citação pretende ser de um sermão sobre a Armada proferido por um clérigo chamado William Leigh, mas o texto em questão não fora pintado até 1612. O orador invoca temas semelhantes aos da versão mais conhecida, embora as palavras não sejam de modo algum idênticas: "Tenho sido seu príncipe na paz, e assim o serei na guerra. Não vou conclamá-los a ir e a lutar, mas venham e lutemos a batalha do Senhor. O inimigo pode desafiar meu sexo, por eu ser mulher, e eu da mesma forma denuncio seu molde, pois não são mais que homens."

A referência a Elizabeth no masculino, o jogo de contraste entre o sexo físico e o gênero marcial, tudo faz parte da mesma técnica de retórica, mas a versão de Gaywood difere bastante da publicação de 1612, e é extremamente improvável que a versão pintada derive do sermão depois publicado. Apenas em 1623 apareceu a versão mais conhecida do discurso de Tilbury, dessa vez numa carta de Leonel Sharp para o duque de Buckingham, como parte de uma argumentação contra o casamento do príncipe Carlos (depois Carlos I) com a infanta da Espanha. Em 1654, parte da carta foi reproduzida em *Cabala: Mysteries of State*, com a explicação de que fora escrita depois da infrutífera delegação de matrimônio na Espanha, com oito meses de duração, 31 anos antes. A carta invoca a perfídia dos espanhóis em 1588 como razão para não se confiar na aliança: "Enquanto estavam em negociações de paz em [15]88, mesmo então eles nos invadiram.

Rezo a Deus que não tenham usado esse tratado de matrimônio com má intenção."

Das duas versões possíveis, parece provável que o texto de Gaywood-Leigh esteja mais próximo do que Elizabeth realmente disse em Tilbury, concentrando-se, como o faz, no confronto com o inimigo, e não nos sentimentos e atos da própria rainha. Sharp mais tarde foi descartado como testemunha "geralmente não confiável".[1] Contudo, outro argumento a favor de sua versão é a própria educação de Elizabeth como moderna governante renascentista. Nada havia de discrepante em seu aparecimento no campo de batalha. As mulheres podiam ser excluídas do que era convencionalmente "um lugar privilegiado na história patriarcal",[2] mas as rainhas, nesse aspecto, não eram mulheres. Um século antes, Margarida de Anjou, a esposa de Henrique VI, tinha liderado as tropas de Lancaster em batalha, assim como o fizeram Isabel da França e Matilde de Boulogne. O fato de uma rainha se alinhar ao exército não era novo na história da Inglaterra. No entanto, embora a presença efetiva de Elizabeth em Tilbury seja bem documentada e, indiscutivelmente, habitual, ainda há discordâncias quanto às suas palavras.

Em 1549, o tutor de Elizabeth, Roger Ascham, observou que "ela admira acima de tudo metáforas modestas e comparações entre contrários bem combinados que se contraponham com sucesso uns aos outros". A rainha era conhecida por não gostar de discursos prolixos. Em seus pronunciamentos, era incrivelmente breve – embora, deve-se admitir, nem sempre fosse direto ao assunto. Seu estilo próprio de retórica era muito influenciado pelo latim, a língua "masculina" do poder e do privilégio, com um maneirismo derivado de Cícero e o estilo direto de Sêneca. Uma plateia contemporânea teria registrado (como nós) o uso que Elizabeth fazia da metonímia, a expressão de um todo pela parte, assim como o emprego de "opostos", da *comparatio*.

Em quase todos os discursos nos quais aludiu à sua feminilidade, Elizabeth lançou mão da *comparatio* – reconhecendo "sim, sou uma mulher", e depois, em contraste, "mas eu (no entanto) não o sou". A frase de Tilbury na versão de Sharp é coerente com o estilo de formação clássica de Elizabeth. Isso, contudo, não compensa totalmente a falta do relato de uma testemunha ocular do discurso naquele dia de agosto. Por que, então, Tilbury tornou-se o lugar de coalescência de um sentimento tão nacionalista? O que quer que Elizabeth tenha realmente dito, e o que quer que estivesse vestindo enquanto o dizia, as ficções que se construíram em torno da rainha foram essenciais para seu governo e para desenvolver uma concepção de identidade inglesa durante os séculos vindouros.

Nações são mais que territórios, povos ou sistemas de governo. São também ideias, crenças coletivas sobre a história ou os valores de um lugar que criam um sentido de compartilhamento. O esculpir da nação "inglesa" estava acontecendo durante o Renascimento, e a autoapresentação de Elizabeth como rainha era, em muito, parte desse processo. Para perceber isso com mais clareza, talvez valha a pena considerar as projeções da imaginação que a cercaram não apenas em Tilbury, mas num estágio muito diferente de seu reinado, dez anos antes.

Em 1578, as discussões sobre o casamento com Anjou tinham atingido o clímax. Em agosto daquele ano, a rainha estava em Norwich, onde assistiu a um préstito, *A queda de Cupido do céu*, primeira ocasião pública na qual ela foi celebrada como Rainha Virgem. Entre esse momento e 1583, quando o grupo antifrancês agia contra o matrimônio no Conselho, tomou forma uma curiosa propaganda visual e literária. O poeta Edmund Spenser era um homem de Leicester, portanto, opunha-se ao casamento com Anjou. Em *Shepheardes Calender* (1579), a "April eclogue" apresenta Elizabeth como *mayden queene*, uma "rainha donzela", conquanto cercada por viçosas flores primaveris, o que evoca uma paradoxal fertilidade. Spenser insinua que Elizabeth podia estar possuída de uma virgindade santa, comparável à da Virgem Maria, a santa padroeira da maternidade, assim como da castidade. Embora essa comparação possa ser lida como potencialmente idólatra, Elizabeth é comparada a Venus Virgo, o que situa a analogia, com segurança, no classicismo renascentista.

Mais uma referência a Venus Virgo ilustra o frontispício do manuscrito de *Regina Fortunata*, de Henry Howard, conde de Northampton, e aqui

Capítulo 24

a conexão mariana torna-se clara através do livro no colo de Elizabeth, com a citação *Pax tibi analla mia* (A paz esteja convosco, minha criada). Essa combinação tipicamente renascentista da Virgem Maria com motivos pagãos fornece um status ambíguo a Elizabeth, ao mesmo tempo que, ao menos em tese, a proposta de matrimônio progredia.

Todavia, uma reivindicação mais afirmativa do caráter central da virgindade no governo bem-sucedido de Elizabeth é feita por John Lyly em *Euphues and His England* (1580). Lyly utiliza o termo "príncipe" do modo como o fazia a própria Elizabeth, uma categoria de gênero neutro:

> Assim como esse nobre príncipe é investido de piedade, paciência e moderação, assim é adornado com singular beleza e castidade. ... Mas tal é a graça concedida a essa deusa terrena que, tendo a beleza que pode dar todo o fascínio à princesa, tem a castidade para tudo recusar, considerando não menos elogioso ser chamada Virgem que ser uma estimada Vênus.

Lyly prossegue citando o caso de Túcia, a vestal romana que demonstrou sua virtude levando um peneira cheia de água do rio Tibre até o templo sem derramar uma gota sequer. A peneira, por sua vez, é tema central numa série de retratos da rainha produzidos em meio à incerteza quanto à sua última possibilidade no mercado de casamentos. O primeiro deles, atribuído a George Gower e datado de 1579, apresenta Elizabeth segurando um crivo na mão esquerda, com uma citação do *Triunfo do amor*, de Petrarca, que descreve o "erro e os sonhos" presentes no trono de Cupido. Aqueles que o seguem, sugere o poeta, estarão sujeitos à "falsa opinião" e serão amarrados à força à "escuridão eterna".

A própria Elizabeth reconhecera que ela agora já não mais se casaria, no soneto "On Monsieur's departure":

> Some gentler passion slide into my mind,
> For I am soft and made of melting snow,
> Or be more cruel, Love, and so be kind,

> Or let me live with some more sweet content,
> Or die, and so forget what e'er love meant.*

O poema se encaixa na estratégia oficial de mágoa de Elizabeth – ela até deu um jeito de chorar diante de Leicester e Walsingham, alegando que a vida não valia nada a não ser pela esperança de ver seu amado "Sapo" mais uma vez. Ele mostra Elizabeth exibindo todas as qualidades de um governante renascentista – seu exímio talento no idioma da corte é acionado para "humanizá-la", apresentá-la como amante sofredora, enquanto passava por alto da realidade funcional que era a rejeição de Anjou.

A "Eclogue" de Spenser, de 1579, apresenta o aspecto final da virgindade simbólica que alcançou um formato de apoteose no *Retrato da Armada*, mesmo quando ainda prosseguiam as negociações com Anjou. Sua alusão ao Cântico dos Cânticos,

> For she is Syrinx daughter without spot,
> Which Pan the shepherd's God of her begot,
> So sprung her Grace
> Of heavenly race,
> No mortal blemish may her blot,**

descreve os pais de Elizabeth, Henrique VIII e Ana Bolena, como Pã e Syrinx, descartando rumores aos quais Elizabeth se demonstrara tão sensível, de que era "filha bastarda de uma união licenciosa".³ Implicitamente, sua concepção é imaculada, tendo como pai o próprio Cristo. A derrota da Armada, em termos propagandísticos, é um vindicador dessa posição –

---

* "Uma paixão mais branda em minha mente se inseriu,/ Pois suave sou, e feita de neve derretida,/ Ou seja, mais cruel, Amor, e mesmo assim seja gentil,/ Deixe-me boiar ou afundar, seja na altura ou na descida;/ Ou com um doce conteúdo deixe-me viver,/ Ou morrer, e assim olvidar o que quer dizer o amor." (N.T.)

** "Pois ela é Syrinx, filha imaculada,/ Por Pã, deus dos pastores, foi gerada,/ Assim floresce Sua Graça/ Celestial é sua raça,/ Por nódoa mortal não será manchada." (N.T.)

olhando em retrospecto, a rejeição da última oportunidade de matrimônio está em primeiro plano em relação ao triunfo de Elizabeth como virgem protetora de seu Estado.

Assim, o discurso de Tilbury (o que quer que Elizabeth tenha efetivamente dito) representa o ponto culminante do papel que a rainha vinha criando desde que chegara ao trono. O exército em Tilbury não se atirou tempestuosamente à batalha após ouvir as estimulantes palavras dela em 1588. A maioria dos homens apenas foi para casa. De fato, a ameaça da Armada tinha se dissipado no momento em que Elizabeth, com ou sem o peitoral, dirigiu-se às suas tropas. O discurso foi crucial porque encapsulava o aspecto político da imagem da rainha tal como ele fora desenvolvido desde 1578. A pessoa de Elizabeth estava conectada à derrota da Espanha por intermédio de sua virgindade. Seu corpo político era a própria Inglaterra, ao rechaçar o violento estupro perpetrado pela Armada e confirmar o mito quase divino da casta invulnerabilidade que Elizabeth e seus ministros tinham perpetuado desde o colapso das últimas negociações matrimoniais. Não seria exagero sugerir que, em termos de imagem, o hímen de Elizabeth protegia sua nação.

Capítulo 25

Embora o triunfo sobre a Armada não pudesse ser descrito como uma extraordinária vitória militar, simbolicamente ele representou o zênite dos feitos de Elizabeth. Ela quase não teve tempo para se regozijar. Leicester tinha deixado Londres no fim de agosto, com planos de ir para uma estação de águas em Buxton, na esperança de aliviar um persistente mal de estômago, antes de seguir para Kenilworth. Em meio à explosão de júbilo que se apossou da capital após a vitória sobre a Armada, ele e Elizabeth pareciam usufruir uma satisfação mais serena, bastando-se em observar juntos, de uma janela, as comemorações da vitória, e depois, à noite, jantando tranquilamente. Nenhum dos dois estava em seu melhor estado de saúde, e talvez achassem conforto nos momentos em que compartilhavam suas indisposições. Leicester, em sua jornada, escreveu a Elizabeth, de Rycote, um prolixo bilhete "para saber como vai minha nobre senhora, e que alívio teve de suas dores recentes, sendo isso a coisa mais importante no mundo pela qual eu rezo, para que ela tenha boa saúde e uma longa vida".[1] Acrescentou que esperava encontrar a própria cura nas águas, mas sua doença piorava, obrigando-o a fazer uma parada em Cornbury, próximo a Oxford, para se recuperar. Ele morreu lá, em 4 de setembro.

O luto de Elizabeth foi agudo e solitário. Por alguns dias ela ficou trancada em seu quarto de dormir em St. James's. Walsingham e Cecil observaram que a rainha se recusava a tratar de qualquer assunto. Suas damas rondavam ansiosamente do lado de fora da câmara. Mais tarde, conta a história, Cecil mandou arrombar as portas. Quando Elizabeth apareceu, viu-se que tinha recebido um *coup de vieux*: estava visivelmente "idosa e consumida". Tudo o que disse foi que não queria falar sobre o tema.

Capítulo 25

Em resposta a uma carta de condolências redigida com delicadeza e os cumprimentos do conde de Shrewsbury, ela respondeu:

> Desejamos antes evitar a lembrança disso como algo para o qual não admitimos consolo, e em lugar de submeter nossa vontade à inevitável indicação de Deus. O qual, não obstante Sua bondade com as auspiciosas notícias de antes, comprazeu-se contudo em nos pôr à prova com a perda de uma pessoa tão querida por nós.

Elizabeth submeteu sua vontade, como frequentemente aconselhava aos outros. Prosseguiu com a série de deveres oficiais, mas debaixo da rígida "máscara de juventude" havia uma inconsolável tristeza. A carta foi o mais perto que Elizabeth jamais chegou de admitir que tinha raiva de Deus.

O indício de uma crise religiosa pessoal na reação à morte de Leicester sugere que a devoção piedosa da rainha nem sempre era tão serenamente confiante quanto ela gostaria que o mundo acreditasse. Mas em suas relações com o Império Otomano Elizabeth demonstrou um grau de certeza quanto a seu direito divino de mesclar devoção religiosa e pragmatismo que chocou até os críticos que já a haviam acusado de tirana herética. No âmbito das relações diplomáticas ocidentais, a bula papal *Regnans in Excelsis*, de 1570, obviamente fora um desastre político e teológico para Elizabeth. Mas em termos econômicos sua reação foi sagaz e robusta.

Durante séculos, em especial desde a conquista de Constantinopla pelos otomanos, em 1453, gerações de papas tinham confirmado a ilegalidade do comércio cristão com o Império do Oriente, banindo a venda de qualquer material que pudesse ser usado pelos "infiéis" para promover uma agressão anticristã. Com base no código justiniano, sucessivas legislações ameaçavam de excomunhão quem exportasse munições ou gêneros alimentícios para os inimigos da Igreja. Desde que o papa resolvera declarar Elizabeth uma herege ilegítima, parecia não mais haver qualquer boa razão para reconhecer a autoridade de Roma nessa questão, e os comerciantes ingleses se viram liberados para aproveitar o vasto mercado otomano. A conquista de Chipre e a derrota naval em Lepanto tinham criado uma necessidade de armamentos superior à capacidade do mercado otomano nativo, e assim, num gesto de maravilhoso desafio, os comerciantes de Elizabeth se dispuseram a transformar a sucata deixada pela Reforma – o metal dos sinos, a estatuária quebrada e até o chumbo de edifícios eclesiásticos desmantelados – novamente em ouro.

Durante os séculos XIV e XV, Veneza tinha sido o centro de comércio com o Mediterrâneo oriental. Especiarias, sedas e tapetes chegavam à Inglaterra numa frota mercante das "Galeras de Flandres". Tecidos de lã, chumbo, estanho e peles de coelho e de bezerro eram exportados da Inglaterra por Veneza, de modo que os temidos janízaros (as unidades armadas recrutadas para sequestrar meninos não muçulmanos do Império) usavam uniformes de tecido inglês. Enquanto o primeiro documento de comércio turco emitido em favor de um inglês foi dado por Suleiman I a Anthony Jenkinson, em 1553, autorizando-o a viajar pelo Império, até 1580 os ingleses tinham comerciado no Levante por meio de um habitual acordo com a França. Mesmo com acordos nominais legítimos em vigor, o comércio com o Leste era extremamente arriscado. Se os navios fossem capturados, sua tripulação poderia ser (e era) escravizada. Ou pior, como no caso de Samson Rowlie, filho de um comerciante de Bristol, que foi castrado por seus novos senhores (embora o "eunuco inglês" tivesse tirado o melhor proveito disso convertendo-se ao islã e, sob o nome de Hasan Aga, chegado a tesoureiro do governador da província de Argel). Entre 1562 e 1582, tinham sido gastas £4 mil para resgatar prisioneiros ingleses dos otomanos, elevando ainda mais o custo das expedições de duvidosa legalidade.

Mas com a *Regnans in Excelsis* isso iria mudar. Em 1577, quando John Hawkins propôs um empreendimento de risco nos portos otomanos, já estabelecera um comércio efetivo havia vários anos, como confirma um relato do embaixador espanhol Bernardino de Mendoza a Felipe da Espanha. A relação de carga de Hawkins incluía o fernambuco* (madeira muito dura), estanho, chumbo e tecidos, e um quinto da carga era formado por materiais proibidos que poderiam ser usados para a manufatura de armas.

Fernambuck: madeira dura de Pernambuco (daí o nome), pau-brasil. (N.T.)

Capítulo 25

O mercado turco estava ávido por esses produtos, e em 1578 o Império deu início a um prolongado conflito com a Pérsia. Contudo, em sua primeira carta ao sultão Murad III, Elizabeth, cuja hipocrisia política era nada menos que audaciosa, descreveu a si mesma como "a mais invencível e a mais poderoso defensora da fé cristã contra todo tipo de idolatria, de todos os que vivem entre os cristãos e professam falsamente o nome de Cristo".

Elizabeth respondia a uma carta cuja "importância e singularidade ... nunca são superestimadas",[2] isto é, a primeira comunicação de um sultão otomano com a Inglaterra. O viajante inglês Fynes Morrison registrou que, quando a Inglaterra foi mostrada ao sultão num mapa, ele expressou de viva voz sua admiração de que o rei da Espanha não pegasse uma pá, desencavasse a ilha e a jogasse ao mar. Não obstante, reconheceu-se impressionado com os feitos da Inglaterra, em particular considerando que a ilha era governada por uma mulher. Mas Murad tinha razões pessoais para admitir a capacidade de governança da mulher. Sua mãe, que tinha o belo nome de Nurbanu (que significa "dama da luz"), era uma loura veneziana originalmente chamada Cecília. Uma mistura de informações ocorrera entre Nurbanu e outra mulher de origem veneziana, favorita de Murad e mãe de seu filho, Mehmed III, cujo nome era Safiye ("a pura"), com quem Elizabeth posteriormente se corresponderia. Como rainha-mãe, Nurbanu era uma grande força por direito próprio. O sultão Murad, descrito como "minúsculo, pálido, com grandes olhos e cheio de melancolia", não estava muito interessado em assuntos de governo, era "fraco e amante do prazer", e permitiu que se delegasse um poder considerável à mãe, cujo domínio, alegavam os contemporâneos, era "absoluto". Nurbanu foi a primeira mulher a obter influência política na corte otomana, e, de fato, um grão-vizir foi deposto pela ousadia de observar que "imperadores não governam com o conselho de mulheres". Ela morreu em 1583, isto é, quando tinha início a correspondência entre Elizabeth e seu filho, e ainda era uma considerável autoridade no serralho. Talvez seja ir longe demais sugerir que Nurbanu influenciou o filho em favor de outra mulher governante, porém, o próprio Murad não via o sexo de Elizabeth como motivo para não fazer negócios com ela.

A carta da rainha da Inglaterra, escrita em Greenwich em outubro de 1579, prosseguia com a solicitação de que o sultão estendesse sua proteção a todos os súditos ingleses, aludindo sobretudo às vantagens de um suprimento de "mercadorias proibidas": "Da concessão de tão singular benefício Vossa Alteza não terá o menor arrependimento, tão mais adequadas e necessárias para o uso do homem são essas mercadorias, as quais abundam em nosso reino, e que os reinos de outros príncipes desejam." Incluído na costumeira troca de presentes, com diversos mastins em mantos vermelhos, havia um relógio decorado com uma floresta entalhada, as árvores em prata, "entre as quais havia gamos caçados por cães e homens seguindo-os a cavalo, homens tirando água, outros carregando minério em carrinhos de mão", mais uma insinuação nada sutil à riqueza das matérias-primas disponíveis na Inglaterra.

Por volta de 1580, Murad tinha aceitado um pedido de salvo-conduto, um *ahidname*, para mercadores ingleses em portos otomanos, progresso extremamente significativo para o comércio com o Levante e o norte da África. Nesse último caso, já houvera contrabando de munições com o Marrocos a partir de 1550, mas ele se mostrara perigoso demais, sendo interrompido. Restabelecida com a autorização de Murad, a Companhia Turca foi formada em 1581 e fundiu-se onze anos depois com a Companhia de Veneza, para formar a Companhia do Levante, enquanto uma similar empresa de risco em sociedade por ações, a Companhia da Barbária, obteve a patente real em 1585 a fim de mercar ao longo da costa do Atlântico, no norte da África. Esses desenvolvimentos foram de enorme importância para o comércio inglês, disponibilizando não somente sedas, especiarias, couro de cabra, fios de algodão, tapetes, tâmaras, tinturas de anis e de índigo, mas incrementando o comércio no Mediterrâneo, agora que as ameaças de pirataria e escravismo tinham diminuído. A necessidade de navios que fizessem a jornada para o leste estimulou o setor da construção naval e se somou ao poder marítimo da Inglaterra, enquanto se abria um campo comercial totalmente novo, com a possibilidade de exportar mercadorias para o norte da Europa pela Inglaterra – além de incentivar o crescimento da aduana inglesa. E, claro, havia o lucro fundamental derivado do fato de se negociar com o inimigo.

Elizabeth tinha plena consciência de que, na visão de seus colegas, os reis católicos, e ainda mais na dos críticos no interior de seu próprio reino, ela era culpada por "conluio ativo com o maior inimigo da Inglaterra". Portanto, a rainha relutava em se comprometer nessa aliança oficial com os infiéis, com o costumeiro envio de uma embaixada. Sua carta a Murad de 8 de janeiro de 1580 é marcada por um tom muito diferente da bombástica confiança da primeira troca de correspondência. Elizabeth desculpa-se por sua tergiversação alegando que:

> Deveríamos ter enviado uma embaixada há muito tempo para atestar como vemos favoravelmente e quanto valor atribuímos à boa vontade de Vossa Majestade Imperial para conosco, não tivessem príncipes hostis a nós, que criam distúrbios dentro de nosso próprio reino com sua soldadesca vinda no exterior, e as mentes influenciadas de certas pessoas que estão conspirando para a destruição civil nos desviado desse plano e desse propósito.

Ela continua admitindo bem claramente que fora obrigada a "ceder um pouco a esses tempos revoltos", acrescentando com um surpreendente grau de franca amargura que: "Enquanto isso, mantenha sua confirmada boa vontade conosco, e conte conosco, meramente pela circunstância do momento, e de forma alguma como uma deserção, nós, os últimos entre seus aliados, talvez o último." Em outras palavras, Elizabeth reconhece sua própria fraqueza como produto de uma fortuna momentânea.

Em 1588, William Harborne foi sucedido como embaixador em Constantinopla por Edward Barton. Desde o início, a preocupação de Barton foi promover a discórdia entre a Turquia e a Espanha, política que fora praticada com êxito, segundo as instruções de Walsingham, por seu predecessor. Mas, assim como na Guerra Fria do século XX, o conflito entre as duas superpotências evoluiu como uma série de escaramuças entre Estados clientes satélites, e o governo de Elizabeth estava intricadamente envolvido nisso. Ela reconheceu que a Europa oriental era de particular importância na luta entre a Reforma e a contrarreforma, e usou a influência que a Inglaterra tinha adquirido na Turquia para promover tanto o comércio quanto a guerra teológica. Uma intervenção da Transilvânia, controlada pelos otomanos, tinha começado já em 1581, quando Pedro Cercel, pretendente ao trono da Valáquia, fez contato com o grupo inglês em Constantinopla. Cercel foi enviado a John Woolley, secretário de latim de Elizabeth, implorando a proteção da rainha, e teve sucesso como voivoda* entre 1583 e 1585.

Mas isso era apenas o começo de uma firme e influente política inglesa na região. Em 1568, o rei Estêvão Báthory, da Polônia (que ainda não tinha dado o preocupante passo de invadir a Livônia), concedeu privilégios mercantis à Companhia Eastland, dando forte impulso ao comércio entre a Inglaterra e o Báltico. Esse comércio era feito pelo Estado da Moldávia, que entre 1588 e 1591 esteve sujeito a uma campanha de intensa propaganda jesuíta. Numa tentativa de contê-la, Barton aliou-se à sé ortodoxa grega em Constantinopla, denunciando os católicos romanos espanhóis como "idólatras". Ele promoveu a causa protestante ao mandar buscar pregadores em Genebra para oficiar em Constantinopla e em Quios. Quando o líder católico da Moldávia foi deposto, como decorrência dessa aliança, Barton alcançara influência suficiente para ter seu próprio candidato à liderança, Aaron Ferhad, sob a condição de que ele adotasse uma política pró-protestante que beneficiasse a rota de comércio anglo-polonês.

Ao mesmo tempo, Barton atuou vivamente para impedir uma trégua entre a Turquia e a Espanha, em janeiro de 1590, prosseguindo na mediação entre a Turquia e a Polônia, que enfrentavam uma guerra em potencial por causa de uma aliança entre essa última e o Império dos Habsburgo. O vice de Barton, Thomas Wilcox, foi enviado, via Moldávia, à corte do rei polonês Sigismundo III para agir contra o tratado, desenvolvendo efetivamente uma política pró-turca que fez avançar ainda mais as relações entre a Turquia e a Polônia, enquanto isolava os espanhóis. O núncio papal para a Polônia tentou contra-atacar, advertindo Sigismundo do perigo de entrar em qualquer acordo com "uma mulher tão perniciosa", isto é, Elizabeth. Sigismundo assegurou ao núncio, com uma doçura digna de sua aliada,

---

* Voivoda: governante semi-independente da Transilvânia, da Valáquia e da Moldávia. (N.T.)

que ele desconhecia completamente qualquer intervenção inglesa vinda "daquela suposta rainha".

O reinado de Aaron na Moldávia poderia ter sido um golpe em favor da Inglaterra, mas os moldávios adotaram um caminho diferente, depondo-o em 1592, depois de um reinado descrito como o "mais opressor e miserável" na história do país. O prestígio de Barton em Constantinopla ficou seriamente abalado, porém, ele continuou influente o bastante para persuadir os janízaros (que eram peça-chave para qualquer implantação do poder imperial) a restaurar Aaron, sob a condição de que os protestantes teriam reconhecida sua liberdade de consciência e suas igrejas seriam restauradas. Assim, os protestantes moldávios puderam rezar diariamente pela "longa vida e boa prosperidade" da rainha Elizabeth I. O arcebispo de Lemberg ficou tão alarmado com o sucesso de Barton que advertiu o núncio papal Germanico Malaspina de que os ingleses tramavam efetivar uma união entre as Igrejas grega e calvinista, e de que a própria Elizabeth planejava tornar-se turca (isto é, converter-se ao islã) para "perturbar o estado da Cristandade".

Pode parecer que os negócios com a Moldávia estavam muito longe dos desafios mais urgentes enfrentados por Elizabeth, mas, curiosamente, eles se cruzam tanto com as perceptíveis e perenes ameaças do exterior à vida da rainha quanto com o facciosismo que o conde de Essex começava a criar na corte na década de 1590.

Mesmo depois (ou talvez especialmente depois) da morte de Leicester, Elizabeth não conseguia aturar a companhia de Lettice Knollys, mas, em relação a seu filho, Robert Devereux, o conde de Essex, ela demonstrou uma fraqueza imediata – e embaraçosa, para os escritores seus contemporâneos e mesmo os posteriores. No entanto, ela nunca o levou a sério como ele próprio se levava, e foi esse desencontro entre as percepções do relacionamento dos dois que causaria a queda de Essex treze anos após o conde ter chegado à corte, em 1584. Leicester, que talvez conhecesse o gosto da rainha melhor que ninguém, fora rápido na promoção de seu enteado, que o acompanhara aos Países Baixos sem ter de arcar com qualquer responsabilidade e a consequente desaprovação que desabou sobre o favorito de Elizabeth. Quando Essex voltou, em 1587, logo se tornou óbvio que a rainha estava totalmente enamorada. Quem sabe só por uma vez Elizabeth julgasse que poderia se comportar como uma mulher, e apesar (como também fora no caso com Leicester) de nunca ter perdido as rédeas do relacionamento político entre os dois, a paixão entre eles atraiu um desprezo muito mais embaraçoso do que aconteceria se os sexos do casal fossem invertidos. Essex era bonito e ingenuamente pretensioso, mas também era inteligente e vivo, a companhia perfeita para Elizabeth no período que se seguiu à execução de Maria Stuart e depois, quando ela teve de lidar com o complicado luto pela morte de Leicester.

O conde de Essex não dançava, mas em todos os outros aspectos era o modelo de pretendente renascentista. Apesar de haver entre os dois o espaço de uma geração, ele participava, aparentemente de modo natural e desinibido, dos rituais de corte que eram o paradigma aceito para estabelecer intimidade com a rainha. Elizabeth não foi avessa a fazê-lo progredir na carreira, dando-lhe o cargo do padrasto, de *Master of the Horse*, quando promoveu Leicester a *Lord Steward*, no final de 1587, e oferecendo-lhe os apartamentos de Leicester em Whitehall após a morte deste. Mas ficava impaciente com sua açodada e inexperiente ambição, que constantemente a colocava contra seus ministros da velha guarda, nos quais ela confiava.

O dr. Rodrigo Lopez foi uma vítima dessa ambição. Lopez tinha relações de longa data com o enxame de complôs e contracomplôs católicos que grassavam em torno da rainha. Filho de marrano (judeu forçado a se converter ao cristianismo nos domínios espanhóis) português, Lopez era um talentoso praticante da medicina para os padrões da época. Em 1571 ele tinha curado sir Francis Walsingham de cálculos renais, quando este morava em Paris, e também o ajudou a desenvolver tintas "invisíveis" para serem usadas nas mensagens secretas. Walsingham reconheceu abertamente a utilidade de Lopez, uma vez que ele não apenas se tornou o médico de Elizabeth em 1586, como também fez parte da rede de informações operada por Walsingham e por lorde Burghley. Como muitos dos espiões que eles utilizavam, Lopez era agente duplo. Fora cooptado como membro do serviço de informações pelo embaixador na França, Bernardino de Mendoza, e passava a ele os relatórios destinados ao rei da Espanha, por intermédio de um terceiro, o português Manuel de Andrade. Este último foi preso em 1591, e Burghley enviou Lopez para fazer avançar o interrogatório. Andrade confessou e, com o incentivo de Lopez, foi "convertido", sob ameaça de morte, para contraespionar. Lopez permaneceu em seu posto, e Burghley pôde fazer uso de seus relatórios sobre a inteligência espanhola e das informações que ele fornecia por intermédio da comunidade marrana. Pode parecer insólito o fato de Burghley permitir que um agente conhecido gozasse do privilégio de ter acesso físico e íntimo à rainha, contudo, era pertinente que ele o fizesse. Mas quando o conde de Essex acusou Lopez de traição, em 1594, Burghley estava impiedosamente disposto a sacrificar o seu protegido à política.

O ambiente em volta da rainha, na década de 1590, era paranoico e febril. A ameaça católica não era nova, porém, com o país novamente em guerra e a sucessão da rainha envelhecida ainda em aberto, suscitava uma histeria agressiva. Em Londres, Christopher Marlowe tinha acabado de estrear *O massacre em Paris*, um violento lembrete da matança do Dia de São Bartolomeu, duas décadas antes, enquanto na corte o conde de Essex estava determinado a assegurar sua supremacia sobre os Cecil. Embora os perigos fossem bastante reais, essa competição política visceral tinha o aspecto de um torneio de cavalaria, com os heróis rivais combatendo para salvar sua dama de um perigo mortal, uma mascarada na liça na qual os combatentes jogavam fazendo apostas incrivelmente verdadeiras. Essex trabalhou durante três meses para derrubar Lopez, alegando mais tarde que seu próprio zelo e sua diligência tinham desmascarado uma trama na qual o médico iria envenenar a rainha em troca de 50 mil coroas espanholas. "Eu descobri uma traição das mais perigosas e desesperadas", gabou-se o conde numa carta.[3] "O ponto focal da conspiração era a morte de Sua Majestade. O executor seria o dr. Lopez, e o agente, o veneno." A própria Elizabeth ficou alarmada, mas não convencida. Ela repreendeu Essex, chamando-o de "jovem estouvado e temerário", e alegou estar pessoalmente convencida da inocência de Lopez. De modo característico, o conde ficou amuado até Elizabeth concordar em que continuasse o inquérito.

Essex tinha optado por fazer sua denúncia quando Burghley estava doente e incapacitado, mas esse último agiu depressa para evitar que o rival reivindicasse o crédito por ter salvo Elizabeth. Não levando em consideração a extrema improbabilidade da trama, nem tudo que ele mesmo sabia quanto às atividades de espionagem de Lopez, Burghley arregimentou Thomas Phelippes para torcer o relatório do governo segundo seus próprios fins. O desamparado Lopez foi acusado publicamente de ter confessado sua intenção de envenenar Elizabeth com "purgante", incentivado por Andrade, e de receber um conjunto de joias com diamantes e rubis como penhor. Sob interrogatório na Torre, Lopez admitiu que tinha "falado e se comprometido sobre esse assunto", mas acrescentou que era tudo para enganar o rei da Espanha – exatamente o que Burghley queria que ele fizesse. Mas Burghley não podia passar por menos zeloso que Essex quanto à segurança real, e Lopez, judeu e estrangeiro, era um alvo fácil demais. Robert Cecil foi testemunha no julgamento de Lopez por traição, em fevereiro de 1494, e declarou-se satisfeito de que o "vil judeu" fosse culpado "no mais alto grau". O secretário de Burghley, Henry Maynard, escreveu o relato oficial dos procedimentos, que deixaram de mencionar Essex. A trama fora descoberta graças "à grande diligência e ao zelo de um dos lordes do Conselho Privado de Sua Majestade".

Mesmo com o endosso de Burghley e o veredicto do júri (que ignorou tranquilamente os protestos do acusado, de que sua confissão fora obtida sob tortura), Elizabeth não conseguiu enviar Lopez para o cadafalso. Nos três meses que se passaram até que ela assinasse a autorização, Alvaro Mendez, agente de dom Solomon, duque de Mytilene, chegou a Londres. Ele declarou que queria relatar o envolvimento de Edward Barton no caso que envolvia o trono da Moldávia e, além disso, dar informações sobre as vantagens das quais a Inglaterra poderia usufruir de uma guerra entre a Turquia e os Habsburgo na Hungria. De fato, ele fora enviado para libertar Lopez. Significaria isso que este último era realmente culpado, ou que sua cobertura como agente duplo, que Burghley tão impiedosamente ignorara, fora tão exitosa que os espanhóis ainda estavam convencidos de que ele era leal à Espanha? Não se sabe quanto Elizabeth sabia de tudo isso, mas

Capítulo 25

ela permitiu que a viúva de Lopez mantivesse uma propriedade que por lei deveria ter sido confiscada pela coroa depois que o médico afinal foi executado, em 7 de junho. A presença de Mendez demonstra a extensão e a complexidade da diplomacia clandestina de Elizabeth, da qual Lopez foi vítima, de maneira tão cruel.

DE VOLTA A CONSTANTINOPLA, Edward Barton viu-se numa posição embaraçosa. Em 1593, um segundo presente da parte dos ingleses fora oferecido à Sublime Porta,* numa fenomenal cerimônia. A sultana Safiye escreveu a Elizabeth exatamente nos termos que a rainha adorava:

> A mais graciosa e gloriosa, a mais sábia entre as mulheres, e eleita entre as que triunfam sob o modelo de Jesus Cristo, a mais poderosa e rica governante, a mais rara entre as mulheres no mundo. ... Envio a Vossa Majestade tão digna e doce uma saudação de paz que todos os bandos de rouxinóis e suas melodias não poderão produzir igual.

Elizabeth respondeu num papel perfumado com cânfora e âmbar-cinzento, escrito com tinta perfumada com almíscar, em uma carta acompanhada de um presente, oito baús com tecidos, inclusive nas cores escarlate, violeta e "verde triste", garrafas, frascos prateados e dourados, peles de coelho, assim como um retrato dela mesma ornado de rubis e diamantes para a sultana, três "grandes peças" de prataria dourada e um estojo com garrafas de vidro "ricamente ornamentadas" em prata. Em troca, recebeu uma roupa em estilo turco, que consistia num traje superior de tecido de ouro e um traje inferior de tecido de prata, e um espartilho à moda turca.

Essa generosa troca tinha ido muito bem, porém, três anos depois, com a subida ao trono do novo sultão, Mehmed, Barton precisou desesperadamente providenciar presentes semelhantes para assegurar os privilégios

---

* Sublime Porta Otomana ou Sublime Porta: designação dada ao governo do Império Otomano. (N.T.)

ingleses sob o novo regime. Tecnicamente, no entanto, Barton não era diretamente empregado pelo governo inglês, mas pela Companhia da Turquia, o que significava que, com sua mesquinhez característica, Elizabeth podia controlar as aventuras diplomáticas de seu embaixador sem ter de se preocupar em pagar por sua manutenção. Portanto, foi à Companhia da Turquia que Barton teve de solicitar o presente, mas os comerciantes se recusaram a dá-lo. O jeito foi criar um "dossiê de informações secretas", a fim de persuadir Elizabeth a ajudar a companhia a dar um presente adequado.

Elizabeth recebeu um documento detalhado, transcrito em italiano por um tal de Salamone, "o judeu", descrevendo o sultão anterior, Murad, e as circunstâncias da ascensão do novo sultão. Comparado com um relato dos mesmos acontecimentos entregue pelo embaixador veneziano, Marco Venier, é evidente que a interpretação de Salamone fora adulterada. Esta versão apresentava a situação em Constantinopla como consideravelmente mais precária, com o objetivo de convencer Elizabeth a pagar pelo presente exigido. Claro que disso resultou uma promessa, já que se permitiu que Barton acompanhasse Mehmed em sua campanha na Hungria no mesmo ano. Depois, em 1599, um tal Hector chegou à Turquia com Thomas Dallam, que tinha construído um órgão mecânico para deleite do sultão, juntamente com uma carruagem dourada para a sultana Safiye.

Capítulo 26

Nos anos que se seguiram à dispersão da Armada, Elizabeth parecia ter alcançado a serena soberania sugerida pela monarca no quadro epônimo. A ameaça espanhola fora amplamente reduzida, Maria Stuart já se fora, a Reforma da religião estava firmemente estabelecida. À medida que Elizabeth se aproximava dos sessenta anos, seu status de Rainha Virgem talvez parecesse único e incontestável. Mas a máscara se corroía enquanto se consolidava: "Os mesmos anos que tinham provido a mais forte evidência de um culto em seu zênite também tinham produzido reações negativas e até iconoclastas em relação à rainha."[1] Elizabeth tinha enfrentado e vencido muitos desafios à sua autoridade no decorrer dos anos, mas na década de 1590 ela confrontou um tipo diferente de ameaça – a má conduta sexual de sua própria corte.

Elizabeth conhecera muito bem a tensão entre o dever e o desejo. Na visão da rainha, sucumbir à emoção em detrimento do dever era uma fraqueza não apenas vergonhosa, mas também ameaçadora. A cultura renascentista tinha se caracterizado como "obsessivamente tomada pelos aspectos calidoscópicos de uma sexualidade transgressora, em particular pelo insistente arrasto das relações familiares e o contrapeso do desejo",[2] e a reação de Elizabeth àqueles que priorizavam o sentimento em relação ao dever sempre fora severa. Em 1574, ela chegou a ponto de perder o controle e quebrou o dedo de sua dama Mary Shelton com um castiçal, quando soube que ela se casara em segredo com John Scudamore. Uma testemunha de sua fúria observou que "ela fora pródiga nos golpes e nos palavrões. ... Penso, em minha consciência, que nunca uma mulher pagou tão caro por seu marido quanto ela [Mary]".[3] Depois a dama voltou às graças da rainha. Na verdade, Elizabeth promovia o que considerava matrimônios adequados para suas damas, mas mesmo assim ganhou a reputação de violento ciúme sexual. Na expressão de um crítico, aquela era uma "raiva com amor".

Mas considerar Elizabeth uma criatura sexualmente frustrada, que manifestava suas decepções sobre aqueles que usufruíam aquilo que ela nunca tivera, seria negligenciar a importância do papel dos monarcas na regulação tanto do matrimônio quanto da conduta sexual em suas cortes. Não podemos saber quais foram os verdadeiros sentimentos de Elizabeth em relação ao sexo, pois ela nunca os expressou em qualquer registro. Seu poema sobre a partida de Anjou contém imagens eróticas – suaves paixões deslizando na neve macia –, mas interpretar como ciúme sexual suas reações ao excepcional número de escândalos que assaltaram a corte na década de 1590 é tão racional quanto sugerir que o entusiasmo da rainha pela montaria era uma forma sublimada de satisfação sexual.

As ligações proibidas foram um teste para a autoridade principesca e pessoal de Elizabeth, e o incremento delas era um sinal perturbador do declínio dessa autoridade. Mulheres governantes, como já se observou, eram particularmente susceptíveis a acusações de conduta licenciosa em suas cortes (daí, por exemplo, os relatos excessivamente positivos sobre o decoro de Ana Bolena). A decência, ou não, de uma corte era tida como algo derivado de seu governante. Assim, as mulheres tinham de se distanciar desse estereótipo negativo como modo de reforçar sua soberania. A promiscuidade podia causar discordância política – como no famoso caso dos *mignons* de Henrique III –, quando não, efetivamente, violência. Quando em 1580 o conde de Oxford, marido da filha de lorde Cecil, Anne, seduziu Anne Vavasour, de quinze anos, Elizabeth pôs os dois na prisão, mas a ofensa provocou uma série de duelos e agressivos embates entre os dependentes dos dois que durou anos. Elizabeth considerava-se uma "mãe" substituta de suas damas, pelas quais seria responsável *in loco parentis*, e era de imaginar que, onde essa dinâmica se visse ameaçada, seu papel como "mãe" da nação também fosse minado. A vida na corte sempre estivera carregada de sexo – a combinação de homens jovens e mulheres confinadas em proximidade física e sem muita coisa para fazer, aliada ao prestígio das trocas do "amor cortês", só podia levar a intrigas. Mas na década de 1590 o que houve foi praticamente uma revolução sexual.

Nem todas as mulheres na corte tiveram um fim tão desgraçado quanto o de Lucy Morgan, que servira Elizabeth nas décadas de 1570 e 1580. Lucy foi expulsa abruptamente da corte, depois do que encontrou uma nova carreira como cafetina em Clerkenwell, para reaparecer nos registros batendo cânhamo em Bridewell, prisão para prostitutas, em 1600. Mas o sexo estava intensamente no ar. Em 1590, o conde de Essex casou-se secretamente com a viúva de sir Philip Sidney e a engravidou. Dois anos depois, descobriu-se o casamento secreto de Walter Ralegh com Elizabeth Throckmorton. Em 1594, lady Bridget Manners casou-se em segredo com Robert Tyrwhit, o qual Elizabeth mandou para a prisão, pondo sua mulher sob a custódia da condessa de Bedford. Em 1595, o relacionamento de Essex com Elizabeth Southwell foi revelado quando ela deu à luz o filho dele, e três anos depois Elizabeth Vernon estava grávida do conde de Southampton. Essex, enquanto isso, começou a ter um caso com Elizabeth Stanley, em 1596. A moça era neta de Cecil, a criança cuja paternidade Oxford tinha negado no escândalo de Vavasour. Mary Fitton ficou grávida do conde de Pembroke em 1601. Ele se recusou a casar com ela e acabou na prisão de Fleet. Nessa ocasião, lady Rich, que tivera um caso com lorde Mountjoy em 1590, tinha dado à luz vários de seus filhos (ela teve catorze no total, seis dos quais eram de Mountjoy).

O caso de Elizabeth Stanley fora particularmente comprometedor. Lady Anne Bacon escreveu de maneira desaprovadora sobre como "Essex infamara a mulher de outro homem e tão próxima de Sua Majestade". Elizabeth era afilhada da rainha, casada por convite real com William Stanley, conde de Derby, em Greenwich, em 1595 (uma sugestão relativa à primeira apresentação de *Sonho de uma noite de verão* estabelece uma conexão bastante apropriada entre Elizabeth I e esse casamento). Elizabeth Stanley recebeu ordem de se retirar para a propriedade do marido, mas seu caso provocou tamanha afronta que três correspondentes, lorde Cobham, a condessa de Warwick e lady Ralegh, escreveram a seu marido sobre isso, e somente a intervenção pessoal e altamente embaraçosa de Cecil evitou o divórcio. Essex continuou sua vergonhosa carreira de sedutor. Descobriu-se que duas das damas da rainha tinham deslizado em segredo pelas galerias do palácio para assistir a um grupo de cortesãos homens, inclusive Essex, praticando esporte em camisa. "A rainha depois lançou sobre a bela sra. Bridges palavras e golpes de raiva, e ela e a sra. Russell foram postas para fora da câmara" (as moças foram abrigadas durante três noites por lady Stafford). Dez meses depois Essex ainda estava apaixonado por sua "mais linda B" – Elizabeth Bridges, filha de lorde Chandon, ou Elizabeth Russell, filha de lady Russell.

O comportamento de Essex foi ainda mais escandaloso em 1590, por ele ser um homem casado. Sua noiva era Frances Walsingham, filha do conselheiro mais próximo de Elizabeth depois de Cecil e viúva de sir Philip Sidney. Seu primeiro filho, chamado Robert (que, adulto, comandou um exército parlamentar contra Carlos I), nasceu em 1591. Dado que Frances foi mencionada no testamento do pai, em dezembro de 1589, com o sobrenome do primeiro casamento, Sidney, e que o menino só nasceu um ano depois, a união pode ter sido apressada pela gravidez da moça. Elizabeth deu expressão a seu já tedioso sentimento de ultraje quando soube do matrimônio, embora isso não tivesse impedido que ela continuasse a manifestar favoritismo em relação a Essex.

E a coisa continuava, sem parar. O sr. Vavasour, que tinha desafiado Essex para um duelo por causa de sua irmã Anne (que o tornou tio de Elizabeth Stanley), foi preso por engravidar a sra. Southwell. Robert Dudley Jr., filho ilegítimo de Leicester com a amante dele, lady Douglas Sheffield, estava noivo de Frances Vavasour, que o rejeitou para se casar secretamente com sir Thomas Stanley, que tinha um caso com Frances, lady Stourton, cunhada de Robert Cecil. Dudley foi se consolar com Margaret Cavendish, e ele também foi preso quando os dois foram pegos. Depois ele casou-se com Margaret, depois com Alice Leigh, em 1596, antes de fugir com Elizabeth Southwell. A sra. Jones, a "mãe das damas", acabou na Torre com Francis Darcy, que tinha se casado secretamente com Katherine Leigh. Elizabeth se desesperava com suas garotas, como aconteceu com sua servidora à mesa, lady Howard (Carey, em solteira), mais interessada em flertes que em suas obrigações. Estava em outro local na hora em que precisava trazer o manto da rainha, que queria sair para caminhar, atrasando-se para servir à mesa na câmara privada, e depois se ausentou completamente, quando seu dever era acompanhar Elizabeth até a capela. Só em 1591, metade das damas de honra de Elizabeth foram demitidas por causa de escândalos, "tendo todas elas inquietado tanto Sua Majestade que ela jurou não dispor mais ... de qualquer tolerância, [queria expulsar] tão ingratas e insolentes meretrizes".[4]

É fácil ter simpatia por essas moças. Sua ama era muito exigente e com frequência lamurienta. Ela mesma se comportara com indiscrição com Leicester naqueles dias tão distantes nos quais, como diziam os rumores, era jovem. E, afinal, o propósito da presença das damas na corte era encontrar maridos adequados, e ninguém melhor que a própria rainha na arte do flerte. Do lado de fora da supostamente pudica atmosfera de Whitehall, a Londres da década de 1590 estava cheia de prostitutas, para as quais eram encaminhados os clientes ansiosos por "livros-guia" como o de Robert Greene, *Notable Discovery of Cozenage*. Até senhoritas protestantes educadas na castidade dificilmente podiam deixar de avistar essas mulheres e seus clientes nas ruas, sem falar nos rostos deformados e olhos arruinados que suas relações produziam – pois a cidade, na época, padecia de uma epidemia de sífilis. O sexo era perigoso não pelas incertezas do parto, mas porque mesmo esposas virtuosas corriam o risco de contrair sífilis de seus desgarrados maridos. E o perigo estava sempre à espreita das adolescentes – muitas das damas de Elizabeth eram adolescentes. Às vezes as moças se vingavam desse critério duplo, que as mantinha tão rigorosamente enclausuradas enquanto seus contemporâneos masculinos usufruíam tanta licenciosidade. Sir William Knollys, o controlador da casa real, era um velho lascivo, dado a reclamar dos "distúrbios" causados pelas moças, as quais gostava de espiar à noite. Numa ocasião ele apareceu na câmara delas nu, a não ser por um par de óculos, tentando chocá-las com a leitura de passagens pornográficas de Aretino. As moças o apelidaram "Barba de Festa", por causa das faixas brancas, amarelas e pretas em suas suíças, e responderam à invasão compondo cantigas grosseiras sobre ele.

Elizabeth precisava de suas moças. Na prática, eram elas as responsáveis pela construção de Gloriana – perucas, maquilagem, rendas dos vestidos, joias –, e talvez sua reação às rebeldes indiscrições fosse menos fruto do ciúme erótico que um senso de ultrajada vulnerabilidade. Essas mulheres jovens e atraentes a conheciam em seu self físico e em declínio, uma mulher envelhecida e enrugada, com dentes em péssimo estado e seios flácidos. A fertilidade das moças ressaltava o fato de a rainha não ter tido filhos, mas isso era em si mesmo uma fonte de poder, fazendo dela um ser excepcional. O insulto delas à autoridade de Elizabeth tornava-a *politicamente* estéril, ao representar uma recusa de adotar uma imagem cuja medida de falsidade só elas conheciam na intimidade.

Elizabeth nem sempre foi dura com as moças que transgrediam. Quando Abigail Heveringham ficou grávida, ela foi procurar um marido em sir George Digby, enquanto Emilia Bassano, que fora amante de lorde Hunsdon, fez um casamento respeitável com um dos músicos reais. Elizabeth menosprezava a incontinência sexual quando ela ameaçava a ordem, mas, na atmosfera altamente carregada da corte na década de 1590, a rainha fez uma evidente exceção – o conde de Essex.

A DERROTA DA ARMADA não pôs fim à guerra com a Espanha, e, enquanto a iconografia associada a Elizabeth continuava a apresentá-la como a vitoriosa portadora da paz, a década de 1590 presenciava um período de conflito em várias frentes. Os Países Baixos continuavam a ser um dos palcos desse conflito que se expandiu com a guerra na França, onde Henrique IV tentava derrubar a Liga Católica e manter a sucessão, enquanto na Irlanda (que, à medida que avançava a década, mais atraía o interesse da Espanha) os recursos ingleses estavam tão sobrecarregados quanto estava ameaçado o governo da Inglaterra. Isso exigia não apenas um delicado malabarismo no uso de um poder militar limitado, mas também criava sérias divergências no Conselho de Elizabeth. Seguiam-se duas estratégias principais, em terra e no mar. No mar, o objetivo entre 1588 e 1594 consistia principalmente na pirataria, com a finalidade de assaltar as riquezas espanholas para financiar expedições inglesas e proteger os portos do canal. Em terra os espanhóis seriam rechaçados tanto nos Países Baixos quanto na França, onde Elizabeth dispôs 20 mil soldados entre 1589 e 1595. No entanto, em nenhum desses casos Elizabeth teve qualquer ambição a longo prazo no que concernia ao continente europeu. Seu objetivo era simplesmente a preservação da Inglaterra. Essex pensava diferente. Ele desejava implementar uma estratégia mais agressiva nos Países Baixos prestando ajuda mais efetiva aos protestantes holandeses. Isso era contestado pelos defensores de Cecil e de seu filho Robert, braço direito dele, que acreditavam que a ação no mar era mais flexível e menos dispendiosa.

A partir de 1589 a Inglaterra não teve muita escolha além de apoiar a causa do pretendente protestante à coroa da França, Henrique de Navarra. As notícias da execução de Maria Stuart chegaram a Paris em 1º de maio de 1587. A reação à sua morte foi tão violenta que o pregador de Santo Eustáquio (possivelmente ex-confessor da rainha, René Benoît) foi obrigado a deixar o púlpito antes de concluir seu sermão, por ter praticamente provocado um tumulto. Em 13 de novembro houve uma missa por Maria em Notre-Dame, mas o duque de Guise não compareceu. Maria fora praticamente inútil na tentativa de Guise para assumir o controle da política francesa por algum tempo, mas agora ela poderia se tornar útil como mártir. Houve rumores de que Henrique III tinha concordado com a execução, e pregadores católicos antirrealistas foram incentivados a falar contra o rei.

Da Inglaterra, Elizabeth incentivou Henrique a sair para a guerra contra Guise, mesmo sem estar disposta a fazer muita coisa para auxiliá-lo, e no final do ano o rei da França quase tinha perdido o controle da situação. Protestantes que apoiavam Henrique de Navarra chegaram em 18 de setembro, acrescentando mais um elemento de insurreição ao embate entre rei e súditos. Em maio de 1588, Paris estava sob o controle dos Guise, pressionados por seu aliado, Felipe da Espanha, para provocar uma ruptura total com a coroa. Guise estava encantado em trabalhar com o rei espanhol a fim de derrubar Elizabeth, mas topou com a impossibilidade de se estabelecer na França uma monarquia cliente da Espanha. Portanto, Guise e Henrique III foram forçados a estabelecer uma colaboração incômoda, reunindo-se em outubro em Blois. Guise via-se agora, embaraçosamente, à frente do que se avultou como um partido protodemocrático. Em novembro, deputados do Terceiro Estado ameaçaram abandonar suas funções caso o rei se recusasse a abaixar os impostos, argumentando que "a rainha da Inglaterra, embora iníqua, não se mantinha com esses meios".[5] O Parlamento inglês, alegavam eles, podia aprovar resoluções sem interferência do Conselho real. Assim, o ultracatólico Guise acabou sendo o porta-voz do que, na verdade, era uma tentativa de revolução constitucional baseada no modelo de sua grande inimiga.

Henrique também estava indignado, e para ele a solução era a morte de Guise. Este foi assassinado (após um considerável desjejum de ameixas secas da Provença) na antecâmara do rei, nas primeiras horas de uma manhã de dezembro, por um membro da guarda real. O assassinato não ajudou a preservar a combalida casa de Valois. Um mês depois, a Sorbonne apresentou um decreto no Parlamento francês depondo Henrique III e substituindo-o por um Conselho. O rei voltou-se em desespero para Henrique de Navarra, e os dois organizaram uma campanha contra os membros das Ligas durante o verão, mas em 1º de agosto Henrique foi assassinado por um zeloso monge dominicano.

A essa altura, Henrique de Navarra pediu a ajuda da Inglaterra. Sua correspondência com Elizabeth processava-se na linguagem convencional do amor cortês, com um dos mais famosos conquistadores da Europa declarando-se encantado com o retrato da rainha, então aos 56 anos. Elizabeth não se impressionou com o presente de Henrique, um elefante, nem como prazer estético nem por opção econômica, mas permitiu-lhe prosseguir com os movimentos de "namoro", ao mesmo tempo que reconhecia não ter muita escolha quanto a lhe prestar ajuda. Com os membros das Ligas a proclamar seu próprio candidato, Carlos, o cardeal de Bourbon, ela enfrentava a possibilidade de um Estado-títere governado pela Espanha do outro lado do canal da Mancha, ou, na melhor das hipóteses, do surgimento de dois Estados confessionalmente divididos, católico no Norte e Bourbon no Sul. Vinte mil libras e 4 mil soldados foram prometidos a Henrique de Navarra em setembro, o que levou Cecil a observar, sobre os caprichos da fortuna na política: "O estado do mundo fica maravilhosamente mudado quando os verdadeiros ingleses têm como causa, para nossa própria tranquilidade, desejar bom êxito a um rei francês e um rei dos escoceses."[6]

A França era o primeiro lugar das ambições de Essex. Tal como Leicester antes, as ideias do conde quanto às próprias façanhas militares baseavam-se mais em sua linhagem e na capacidade de ter um desempenho impressionante na liça que numa verdadeira experiência como soldado. A realidade em campo de batalha demonstrou que ele era pouco mais que um jactancioso amador. Em 1591, Elizabeth enviou uma pequena expedição sob o comando de sir John Norrey à Bretanha, e teve algum sucesso. Essex recebeu o comando geral das forças francesas no mesmo ano, mas sua campanha consistiu em pouco mais que sagrar um número excessivo de cavaleiros (24, mais que a própria Elizabeth sagrara durante uma década) e ficar zanzando à espera de Henrique IV, o qual, apesar de ter concedido a Essex uma entrevista privada, sem a permissão da ultrajada Elizabeth, nunca apareceu realmente no campo de batalha.

Arrastar-se em círculos pela lama do norte da França não correspondia à ideia que Essex fazia de glória militar, conquanto aquela pudesse ser uma experiência realística de guerra efetiva. Tendo obtido um assento no Conselho Privado em fevereiro de 1593, o conde tratou de semear a discórdia entre os conselheiros de Elizabeth com o objetivo de deslocar Robert Cecil do que parecia ser seu legado natural, agora que seu pai estava com a saúde em declínio. A exposição da suposta traição do pobre Rodrigo Lopez foi reivindicada como vitória, mas Essex entendia pouco da (ou tinha pouco interesse na) trituração diária das questões políticas, algo em que os Cecil, pai e filho, eram excelentes. Ele queria poder, ação e holofotes, sem ter de se chatear demais com esse negócio um tanto burguês que era o detalhe.

A luta pelo domínio na França continuou durante quatro anos, com insuportável pressão sobre os recursos de Elizabeth. Assim, quando Henrique fez a paz com Roma, em 22 de julho de 1593, em elaborada cerimônia na abadia real de St.-Denis, os sentimentos dela foram ambíguos. A rainha descreveu Henrique como "o mais ingrato rei vivo",[7] mas sentia-se encorajada com a promessa dele de dar continuidade à tolerância religiosa em relação aos protestantes. Num ato que transformou em mentira a ideia de que o modo de ver conservador ainda rejeitava o conceito de uma governante mulher, Felipe da Espanha fez pressão para que sua filha, a infanta Isabel, lhe sucedesse, em vez de Henrique. O fato de Isabel ser estrangeira, e não seu sexo, foi o motivo da rejeição dos Estados franceses a esse esquema. De sua parte, em 1594, Elizabeth consentiu em apoiar uma expedição para expulsar os espanhóis de Brest, embora, nos dois anos seguintes, se recusasse a fornecer mais ajuda a Henrique, malgrado a considerável pressão dos membros mais empenhados de seu Conselho.

Nessa conjuntura, é notável a decisão de Elizabeth de traduzir *A consolação da filosofia*. Ela começara o trabalho – sua primeira grande tradução desde os presentes que dera ao pai e a Catarina Parr, quando ainda era princesa – em Windsor, pouco depois de ter recebido a notícia da conversão de Henrique. Apesar dos cumprimentos do rei francês relativos a seu retrato, Elizabeth sabia que, no que dizia respeito ao visual, o jogo tinha terminado. Durante a década de 1590 ela fora criticada por seu fracasso em reconstruir sua imagem simbólica, "a atriz idosa parecia uma tola ao continuar a representar o papel que uma vez a tornara famosa",[8] mas a tradução pode ser vista como um gesto semelhante, uma reivindicação de autoridade intelectual. A aparência de Elizabeth podia estar decaindo, mas não sua mente. Boécio foi uma escolha precisa, uma escolha que, como vimos no caso de sua correspondência com Ralegh, se encaixava em a autoconcepção como monarca por indicação divina. Era também uma resposta sutil a um desafio literário.

Em 1593, outra dama tinha se lançado ao trabalho numa tradução. Mary Herbert (em solteira, Sidney), sobrinha de Robert Dudley, servira Elizabeth antes de seu casamento com o conde de Pembroke em 1577. Como irmã do poeta da corte Philip Sidney, Mary criou um círculo intelectual em torno de sua casa em Wilton que foi descrito nos mais brilhantes termos de comparação renascentista como "o Urbino inglês". Após a morte de seu irmão nos Países Baixos, Mary, cuja excelente educação incluía o hebraico, continuou sua tradução dos Salmos, posteriormente publicada em 1599. Os Sidney eram aliados do grupo militante da corte, e os Salmos impor-

Capítulo 26

tavam em particular aos protestantes radicais – os huguenotes cantavam o Salmo 68 como um hino de batalha. Mary estava ansiosa por apresentar seu falecido irmão como mártir protestante, e sua dedicatória na obra para a rainha e para o próprio Philip pode ser lida como um desafio. As despesas das campanhas francesas montavam a mais de £300 mil na época da "apostasia" de Henrique, e embora o Parlamento desejasse reduzir os subsídios em dois terços, e Elizabeth tivesse sido obrigada a vender terras da coroa para levantar recursos, muitos achavam que ela não tinha ido longe o bastante no apoio aos huguenotes. Ao traduzir Boécio, Elizabeth estava afirmando a autoridade de seu julgamento.

Acima de tudo, Boécio recomendava paciência, o que implicava que o fanatismo protestante devia ser visto com desconfiança. "Cada coisa busca seu próprio e adequado curso/ E se rejubila de retornar ao seu,/ Sem dar ordem a qualquer restante,/ A menos que se junte para concluir o primeiro,/ E assim confirmar seu percurso sagrado." É aceitando a vontade de Deus (e portanto a de Elizabeth) que as coisas retornarão à sua própria natureza. Seria presunçoso tentar iluminar a mente sagrada. Assim, Elizabeth lembra sutilmente a seu leitor o orgulho espiritual dos protestantes que defendem o conflito armado, e seu próprio e único status como canal de comunicação com Deus. Confrontando as mudanças em seu Conselho, a pressão de protestantes combatentes e a frustração da conversão de Henrique, Elizabeth busca socorro na recomendação de Boécio para buscar a verdade elevando-se acima da mesquinhez das coisas mundanas: "Só o homem volta a cabeça para cima,/ Às alturas tua mente deve se elevar, para que não se sobrecarregue,/ Se teu corpo se elevar, tua mente então/ mais baixa há de ficar." Essa versão soa como uma releitura da observação de Sidney em *Defense of Poesie*, em circulação na época, de que "nossa erigida sagacidade nos faz saber o que é perfeição, e ainda assim nossa infectada vontade nos impedirá de alcançá-la". Em outras palavras, Mary e seus companheiros defensores da intervenção fariam bem em se lembrar dos pensamentos de seu mártir favorito, de que é a mente que nos eleva à qualidade da graça divina, e que depender excessivamente da ação nos reduz a meros corpos.

Assim como Henrique empregou o vocabulário do amor cortês na busca dos favores de Elizabeth, mais largamente o fizeram os intelectuais protestantes ao tentar associá-la à causa transnacional do protestantismo. A literatura, com frequência em latim, fazia uma conexão importante entre a corte de Elizabeth e os centros protestantes no norte da Europa, mais um elo de conexão entre a Inglaterra elisabetana e o Renascimento do continente.

Paulus Melissus era outro membro do círculo de Sidney, escritor e refugiado alemão que tinha conhecido Philip Sidney em Heidelberg, em 1573. Ele chegou à corte em 1585, e logo depois dedicou sua primeira coletânea poética, *Schediasmata Poetica*, à rainha. Sua ambição de receber uma nomeação oficial continuou irrealizada, mas sua obra expressa toda a esperança dos protestantes europeus de encontrar nela seu paladino, apresentando-se como súplice amante na mistura do erótico com o divino que Elizabeth arrogara a si mesma com tanto sucesso. As funções de Elizabeth eram tanto de lorde quanto de lady, sexualmente idealizada como "Rosina" (daí pode-se ver por que a bem-letrada rainha relutara em dar ao pobre e sério Melissus um emprego) e *princeps ignotus* armado, as armas brunidas por luz celestial. A verdadeira devoção, alega Melissus, só será alcançada por um príncipe digno do amor de Deus, aninhado nos mais ardentes termos do amor cortês:

> For twenty Mays I have been able to creep through acanthus and often been subjected to pricking thorns and brambles.
>
> There the Queen was permitted to gather a gleaming flower which Venus is always accustomed to love above all others.
>
> But spring has never had any regard for me and summer glances back towards my face...
>
> No rose is to be seen... When will that cup of the rose reach out to me?*

---

* "Por vinte maios rastejei através de acantos, frequentemente sujeito a espinheiros e sarças/ Lá a rainha pôde colher uma flor reluzente que Vênus costuma sempre amar acima de todas as outras/ Mas a primavera nunca teve consideração por mim/ e o verão volta a vislumbrar meu rosto/ .../ Nenhuma rosa há para ver.../ Quando esse cálice de rosa estará a meu alcance?" (N.T.)

Melissus articula o desespero dos protestantes que viam Elizabeth como objeto de uma duradoura e infrutífera devoção, mas a rainha tinha tanta consideração para com o alemão quanto tinha a primavera, e no início da década de 1590 o "príncipe ideal" de Melissus havia mudado e passara a ser Henrique de Navarra.

A conversão de Henrique foi, assim, em certo sentido, uma amarga vingança à política de Elizabeth, o que ela expressou em sua própria tradução: a interferência nos trabalhos da mente sagrada era pura vaidade, uma fatuidade espiritual que seria frustrada pela fortuna. A paciência também era consideravelmente mais barata.

Capítulo 27

EM SETEMBRO DE 1598, Elizabeth perdeu o último dos três homens de sua vida, o irmão-pretendente-inimigo Felipe da Espanha. Com todas as ambiguidades do relacionamento de ambos, o retrato dele ainda era mantido no quarto de dormir real, também lugar do impasse final entre Elizabeth e Essex, que fora para a Irlanda alguns meses antes. A autoridade inglesa ali, que nunca fora particularmente forte, tinha sofrido um sério golpe com a defecção de Hugh O'Neill, conde de Tyrone, em 1595. Embora a região fosse assolada por uma rebelião quase incessante, a submissão da Irlanda à Inglaterra tinha avançado durante os cinco anos anteriores, até que se estabeleceu uma forma consistente de governo inglês em todo o país, com exceção da província de Ulster. Tyrone tinha sido um instrumento efetivo para isso, mas agora exigia que lhe fosse dado o governo de Ulster, em nome de Elizabeth. Quando isso foi recusado, ele se rebelou.

No verão de 1598, O'Neill cercava o castelo inglês de Blackwater, no Norte, sobrepondo-se ao exército inglês enviado para aliviar o cerco, à custa de 2 mil vidas. Com o desaparecimento de Cecil e a necessidade de um comando na Irlanda, Essex viu aí uma oportunidade e voltou à corte. Quando Elizabeth se recusou a vê-lo, ele simulou estar doente, o que fez Elizabeth ceder, enviando seus próprios médicos para atendê-lo e deixando-se persuadir, contra seu melhor juízo, de que Essex deveria comandar a próxima campanha irlandesa. O conde percebeu tarde demais que fora vítima de sua própria arrogância, ao admitir que seu papel era "a mais difícil tarefa já confiada a um cavalheiro", porém foi incapaz de recuar. Elizabeth, cuja maneira de ver a Irlanda como um albatroz no pescoço da Inglaterra se resumia na observação de que "Carga e fardo assim não se encontram em nenhum lugar da cristandade", esperava que pelo menos uma vez as bravatas de Essex pudessem resultar em algo de bom, e estava disposta a equipá-lo de forma muito mais completa do que tinha feito com Leicester nos Países Baixos, catorze anos antes.

A rainha observou mais tarde, com raiva, que tinha pago a Essex £1 mil por dia para ele se pavonear pelo interior. O propósito dos 1.400 cavalos, 16 mil infantes (com reforços trimestrais de 2 mil) e £23 mil de *matériel* era a submissão imediata de Tyrone. Essex alardeara sua opinião de que tudo "que fora feito de outra maneira na Irlanda não passara de desperdício e gasto inútil".[1] Todavia, após um verão caracterizado pelo que Elizabeth se referiu desdenhosamente como "progresso", ele não tinha entrado em combate com Tyrone e ainda reclamava que nada recebera da Inglaterra além de desconforto e feridas na alma. Essex foi desobediente, promovendo seu comparsa, o conde de Southampton, a *General of the Horse*, ascensão que fora proibida por Elizabeth, pois Southampton caíra em desgraça pelo envolvimento com Elizabeth Vernon, com quem se casara depois de um período na prisão de Fleet. Essex também continuou concedendo verdadeiras rajadas de condecorações, sem nada ter aprendido acerca da desaprovação da rainha quanto ao número de cavaleiros que ele sagrara na França.

Elizabeth estava imensamente aborrecida, em particular porque, em vez de admitir seus erros, Essex choramingava, enganava e culpava os outros. Ele retornou a Dublin por três semanas, no meio do verão, e então saiu novamente em campanha, mas sem conseguir fazer nada definitivo quanto a Tyrone. Em agosto, Elizabeth escreveu sardonicamente que,

> se o motivo são as doenças no exército, por que não entrou em ação quando o exército estava em melhor estado? Se o inverno se aproxima, por que se perderam os meses de verão, de julho e agosto? ... Decerto devemos concluir que nenhum dos quatro trimestres do ano vos será uma estação adequada, ... pois tivestes o que pedistes, tivestes vossa escolha de ocasiões, tivestes poder e autoridade mais amplos do que jamais teve qualquer um.[2]

Finalmente, em 5 de setembro, o próprio Tyrone tomou a iniciativa e organizou uma conferência privada com o conde nas margens do rio Lagan, onde foi estabelecida uma trégua. Essex não achou por bem informar Elizabeth dos termos que tinha negociado, levando pânico ao Conselho. Ele fora instruído a não voltar sem permissão formal, mas agora considerava que seu único caminho era explicar pessoalmente sua conduta.

A eglantina, a delicada rosa tão frequentemente associada a Elizabeth e que ela levara como distintivo para sua avó, Elizabeth de York, floresce no fim da primavera e no início do verão. Para Elizabeth, que estava acostumada a descobrir as mensagens de *imprese*, os conceitos verbais/visuais apresentados sutilmente em miniaturas pintadas, um dos presentes de Essex, agora significavam uma lamentável ironia. Uma das pinturas mais conhecidas do período, *Young Man Amongst Roses*, é amplamente considerada um retrato de Essex. A data mais antiga atribuída à pintura é 1585, e, se assim for, Essex teria dezenove anos, o que está de acordo com o rosto sem barba e o bigode mal perceptível do jovem representado numa pose elegante. Com roupas nas cores de Elizabeth, o preto e branco que ela vestira havia tanto tempo para indicar seu compromisso com a virgindade, o rapaz está com a mão sobre o coração, a primeira vez que tal gesto é representado numa pintura inglesa, pose reminiscente, em sua exagerada suavidade de linhas, das obras maneiristas sobre estuque de Fontainebleau que influenciaram o estilo de Nicholas Hilliard naquela altura de sua carreira.

O retrato pode ser visto como uma *impresa* a expressar o amor por uma mulher (a rainha), mas possivelmente também a amizade por um homem, sugestão reforçada pelas árvores que se elevam imponentes ao fundo. Isso se adequaria apropriadamente à mescla de gêneros muitas vezes atribuída a Elizabeth como senhor/senhora, e a composição também evoca como Elizabeth era figurada da mesma maneira como fonte de autoridade erótica, na interpretação de Paulus Melissus, em seu poema contemporâneo sobre como se deixara enredar nas frondes emaranhadas das roseiras. O moto, *Dat poenas laudata fides* (Minha louvada fé é minha pena), é de *De Bello Civili*, de Lucano, que Elizabeth teria reconhecido como uma associação do jovem com Pompeu, o grande general romano que, aos 25 anos, já havia conquistado dois triunfos. O tamanho do retrato, um pouco grande

Capítulo 27

demais para ser usado como miniatura, realça o gesto da mão no coração, e seu "status de objeto precioso, a ser mantido e admirado na palma da mão, aprofunda seu foco iconográfico no ato de se tocar fisicamente o coração".[3] Se o retrato foi feito como presente para a rainha, sua repercussão alterou-se consideravelmente entre o momento da produção e o outono de 1599. A ideia de Elizabeth ter a fidelidade de Essex na palma da mão, de que o coração dele lhe pertencia, os dois perenemente entrelaçados no moto, era um conceito elegante, mas agora as rosas tinham se toldado e fenecido, e a carreira do jovem general ambicioso mostrou-se tão enganosa quanto a cuidadosa disposição de cores no semblante de seu amado.

Essex deixou Dublin em 24 de setembro e seguiu diretamente para a corte, em Nonsuch, onde chegou por volta das dez horas da manhã do dia 28. Num período anterior de ausência da corte, ele descrevera para ela:

> As delícias deste lugar não podem tirar da minha mente esta em cuja doce companhia me regozijei como deve [se regozijar] o mais feliz dos homens em seu maior contentamento; e se meu cavalo pudesse correr tão rápido quanto correm meus pensamentos, eu enriqueceria meus olhos ao contemplar o tesouro de meu amor tantas vezes quantos são meus desejos de triunfo quando me vejo, em minha intensa imaginação, conquistando vossa resistente vontade.[4]

Agora essa imagem de Essex seria submetida ao teste. Para os dois jogadores do encantador jogo do amor que sustentara o relacionamento entre o jovem aristocrata e sua rainha, aquele foi um encontro cruel com a realidade. O amante, a desfalecer, irrompeu na câmara de Elizabeth em imundas roupas de viagem, tão cheias de sujeira e lama que até seu rosto se embaçava, para deparar com sua bela senhora recém-saída da cama, as rugas brutalmente expostas à luz da manhã e sem peruca. Elizabeth manteve imóvel o semblante e procurou ganhar tempo, sem saber ainda se a precipitada chegada dele era só mais uma imprudência ou anunciava o começo de um *coup d'état*. Assim que se certificou de que Essex chegara apenas com um pequeno séquito de empregados, ela o dispensou para se banhar e se vestir, e o recebeu novamente para o jantar.

À tarde, já vestida e maquiada, Elizabeth estava pronta para atacar. Ela exigiu que o conde se pronunciasse sobre seu vergonhoso comportamento. Após duas sessões de interrogatório pelo Conselho, Essex foi instruído a permanecer em seus aposentos. Efetivamente, ele estava sob detenção, o que se confirmou três dias depois, quando Elizabeth ordenou que ficasse confinado na residência do lorde curador Thomas Egerton, York House, onde continuou até o mês de março seguinte, quando lhe permitiram voltar a Essex House, embora ainda sob detenção. Em 6 de junho, o conde foi convocado a comparecer ante um comitê de juízes e conselheiros, e teve de se ajoelhar, com a cabeça descoberta, enquanto era repreendido por desacato e insubordinação. Foi destituído de todos os cargos, exceto o de *Master of the Horse*, e advertido de que tinha escapado por pouco da prisão perpétua na Torre e de várias multas. Em agosto, Essex era de novo um homem livre, só para ficar ainda mais desesperado com a decisão de Elizabeth, de reverter para a coroa o monopólio que ele detinha do imposto sobre importação de vinho doce, agora que o arrendamento de dez anos estava vencido. Furioso, humilhado e cheio de dívidas, Essex retirou-se para curtir seu rancor no campo.

No inverno de 1600, a fúria e a paranoia de Essex chegaram a ponto de ebulição. Sir John Harington lembra que ele parecia "desprovido de razão ou de bom senso", tão depressa ele passava de "pesar e arrependimento para ira e rebelião".[5] Durante sua derradeira desgraça, Essex escreveu a Elizabeth implorando que lhe permitisse beijar sua mão, e alegando que, até que pudesse vê-la, "o próprio tempo era uma noite perpétua, e o mundo inteiro não passava de um sepulcro para seu mais humilde vassalo".[6] Contudo, para a tumultuada cabala de aproveitadores que reunia em torno de si em Essex House, ele desdenhava do "tesouro de meu amor", referindo-se a ela como "uma mulher velha, ... não menos deformada e torta da mente que do corpo".[7] Até então, os planos pessoais de Essex eram desenfreados e informes. Convencido de que Elizabeth não era mais que um títere da facção de Cecil, a qual, segundo se convencera, barrava seu justo lugar no governo, ele, que no início do serviço na Irlanda falava em reunir duzentos cavalheiros resolutos para assumir o controle da pessoa da rainha, também tentou cooptar os serviços de lorde Mountjoy a fim de trazer uma força da Irlanda. E esteve longamente envolvido numa correspondência com Jaime VI, na tentativa de convencê-lo de que, como lhe confidenciara numa carta no Natal de 1600, ele deveria intervir para "pôr fim à malícia, à perversidade e à loucura desses homens e redimir meu pobre país, que geme sob esse fardo".[8]

Tem-se sugerido que Jaime se deixou convencer pelos argumentos de Essex quanto à "insaciável malícia" de Cecil, e que sua concordância em enviar um embaixador a fim de solicitar a Elizabeth a mudança dos ministros, assim que Essex efetivou seus planos, foi uma confirmação dos objetivos do conde. No entanto, como Cecil estava em negociações sigilosas com Jaime sobre sua ascensão de 1601 em diante, é mais provável que a aquiescência do rei tenha sido um meio de dar a Essex um pouco mais de corda para se enforcar. Contudo, numa reunião na casa do conde de Southampton, no início de fevereiro de 1601, Essex foi encorajado para acionar seu esquema. Além de Essex e Southampton, os conspiradores-chave eram sir Charles Danvers, sir Ferdinando Gorges, sir John Davies, sir Christopher Blount e John Littleton. O objetivo era isolar Elizabeth, depois do que Essex iria lhe implorar contritamente que levasse seus inimigos a julgamento, "e, tendo convocado o Parlamento, alterar o formato da Commonwealth, da comunidade de nações".[9] Blount deveria enviar homens para o portão, Davies para o salão, Danvers para a grande câmara e câmara de presença, na qual Essex emergiria com sua escolta da estrebaria chamada "Muse" e se lançaria à mercê da rainha. Assim que a corte estivesse sob controle, os conspiradores tomariam a Torre e dominariam a City, o centro de Londres.

O fato de Essex ter conseguido convencer os que o apoiaram de que aquele era um esquema exequível testemunha seu carisma pessoal, já que o projeto era fantasioso demais, quando não meramente estúpido. Em primeiro lugar, Essex subestimou muito o alcance da rede de informações de Cecil, e portanto superestimou o apoio de Jaime VI. Em segundo lugar, ao acreditar que defendia "a incontável hoste dos descontentes"[10] ele não considerou quão irrisório era o apoio que teria dos dignitários poderosos e dos burgueses ricos. Em terceiro lugar, ele era totalmente incapaz de manter a boca fechada. Sob o comando de seu mordomo, Meyrick, que fornecia provisões a quem tivesse uma espada, Essex House tinha se tornado um refeitório para "sujeitos atrevidos e confiantes, homens desiludidos de suas fortunas, pessoas descontentes que usavam suas línguas com atrevimento para atacar todos os demais". Obviamente as autoridades sabiam que algo estava acontecendo. Essex anunciou que o número de visitantes de sua casa aumentara porque eles iam ouvir sermões, mas o pretexto só fez as coisas piorarem quando se sugeriu que "algumas palavras ... tinham escapado da boca dos pregadores, segundo as quais os magistrados superiores tinham poder para reprimir os próprios reis".[11] Ao contrário da rede que a própria Elizabeth construíra em torno dela no último ano do reinado de Maria Tudor, essa não foi uma eficiente sala de espera da corte, mas uma incipiente massa de descontentes sem qualquer projeto, sem qualquer poder de verdade.

Em 7 de fevereiro, Essex foi convocado a comparecer ante o Conselho Privado, mas rejeitou esta e outra convocação, alegando estar doente. Ele soube que uma barricada feita de carruagens fora montada entre Whitehall e Charing Cross, impedindo o acesso ao palácio, e que a guarda da grande câmara fora aumentada. Naquela noite, uma apresentação especialmente encomendada de *Ricardo II*, de Shakespeare, realizava-se no Globe Theatre, em Southwark. Pessoas que apoiavam Essex, inclusive Charles e Joscelyn Percy, irmãos mais moços do conde de Northumberland, pagaram quarenta *shillings* para convencer a Lord Chamberlain's Men* a encenar a peça, cujos atores achavam ser datada demais para atrair grande público. Onze dos homens de Essex (mas não o próprio conde) estavam na casa.

Às dez horas da manhã seguinte, quatro conselheiros liderados por lorde Egerton chegaram a Essex House para convencer o conde a encaminhar uma petição à rainha de maneira adequada, caso ele achasse que havia algo a ser corrigido. Essex já tinha espalhado o rumor de que se recusava a comparecer ao Conselho porque lhe haviam armado uma em-

---

*Lord Chamberlain's Men: nome de uma companhia teatral especializada no repertório shakespeariano. (N.T.)

boscada fatal, e agora, depois de trancar a delegação na biblioteca de Essex House, ele se dirigiu para a cidade com cerca de duzentos seguidores armados. Assim que entrou na cidade, a caminho da Torre, chegaram lorde Burghley (filho mais velho de Burghley) e o rei de Armas da Jarreteira, proclamando que Essex e todos os seus seguidores eram traidores. Elizabeth jantava em Whitehall enquanto a turba de Essex confrontava seus guardas em Ludgate Hill. A única alusão que ela fez à ameaça nas ruas foi: "Aquele que a colocara em seu assento a preservaria nele." O que quer que ela estivesse sentindo, ocultou-o "maravilhosamente".[12]

A escaramuça em Ludgate custou a vida do pajem de Essex, Henry Tracey, mas o conde escapou só com alguns buracos de bala no chapéu. Nunca houvera a menor possibilidade de eles chegarem à Torre – os rebeldes dispersaram-se ao primeiro sinal de entrevero sério, e o pequeno grupo restante confiscou alguns barcos e remou desesperadamente de volta, descendo o rio a partir de Queenhithe, com a esperança de usar os conselheiros seus reféns para negociar um acordo. De volta a Essex House, agora cercada por terra pelas tropas reais, Ferdinando Gorges teve o bom senso de perceber que manter os conselheiros só poderia piorar as coisas, e os libertou antes que Essex retornasse. Por volta das nove horas da mesma noite, Essex rendeu sua espada ao conde de Nottingham. Ele passou a noite no palácio Lambeth antes de ser levado em barco a remo até a Torre, já como homem condenado. No final, ele reafirmou que nunca tencionara atingir Elizabeth pessoalmente, recusando-se a pedir perdão e insistindo em que só tinha desejado manifestar o seu agravo. Poderia Elizabeth perdoá-lo pela última vez?

Robert Cecil estava determinado a excluir essa possibilidade. Imediatamente em seguida ao golpe fracassado, os detalhes da traição do conde foram anunciados em Londres, e agradeceu-se ao povo não ter se juntado aos rebeldes. Com a resistência dos cidadãos louvada de maneira tão pública, Elizabeth não poderia deixar de executar Essex sem transmitir a impressão de fraqueza. Mas dessa vez a rainha não hesitou. Desde o momento em que ele expusera a fragilidade e o envelhecimento da soberana, em seu quarto de dormir, até a encenação do drama de Shakespeare, suas ações tinham atingido não apenas o governo de Elizabeth, mas o cerne místico de seu poder pessoal.

Elizabeth Tudor era neta de um usurpador e, segundo muitos, produto de um casamento ilícito, se não de um ignominioso adultério. Desde o momento de sua coroação, ela se identificara com Ricardo II, o último inquestionável possuidor do direito divino, e depois disso se conectou ainda mais a ele pela mística virgindade. Essas tinham sido as bússolas de sua condição de rainha. Mas Elizabeth também era uma governante moderna, uma monarca que absorvera os princípios da teoria política do Renascimento, combinando em sua pessoa a incômoda mistura de poder e direito que tinha abalado a consistência das ideias de seu pai sobre a realeza, tal como exposta em *Henrique VIII*.

No drama de Essex, a autoidentificação de Elizabeth com Ricardo configura o conde inevitavelmente como Bolingbroke, o racionalista que vê, por meio da construção "profundamente maquiaveliana",[13] que a magnificência real é apenas um dispositivo de controle. Como se diz na peça: "Art thou aught else but place, degree and form/ Creating awe and fear in other men?"* A tragédia *Ricardo II* é o desmembramento dos "dois corpos" do rei,[14] a gradativa e brutal desmistificação da pessoa de Ricardo até que ele se torne um homem como os outros. A partir do momento em que o rei toma conhecimento de que é humano, de que ele "live[s] with bread like you, feel want/ Taste grief, need friends-subjected thus/ How can you say to me, I am a king?",** até o momento no qual reverte os sacramentos de sua consagração como monarca (cena representada mas nunca impressa ou publicada no reinado de Elizabeth), a audiência testemunha o desfazimento de uma ficção sagrada. Repetidas vezes a própria Elizabeth tinha jogado com a distinção entre seu "corpo natural" e seu "corpo político", mas nenhuma exposição da disparidade entre essas duas existências poderia ser mais brutal que a cena representada com Essex no quarto de dormir. No

---

* "O que tereis além de lugar, posição e aparência/ Criando o temor e o medo em outros homens?" (N.T.)
** "Como vós, eu também vivo de pão, padeço privações,/ preciso de amigos, sou sensível às dores./ Se a tal ponto eu sou escravo,/ como ousais dizer-me que sou rei?" (N.T.)

entanto, poderia Elizabeth não ser vista como um Bolingbroke? Não teria sido este, afinal, o erro de Essex? Pois, como diz o Maquiavel de Marlowe, não é "o poder que primeiro faz os reis"?

Essex era um combatente de torneios, não um soldado, um sonetista, não um político. Elizabeth tinha uma certeza serena de seu direito divino (ou ao menos representava esse papel), e ninguém conhecia melhor que ela a importância da imagem para a feitura da monarquia, embora ao longo de seu reinado tenha, às vezes com relutância, empreendido a preservação do Estado a qualquer custo, lei primordial do príncipe renascentista. Essex, e não Elizabeth, era o retrocesso, acreditando na realeza cavalheiresca. Seu glamour e seu berço aristocrático talvez o tivessem tornado popular, mas o futuro pertencia aos "cavalheiros das canetas bico de pena", os burocratas que tanto ofendiam a sensibilidade do conde. Elizabeth não padecia de tais ilusões. Como escreveu a Jaime da Escócia, ela não era tão inepta na arte de reinar a ponto de pestanejar a cada falha. Para o embaixador francês, quando ele se congratulou com ela por se ter livrado da rebelião, Elizabeth declarou que, se Essex tivesse conseguido chegar a Whitehall, ela teria ido a seu encontro "para saber qual dos dois governava". Talvez as qualidades pessoais de Elizabeth como príncipe renascentista possam ser atribuídas à sua herança de sangue mesclado, yorkista e lancasteriano – York, a casa do romance e do cavalheirismo, Lancaster, a casa do pragmatismo e das razões de Estado. Se Elizabeth, mais que Essex, era Bolingbroke, quando atingiu a situação de emergência, ela demonstrou que era por completo uma lancasteriana.

TALVEZ ESSEX POSSA ser considerado, como Ana Bolena antes dele, mais uma vítima do jogo do amor. Ele jamais gostou que Elizabeth só visse aquele caso como um jogo, nem da ideia de que nunca seria o dominador de sua senhora. O conde manteve uma airosa indiferença durante o julgamento, que começou em Westminster Hall em 19 de fevereiro, persistindo em sua recusa de pedir clemência. Só quando o decano de Norwich o visitou na Torre para adverti-lo do perigo que sua alma corria, Essex percebeu que de fato ia morrer. Sempre fora por natureza depressivo e mercurial – Elizabeth o repudiara como um "louco ingrato" –, e agora sofria de alguma forma de colapso nervoso histérico. Elizabeth assinou o mandado para sua execução no dia seguinte. Cinco dias depois sua cabeça foi decepada enquanto ele recitava o Salmo 51. Embora depois ela tivesse confidenciado ao embaixador francês que pouparia Essex se pudesse, isso foi apenas um eco estereotipado do estado de luto em que a rainha se declarou depois da execução de Maria Stuart. Para o público, a responsabilidade pela morte de Essex caiu firmemente sobre Cecil, mas a presteza da ação de Elizabeth sugere que a decisão fora dela.

Capítulo 28

A REBELIÃO DE ESSEX tem sido considerada o ponto de apostasia no governo de Elizabeth, o momento em que a tão longa e cuidadosamente cultivada imagem da rainha começou a decair. O brilho espalhafatoso começava a parecer de mau gosto. Por trás do cintilante edifício que era a pessoa da monarca, já se podia ver bem claramente uma velha e exausta mulher. O afilhado de Elizabeth, John Harington, observou em 1598 que, entre os eruditos da universidade, o debate "concentrava-se numa questão que lamentava uma espécie de desgaste deste tempo, *mundis senescit*, a ideia de que o mundo estava ficando velho".

Elizabeth sempre estava bem consciente, como observou no início de seu reinado, de que seu povo se inclinaria mais para o sol nascente que para o sol poente, e agora, afinal, tinha de reconhecer que o longo caso de amor entre rainha e súditos, no qual ela sempre acreditara, estava chegando ao fim. Em 30 de novembro de 1601, a rainha dirigiu-se aos 140 membros da Câmara dos Comuns, na câmara do Conselho, em Whitehall. Os parlamentares tinham chegado a expressar oficialmente sua gratidão por se haver resolvido o problema dos monopólios. Tanto eles quanto ela sabiam que muitos dos que ali estavam tinham vindo para dizer adeus. Elizabeth aceitou os agradecimentos "com não menos alegria quanto o amor que devem ter me desejado ao oferecer esse presente", o qual ela alegou "estimar mais que qualquer tesouro ou riqueza, pois estes nós sabemos como apreçar, mas lealdade, amor e gratidão, eu os considero incalculáveis". Sua maior felicidade como rainha, continuou ela, tinha sido reinar sobre "um povo tão agradecido". Com os membros da casa de pé, ela prosseguiu: "Não é meu desejo viver ou reinar por mais tempo do que aquele no qual minha vida e meu reino serão para o vosso bem. E embora tivésseis tido, e podereis ter, muitos príncipes mais poderosos e sábios sentados nesta cadeira, nunca tivestes, nem tereis, nenhum que os ame mais." Enquanto se curvavam diante da mão da rainha em sua despedida, muitos homens choravam. As palavras dela logo se tornaram conhecidas como "Discurso de Ouro", mas "seus temas, assim como a rainha, estavam exauridos".[1]

A própria Elizabeth estaria convencida disso? "A emoção é falsa", tinha ela observado com amargura a madame Mary Fitton no baile de máscaras de um casamento, um ano antes, e ainda assim tinha se levantado e dançado. Até o fim da vida ela representou o papel para o qual nascera, e talvez a crítica ao seu conservadorismo, à sua incapacidade de mudar, à tranquilidade diante da sucessão deva ser contrabalançada pelo enorme custo psicológico de agir dessa maneira. Elizabeth governou como um príncipe, e príncipes não podem ser como os outros homens. Possuidora de "dois corpos", nunca pôde habitar totalmente qualquer um dos dois. Ela foi descrita, com perfeição, como "hermafrodita político",[2] mas, como se tentou aqui argumentar, não era a divisão entre seu corpo político "masculino" e seu corpo mortal "feminino" que a tornava única, e sim a fusão, naquela pessoa feminina, entre o divino e o material. Como se diz em *Henrique V*, de Shakespeare:

> What infinite heart's ease
> Must kings neglect that private men enjoy?
> What kind of god art thou, that suffers't more
> Of mortal griefs than do thy workhippers?*[3]

Em seu Discurso de Ouro, Elizabeth declarou que não queria viver além do tempo em que fosse útil para o reino, mas, como sugere Bacon no tratado *Of Great Place*, "os homens não conseguem se retirar quando

---

* "Qual infinito alívio no coração,/ Do qual fruem os homens comuns, devem os reis negligenciar?/ Que espécie de Deus sois vós, que sofreis mais/ Tristezas mortais do que sofrem os que vos cultuam?" (N.T.)

deviam, nem o farão quando há razão para isso, mas ficam impacientes com a privacidade, mesmo quando estão idosos e doentes, o que lhes impõe que fiquem à sombra".[4] Em seus últimos anos, talvez mais que nunca, Elizabeth realizou a dança da monarquia, embora as sombras se aproximassem sorrateiras.

De 1592 em diante, os retratos da rainha não mais foram pintados a partir do modelo-vivo. Naquele ano ela tinha posado para Isaac Oliver, discípulo de Hilliard, que criou um modelo de imagem básica visando à reprodução em massa. Descrito como "o mais revelador retrato de Elizabeth já pintado",[5] aos olhos da rainha ele era desastroso. Dessa vez vemos o rosto de Elizabeth, o nariz ligeiramente torto, a testa alta em linhas apenas sugeridas, os lábios murchos pela idade. Os grandes olhos, afundados nas órbitas, têm aquela vigilância dissimulada do falcão em repouso. Pintado quando Elizabeth tinha quase sessenta anos, a tela mostra que mulher atraente ela deve ter sido, mas a rainha declarou-se muito ofendida, e o Conselho Privado decidiu que "toda representação que a retratasse de alguma forma velha, e portanto sujeita à mortalidade",[6] deveria ser recolhida. Essa não era uma questão somente de vaidade. Sugerir que a rainha envelhecia era aludir ao ainda incerto tema da sucessão. Escreveu John Clapham:

> Nos últimos tempos, quando se apresentava em público, ela estava sempre magnificamente trajada, supondo com isso, alegremente, que os olhos de seu povo, ofuscados pelo aspecto cintilante desses ornamentos fortuitos, não discerniriam com facilidade as marcas da idade e o declínio de sua beleza natural.[7]

Havia um temor muito verdadeiro quanto a isso. Por trás da reluzente aura da pessoa da rainha aguardava a anarquia.

Em certo sentido, Elizabeth estava se tornando vítima de sua própria lenda. À medida que a década avançava, ainda sem confirmação do próximo herdeiro, a postura de esplêndida majestade ficava mais difícil de manter. Um poema de 1591, do mais patriótico dos escritores, Edmund

Spenser, intitulado "The tears of the Muses", anuncia um deslize no processo da civilização, uma descida rumo à escura selvageria. As musas, por sua vez, lamentam que seus versos tenham perdido o poder, e que a única esperança que têm de deter a queda para a degeneração é uma rainha chamada "Pandora". A queixa ecoa o aparente desespero de Elizabeth quando começou a perder o controle da corte na liberação sexual generalizada da década de 1590. As musas alegam que Pandora é o único meio pelo qual se pode preservar a cultura, mas é Pandora quem desencadeia o "negro Caos" sobre o mundo.

Dois anos depois o best-seller de Shakespeare, *Vênus e Adônis*, vai mais além. Na abertura do poema, a deusa do amor fica cativada pela beleza de um jovem que está mais interessado em caçar javalis que em fazer amor. Vênus repreende Adônis por ele não ser um homem, mas "a lifeless picture, cold and senseless stone/ Well-painted idol, image dull and dead".*
O fracasso de Vênus em consumar sua paixão decai numa desrespeitosa (e muito engraçada) briga, concluindo com a partida de Vênus como "disappointed and bitter goddess, no longer the goddess of justice, nor even ... the goddess of love, retiring in disgust from a wilderness in which she no longer has a place".**

Os leitores renascentistas desse picante sucesso da década de 1590 teriam captado a alusão à *Sátira VI* de Juvenal, que começa com a Castidade partindo da Terra na companhia de sua irmã Astreia, que foi incluída entre as constelações, no fim da Idade de Ouro, com o nome de Virgem. Na sátira há uma descrição da transitoriedade da atração física das mulheres:

> Por que Sartório arde de amor por Bibula? Se extrair a verdade, é o rosto que ele ama, não a mulher. Deixe que apareçam três rugas, deixe sua pele ficar seca e flácida; deixe seus dentes ficarem enegrecidos e seus olhos perderem o brilho. Então... "Arrume seus trapos e saia daqui! Você se tornou um estorvo."

---

* "Uma figura sem vida, fria e insensível pedra/ ídolo bem pintado, imagem maçante e morta." (N.T.)
** "Deusa desapontada e amarga, não mais a deusa da justiça, nem mesmo ... a deusa do amor, retirando-se com repulsa de um ermo no qual ela não tem mais lugar." (N.T.)

Capítulo 28

As obras de Spenser e de Shakespeare representam uma onda de literatura violentamente satírica que surgiu na década de 1590, e isso sugere que o rico brocado da alegoria real estava ficando bem esgarçado. Ou, de modo franco e direto, a Rainha Virgem tinha ultrapassado a data de validade. A principal característica de Diana era a morte. Ao contrário da Santa Virgem, Elizabeth não produzira descendência. Seu legado, insinuavam os murmúrios de desaprovação surgidos no fim do reinado, era uma risível esterilidade. Elizabeth, sua Igreja e seu governo tinham sobrevivido contra todas as probabilidades, e para fazê-lo tiveram de empregar uma política de "crua sobrevivência".[8] Mas será que toda a luta, toda a vigilância, todo o compromisso iriam agora se tornar infrutíferos com a terminante e pertinaz recusa de Elizabeth de preservar o futuro do Estado?

Os oponentes da rainha tinham suas próprias soluções para reverter a crise. Robert Persons, abrigado em segurança no English College de Roma, produziu *A Conference about the next Succession to the Crown of England*, em 1594. Interessante é que, dos catorze pretendentes apresentados no tratado, que foi proibido na Inglaterra, Persons preferisse a infanta Isabel, que já fora proposta como rainha da França, "uma princesa de raros atributos, tanto de beleza quanto de sabedoria e piedade". O único candidato protestante exequível continuava a ser Jaime VI da Escócia, com quem Elizabeth vinha mantendo correspondência pessoal desde meados da década de 1580. Em seu relacionamento com Jaime, ela invocou a separação entre seus "dois corpos", como tinha feito na época da execução de Maria Stuart, capitalizando as expectativas contemporâneas em relação a seu "corpo natural" para criar uma ficção de simpatia política.

A intercessão sempre foi um importante tropo da realeza na Inglaterra. Por ela, o rei podia exercer clemência sem ter diminuída sua autoridade. Como era tanto o rei quanto a rainha, Elizabeth era obrigada, do ponto de vista retórico, a absorver ambos os aspectos, o de suplicante e o de complacente concessor de clemência. Ela tinha ignorado completamente a mensagem de Maria após o julgamento, mas nos dois discursos que fez ao Parlamento exerceu suas inclinações "naturais", "femininas" – destacando sua tristeza, o parentesco com Maria e o gênero compartilhado –, ao mesmo tempo que cedia às exigências de seu corpo místico, ao respeitar o "Instrumento de Associação" e assinar a autorização para que se executasse a sentença de morte.

Um texto de propaganda amplamente divulgado, *The Copie of a letter to the Right Honourable Earl of Leicester ... And Her Majesty's answers thereunto by Herself delivered*, que foi publicado em francês em 1587, acenava para o tropo da intercessão ao mencionar a "abundante e complacente clemência *natural* e a magnanimidade *principesca*" de Elizabeth (grifos meus). Ao escrever para Jaime, Elizabeth omite o fato de que tinha cortado a cabeça da mãe dele, e apresenta-se como figura materna substituta, confessando que, "desde sua primeira respiração, sempre quis construir esse ato como se meu útero o tivesse concebido". Jaime participou dessa proposta com entusiasmo, assinando-se "irmão e filho" de sua "querida mãe", e alegando que confiava em Elizabeth como em "uma boa mãe".

Contudo, Jaime não tinha motivo para dispensar esse tratamento à rainha. A essa altura, Robert Cecil assumiu a questão, usando o notável sobrevivente católico, lorde Henry Howard, como mensageiro. Entre março e junho de 1601, ele começou a se corresponder secretamente e em código com Jaime, insistindo em que Elizabeth não deveria saber nada sobre isso, uma vez que "sua idade e o fato de não ter filhos, mais o ciúme típico de seu sexo, poderiam levá-la a julgar mal aquilo que ajudaria a preservá-la".[9] Durante os dois anos seguintes, Robert foi providenciando devagar as medidas para a sucessão. Prepararam-se instruções para enviar aos representantes da coroa nos condados, a vigilância em Londres foi incrementada, o Conselho Privado estava alerta para convocar a nobreza. Robert tinha pronto até um esboço da proclamação de Jaime, com um plano delineado de onde ela iria ser lida.

Apenas Cecil podia reivindicar o direito de ser considerado um político mais maduro que sua rainha, mas a decisão de Robert, de tratá-la como mulher, protegida das realidades políticas que a angustiariam, reflete a sensação de esterilidade e degradação expressa, na década de 1590, numa renovada concentração no corpo em decadência de Elizabeth. À medida que a imagem de imortalidade inevitavelmente se rompia, Elizabeth tornou-se objeto de

Capítulo 28

rumores de caráter sexual ainda mais grosseiros que os da sátira *Vênus e Adônis*. Em 1592, um sacerdote de Lincolnshire, Thomas Pormort, reclamou no Conselho Privado sobre alegações que afirmou ter ouvido do "mestre da tortura" de Elizabeth, Richard Topcliffe. Topcliffe, ele disse, declarara ter visto e tocado as pernas de Elizabeth, dizendo que ela tinha o "ventre mais macio entre todas as mulheres", e também que tinha acariciado seus seios e seu pescoço. A rainha supostamente lhe teria perguntado se "não eram esses os braços, as pernas e o corpo do rei Henrique?", e, quando ele assentiu, ganhou de presente meias de seda branca. Insultos quanto à castidade da rainha agora estavam além de toda credibilidade, mas o fato de as pessoas se sentirem livres para criá-los dá a medida da decadência do poder de Elizabeth. Em Essex, um casal foi preso por alegar que a rainha tivera vários filhos com Leicester, que teriam sido enfiados numa chaminé para morrer, enquanto em Dorset um tal de Edward Francis divulgou que Elizabeth tinha dado à luz três filhos ilegítimos.

O absurdo dessas acusações só as tornavam mais cruéis. A rainha negligenciava sua aparência, quase não comia, e a amazona da Inglaterra agora caminhava apoiando-se a uma bengala. Às vezes ela parecia estar desorientada, "solitária, diminuída", como a descreveu John Harington, enfatizando dolorosamente seu novo hábito de caminhar no quarto com uma velha espada enferrujada, "batendo os pés quando recebia más notícias e brandindo a ... espada contra a tapeçaria, em grande ira". Em dias melhores, no entanto, a rainha ainda saía, e demonstou um lampejo espirituoso num sermão infeliz proferido pelo dr. Rudd antes de seu septuagésimo aniversário. "Eu disse que sois deuses, mas vós morrereis como homens", citou o doutor, ao que Elizabeth retrucou com mordacidade: "Sr. Rudd, o senhor me fez um bom sermão funerário, posso morrer quando quiser." Em 1603, ficou claro que era isso que a rainha realmente desejava.

NAQUELA PRIMAVERA, a corte mudou-se de Whitehall para Richmond. Em março, era visível que Elizabeth não se sentia bem. Ainda não estava doente, mas sofria de uma terrível insônia e quase não conseguia comer.

Em 15 de março foi diagnosticada uma inflamação no seio e na garganta, mas ela continuou a recusar qualquer medicamento. O abscesso na garganta ardia, e a rainha encontrou algum alívio banhando as têmporas com água de rosas. Ansiosos, os embaixadores trocavam qualquer notícia que conseguissem colher – ela desistira, estava dormindo novamente, tinha perdido a razão, estava em estado de confusão, sentia-se exausta e não deixava que mexessem em suas almofadas, no chão, onde passava horas olhando o espaço e chupando o dedo.

Talvez a melhor indicação da verdadeira condição de Elizabeth seja o fato de Robert Cecil ter dado início ao processo de sucessão. Mesmo enquanto o conde de Shrewsbury era instruído a "suprimir todos os rumores incertos e malévolos" a respeito do estado de saúde da rainha, o governo arrebanhava vagabundos e potenciais causadores de tumulto, alegando que seriam enviados para servir nos Países Baixos. Quinhentos "estrangeiros" foram escoltados até a Holanda e numerosos católicos foram presos. Teatros e portos foram fechados. As joias e a prataria de Elizabeth foram enviadas para a Torre e a guarda real em torno de Richmond foi duplicada.

Em 19 de março, Elizabeth estava tão fraca que não pôde comparecer à capela, e em vez disso ouviu o serviço em almofadas colocadas no chão da câmara privada. O ritmo de vida na capital desacelerou, imitando o ritmo da respiração da rainha. Um sacerdote encerrado na Torre descreveu a atmosfera: "Um estranho silêncio desceu sobre toda a cidade, como se ela estivesse interditada. ... Nenhum sino tocava, nenhum clarim soava." Elizabeth tinha desistido de trocar de roupa ou de se lavar, vivendo em torpor sobre o chão de sua câmara, cercada por suas damas.

Ben Jonson disse que durante anos Elizabeth não tinha visto o próprio reflexo, que as mulheres de sua câmara tinham despedaçado os espelhos para impedir que a rainha tivesse um relance de suas feições, pintadas com ocre vermelho. Mas ela pediu um espelho e olhou para o rosto "então magro e cheio de rugas, ... que ela, muito séria, contemplou durante um bom tempo, percebendo então como tinha sido iludida pelos bajuladores". Não foi seu semblante que a angustiou. Anos antes, Elizabeth tinha escrito um poema em seu livro de salmos francês:

Capítulo 28

> No crooked leg, no bleared eye
> No part deformed out of kind,
> Nor yet so ugly half can be,
> As is the inward suspicious mind.*

Elizabeth se recusava a ir para a cama porque, como explicou a seu lorde almirante, o conde de Nottingham, quando ele tentava persuadi-la a descansar um pouco: "Se você tivesse o hábito de ver na sua cama as coisas que vejo na minha, não tentaria me convencer a ir para lá."[10]

Em 23 de março Elizabeth já não falava, fechada com seus fantasmas. Quando o Conselho Privado a procurou, conseguiu, com um movimento de mão, sinalizar que aceitava Jaime da Escócia como sucessor. Ela morreu tranquilamente entre suas damas na manhã seguinte.

A REPRESENTAÇÃO QUE FAZEMOS da aparência de Elizabeth nos anos que antecederam sua morte não é uma imagem que pudesse lisonjeá-la, em sua conhecida vaidade. O póstumo *Allegorical Portrait*, de 1620, não mostra a jovem e fresca rainha do *Retrato da Armada*, mas alguém totalmente diferente. A Elizabeth abatida e desanimada no centro da alegoria se parece com o que ela era de fato: uma mulher velha e cansada. As linhas da composição ecoam as do *Retrato da coroação*, com o braço da velha rainha acompanhando a curva do arminho no vestido da jovem monarca; a mão que orgulhosamente segura o cetro com firmeza no primeiro quadro agora está encurvada, no segundo, para apoiar sua desgastada cabeça. Atrás dela a Morte olha com malícia, veio reclamá-la; à direita, o Tempo dorme, a ampulheta tombada, esquecida. Acima dos cachos falsos perolados baixam dois *putti*, preparando-se para pôr uma coroa em sua cabeça. Esse quadro, à sua maneira, mostra um triunfo. A rainha irá transcender a morte, ele nos diz, ela será imortal na eternidade.

---

* "Nem uma perna torta nem um olho anuviado,/ Nem uma parte deformada, fora do padrão./ Nem nada pode ser tão feio/ Quanto uma mente voltada para a suspeição." (N.T.).

Esse pode ser o fim do "corpo natural" – os olhos de Elizabeth estão ocos, seus dedos elegantes parecem quase não ter força para segurar o livro na mão esquerda, mas o contorno fortemente modelado de seu rosto carcomido possui uma beleza que não existe em outras imagens da rainha, mais estritamente controladas. Aqui Elizabeth é finalmente humana.

Epílogo

TRÊS ANOS APÓS a morte de Elizabeth, o rei Jaime organizou uma série de entretenimentos para o rei Cristiano da Dinamarca em sua antiga casa, em Hatfield. A atmosfera oca e espectral dos últimos anos na corte de Elizabeth agora estava cheia de uma tempestuosa vivacidade, o emaciado fantasma coberto de teias de aranha da velha mulher que perambulara e resmungara durante o último ano de seu reinado fora sepultado. Voltaram as convenções: no préstito, a rainha de Sabá ia prestar tributo ao rei Salomão. As coisas se passavam como sempre. Quando a rainha aproximava-se do estrado real, levando presentes para Sua Majestade, ela pisou em falso, desabou a seus pés e deixou cair o porta-joias no colo do rei dinamarquês. Ele tentou se levantar, mas estava tão ébrio que também caiu, e teve de ser carregado para sua "cama de estado", todo lambuzado de geleia e creme.

"O entretenimento e o espetáculo seguiram adiante, e a maioria dos apresentadores recuou ou caiu, à medida que o vinho ocupava as câmaras superiores." Três damas de honra, representando Fé, Esperança e Caridade, fizeram sua entrada, mas Esperança não conseguia falar, só murmurar uma apologia da brevidade de sua apresentação. Fé cambaleou diante do rei, deixando Caridade observar que seus presentes eram inúteis, já que o céu já os dera todos a Jaime. Ela juntou-se a Esperança e Fé no salão inferior, onde as três passaram mal, enjoadas. A Vitória nem apareceu, ficou cochilando na antecâmara, deixando Paz a bater na cabeça dos cortesãos restantes com seu ramo de oliveira.[1]

Notas

Capítulo 1 (p.13-31)

1. E. Garin, *L'Uomo del Rinascimento*, p.10.
2. Ibid., p.8.
3. E. Rickert, *The Babees' Book*, p.xxiii.
4. P.O. Kristeller, *Renaissance Thought and the Arts*, p.71.
5. P. Bobbitt, *The Garments of Court and Palace*, p.3.
6. Ibid., p.7.
7. J. Bate, *Soul of the Age*, p.320.
8. I. Berlin, "The question of Machiavelli", p.22.
9. A. Ryan, *On Machiavelli: The Search for Glory*, p.41.
10. G.G. Smith, *Elizabethan Critical Essays*, p.xxxviii.
11. T. McBride, "Henry VIII as Machiavellian romance", p.189.
12. K. Eisaman Maus, *Inwardness and Theatre in the English Renaissance*, p.18.
13. Apud P. Lake, *Moderate Puritans and the Elizabethan Church*, p.11.
14. Idem.
15. R. Allinson, "*The Prince* and Queen Elizabeth I".
16. Ver especialmente M. Praz, *Machiavelli and the Elizabethans*.
17. J. Gibson, "The queen's two hands".
18. *Hamlet* 5: 2, 33-5.
19. R. Strong, *Gloriana*, p.131.

Capítulo 2 (p.32-56)

1. L.J. Taylor-Smither, "Elizabeth I: A psychological profile", p.51.
2. J.J. Scarisbrick, *Henry VIII*, p.323.
3. J. Laynesmith, *The Last Medieval Queens*, p.112.
4. Ibid., p.24.
5. Ibid., p.27.
6. T. Borman, *Elizabeth's Women*, p.22.
7. C. Luke, *Pedagogy, Printing and Protestantism*, p.64.
8. T. Borman, op.cit., p.3.
9. Ibid., p.81.
10. C. Luke, op.cit., p.34.
11. Ibid., p.135.

12. M.A.S, Hume, *Calendar of State Papers, Spain*, v.VII. n.XLII(a), p.91-4.
13. N. Shulman, *Graven with Diamonds. The Many Lives of Thomas Wyatt*, p.123.
14. Ibid., p.127.
15. Ibid., p.146.
16. Castiglione, *The Book of the Courtier*, Livro 1, seção IX.
17. N. Shulman, op.cit., p.199.
18. Devo a sugestão de que a evidência contra Wyatt foi crucial para o caso contra Ana Bolena à análise de Nicola Shulman na obra citada.
19. N. Shulman, op.cit., p.194.

Capítulo 3 (p.57-68)

1. W. Allen, *An admonition to the nobility and people of England and Ireland concerning the present vvarres made for the execution of his Holines sentence, by the highe and mightie Kinge Catholike of Spaine.*
2. J.S. Brewer et al, *Letter and Papers, Foreign and Domestic, of the Reign of Henry VIII*, v.XVIII, 364, p.214.
3. Apud K. Wilson, *Women Writers of the Renaissance and Reformation*, p.452.
4. Heywood, p.25-6.
5. Apud S. Gristwood, Sarah, *Elizabeth & Leicester*, p.117.
6. Bendor Grosvenor, em entrevista à autora.
7. D. Starkey, *Elizabeth*, p.31.
8. M. Belozerskaya, *Rethinking the Renaissance: Burgundian Arts Across Europe*, p.105.
9. Ibid.

Capítulo 4 (p.69-82)

1. A. Whitelock, *Elizabeth's Bedfellows: An Intimate History of the Queen's Court*, p.9.
2. L. Middlebrook, "Tout mon office".
3. Idem.
4. E. Ives, "The fall of Anne Boleyn reconsidered".
5. A. Alison, em entrevista a NPR, out 2011.
6. Apud S. Carroll, *Martyrs and Murderers*, p.105.
7. G.W. Bernard, *Anne Boleyn*, p.96.
8. Ibid., p.97.
9. J. Wycliffe, *De triplici vinvi amors*, in M. Deanesley, *The Lollard Bible and Other Medieval Biblical Versions*, p.248.
10. G.W. Bernard, op.cit., p.114.
11. Brewer et al., op.cit., v.X, p.797.
12. Dowling, *William Latymer's Chronickille of Anne Bulleyne, Camden Miscellany*, p.50.

13. J. Strype, *Ecclesiastical Memorials*, v.VI, p.312.
14. Ver S. Watkins, *Elizabeth I and her World*, p.188-9.

Capítulo 5 (p.83-90)

1. D. Starkey, op.cit., p.61.
2. R. Lemon e M. Everett Green, *Calendar of State Papers Domestic Series of the Reigns of Edward VI, Mary, Elizabeth, 1547-1625*, v.X, p.92.
3. A. Strickland, *Lives of The Queens of England*, v.IV, p.35.
4. R. Lemon e M. Everett Green, op.cit., p.210.
5. D. MacCulloch, *The Later Reformation in England, 1547-1603*, p.25.
6. Ibid., p.28.

Capítulo 6 (p.91-109)

1. J. Halls, *Aristotle and Dudley: Books as Evidence*.
2. M.A.S. Hume, op.cit., v.I, p.263.
3. Apud S. Gristwood, op.cit., p.70.
4. J.G. Nichols, *Chronicle of Queen Jane and Two Years of Queen Mary*, p.101.
5. E. Alberi, *Relazioni degli ambasciatori veneti al Senato*, v.II, p.329-30.
6. R. Brown e B.G. Cavendish, *Calendar of State Papers and Manuscripts Relating to English Affairs, Existing in the Archives of Venice and Other Libraries of Northern Italy*, v.V, p.539.
7. M.A.S. Hume, op.cit., v.XI, p.418.
8. J.G. Nichols, op.cit., p.5.
9. J. Foxe, *Acts and Monuments*, v.XI, p.414-15, apud D. Starkey, op.cit., p.133.
10. J. Foxe, ibid., p.53.

Capítulo 7 (p.110-23)

1. C.R. Manning, *State Papers Relating to the Custody of Princess Elizabeth at Woodstock in 1544*, p.146.
2. Idem.
3. Ibid., p.182.
4. L. Weisner, *La jeunesse d'Elizabeth d'Angleterre*, p.339.
5. C.R. Manning, op.cit., p.177.
6. S. Alford, *Burghley*, p.71.
7. A. Overell, *Italian Reform and English Reformations*, p.141.
8. Idem.

9. Devo esta observação à dra. Alessandra Petrina, por ter me permitido ler o então ainda não publicado artigo "'Perfit readiness': Elizabeth learning and using italian".
10. A revelação desse encontro é creditada a Stephen Alford em sua citada biografia de lorde Burghley.

Capítulo 8 (p.124-35)

1. Apud E.H. Kantorowicz, *The King's Two Bodies*, p.7.
2. Castiglione, op.cit., Livro I, seção IX.
3. L. Hilton, *Queen's Consort*, p.94.
4. Idem.
5. R.C.H. Davis, *Gesta Stephani*.
6. T. Laqueur, *Making Sex*, p.6.
7. Idem.

Capítulo 9 (p.136-46)

1. J. Hayward, *Annals of the First Four Years of the Reign of Queen Elizabeth*, p.15.
2. R. Brown e B.G. Cavendish, op.cit., v.VII, n.10.
3. L. De Lisle, *The Sisters Who Would Be Queen*, p.183.
4. A.L. Rowse, *The Coronation of Queen Elizabeth*.
5. C.S. Knighton e R. Mortimer, *Westminster Abbey Reformed*, p.147, grifos meus.
6. Idem.
7. D. Starkey, op.cit., p.277.

Capítulo 10 (p.147-57)

1. A. Ribeiro, *Dress and Morality*, p.63.
2. Ibid., p.67.
3. Ibid., p.70.
4. K. Sharpe, *Selling the Tudor Monarchy*, p.414.
5. F.E. Dolan, "Taking the pencil out of God's hand".
6. K. Sharpe, op.cit., p.414.
7. M. Belozerskaya, op.cit., p.83.

Capítulo 11 (p.158-65)

1. T.E. Hartley, *Proceedings in the Parliaments of Elizabeth I*, v.I, p.34.
2. S. Alford, op.cit., p.91.

3. T.E. Hartley, op.cit., v.I, p.7.
4. Apud C. Haigh, *Profiles in Power*, p.32.
5. J. McDermott, *England & the Spanish Armada*, p.xii.
6. J. Malham, *The Harleian Miscellany*, v.II, p.261.
7. Ibid., p.317.
8. Apud J. McDermott, op.cit., p.325.

Capítulo 12 (p.166-83)

1. V. Von Klariwill, *Queen Elizabeth and Some Foreigners*, p.112.
2. Apud C. Skidmore, *Death and the Virgin*, p.167.
3. Ibid., p.366.
4. A. Clifford, *The State Papers and Letters of Sir Ralph Sadler*, 70/19, f.39r.
5. J. Stevenson et al., *Calendar of State Papers, Foreign Series, of the Reign of Elizabeth*, p.243.
6. Idem.
7. C. Skidmore, op.cit., p.371.
8. São Jerônimo apud W. Caferro, *Contesting the Renaissance*, p.6.
9. R. Strong, op.cit., p.38.
10. S. Orgel, *I Am Richard II*, in A. Petrina e L. Tosi, *Representations of Elizabeth I in Early Modern Culture*, p.16.
11. D. Jones, *The Plantagenets*, p.559.
12. Apud D. Jones, op.cit., p.558.

Capítulo 13 (p.184-91)

1. F. Baumgartner, *Henry II King of France 1547-1559*, p.25.
2. P. Ritchie, *Mary of Guise in Scotland 1548-1560*, p.67.
3. S. Carroll, op.cit., p.91.
4. A. Fraser, *Mary Queen Of Scots*, p.56.
5. E. Durot, "Le crepuscule de l'*Auld* Alliance", p.105.
6. S. Alford, op.cit., p.111.

Capítulo 14 (p.192-205)

1. R. Keith, *History of the Affairs of Church & State in Scotland from Beginning of the Reformation to 1568*, p.45.
2. J. Stevenson et al., op.cit., v.III, p.573.
3. J.G. Nichols, op.cit., p.63.

4. Ver B. Mirabella, "In the sight of all: Queen Elizabeth and the dance of diplomacy".
5. Idem.
6. Idem.
7. F. Osborne et al., "Anthony Weldon's court and character of King James" e "Osborne's traditional memoirs" in *Secret History of King James the First*, Edimburgo, 1811, p.26.
8. M. Wyatt, *The Italian Encounter with Tudor England*, p.181.
9. S. Alford, op.cit., p.129.
10. Idem.
11. J. Melville, *Memoirs of Sir James Melville of Halhill*, p.107.
12. J. Robertson, *Inventaires de la Royne d'Ecosse. Douairiere de France*, p.36.

Capítulo 15 (p.206-13)

1. R. Lemon e M. Everett Green, op.cit., 11 jan 1559.
2. BL Cotton MS Titus B XIII, f.99.
3. J. McDermott, op.cit., p.93.
4. S. Alford, op.cit., p.155.

Capítulo 16 (p.214-28)

1. S. Alford, op.cit., p.161.
2. Idem.
3. A. Somerset, *Elizabeth I*, p.313.
4. Apud S. Alford, *The Watchers*.
5. R. Lemon e M. Everett Green, op.cit., 12/66, f.92r-v.
6. A. Fraser, op.cit.
7. S. Alford, *Burghley*, p.168.
8. J. Cooper, *The Queen's Agent*, p.56.
9. R. Lemon e M. Everett Green, op.cit., 12/88, f.47r-50r.
10. S. Alford, *Burghley*, p.178.
11. Ibid., p.180.
12. *Scriana Ceciliana: Mysteries of State & Government in Letters of the Late Famous Lord Burghley*, Londres, 1663, p.181.
13. D. Digges, *The Compleat Ambassador*, p.9.
14. C. Reid, "Anthony Copley and the Politics of Catholic Loyalty 1590-1604".
15. Apud S. Alford, *Burghley*, p.181.

Capítulo 17 (p.229-44)

1. D. Howarth, *Images of Rule*, p.1.
2. T.A. Birrell, *English Monarchs and Their Books*, apresenta um completo e surpreendente inventário dos livros que podem ser definitivamente creditados como pertencentes a Elizabeth I.
3. G. Lamartina, *Under Italian Eyes*, apud A. Petrina e L. Tosi, op.cit.
4. M. Belozerskaya, op.cit., p.115.
5. K. Sharpe, op.cit., p.388.
6. S. Greenblatt, *The Swerve*, p.157.
7. Idem.
8. M. Belozerskaya, op.cit., p.135.

Capítulo 18 (p.245-53)

1. S. Alford, *The Watchers*, p.14.
2. M. Lyons, disponível em: http://mathewlyons.wordpress.com/2012/06/25/richard-topcliffe-and-the-capture-and-torture-of-robert-southwell.
3. Apud J.C.H. Aveling, *The Handle and The Axe*, p.67.
4. Ver E.M.W. Tillyard, *The Elizabethan World Picture*.
5. T. McBride, op.cit.

Capítulo 19 (p.254-60)

1. S. Carroll, op.cit., p.193.
2. Apud J. McDermott, op.cit., p.89.
3. W. Camden, *Annales*, p.426.
4. Ibid.

Capítulo 20 (p.261-71)

1. S. Carroll, op.cit., p.243.
2. François, duque d'Alençon, herdeiro do trono francês a partir de 1574, tornou-se duque de Anjou em 1576. Para maior clareza será referido daqui em diante como duque de Anjou.
3. S. Carroll, op.cit., p.247.
4. J. Boucher et al., *Histoire et dictionnaire des guerres de religion*, p.311.
5. *Act for Surety of the Queens Person 1585*, in A. Luders et al., *Statues of the Realm*, v.4, p.704.
6. Idem.

Capítulo 21 (p.272-6)

1. Apud J. McDermott, op.cit., p.150.
2. Ibid., p.157.
3. Ibid., p.159.
4. Apud S. Gristwood, op.cit., p.398.

Capítulo 22 (p.277-93)

1. E. Waugh, *Edmund Campion*, p.41.
2. Idem.
3. S. Alford, *Burghley*, p.261.
4. P. Caraman, *William Weston*, p.99.
5. Apud J. Cooper, op.cit., p.218.
6. Idem.
7. C. Read, *The Bardon Papers*, p.46-7.
8. Apud A.F. Steuart, *Trial of Mary Queen of Scots*, p.135.
9. W. Camden, op.cit., p.618.
10. Apud J. Cooper, op.cit., p.191.
11. Cotton MS, *Galba*, c.10f.49r.
12. Elizabeth I, apud K. Wilson, op.cit., p.540.
13. R. Allinson, op.cit.
14. T.E. Hartley, op.cit., p.111.
15. S. Alford, *Burghley*, p.292.

Capítulo 23 (p.294-302)

1. Apud J. Evans, *Merchant Adventures*, p.7.
2. Idem.
3. I. Lubimenko, "The correspondence of Queen Elizabeth with the Russian czars", p.529.
4. Ibid., p.531.
5. Apud J. Evans, op.cit., p.295.
6. Idem.
7. J. Kasprzak, "A Riddle History".
8. P. French, *John Dee*, p.7.
9. J. Evans, op.cit., p.321.

Capítulo 24 (p.303-11)

1. S. Frye, "The myth of Elizabeth at Tilbury".
2. P. Radkin, *Genealogical Anxiety and Female Authority*, in M. Logan e P. Rudnytsky, *Contending Kingdoms: Historical, Psychological and Feminist Approaches to the Literature of C16th England and France*, Detroit, 1991, p.339.
3. H. Hackett, *Virgin Mother, Maiden Queen*, p.109.

Capítulo 25 (p.312-24)

1. Apud S. Gristwood, op.cit., p.39.
2. S.A. Skilliter, *William Harborne and the Trade with Turkey 1578-1582*, p.50.
3. M.A.S. Hume,"The so called conspiracy of Doctor Lopez".

Capítulo 26 (p.325-37)

1. H. Hackett, op.cit., p.35.
2. A. Haynes, *Sex in Elizabethan England*, p.17.
3. HMS, *The Manuscripts of His Grace the Duke of Rutland KG, Preserved at Belvoir Castle*, v.4, p.81.
4. P.E.J. Hammer, "Sex and the Virgin Queen".
5. J.M. Constant, *Les Guise*, p.191.
6. Apud A. Somerset, op.cit., p.613.
7. A. Somerset, op.cit., p.620.
8. Elizabeth I, apud G.B. Harrison, *Letters of Queen Elizabeth*, p.225.

Capítulo 27 (p.338-48)

1. H.C. Hamilton et al., *Calendar of State Papers Relating to Ireland*, VIII, p.42.
2. W.B. Devereux, *Lives and Letters of the Devereux Earls of Essex*, v.II, p.63.
3. A.E. Leonard, *Masculinities, Violence, Childhood*.
4. W.B. Devereux, op.cit., v.I, p.292.
5. Apud A. Somerset, op.cit., p.689.
6. Idem.
7. G.B. Harrison, *A Last Elizabethan Journal*, p.132.
8. W.B. Devereux, op.cit.
9. Apud D. Loades, *Elizabeth I*.
10. L. Strachey, *Elizabeth and Essex*, p.277.

11. D. Loades, op.cit., p.278.
12. W. Camden, op.cit., p.606.
13. J. Bate, op.cit., p.313.
14. E.H. Kantorowicz, op.cit., p.26.

Capítulo 28 (p.349-58)

1. C. Haigh, op.cit., p.172.
2. Idem.
3. *Henrique V*, IV.i.25.
4. S. Alford, *Burghley*, p.344.
5. R. Strong, op.cit., p.143.
6. Apud C. Devlin, *The Life of Robert Southwell*, p.243.
7. Idem.
8. S. Alford, op.cit., p.321.
9. Elizabeth I, apud J. Bruce, *Letters of Queen Elizabeth and James VI of Scotland*, p.35-7.
10. R. Carey, *The Memoirs of Robert Carey*, p.59.

Epílogo (p.359)

1. John Harrington, apud P.Philippa, *Consuming Passions*, p.129.

Referências bibliográficas

Fontes primárias

Agendas de documentos de Estado

Alberi, E. (org.). *Relazioni degli ambasciatori veneti al Senato*, 3v. Florença, 1839-63.
Bain, Joseph (org.). *Calendar of State Papers Relating to England and Mary Queen of Scots*, 5v. Edimburgo, 1898-52.
Brewer, J.S., J. Gairdner e R.H. Brody (orgs.). *Letter and Papers, Foreign and Domestic, of the Reign of Henry VIII, 1509-47*, 21 v. Londres, 1862-1932.
Brown, Rawdon e Bentinck G. Cavendish (orgs.). *Calendar of State Papers and Manuscripts Relating to English Affairs, Existing in the Archives of Venice and Other Libraries of Northern Italy*, 38 v. Londres, 1864-1947.
Green, M.A. (org.). *CSP Domestic Series, Addenda, 1566-1579*. Londres, 1871.
Hamilton, H.C. et al. (orgs.), *Calendar of State Papers Relating to Ireland*, v.VIII. Londres, 1860-1905.
Hughes, Paul L. e James F. Larkin (orgs.). *Tudor Royal Proclamations*, v.2, *The Later Tudors 1553-1587*. New Haven, 1969.
Hume, Martin A.S. (org.). *Calendar of State Papers, Spain*. Londres, 1896-99.
Lemon, Robert e Mary Anne Everett Green (orgs.). *Calendar of State Papers Domestic Series of the Reigns of Edward VI, Mary, Elizabeth, 1547-1625*, 12v. Londres, 1871.
Manning, C.R. (org.). *State Papers Relating to the Custody of Princess Elizabeth at Woodstock in 1554*. Norwich, 1855.
Rigg, J.M. (org.). *Calendar of State Papers Relating to English Affairs Preserved Principally at Rome at the Vatican Archives and Library*. Londres, 1916-26.
Stevenson, Joseph et al. (orgs.). *Calendar of State Papers, Foreign Series, of the Reign of Elizabeth*, 23v. Londres, 1863-1950.
Tommaseo, M.N. (org.). *Relations des ambassadeurs venitiens sur les affaires de France au XVème siècle*, 2 v. Paris, 1838.

Elizabeth I

Bruce, John (org.). *Letters of Queen Elizabeth and James VI of Scotland*. Londres, 1849.
Fox, A. (trad.). *Elizabeth I: Devotions*. Gerrards Cross, 1970.
Harrison, G.B. (org.). *Letters of Queen Elizabeth*. Nova York, 1968.
Marcus, L.S., J. Mueller e M.B. Rose (orgs.). *Elizabeth I, Collected Works*. Chicago, 2000.
Mueller, Janel e Leah S. Marcus (orgs.). *Autograph Compositions and Foreign Language Originals*. Chicago, 2003.
Mueller, Janel e Joshua Scodel (orgs.). *Elizabeth I: Translations*, 2v. Chicago, 2009.

Obras gerais

Ainsworth, Mitchell C. (org.). *The Evidence of the Casket Letters*. Londres, 1927.

Allen, William. *A True, Sincere and Modest Defence of English Catholicques that suffer for their Faith at home and abroad*. Rouen, 1584; num pequeno catálogo de títulos de livros, 1475-1640, Jackson, W.A. et al. (orgs.), 3v. Londres, 1986-91.

Anônimo. *The Passage of Our Most Drad Sovereigne Ladye Queen Elizabeth through the Citie of London to Westminster the Daye before Her Coronacion*. Londres, 1559.

Aylmer, John. *An Harborowe for Faithful and Trewe Subiectes, against the Late Blowne Blaste, Concerninge the Gouernmet of Wemen*. Londres, 1559.

Bacon, Francis. *The Works of Francis Bacon*. James Spedding et al. (orgs.), 7v. Londres, 1857-61.

Berry, Lloyd E. *John Stubbs's "Gaping Gulf" with Letter and other Relevant Documents*. Charlottesville, 1968.

Bonadella, Peter (trad.). *The Prince*. Oxford, 2008.

Bonadella, Peter e Julia Conway Bonadella (trad.). *Discourses on Livy*. Oxford, 2009.

Brice, Thomas. *Register of Martyrs*. Londres, 1559.

Buchanan, George. *The Tyrannous Reign of Mary Stewart*. Edimburgo, 1958.

Calendar of the Manuscripts of the Marquess of Salisbury at Hatfield House, 24v. Londres, 1883-1976.

Camden, William. *Annales*. Leiden, 1639.

Castelnau, Michel de, in Castelnau, Jacques de (org.). *Mémoires*. Paris, 1621.

Clapham, J. *Elizabeth of England: Certain Observations Concerning the Life and Reign of Queen Elizabeth*. Read, E. e C. Read (orgs.). Oxford, 1951.

Clifford, A. (org.). *The State Papers and Letters of Sir Ralph Sadler*, 2v. Edimburgo, 1809.

Coke, John. *Le débat des hérauts d'armes de France et d'Angleterre*. Pannier, L. e P. Meyer (orgs.). Paris, 1877.

Collins, A.F. (org.). *Jewels and Plate of Queen Elizabeth I: The Inventory of 1574*. Londres, 1955.

Constantine, Peter (trad.). *The Essential Writings of Machiavelli*. Nova York, 2009.

D'Ewes, Simonds. *The Journals of All the Parliaments in the Reign of Queen Elizabeth*. Londres, 1682.

Doleman, R.A. *Conference about the Next Succession to the Throne of England*. Amsterdam, 1595.

Hakluyt, Richard. *The Principal Navigations, Voyages and Discoveries of the English Nation*, 2ª ed. Londres, 1598.

Hartley, T.E. *Proceedings in the Parliaments of Elizabeth I*. Leicester, 1981.

Hayward, John, in Bruce, John (org.). *Annals of the First Four Years of the Reign of Queen Elizabeth*. Cambridge, 1840.

Heywood, Thomas, in Rider, Philip R. (org.). *England's Elizabeth*. Nova York, 1982.

Holinshed, Raphael, in Ellis, Henry (org.). *Chronicles of England, Scotland and Ireland*, 6v. Londres, 1807.

HMS. *The Manuscripts of His Grace the Duke of Rutland KG, Preserved at Belvoir Castle*, 4v. Londres, HMSO, 1888-1905.
Labanoff, A. (org.). *Lettres, instructions et mémoires de Marie Stuart*. Paris, 1844.
Laneham, Robert. *A Letter Wherein Part of the Entertainment unto the Queenz Maiesty at Killingworth Castle in Warwicksher in this Soomerz Progress 1575 is Signified*. Londres, 1575.
Lemaire de Belge, Jean. *Traite des Schismes*. Londres, 1539.
Lomazzo, Giovan Paolo. *Trattato dell'arte della pittura*. Pittsburgh, 2013.
L'Himne de la paix au très-auguste et serenissime Roy d'Angleterre d'Escosse et d'Irlande. Paris, 1604.
Mahon, R.H. *Indictment of Mary Queen of Scots*. Londres, 1923.
Melville, James, in Donaldson, Gordon (org.). *Memoirs of Sir James Melville of Halhill*. Londres, 1969.
Nau, Claude, in Stevenson, J. (org.). *Memorials of Mary Stewart*. Edimburgo, 1883.
Nichols, J.G. (org.). *Chronicle of Queen Jane and two years of Queen Mary*. Londres, 1850.
Rodriguez, Salgado J. e S. Adams (orgs.). *The Count of Feria's Dispatch of 1558*. Londres, 1984.
Sander, Nicholas. *De origine et progressu schismatis Anglicani*. Colônia, 1585.
Seager, Jane. *The Divine Prophesies of the Ten Sibyls*. Londres, 1589.
Smith, sir Thomas, in Dewar, Mary (org.). *De Republica Anglorum*. Londres, 1583. Cambridge, 1982.
Stubbes, Philip. *The Anatomy of Abuses*. Londres, 1583.
The Great Bragge and challenge of M. Campion a Jesuite, commonlye called Edmunde Campion, lately arrived in Englande, containynge nyne articles here severallye laide downe, directed to him by the Lords of the Counsail. Londres, 1581.
Thomas, Marcel. *Le procès de Marie Stuart: Documents originaux presentés par Marcel Thomas*. Paris, 1956.
Von Klariwill, Victor. *Queen Elizabeth and Some Foreigners: being a Series of Hitherto Unpublished Letters from the Archives of the Hapsburg Family*. Londres, 1928.

Fontes secundárias

Alford, Stephen. *Burghley: William Cecil at the Court of Elizabeth I*. Padstow, 2011.
_____. *The Watchers: A Secret History of the Reign of Elizabeth I*. Londres, 2012.
Arnold, Janet. *Queen Elizabeth's Wardrobe Unlock'd*. Londres, 1988.
Aveling, J.C.H. *The Handle and the Axe*. Londres, 1976.
Bate, Jonathan. *Soul of the Age: A Biography of the Mind of William Shakespeare*. Nova York, 2009.
Bates, Catherine. *The Rhetoric of Courtship in Elizabethan Language and Literature*. Cambridge, 1992.
Baumgartmer, F. *Henry II King of France 1547-1559*. Durham, NC, 1988.

Bicheno, Hugh. *How the English Became the Scourge of the Sea: Elizabeth's Sea Dogs*. Londres, 2012.

Belozerskaya, Marina. *Rethinking the Renaissance: Burgundian Arts Across Europe*. Nova York, 2012.

Bernard, G.W. *Anne Boleyn: Fatal Attractions*. Londres, 2010.

Birrell, T.A. *English Monarchs and Their Books*. Londres, 1987.

Bobbitt, Philip. *The Garments of Court & Palace: Machiavelli and the World that He Made*. Londres, 2013.

Borman, Tracy. *Elizabeth's Women: The Hidden Story of the Virgin Queen*. Londres, 2010.

Boucher, Jacqueline et al. (orgs.). *Histoire et dictionnaire des guerres de réligion*. Paris, 1998.

Bredbeck, Gregory W. *Sodomy and Interpretation: Marlowe to Milton*. Cornell, 1991.

Broaddus, James W. *Spenser's Allegory of "Love: Social Vision in Books III, IV and V of 'The Faerie Queene'"*. Londres, 1995.

Bull, Malcolm. *The Mirror of the Gods: Classical Mythology in Renaissance Art*. Londres, 2006.

Burke, Peter. *The Fortunes of the Courtier: The European Reception of Castiglione's "Cortegiano"*. Pittsburgh, 1996.

_____. *The European Renaissance: Centres and Peripheries*. Oxford, 1998.

Caferro, William. *Contesting the Renaissance*. Chichester, 2011.

Caraman, Philip. *William Weston: The Autobiography of an Elizabethan*. Londres, 1955.

Carey, Robert. *The Memoirs of Robert Carey*. Mares, F.H. (org.). Oxford, 1972.

Carlton, Charles. *State, Sovereigns and Societies in Early Modern England*. Stroud, 1988.

Carroll, Stuart. *Martyrs and Murderers: The Guise Family and the Making of Europe*. Oxford, 2009.

Castor, Helen. *The Women who Ruled England before Elizabeth*. Londres, 2010.

Chauvire, R. *Le secret de Marie Stuart*. Paris, 1937.

Cross, Claire. *The Royal Supremacy in the Elizabethan Church*. Londres, 1969.

Cole, Alison. *Virtue and Magnificence: Art of the Italian Renaissance Courts*. Londres, 1995.

Collins, William Edward. *Queen Elizabeth's Defence of her Proceedings in Church and State*. Londres, 1958.

Constant, Jean-Marie. *Les Guise*. Paris, 1984.

Cooper, John. *The Queen's Agent: Francis Walsingham at the Court of Elizabeth I*. Londres, 2011.

Cooper, Tarnya. *A Guide to Tudor & Jacobean Portraits*. Londres, 2008.

_____. *Elizabeth I & Her People*. Londres, 2013.

David, Elizabeth. *English Bread and Yeast Cookery*. Londres, 1977.

Davis, R.C.H. (org.). *Gesta Stephani*. Londres, 1976.

Deanesley, Margareth (org.). *The Lollard Bible and Other Medieval Biblical Versions*. Cambridge, 1920.

De Grazia, Margreta et al. *Subject and Object in Renaissance Culture*. Cambridge, 1996.

De Lisle, Leanda. *The Sisters who would be Queen: The Tragedy of Mary, Katherine & Lady Jane Grey*. Londres, 2009.

De Maio, Romeo. *Donne e Rinascimento*. Milão, 1987.
Devereux, Walter Bourchier. *Lives and Letters of the Devereux Earls of Essex*. Londres, 1853.
Devlin, C. *The Life of Robert Southwell*. Londres, 1956.
Digges, Dudley (org.) *The Compleat Ambassador*. Londres, 1655.
Dillon, Anne. *The Construction of Martyrdom in the English Catholic Community*. Aldershot, 2002.
Dollimore, Jonathan. *Radical Tragedy: Religion, Ideology and Power in the Drama of Shakespeare and his Contemporaries*. Londres, 1989.
Donaldson, Gordon. *The Scottish Reformation*. Londres, 1960.
Doran, Susan. *England and Europe 1485-1603*. Abingdon, 1996.
_____ e Norman Jones (orgs.). *The Elizabethan World*. Londres, 2011.
Dunlop, Ian. *Palaces and Progresses of Elizabeth I*. Londres, 1962.
Dowling, Maria (org.). *Willian Latymer's Chronickille of Anne Bulleyne, Camden Miscellany*. Londres, 1990.
Eisaman, Maus. *Inwardness and Theatre in the English Renaissance*. Chicago, 1995.
Evans, James. *Merchant Adventurers: The Voyage of Discovery that Transformed Tudor England*. Londres, 2013.
Ford, Boris (org.). *The New Pelican Guide to English Literature*: 2. *The Age of Shakespeare*. Londres, 1982.
Fraser, Antonia. *Mary Queen of Scots*. Londres, 1969.
_____. *The Six Wives of Henry VIII*. Londres, 1995.
French, Peter. *John Dee: The World of an Elizabethan Magus*. Londres, 1972.
Garin, Eugenio. *L'Uomo del Rinascimento*. Roma, 1988.
George, Margaret. *Elizabeth I: A Novel*. Londres, 2012.
Greenblatt, Stephen. *Renaissance Self-Fashioning from more to Shakespeare*. Chicago, 2005.
_____. *The Swerve: How the Renaissance Began*. Londres, 2011.
Gristwood, Sarah. *Elizabeth & Leicester*. Londres, 2007.
Gruber, Alain. *The Renaissance and Mannerism in Europe*. Londres, 1994.
Guy, John. *Tudor England*. Oxford, 1990.
Hackett, Helen. *Virgin Mother, Maiden Queen: Elizabeth I and the Cult of the Virgin Mary*. Londres, 1995.
Haigh, Christopher. *Profiles in Power: Elizabeth I*. Harlow, 1998.
Hale, John. *The Civilization of Europe in the Renaissance*. Londres, 1993.
Hanning, R.W. e David Rosan (orgs.). *Castiglione: The Ideal and the Real in Renaissance Culture*. Londres, 1983.
Harbison, Craig. *The Art of the Northern Renaissance*. Londres, 1995.
Harrison, G.B. *A Last Elizabethan Journal: Being a Record of Those Things Most Talked of During the Years 1599-1603*. Londres, 1933.
Haynes, Alan. *Robert Cecil, Earl of Salisbury*. Londres, 1989.
_____. *Sex in Elizabethan England*. Stroud, 1997.
Hearn, Karen. *Nicholas Hilliard*. Londres, 2005.

Heller, Agnes. *A Renaissance Ember*. Budapeste, 1967.
Hibbert, Christopher. *The Virgin Queen: A Portrait of Elizabeth I*. Londres, 1990.
Hilton, Lisa. *Queen's Consort: England's Medieval Queens*. Londres, 2008.
Horrox, Rosemary e W. Mark Ormrod (orgs.). *A Social History of England, 1200-1500*. Cambridge, 2006.
Howarth, David. *Images of Rule: Art and Politics in the English Renaissance, 1485-1649*. Oakland, 1997.
Hurstfield, Joel. *Elizabeth I and the Unity of England*. Londres, 1971.
Jardine, Lisa. *Worldly Goods: A New History of the Renaissance*. Londres, 1996.
Jones, Dan. *The Plantagenets: The Kings Who Made England*. Londres, 2012.
Jouanna, Arlette. *La Saint-Barthélemy: les mystères d'un crime d'État*. Paris, 2007.
Kantorowicz, Ernst H. *The King's Two Bodies: A Study in Mediaeval Political Theory*. Princeton, 1997.
Kekewich, Lucille (org.). *The Renaissance in Europe: The Impact of Humanism*. New Haven, 2000.
Keith, Robert. *History of the Affairs of Church & State in Scotland from the Beginning of the Reformation to 1568*. Edimburgo, 1844.
Knighton, C.S. e Richard Mortimer (orgs.). *Westminster Abbey Reformed*. Aldershot, 2006.
Kristeller, Paul Oskar. *Renaissance Thought and the Arts*. Princeton, 1990.
Lake, Paul. *Moderate Puritans and the Elizabethan Church*. Cambridge, 2004.
Laqueur, Thomas. *Making Sex: Body and Gender from the Greeks to Freud*. Harvard, 1990.
Laynesmith, Joanna. *The Last Medieval Queens: English Queenship, 1445-1503*. Oxford, 2004.
Le Person, Xavier. *Praticques et praticquers: la vie politique à la fin du règne de Henri III*. Genebra, 2002.
Loades, David. *Elizabeth I*. Londres, 2010.
_____. *The Boleyns: The Rise & Fall of a Tudor Family*. Amberley, 2011.
Leonard, Amy E. *Masculinities, Violence, Childhood: Attending to Early Modern Women – and Men*. Newark, DE, 2003.
Levin, C. *The Heart and Stomach of a King: Elizabeth the First and the Politics of Sex and Power*. Filadélfia, 1994.
Lovell, Mary S. *Bess of Hardwick: First Lady of Chatsworth*. Londres, 2005.
Luke, Carmen. *Pedagogy, Printing and Protestantism: The Discourse on Childhood*. Nova York, 1989.
Lyons, Matthew. *The Favourite: Raleigh and His Queen*. Londres, 2012.
MacCulloch, Diarmaid. *The Later Reformation in England, 1547-1603*. Londres, 2011.
McDermott, James. *England & the Spanish Armada: The Necessary Quarrel*. New Haven, 2005.
Marcus, Leah S. "Queen Elizabeth I as public and private poet", in Herman, Peter C. (org.). *Reading Monarchs Writing: The Poetry of Henry VIII*. Tempe, 2002.
Merriman, Marcus. *The Rough Wooings: Mary Queen of Scots 1542-1551*. Edimburgo, 2000.

Montrose, Louis. *The Subject of Elizabeth: Authority, Gender and Representation*. Chicago, 2006.
Nash, Susie. *Northern Renaissance Art*. Oxford, 2008.
Nolan, John S. *Sir John Norreys and the Elizabethan Military World*. Exeter, 1997.
Overell, Anne. *Italian Reform and English Reformations*. Farnham, 2008.
Penn, Thomas. *Winter King: The Dawn of Tudor England*. Londres, 2012.
Petrina, Alessandra e Laura Tosi (orgs.). *Representations of Elizabeth I in Early Modern Culture*. Londres, 2011.
Plumb, J.H. *The Penguin Book of Renaissance*. Londres, 1991.
Praz, Mario. *Machiavelli and the Elizabethans*. Londres, 1972.
Pullar, Philippa. *Consuming Passions: A History of English Food and Appetite*. Londres, 1970.
Raab, Felix. *The English Face of Machiavelli: A Changing Interpretation 1500-1700*. Londres, 1964.
Read, Conyers (org.). *The Bardon Papers: Documents Relating to the Imprisonment & Trial of Mary Queen of Scots*. Londres, 1909.
Ribeiro, Aileen. *Dress and Morality*. Oxford, 2003.
Rickert, Edith (org.). *The Babees' Book*. Londres, 1908.
Ritchie, P. *Mary of Guise in Scotland 1548-1560: A Political Career*. East Linton, 2002.
Rivers, Isabel. *Classical and Christian Ideas in English Renaissance Poetry*. Londres, 1994.
Robertson, J. (org.). *Inventaries de la Royne d'Ecosse. Douairiere de France*. Edimburgo, 1883.
Rosedale, H.G. *Queen Elizabeth and the Levant Company*. Londres, 1904.
Ryan, Alan. *On Machiavelli: The Search for Glory*. Nova York, 2014.
Scarisbrick, J.J. *Henry VIII*. New Haven, 1968.
Sharpe, Kevin. *Selling the Tudor Monarchy: Authority and Image in Sixteenth-Century England*. New Haven, 2009.
Shephard, Amanda. *Gender and Authority in Sixteenth-Century England: The Knox Debate*. Keele, 1994.
Shulman, Nicola. *Graven with Diamonds. The Many Lives of Thomas Wyatt: Courtier, Poet, Assassin, Spy*. Londres, 2011.
Skidmore, Chris. *Death and the Virgin: Elizabeth, Dudley and the Mysterious Fate of Amy Robsart*. Londres, 2010.
Skilliter, S.A. *William Harborne and the Trade With Turkey 1578-1582: A Documentary Study of the First Anglo-Ottoman Relations*. Oxford, 1977.
Smith, G. Gregory. *Elizabethan Critical Essays*. Oxford, 1904.
Solnon, François. *La Cour de France*. Paris, 1987.
Somerset, Anne. *Elizabeth I*. Londres, 1991.
Starkey, David. *Elizabeth*. Londres, 2000.
Steuart, A. Francis (org.). *Trial of Mary Queen of Scots*. Londres, 1951.
Strachey, Lytton. *Elizabeth and Essex*. Londres, 1985.
Strickland, Agnes. *Lives of the Queens of England*, v.IV. Londres, 1841.
Strong, Roy. *Gloriana: The Portraits of Queen Elizabeth I*. Londres, 1987.
Strype, John. *Ecclesiastical Memorials*, v.VI. Londres, 1816.

Tillyard, E.M.W. *The Elizabethan World Picture*. Londres, 1990.
Trill, Suzanne e William Zunder (orgs.). *Writing and the English Renaissance*. Nova York, 1996.
Varotti, Carlo. *Gloria e ambizione politica nel Rinascimento. Da Petrarca a Machiavelli*. Milão, 1998.
Viroli, Maurizio. *From Politics to Reason of State: The Acquisition and Transformation of the Language of Politics 1250-1600*. Cambridge, 1992.
_____. *Niccolo's Smile: A Biography of Machiavelli*. Nova York, 2002.
Waller, Gary. *English Poetry of the Sixteenth Century*. Harlow, 1993.
Waller, Maureen. *Sovereign Ladies: The Six Reigning Queens of England*. Londres, 2006.
Waterhouse, Ellis. *Painting in Britain 1530-1790*. New Haven, 1994.
Watkins, Susan. *Elizabeth I and Her World*. Londres, 1988.
Waugh, Evelyn. *Edmund Campion: Jesuit and Martyr*. Londres, 2012.
Weir, Alison. *Elizabeth the Queen*. Londres, 2008.
Weisner, Louis. *La jeunesse d'Elizabeth d'Angleterre*. Paris, 1878.
Whitelock, Anna. *Elizabeth's Bedfellows: An Intimate History of the Queen's Court*. Londres, 2013.
Wilkinson, Alexander. *Mary Queen of Scots and French Public Opinion*. Basingstoke, 2004.
Wilson, A.N. *The Elizabethans*. Londres, 2011.
Wilson, Katharina M. (org.). *Women Writers of the Renaissance and Reformation*. Athens, GA, 1987.
Wolf, Norbert. *Holbein*. Londres, 2004.
Woolgar, C.M. *The Senses in Late Medieval England*. Londres, 2006.
Wyatt, Michael. *The Italian Encounter with Tudor England: A Cultural Politics of Translation*. Cambridge, 2005.
Wyatt, sir Thomas. *Selected Poems*. Manchester, 2003.

Periódicos

Allinson, Rayne. "*The Prince* and Queen Elizabeth I: a new perspective on the development of English Machiavellianism". *Melbourne Historical Journal*, v.34, 2006.
Anglo, S. "Ill of the dead: the posthumous reputation of Henry VII". *Renaissance Studies*, v.1, 1967.
Axton, Marie. "The Queen's two bodies: drama and the Elizabethan succession". *Royal Historical Society*, 1978.
Barberis, W. "Uomini di corte nel 500". *Storia d'Italia, Annali*, n.4, Turim, 1981.
Barton, Edward e Edwin Pears. "The Spanish Armada and the Ottoman Porte". *English Historical Review*, v.8, n.31, jul 1893.
Benkert, Lisbeth. "Translation as image-making: Elizabeth I's translation of Boethius's 'Consolation of Philosophy'". *English Modern Language Association*, v.6, n.3, 2001.

Berlin, Isaiah. "The Question of Machiavelli". *New York Review of Books*, 17 nov 1971.
Bowers, R.D. "The Chapel Royal, the first Edwardian prayer book and Elizabeth's settlement of Religion". *Historical Journal*, v.xliii, n.2, 2000.
Boswell, Chris. "The subjective Petrarchan heroine in the verse answers of Elizabeth Tudor and Frances Parnell Seymour, countess of Hertford". *The Culture and Rhetoric of the Answer Poem 1485-1626*, Universidade de Exeter, 2003.
Burian, Orhan. "Interest of the English in Turkey as reflected in English Literature of the Renaissance". *Oriens*, v.5, n.2, dez 1952.
Carroll, Stuart. "The Revolt of Paris, 1588: aristocratic insurgency and the mobilization of popular support". *French Historical Studies*, v.23, 2000.
Clover, Carol J. "Regardless of sex: men, women and power in Early Northern Europe". *Representations*, n.44, University of California Press, outono 1993.
Crane, Mary Thomas. *"Video et Taceo*: Elizabeth I and the rhetoric of Counsel". *Studies in English Literature 1500-1900*, v.28, n.1, 1988.
Dolan, Frances E. "Taking the pencil out of God's hand: art, nature and the facepainting debate in Early Modern England". *PMLA*, v.108, n.2, mar 1993.
Durot, Eric. "Le crepuscule de l'*Auld* Alliance: la legitime du pouvoir en question entre Ecosse, France et Angleterre 1588-1561". *Histoire, Economie, Société*, v.26, 2007.
Fabri, Frank. "Sidney's verse adaptations to Two Sixteenth Century Italian songs". *Renaissance Quarterly*, v.XXIII, 1970.
Felperin, Howard. "Shakespeare's 'Henry VIII', History as myth". *Studies in English Literature 1500-1900*, v.6, 1966.
Forney, Kristine. "A gift of madrigals and chansons: the Winchester Part books and the Courtship of Elizabeth I by Erik XIV of Sweden". *Journal of Musicology*, v.17, n.1, inverno 1999.
Frye, Susan. "The myth of Elizabeth at Tilbury". *Sixteenth Century Journal*, v.23, n.1, primavera 1992.
Gajda, Alexandre. "The State of Christendom: History, political thought and the Essex Circle". *Historical Research*, n.81, 2008.
Green, Janet M. "I my self: Queen Elizabeth's oration at Tilbury Camp". *Studies: The Sixteenth Century Journal*, v.28, n.2, verão 1997.
Hammer, Paul E.J. "Sex and the Virgin Queen: aristocratic concupiscence and the Court of Elizabeth I". *Sixteenth Century Journal*, v.31, n.1, 2000.
Heisch, Alison. "Arguments for and execution: Queen Elizabeth's 'White Paper' and Lord Burghley's 'Blue Pencil'". *Albion*, v.24, 1992.
Horniker, Arthur Leon. "Anglo-French rivalry in the Levant from 1583 to 1612". *Journal of Modern History*, v.18, n.4, dez 1946.
Hume, M.A.S. "The so called conspiracy of Doctor Lopez". *Transactions of the Jewish Historical Society of England*, v.VI, 1908-10.
Ives, Eric. "The fall of Anne Boleyn reconsidered". *English Historical Review*, n.107, 1992.
Jardine, Lisa. "Gloriana rules the waves: or, the advantage of being excommunicated (and a woman)". *Transactions of the Royal Historical Society*, sexta série, v.14, 2004.

Kasprzak, Jan. "A riddle of History: Queen Elizabeth and the Albertus Laski Affair". *Polish Review*, v.14, inverno 1969.

Kendrick, Laura. "The game of love: troubadour wordplay". *Speculum*, v.65, n.4, out 1990.

Kewes, Paulina. "Henry Savile's Tacitus and the politics of Roman History in late Elizabethan England". *Huntingdon Library Quarterly*, v.74, n.4, dez 2001.

Labriola, A.C. "Painting and poetry on the cult of Elizabeth I: the Ditchley portrait and Donne's 'Elegie'". *Studies in Philology*, v.XCIII, inverno 1996.

Lubimenko, Irina. "The correspondence of Queen Elizabeth with the Russian Czars". *American Historical Review*, v.19, n.13, abr 1914.

Marshall, Peter. "Religious exiles and the Tudor State". *Studies in Church History*, n.43, 2007.

Mateer, David (org.). *The Renaissance in Europe: Courts, Patrons and Poets*. New Haven, 2000.

McBride, Tom. "'Henry VIII' as Machiavellian romance". *Journal of English and Germanic Philology*, v.76, n.1, jan 1977.

Menage, V.L. "The English capitulation of 1580". *International Journal of Middle East Studies*, v.12, n.3, nov 1980.

Middlebrook, Leah. "Tout mon office: body politics and family dynamics in the verse epitres of Marguerite de Navarre". *Renaissance Quarterly*, v.54, inverno 2001.

Mirabella, Bella. "In the sight of all: Queen Elizabeth and the dance of diplomacy". *Early Theatre*, v.15, t.1, jan 2012.

Piepho, Lee. "Paulus Melissus and Jacobus Falchenburgius: two German protestant humanists at the Court of Queen Elizabeth". *Sixteenth Century Journal*, v.38, n.1, primavera 2007.

Podea, I.I. "A contribution to the study of Queen Elizabeth's Eastern policy 1590-1593". *Mélanges d'Histoire Générale*, II, *CLUJ*, 1938.

Redworth, Glyn. "'Matters impertinent to women': male and female monarchy under Philip and Mary". *English Historical Review*, v.112, n.447, jun 1997.

Reid, Clare. "Anthony Copley and the politics of catholic loyalty 1590-1604". *Sixteenth Century Journal*, v.43, n.2, verão 2012.

Richards, Judith M. "To promote a woman to bear rule: talking of queens in mid-Tudor England". *Sixteenth Century Journal*, v.28, n.1, 1997.

Rossi, Ettore. "La sultana Nur-Banu (Cecilia Venier-Baffo) moglie di Selim II (1566-1574) e madre di Murad III (1574-1595)". *Pubblicazione dell'Istituto per l'Oriente*. Roma, 1953.

_____. "Turcologica: memoriae Alexii Bombaci Dicata". *Istituto Universitario Orientale di Studi Asiatici*. Nápoles, n.19, 1982.

Schleiner, Winifried. "Divina virago: Queen Elizabeth as an Amazon". *Studies in Philology*, v.75, n.2, primavera 1978.

Skilliter, S.A. "An ambassador's Ta'Yin: Edward Barton's ration on the Egri Campaign, 1596". *Revue d'Études Turques*, n.XXV, 1993.

Taylor-Smither, Larrissa J. "Elizabeth I: a psychological profile". *Sixteenth Century Journal*, v.15, n.1, primavera 1984.

Warnicke, Retha M. "Henry VIII's greeting of Anne of Cleves and Early Modern Court protocol". *Albion*, v.28, n.4, inverno 1996.

Wright, Celeste T. "The Amazonian in Elizabethan literature". *Studies in Philology*, v.37, 1940.

Zaharia, Oana-Alis. "Fashioning the Queen: Elizabeth I as patron and dedicatee of translations". *Gender Studies*, v.1, n.11, 2012.

Fontes *on-line*

Allen, William. *An admonition to the nobility and people of England and Ireland concerninge the present vvarres made for the execution of his Holines sentence, by the highe and mightie Kinge Catholike of Spaine*; disponível em: <quod.lib.umich.edu/e/eebo/A16774.0001.001?view=toc>.

Castiglione, Baldassare. *The Book of the Courtier*; disponível em: <archive.org/stream/bookofcourtier00castuoft/bookofcourtier00castuoft_djvu.txt>.

Copley, Anthony. *Another Letter of Mr AC to his Dis-jesuited Kinsman*. Londres, 1602; disponível em: <quod.lib.umich.edu/e/eebo/A19321.0001.001?view=toc>.

Doran, Susan. *Elizabeth I*, jun 1977; disponível em: <history.org.uk/resources/student_resource_487.html>.

Green, Karen. *Phronesis Feminized: Prudence from Christine de Pisan to Elizabeth I*, 2007; disponível em: <link.springer.com/chapter/10.1007%2F978-1-4020-5895-0_2#page-1>.

Halls, Julie. *Aristotle and Dudley: Books as Evidence*. Londres, 2011; disponível em: <history.org.uk/resources/student_resource_4356_106.html>.

Knox, John. *The First Blast of the Trumpet Against the Monstrous Regiment of Women*. Genebra, 1558; disponível em: <swrb.com/newslett/actualNLs/firblast.htm>.

Lyons, Mathew. 2012; disponível em: <mathewlyons.wordpress.com/2012/06/25/richard-topcliffe-and-the-capture-and-torture-of-robert-southwell/>.

Maquiavel. *Il principe*; disponível em: <classicitaliani.it/machiav/critica/pricipe_traduzione_bonghi.htm>.

Malham, J. (org.). *The Harleian Miscellany*, 12v.; disponível em: <catalog.hathitrust.org/Record/009706302 >.

Meikle, Maureen M. *John Knox and Womankind: A Reappraisal*. Londres, 2003; disponível em: <history.org.uk/resources/general_resource_625_70.html>.

Regnans in Excelsis; disponível em: http://www.papalencyclicals.net/Pius05/p5regnans.htm>.

Rowse, A.L. *The Coronation of Queen Elizabeth*. 1953; disponível em: <historytoday.com/al-rowse/coronation-queen-elizabeth>.

Woodhead, Christine. *England, the Ottomans and the Barbary Coast in the Late Sixteenth Century*. Reading, 2009; disponível em: <indabook.org/d/The-Second-Barbary-War.pdf>.

Créditos das ilustrações

Ana Bolena, c.1533-36 (giz preto e colorido sobre papel), Hans Holbein o Jovem (1497/8-1543). Royal Collection Trust © Her Majesty Queen Elizabeth II, 2014/Bridgeman Images.

Thomas Wyatt, c.1535-37 (giz colorido e bico de pena sobre papel), Hans Holbein o Jovem. Royal Collection Trust © Her Majesty Queen Elizabeth II, 2014/Bridgeman Images.

A família de Henrique VIII, c.1543-47 (óleo sobre tela), Escola Inglesa (séc.XVI). Royal Collection Trust © Her Majesty Queen Elizabeth II, 2014/Bridgeman Images.

Princesa Elizabeth, c.1546 (óleo sobre painel), atribuído a William Scrots (*fl.* 1537-53). Royal Collection Trust © Her Majesty Queen Elizabeth II, 2014/Bridgeman Images.

Maria I, 1554 (óleo sobre madeira), Hans Eworth (*fl.* 1520-74). Society of Antiquaries of London/Bridgeman Images.

Eduardo VI, príncipe de Gales, 1546 (óleo sobre painel), atribuído a William Scrots. Royal Collection Trust © Her Majesty Queen Elizabeth II, 2014/Pictorial Press Ltd/Alamy.

Ricardo II, 1390 (óleo sobre painel), artista anônimo. Abadia de Westminster, Londres/akg-images/De Agostini Picture Library/De Agostini Pictures.

Elizabeth I, c.1600 (óleo sobre painel), Escola Inglesa (séc.XVI). National Portrait Gallery, Londres/Bridgeman Images.

Retrato Clopton, c.1560-65 (painel). Escola Inglesa (séc.XVI). Coleção particular. Foto © Philip Mould Ltd, Londres/Bridgeman Images.

Elizabeth I e as três deusas, 1569 (óleo sobre painel), atribuído a Hans Eworth ou Joris Hoefnagel (1542-1601). Royal Collection Trust © Her Majesty Queen Elizabeth II, 2014/Bridgeman Images.

William Cecil, 1558 (óleo sobre tela), Escola Inglesa (séc.XVI). © IAM/akg-images.

Créditos das ilustrações

Felipe II da Espanha, c.1553 (óleo sobre tela), Ticiano (c.1488/90-1576). Galleria Palatina, Palazzo Pitti, Florença © akg-images/Nimatallah.

Robert Dudley, conde de Leicester, c.1557-1609 (desenho sobre papel), Federico Zuccaro (1542-1609). © The Trustees of the British Museum.

Niccolò Maquiavel, segunda metade do séc.XVI (óleo sobre tela), Santi di Tito (1536-1603). Palazzo Vecchio, Florença © GL Archive/Alamy.

Retrato do pelicano, c.1574 (óleo sobre painel), Nicholas Hilliard (1547-1619). © Walker Art Gallery, National Museums Liverpool/Bridgeman Images.

Ivan IV o Terrível (xilogravura em cores), Hans Weigel (*fl.* 1577). Bibliothèque des Arts Décoratifs, Paris/Archives Charmet/Bridgeman Images.

Murad III, 1808, John Young. © Heritage Image Partnership Ltd/Alamy.

Mehmed III (óleo sobre painel), a partir de Cristofano Dell'Altissimo (c.1525-1605). © National Trust.

O túmulo de Battista Castiglione na igreja de Santa Maria, Speen. Foto © Peter Orr.

Henry Lee, 1568 (painel), Anthonis Mor (1517/20-1576/7). National Portrait Gallery, Londres/Bridgeman Images.

Francis Walsingham, c.1585 (óleo sobre painel), atribuído a John de Critz o Velho (c.1552-1642). © World History Archive/Alamy.

Francisco, duque de Anjou, fim da década de 1560, Escola Francesa (séc.XVI). © Heritage Image Partnership Ltd/Alamy.

Maria Stuart, c.1560 (óleo sobre painel), discípulo de François Clouet (c.1510-1572). Victoria & Albert Museum, Londres/Bridgeman Images.

Retrato da Armada, c.1588 (óleo sobre painel), atribuído a George Gower (1540-1596). Woburn Abbey, Bedfordshire/Bridgeman Images.

Elizabeth I velha, c.1610 (óleo sobre painel), Escola Inglesa (séc.XVII). Corsham Court, Wiltshire/Bridgeman Images.

Assinatura de Elizabeth I em carta a lady Southwell, 15 out 1598. © Rex/Nigel R. Barklie.

Agradecimentos

Agradeço ao dr. Carlo Bajetta, da Universidade de Val d'Aosta, e à dra. Laura Tosi, da Universidade Ca'Foscari, por ceder tão generosamente seu tempo para minhas pesquisas. A dra. Alessandra Petrina, da Universidade de Pádua, também foi de extrema ajuda e gentil a ponto de me permitir o acesso ao então inédito trabalho *"Perfit Readiness" Elizabeth Learning and Using Italian*. A equipe da Faculdade de História da Universidade Mohammed V, em Rabat, também foi cordialíssima.

A dra. Kate Fleet, diretora do Skilliter Centre, Newnham College, Cambridge, foi inestimável sobretudo ao disponibilizar com generosidade o material de arquivo. Muitos agradecimentos a Owen e Xenia Matthews por hospedar-me durante o tempo em que fiz pesquisa em Istambul.

Agradeço também a Kate Williams, Ian Kelly, Dominique de la Basterrechea, e sobretudo a Rosie Apponyi e Edgware Tone, pela assistência na última hora. À minha brilhante agente, Georgina Capel, e a meu editor, Alan Samson: a paciência deste último foi "cecilesca".* Simon Wright, em Orion, foi incrivelmente rápido e meticuloso na pesquisa das ilustrações.

Sou grata também a Bendor Grosvenor, por seu tempo e pela opinião de especialista na questão do pingente de Elizabeth. Foi um privilégio trabalhar com o professor Philip Bobbitt a respeito de Maquiavel.

Meus amorosos agradecimentos a meus pais, Linda e Paul, minha irmã Anna e minha madrasta, Judy, sem cujo apoio este livro não se teria concluído. E ao editor de *The Posky Times*, um extraordinário pesquisador.

Como sempre, as equipes da London Library, da British Library e da Bodleian foram maravilhosamente eficazes e pacientes.

Mais que tudo, meus agradecimentos a lady Antonia Fraser, sem a qual não seria possível conceber e escrever este livro. Espero que o texto, de alguma forma, seja digno desse débito.

Gostaria de ressaltar que as obras de quatro eruditos, Stephen Alford, Stuart Carroll, James McDermott e Nicola Shulman, foram particularmente importantes na produção do texto.

---

* Referência a William Cecil, conselheiro de Elizabeth I, renomado pela paciência. (N.T.)

Índice remissivo

Aaron Ferhad, rei da Moldávia, 318-9
Aconcio, Jacopo, 119
Adela, princesa, 131
Adeliza de Louvain, 172
agulha, trabalhos de, 64
Alba, duque de, 209-10, 214, 219-21, 222, 255-6, 259
Albric, Acasse d', 230
Alcock, Thomas, 297-8
Alençon, duque de, François, 201, 254-5
Alexandre VI, papa, 164
Allen, Edmund, 144
Allen, William, 57, 248-52, 279
alopecia androgenética (calvície), 104
amor cortês, 48-52, 55, 56, 73, 80, 182, 201, 235, 278-9, 327, 332, 336
Ana da Boêmia, 76-7, 180-1, 236
Ana de Beaujeu, 70-1
Ana de Cleves, 58-9
anatomia feminina, 133
Andrade, Manuel de, 321-2
Anet, castelo de, 245
Angevino, Império, 161, 186
Angoulême, duque de, 44-5
Anjou, duque de, Francisco, 49, 254-7, 262-3, 265-8, 308-10
  e os Países Baixos Espanhóis, 266, 272, 310
  poema de Elizabeth em sua partida, 310, 326
anquinhas, 150-1
Antuérpia, 120, 170, 274, 299
  casas de câmbio em, 207, 209-10
aquamaniles, 148
Aquino, Tomás de, 154
Aretino, 329
Aristóteles, 62-3, 93, 147, 230
Armada espanhola, 164, 165, 266, 276, 294, 304-5, 310-1, 312, 325, 330
Arran, conde de, 172
Arras, bispo de, 145
Artur, príncipe de Gales, 32, 57, 140
Arundel, arcebispo Thomas, 76-7
Arundel, conde de, 98, 141, 171-2, 189, 264, 280

Ascham, Roger, 21, 61-2, 64, 91, 93, 114, 118, 147, 150, 167, 230, 289, 307
Ashley, John, 58, 93
Ashley, Katherine, 58, 84-8, 114-5, 117, 118, 121-3, 173-4, 176
Ashton, Christopher, 115-6
Assonleville, Christophe d', 208
Aston, Roger, 202
astronomia, 16, 62, 294, 300
Atanásio, Credo de, 126
Ato Contra os Fugitivos pelo Mar, 225
Ato de Supremacia, 142, 225, 247
Ato de Uniformidade, 162, 165, 247
Ato pela Segurança da Rainha, 270, 280, 284-5
Aubespine, Guillaume de l', 278
Aubigne, William d', 172
Aylmer, John, 134

Babington, complô de, 276, 277-85
Bacon, Francis, 350
Bacon, lady Anne, 327
Bacon, sir Nicholas, 23, 141, 159
Bailly, Charles, 220-1, 223
Bale, John, 134
Ballard, John, 279, 281-2
Bannister, Laurence, 221
Barbária, Companhia da, 316
Barker, Christopher, 250
Barker, William, 221
Barnard's Castle, 215
Barton, Edward, 317-9, 322-4
Bassano, Emilia, 330
Beale, Robert, 291
Beaton, arcebispo James, 262
Beauchamp, Edward, lorde, 196
Beaufort, Margarida, 27, 91, 232
Bedford, conde de, 125, 142
Bedford, condessa de, 327
Bedford, duque de, 194
Bedingfield, sir Henry, 109, 110-2, 117
Benoît, René, 331
bestiários, 236

Bíblia, 62-3, 70
    Genebra, tradução da, 133
    em vernáculo, 75-6, 236-7
Biblioteca Real, 229
Billon, François, 230
Bizari, Pietro, 119
Blackwater, castelo, 338
Blount, sir Christopher, 343
Boccaccio, Giovanni, 70
Boécio, tradução de Elizabeth de, 25-6, 334-5
Bolena, Ana, 32-56
    atitude com Maria, 40-2
    casamento, 43-4, 50-2, 57-8
    comparada a Essex, 347
    coroação de, 29, 35, 77, 139-40, 240
    sua corte e seus passatempos, 53-4, 55
    doenças súbitas, 104
    e a religião reformada, 73-9
    e amizade com Margarida de Navarra, 70-2
    e defesa feita por Elizabeth de, 100
    e discurso no cadafalso, 78
    e o amor cortês, 50-1, 73, 80
    e o retrato da família real, 65-6
    e propriedade na corte, 326
    e queda, 47-8, 53-6
    prisioneira na Torre, 77-8, 108
    promoção da Bíblia em vernáculo, 75, 236-7
    retrato de Hever, 66
    seu colar, 66
    seu lema, 234
    seu Livro das horas, 70, 72
    sofre aborto, 45-6
    Spenser e, 310
Bolena, Maria, 50, 57-8
Bolena, sir Geoffrey, 51
Bolena, sir William, 51
Bolena, Thomas, conde de Wiltshire, 51
Borgonha, cultura da, 231-2
Borgonha, duque de, 207
Boris Godunov, tsar, 295, 301
Bothwell, James Hepburn, conde de, 210-1, 212
Bourbon, Carlos, cardeal de, 332
Bowes, sir Jerome, 298, 301
Bracciano, Virginio Orsini, duque de, 202
Brandon, Eleonora, 95
Brandon, Francisca, 95-6, 193
Brereton, William, 53-4

Bridewell, prisão, 327
Bridges, Elizabeth, 328
briga de galos, 64
Brion, almirante da França, 44-5
Bromley, Thomas, lorde chanceler, 281-2, 283-4, 291-2
Browne, Thomas, 221
Bruener, barão de, 173
Bryan, lady Margaret, 34, 38-40, 57-8, 60
Buchanan, George, 227, 263
Buckingham, duque de, 306
Bull, Simon, 291
Burghley, casa de, 120
Burghley, lorde *ver* Cecil, William
Burghley, Thomas, lorde, 345

Cabala: Mysteries of State, 306
Cabot, Sebastian, 295
caça, 64-5, 241
Calais, perda de, 160-1, 173, 184, 186, 188
Calvino, João, 22
Camden, William, 99
campanários sem sinos, 216
Campion, Edmund, 249-53, 263, 278
    Campion's Brag, 249
Campo do Pano de Ouro, 43, 91
Cântico dos Cânticos, 310
Capela Real, 90, 144-5
Carew, George, 145
Carew, sir Peter, 125
Carey, Henry, 216
Carlos, arquiduque da Áustria, 168, 172
Carlos I, rei da Inglaterra, 144, 306, 328
Carlos II, imperador (Carlos o Calvo), 145
Carlos IV, imperador, 76
Carlos IX, rei da França, 254-8, 261
Carlos V, imperador, 37, 42-4, 46, 52, 102, 206
Carlos VI, rei da França, 182
Carlos VIII, rei da França, 71
Carlos Magno, 36, 142
Carlos o Temerário, duque da Borgonha, 232
"casas de engomar", 151
Castelli, Giovanni Battista, 262
Castiglione, Baldassare, 26, 52-3, 119, 127, 169-70, 200
Castiglione, Battista, 117-20, 123
castração de comerciantes capturados, 314
Castro, Alfonso de, 114

Catarina de Aragão, 33, 36-7, 38, 41, 43-6, 164
   casamento com o príncipe Artur, 57, 140
   casamento declarado legítimo, 101
   divórcio, 19, 44, 57, 77, 160, 230
   morte, 45
Catarina de Valois, 172
Catarina de York, 102
cavalheirismo e realeza, 20-1, 25, 48, 190, 347
Cavendish, Margaret, 328
Cecil, Anne, 298, 326
Cecil, David, 91
Cecil, Mary, 91
Cecil, Mildred, 91-2, 96, 118
Cecil, Richard, 91
Cecil, Robert, 30, 322, 331, 333
   e a rebelião de Essex, 342-4, 348
   e a sucessão de Elizabeth, 354, 356
Cecil, William (lorde Burghley):
   ascensão à fama, 91-4, 214
   e a ascensão de Elizabeth, 124-5
   e a ameaça católica à Inglaterra, 212, 216-7, 226, 250-1
   e a Armada espanhola, 304
   e a coroação de Elizabeth, 136, 141, 143-4
   e a morte de Leicester, 313
   e a Reforma religiosa, 93, 115, 160-5
   e a resistência anti-Maria, 118-20, 122-3
   e a sucessão de Elizabeth, 170, 195-6
   e John Dee, 300
   e lady Jane Grey, 96-7
   e Maria Stuart, 227-8, 283-4, 285-7, 290-1, 293
   e o "Instrumento de Associação", 269, 270
   e o caso de Elizabeth Stanley, 327
   e o caso Lopez, 321-3
   e o complô de Babington, 277, 281-3
   e o complô de Dudley, 94-5, 174
   e o complô de Ridolfi, 218-23
   e o complô de Throckmorton, 264
   e os Países Baixos Espanhóis, 273, 331
   e piratas, 208
   familiaridade com Maquiavel, 23-4
   "pensão" espanhola, 165
   política escocesa, 188-90, 192, 332-3
   política francesa, 332-3
   saúde em declínio, 333
Cecília, princesa, margravina de Baden-Rodemarchen, 169

Cercel, Pedro, 318
Chaloner, sir Thomas, 174, 207
Champernowne, Katherine, 58
Chancellor, Richard, 294-5
Chandon, lorde, 328
Chapuys, Eustace, 37-9, 41-2, 46, 74
Chartley, 277, 280
Chaucer, Geoffrey, 15, 233
Cheke, John, 61, 91, 93, 119-21, 300
Cheshunt, 85-6
Chipre, conquista otomana de, 313-4
Churchill, Winston, 303
Cícero, 21, 61-2, 93, 147, 307
cintos usados no parto, 36
Clapham, John, 351
Cláudia, rainha da França, 52, 70
Clemente VII, papa, 43-4
Clere, lady Alice, 41
Clifford, Margarida, 95
Cobham, lorde, 220, 327
Cockfield Hall, 196
Código Justiniano, 313
Colet, John, 27
Coligny, Gaspard de, almirante da França, 254-7
Companhia da Turquia, 317, 324
Companhia das Índias Orientais, 302
Companhia de Moscóvia, 295-7, 302
Companhia do Levante, 302, 316
Companhia Eastland, 302, 318
companhias de sociedade por ações, 295-6, 302, 316
complô de Throckmorton, 261, 264-5, 272, 276
conceito emergente de Estado, 17, 22-3
Concílio de Trento, 225
Congregação dos Lordes, 187-90, 192
Constantinopla, conquista otomana de, 313
construção naval, 294-5, 302
Contrarreforma, 164, 207, 298-9, 317
Cook, Christopher, 110
Cooke, sir Anthony, 91, 162
Copley, Anthony, 226
Cordaillot, secretário, 277
coroação, juramentos de, 142-4
Courtenay, Edward, 102, 108-9, 116
Coventry, 215
Cox, Richard, 162
Cranmer, arcebispo Thomas, 19, 23, 142
Crichton, William, 262-3

crisma, 145
cristianismo, limitações ideológicas do, 22
Cristiano, rei da Dinamarca, 359
Crofts, sir James, 104, 108
Cromwell, Thomas, 23, 41, 45
    e a queda de Ana Bolena, 47-8, 53-5
crônica anglo-saxã, A, 130
Culpeper, Thomas, 59
Cumberland, conde de, 242
Curll, Gilbert, 280, 285

Dacre, Leonard, 215-6
Dallam, Thomas, 324
damas de honra, 177, 325-30
dança, 65, 199-202, 241
Danvers, sir Charles, 343
Darcy, Francis, 328
Darnley, Henrique Stuart, lorde, 204, 210-2
Davies, sir John, 343
Davison, William, 290-3
Day, John, 120
De Carles, Lancelot, 46, 78
De Espés, dom Guerau, 210, 218
De Quadra, Alvarez, embaixador espanhol, 168
Débora (heroína bíblica), 135, 140-1, 143
Dee, John, 300-1
Demóstenes, 63
Denny, sir Anthony, 85
Derby, William Stanley, conde de, 327
Dereham, Francis, 59
Despenser, Hugh, 173
Devereux, Robert Junior, 328
Devereux, Robert *ver* Essex, Robert Devereux, conde de
Diana, iconografia de, 245-6, 353
Diane de Poitiers, 71, 185, 245
Digby, sir George, 330
direito divino, 23, 26, 143, 147, 190, 253, 287, 313, 334
    e a rebelião de Essex, 346-7
    Ricardo II e, 181-3
"Dispositivo para a alteração da religião", 161-2, 164, 188, 216, 252
dissolução dos mosteiros, 295, 314
Ditchley, préstitos em, 237-8, 243
divina majestas, 179
Dom Carlos, 167
Dom João, 259

Donnington, castelo, 104, 106-8
Dormer, Jane, 124
Dorset, marquesa de *ver* Suffolk, Henry Grey, duque de
Douai, seminário de, 248, 277-9
Douglas, Margarida, 95, 204
Dowland, Robert, 81
Drake, sir Francis, 259-60, 273, 304-5
Drant, Thomas, 230
Dudley, Ambrose, 167, 172
Dudley, Amy (nascido Robsart), 171, 174-7
Dudley, complô de, 115-8, 121, 123, 158-9
Dudley, Edmund, 94
Dudley, Guildford, 97, 105, 193
Dudley, John *ver* Northumberland, duque de, Dudley, duque de
Dudley, Katherine, 298
Dudley, Robert, Junior, 328
Dudley, Robert *ver* Leicester, Robert Dudley, conde de
Dudley, sir Henry, 115-6
Durham, catedral de, queima de Bíblias inglesas na, 215
Durham House, 96
Durham Place, 114
Dymock, John, 176

Edith, rainha da Inglaterra, 76
Edito de Beaulieu, 261
Eduardo II, rei da Inglaterra, 173
Eduardo III, rei da Inglaterra, 42, 194
    e a cultura da Borgonha, 231-2
Eduardo IV, rei da Inglaterra, 32, 52, 94, 102, 153, 173
Eduardo V, rei da Inglaterra, 32
Eduardo VI, rei da Inglaterra, 27, 58-9, 67, 69, 81, 140, 206
    coroação, 94, 136-7, 140, 142-4
    e o retrato da família real, 66
    educação, 61, 63-4
    morte e sucessão, 95-7
    política francesa, 184-5
    relações com Elizabeth, 88-90
educação reformada, 61-2
Edward, 294-5
Egerton, Thomas, lorde curador, 342, 344
eglantina, 340
Elbeuf, marquês d', 189
elefante, dado como presente, 332

Eleonora da Aquitânia, 48, 151-2
Eleonora da Provença (a "nicatrix"), 70
Eleonora de Castela, 148
Elfrico, 129
Eliot, George, 250-1
Elizabeth I, da Inglaterra, retratos:
   A família de Henrique VIII, 65-8, 81
   Allegorical Portrait, 357
   Elizabeth I e as três deusas, 9-11, 27-30
   Rainha Elizabeth I como Diana e papa Gregório XIII como Calisto, 246
   Retrato Clopton, 81
   Retrato da Armada, 30-1, 204, 310, 357
   Retrato da coroação, 178-9, 182, 183, 357
   Retrato da fênix, 236
   retrato de Isaac Oliver, 351
   retrato de Scrots, 81
   Retrato do arco-íris, 152, 245
   Retrato do pelicano, 236-7
   retratos de crivo, 309
Elizabeth I, rainha da Inglaterra:
   ascensão, 92, 124-7, 132
   assinatura, 28-9
   atividades de lazer, 63-6
   aversão ao casamento, 166-9, 170-2, 177
   batismo, 37-8
   "Carta da maré", 105-7
   e o caso Seymour, 83-9
   circunstâncias de nascimento, 34-7
   como "Gloriana", 238, 330
   como "príncipe", 29-30
   conhecimento de italiano, 99-100, 121-2
   coroação, 136-46, 182, 200
   "culto a Elizabeth", 47-8, 239, 261
   e culto da virgindade, 30, 33, 73, 176-83, 238, 266, 308-9, 325, 340, 346
   defesa da mãe, 99-100
   "Discurso de Ouro", 350
   doenças, 93, 104, 223, 312
   educação e estudo, 61-5, 68, 99, 114
   estilo de retórica, 307
   excomunhão, 163, 217, 313
   familiaridade com Maquiavel, 22-4
   e a guerra com a França, 189-91
   higiene, 148
   identificação com Ricardo II, 179
   e ilegitimidade, 57-9
   joias, 156-7
   e o julgamento e execução de Maria Stuart, 24-5, 282-93
   legado, 83
   lema, 234
   e a licenciosidade na corte, 325-30
   e madrastas, 59-61
   mal-entendido com Maria Stuart, 203-5
   maquiagem, 153-6
   morte, 355-8
   e a morte da mãe, 33-4
   negligência com sua segurança, 65
   parcimônia, 157, 231, 275, 324
   patrocínio das artes, 229-31
   popularidade, 110, 114
   "precocidade", 61
   primeira carta existente, 69
   prisão em Woodstock, 110-3
   prisioneira na Torre, 98, 106-7
   propostas de casamento, 158-61, 163, 165, 167-72, 254-5, 265-8, 308-11
   proprietária de livros, 229-30
   recuo para a feminilidade, 199
   e a Reforma religiosa, 144, 159-65, 206
   relacionamento com o pai, 82
   e a religião reformada, 79-82, 90, 96, 163, 252
   e o retrato da família real, 65-6
   e resistência anti-Maria, 118-23
   restaurada para a sucessão, 67, 95-6
   roupa, 149-53
   e a sucessão, 192-7, 201, 203, 351-4, 356-7
   tradução de Boécio, 25-6, 334-5
   tradução de *Le miroir de l'âme pécheresse*, 69-70
Elizabeth II, rainha da Inglaterra, 145-6
Elizabeth de York, 13, 27, 32, 34, 35, 82, 232, 340
Eltham Palace, 40-2, 193, 232
Elvetham, entretenimento em, 196
Elyot, sir Thomas, 200
emblemas, 236
encadernadores, 93
Erasmo, 27, 63, 74
Érico, rei da Suécia, 168-70, 176, 301
Escócia:
   aliança e guerra com a França, 184-91
   campanha de Ricardo II na, 180-1, 182
   guerra civil na, 211
   e "Rough Wooing", 184
escravos, 209, 314

escrita, 28-9
Espanha:
    ameaça de invasão da, 268-9, 272-3, 275-6, 304
    política francesa, 186
    política inglesa, 164-5, 258-9, 330-1
    e territórios do Novo Mundo, 164
    ver também Países Baixos Espanhóis
Espira, dieta de, 74
Essex, Robert Devereux, conde de:
    ambições militares, 330, 333, 338-9
    e o caso Lopez, 321-3, 333
    julgamento e execução, 345-8
    rebelião, 179, 342-8, 349
    relacionamento com Elizabeth, 25, 202, 321-2, 339-42
    relacionamento com mulheres, 327-8, 330
    seu retrato, 340-1
Essex House, 342-5
Este, Ana d', 185
Este, Hércules d', duque de Ferrara, 185
Estêvão Báthory, rei da Polônia, 299, 318
Estêvão, rei da Inglaterra, 131
estoicos, 21
Etelvulfo, rei da Saxônia Ocidental, 145
Eva, criação de, 133

Felipe II, rei da Espanha:
    e a ascensão de Elizabeth, 124
    ascende ao trono português, 259
    e o assassinato de Guilherme de Orange, 268-9
    e a aversão de Elizabeth ao casamento, 167
    e a captura de John Cheke, 120-1
    casamento, 101, 104, 113-4, 135, 158-60, 173
    e o complô de Dudley, 115-6, 118, 120-1, 158
    e o complô de Guise, 263-4, 272-3
    e o complô de Ridolfi, 219-21, 222
    familiaridade com Maquiavel, 23
    e a invasão da Inglaterra, 272-3, 304
    morte, 158, 338
    e as negociações do casamento de Anjou, 266, 272, 310
    e os Países Baixos Espanhóis, 206-10, 255-6, 258-9, 266, 272
    "pensionistas" ingleses, 165
    política francesa, 186, 190, 331, 334
    política inglesa, 164-5, 258, 268
    proposta de casamento, 158-61, 246

Felipe de Borgonha, 67
Felton, John, 217
Feria, conde de, 124, 159-61, 173
    Katherine Grey e, 193-4
Fernando, arquiduque, 167
Fernando de Aragão, 43, 164
Ferrara, 62, 121
Filipa de Hainault, 42
Fiódor Ivanovitch, Teodoro I, tsar, 295, 301-2
Fitton, Mary, 166, 327, 350
Fitzgerald, lady Elizabeth, 60
Fitzroy, Henrique, 37
Florença, 17-8, 27, 219
Fontainebleau, 68, 340
Fortescue, sir John, 126
Fotheringhay, castelo, 282-3, 287, 290-2
Four Foster Children of Desire, The, 238
Foxe, John, 52, 78-9, 88, 107, 241
Framlingham, 97
França:
    aliança e guerra com a Escócia, 184-91
    domínio de Guise na, 184-91
    e galicanismo, 225-6
    guerras com a Inglaterra, 160-1, 330-4
    guerras de religião, 190, 197, 225-6, 254
Francis, Edward, 355
Francisco I, rei da França, 27, 42-5, 52, 70-1
Francisco II, rei da França, 185-9
Frederico, príncipe da Dinamarca, 167

galês, 58
galicanismo, 225-6
Gardiner, bispo, 23, 105, 112, 114
Gascoigne, George, 242
Gaveston, Piers, 173
Gawdy, Francis, 284
Gaywood, Norfolk, 306-7
Gelt Bridge, batalha de, 216
Gembloux, batalha de, 259
gênero, 13-4, 29-30, 133-5, 152, 154
    nas culturas escandinava e anglo-saxã, 128-32, 133-4
    e o julgamento de Maria Stuart, 286
    ver também mulheres
Genesius, Joannes, 230
Geoffrey de Monmouth, 240
Gérard, Balthasar, 268
Gifford, Gilbert, 277-8
Giotto, 119

Globe Theatre, 344
golas em favos, 151
Gorboduc, 240
Gorges, sir Ferdinando, 343, 345
Gower, George, 309
Gower, John, 233
Granada, conquista de, 164
Grande Canal, 29
Greene, Robert, 329
Greenwich, palácio de, 38, 40, 97, 113, 219, 316
grego, 16, 24, 62-4
Gregório XIII, papa, 249, 250, 259
Gregory, Arthur, 278
Grey, Elizabeth, 94
Grey, Henry, *ver* Suffolk, Henry Grey, duque de
Grey, John, 94
Grey, Katherine, 95, 192-7, 204, 240
Grey, lady Jane, 95-8, 105, 109, 115, 193
Grey, Mary, 95, 193
Grey de Pyrgo, lorde John, 195
Grindal, bispo Edmund, 257
Grindal, William, 28, 61, 147
Gruuthuse, lorde Louis de, 231
Guerra das Rosas, 26, 32, 94, 180, 231
Guicciardini, Francesco, 200
Guildford, Jane, 94
Guildford, sir Edward, 94
Guilherme I, rei da Inglaterra, 128, 131
Guilherme IX da Aquitânia, 48
Guilherme, príncipe de Orange, 255, 268-9, 272
Guise, Cláudio, duque de, 161, 185-6
Guise, Francisco, duque de, 197
Guise, Henrique, duque de, 254, 256-7, 261-5, 268, 284, 331-2
Guise, Maria de, 88, 133, 184-5, 188, 190
Gundulph de Rochester, 72

Hall's Chronicle, 37, 50
Hamburgo, 210
Hampton Court, 58, 94, 112, 114, 213, 224, 269, 271
Hanworth, 83-6
Harborne, William, 317
Hardwick Hall, 229
Hare, Thomas, 306
Harington, sir John, 125, 342, 349, 355
Hart, John, 217, 249-50
Hartlepool, 214

Hastings, lady Mary, 298-9
Hatfield House, 38, 40, 86-8, 93, 113, 115, 117, 125, 359
Hatton, sir Christopher, 23, 200, 230, 281, 283, 285, 287, 291, 299
Hawkins, John, 209, 259, 314
Hayward, sir John, 137
Heath, arcebispo Nicholas, 141
Helena, rainha de Corinto, 238
Henrique I, rei da Inglaterra, 72, 128, 130-1
Henrique II, rei da França, 116, 184, 185-8
Henrique III, rei da França, 71, 261-5, 273, 326, 331-2
Henrique IV, rei da França (Henrique de Navarra), 202, 254, 256, 265, 272, 330-3, 337
Henrique IV, rei da Inglaterra, 32, 180
Henrique V, rei da Inglaterra, 32
Henrique VI, rei da Inglaterra, 132, 286, 307
Henrique VII, rei da Inglaterra, 13, 32, 43, 52, 140, 180, 207
    e a imagem do "último imperador", 241
    como príncipe renascentista, 26-7
    e a profecia sibilina, 240-1
    reconstrução do palácio de Richmond, 26-7, 232
Henrique VIII, rei da Inglaterra:
    ascensão, 32
    casamento com Ana Bolena, 43-4, 50-2, 57-8
    e a dança, 201
    divórcio, 19, 44, 51, 57, 77, 160
    editos sobre idolatria, 237
    funeral, 94
    e a imagem do "último imperador", 241
    morte, 82, 83
    patrocínio das artes, 18-9
    como príncipe renascentista, 26-7
    proprietário de livros, 230
    e a queda de Ana Bolena, 47, 55
    relacionamento com Elizabeth, 60, 66-7, 82
    relacionamento com Maria, 39, 41-2, 45
    relações com a França, 43-5
    religião e rompimento com Roma, 75-8
    Spenser e, 310
    e a sucessão, 32-4, 37-8, 58-9, 67
    e a sucessão, 95-6, 124, 193, 195-6
    The Defence of the Seven Sacraments, 75
Herbert, lorde, 193

Herbert, Mary *ver* Pembroke, Mary Herbert
 (Sidney), condessa de
Herle, William, 220
Hertford, Edward Seymour, conde de, 193-7
Hever, castelo, 59
Heveringham, Abigail, 330
High Wycombe, 110
Hilliard, Nicholas, 236, 245, 340, 351
história clássica, 16-8
Hoby, Elizabeth, 118
Hoby, sir Philip, 118-9, 121
Hoby, sir Thomas, 118-20
Hoefnagel, Joris, 9-11
Holbein, Hans, 27, 66, 68
Holdenby House, 229
Holstein, duque de, 175
Horsey, Jerome, 297-8
Hôtel de Guise, 268
Howard, Catarina, 60-1, 168
Howard, Elizabeth, 38, 51
Howard, Lady *ver* Nottingham, Catherine
 Howard, condessa de
Howard, lorde Henry, 354
Howard, Mary, 37
Howard, Maud, 61
Howard de Effingham, lorde *ver* Nottingham,
 Howard de Effingham, conde de
Howard House, 221
huguenotes, 197, 210, 217, 257, 261, 295, 335
humanismo, 15-8, 48, 119
Hunsdon, 40, 60
Hunsdon, lorde, 330
Huntingdon, conde de, 142
Huntingdon, Katherine, condessa de, 172
Hussey, Thomas, 214

Il Schifanoia, embaixador, 136-8
Imaculada Conceição, festa da, 72
incesto, e os graus de parentesco proibidos,
 57-8, 159-60
Inglaterra:
 e a ameaça católica, 212, 216-7, 225-6,
  246-53
 e a ameaça de invasão pela Espanha,
  268-9, 272-3, 303-5
 complô da invasão, de Guise, 263-5,
  268, 271, 272-3
 estatismo emergente, 10-1
 guerra civil do século XII, 130-1

guerras com a França, 160-1, 330-4
isolamento protestante, 33, 43-4
política espanhola, 164-5, 258-9, 330-1
política francesa e escocesa, 184-91
relações com a França, 43-5
resistência anti-Maria, 118-23
Inquisição na Espanha, 207
"Instrumento de Associação", 269, 270, 287,
 290, 354
intercessão e o papel da rainha na Inglaterra,
 129, 353-4
Irlanda, 276, 330, 338-9, 342-3
Isabel, infanta, 334, 353
Isabel da França, 173, 181, 307
Isabel de Angoulême, 70, 172
Isabel de Castela, rainha, 102-3, 164, 259
islâmica, arte, 68
Itália, Reforma na, 119
italiano, 23-4, 62, 69, 82, 99-100, 121-2, 239
Ivan o Terrível, tsar, 294-302

Jaime V, rei da Escócia, 88, 184
Jaime VI, rei da Escócia, 22, 25, 56, 202, 222,
 304, 359
 e a execução de Maria Stuart, 292
 e a rebelião de Essex, 343, 347
 relacionamento com Lennox, 262-3
 e a sucessão, 353-4, 357
janízaros, 314, 319
Jenkinson, Anthony, 314
Jerusalém, 156-7, 183
jesuítas, 248-52
Jewel, John, 241
João, duque da Finlândia, 169
João, rei da Inglaterra, 70
joias, 156-7
Jones, sra. ("mãe das damas"), 328
Jonson, Ben, 200, 239, 356
Judite, rainha da Inglaterra, 145
Julgamento de Páris, 10, 29
Juvenal, 352

Kenilworth, préstito em, 239-42
Kent, conde de, 291
Killigrew, William, 292
Kingston, sir Anthony, 115-6
Kingston, sir William, 78
Kirk o'Field, explosão em, 210
Knollys, Lettice, 265, 275, 319

Knollys, sir Francis, 162
Knollys, sir William, 329
Knox, John, 132-5, 140, 151

La Marche, Olivier de, 232
La Mothe-Fénelon, embaixador, 218
Lambarde, William, 179
Lambertus, Francis, 78
Lambeth Palace, 345
lamento de Nápoles, O, 121
Lancaster, ducado de, 125-6
Lanfranc, arcebispo, 75
Laski, Jan, 299-301
Laski, príncipe Albertus, 299
latim, 16, 24, 61-4, 75-6, 183, 239, 307, 336
Latimer, William, 52, 75, 78-9
Laud, arcebispo William, 144
Le miroir de l'âme pécheresse, 69, 71-2, 80
Le Morte d'Arthur, 178
Leão X, papa, 75
Lee, sir Henry, 237-9, 241-3
Leeds, castelo, 69
Lefèvre d'Etaples, Jacques, 74
Leicester, Robert Dudley, conde de:
    e a ameaça católica à Inglaterra, 249
    ascensão à fama, 91-5
    e a ascensão de Elizabeth, 125
    casamento com Lettice Knollys, 265-6
    caso com lady Douglas Sheffield, 242
    seu código, 230
    e o complô de Ridolfi, 218, 221
    e a coroação de Elizabeth, 141
    elevado à nobreza, 203-4
    e as expedições de Hawkins, 209
    e a gravidez de Katherine Grey, 194
    e joias, 156, 211
    e Maria Stuart, 203, 284, 291
    e a montaria, 64-5
    morte, 313, 319-20
    e a morte da mulher, 174-7
    e os Países Baixos Espanhóis, 242, 259, 273-6, 294, 319, 339
    e "pensão" espanhola, 165
    e o préstito de Kenilworth, 239-42
    prisioneiro na Torre, 97-8, 108
    e a proposta matrimonial de Anjou, 308, 310
    recebe Elizabeth em Tilbury, 306
    relacionamento com Elizabeth, 92-4, 170-6, 192, 312, 329
    e as relações com a Rússia, 296, 299, 302
    retrato de Federico Zuccaro, 242
Leicester House, 94
Leicester's Commonwealth, 174
Leigh, Alice, 328
Leigh, Katherine, 328
Leigh, William, 306
Leith, bloqueio de, 190
Lemberg, arcebispo de, 319
Lennox, Esmé Stuart, duque de, 262-3
Lennox, Matthew, conde de, 204
leões na Royal Menagerie da Torre, 107
Lepanto, batalha de, 305, 313-4
Liber Regalis, 136
Liga Católica, 261-2, 272, 330-2
Linacre, Thomas, 27
Little Device, 136
Littleton, John, 343
Lívio, 63
Livônia, 299, 318
Livro da Revelação, 241
Livro de Jó, 230
Livro de Oração Comum, 126, 162
"Livro de orações da rainha Elizabeth", 73
"livro-espelho", 18, 127
Lochleven, castelo, 211
lollardismo, 76-7
Lomazzo, Gian Paolo, *Trattato dell'arte della pittura*, 235
Londres, 302, 304-5
    e a coroação de Elizabeth, 137-9
Longleat House, 229
Lopez, Rodrigo, 320-3, 333
Lorena, cardeal de, 185
Lucano, 340
Luís, conde de Nassau, 255
Luís XII, rei da França, 43, 52, 71, 185
Luísa da Savoia, 70-1
Lumley, lorde, 179, 222
Lusignan, condes de, 153
Lusignan, Hugo de, 172
Lutero, Martinho, 74, 230
Luto de Milão, O, 121
Lyford Grange, 251
Lyly, John, 196, 236, 309

magnificência (*magnificenza*), 147-8, 150, 216, 231, 233, 235, 243
Magno da Livônia, 299

Maisse, André Hurault de, embaixador francês, 202
Maitland, William, 25, 194-5
Malaspina, Germanico, núncio papal, 319
Manners, lady Bridget, 327
Mantegna, Andrea, 119
maquiagem, 153-6
Maquiavel, Niccolò, 17-8, 21-6, 28, 119, 121, 234, 253, 287-9
Margarida, arquiduquesa (Países Baixos), 52, 207
Margarida da Áustria, 71
Margarida de Anjou, 307
Margarida de Navarra, 69-72
Margarida de Parma, 207-9
Margarida de York, 231
Margot, princesa, 254, 256
Maria I, rainha da Inglaterra:
  Ana Bolena e, 41-2
  ascensão, 97-9, 102
  casamento, 101, 104, 112-3, 135, 158-60, 173
  casamento, planos de, 44-5
  e o complô de Dudley, 114-8, 158-9
  coroação de, 99, 144-5
  doença e morte, 114, 124-5, 132
  educação e estudo, 28, 63, 99-100
  gravidez, 112-3, 124, 159
  ideias sobre o casamento, 177
  e lady Jane Grey, 96-8
  livros que tinha, 230
  e o nascimento de Elizabeth, 39, 270
  perda de Calais, 160-1, 173, 184, 186
  perda de popularidade, 102, 135, 160-1, 168, 173
  e a rebelião de Wyatt, 102-9
  reconduzida à sucessão, 67, 95
  relacionamento com Elizabeth, 89-90, 99-101, 112-3
  e a restauração do catolicismo, 19, 27-8, 110, 112-5
  e o retrato da família real, 66
  sem filhos, 167-8
  status como Rainha Reinante, 128, 133, 135, 137, 173
  e o status de Elizabeth, 40-1, 57-8
Maria da Áustria, 207
Maria de Guise *ver* Guise, Maria de
Maria Manuela de Portugal, 167
Maria Stuart, rainha dos escoceses:
  e a ameaça católica à Inglaterra, 257-9
  ascensão, 187
  assina o "Instrumento de Associação", 270
  casamento com Bothwell, 210-11, 212
  casamento e assassinato de Darnley, 204, 210-1, 212
  casamento francês com, 184-7
  Casket Letters, 212
  e o complô de Babington, 277-85
  e o complô de Ridolfi, 218-24
  e o complô de Throckmorton, 264-5
  correspondência interceptada, 277-8
  seu dossel oficial, 270, 291
  entendimento errado por parte de Elizabeth, 203-5
  exibe as armas inglesas, 188
  e joias, 156, 211
  julgamento e execução, 25, 283-93, 304, 331, 348, 353
  e o massacre de Wassy, 197-8
  prisão de, 210-3, 215-6, 224-8, 269-71
  propostas de casamento, 203
  retorno à Escócia, 191, 192, 195
  status como Rainha Reinante, 30
  e a sucessão inglesa, 194-5, 203-5
Marlowe, Christopher:
  O judeu de Malta, 17, 347
  O massacre em Paris, 321
Marrocos, 316
Marshalsea, prisão de, 220
martírio, católicos e, 278-9
matemática, 16, 62, 300
Matilde, imperatriz, 130-1, 132
Matilde da Escócia, 72, 76, 128, 130, 230
Matilde de Boulogne, 131, 132, 307
Matilde de Flandres, 75-6, 128, 142
Matthieu, Claude, 262
Maximiliano I, imperador, 43
Maximiliano II, imperador, 297
Maynard, Henry, 322
medalhas consagradas, 177
Médici, Catarina de, 44, 51, 133, 187, 191, 201, 211, 224, 254-7
Médici, Lorenzo de, 18
medicina e biologia, 16, 39
Medina Sidonia, duque de, 304
Mehmed III, sultão, 315, 323-4

Melissus, Paulus, 336-7, 340
Melusina, 153
Melville, sir James, 198-9, 201-3
memorialismo, tradição de, 230
Mendez, Alvaro, 322-3
"mendigos do mar", 209-10
Mendoza, Bernardino de, embaixador, 260, 262, 264-5, 267, 272, 279, 314, 320
Meyrick, mordomo, 344
Mézières, Philippe de, 182-3
Michelet, Jules, 71
Michiel, Giovanni, 99
Middelburg, 276
mignons, 262, 326
Mildmay, sir Walter, 221, 283
milícia de Paris, 257
Milton, John, 126
Moldávia, 318-9, 322
montaria, 64
Moray, conde de, regente da Escócia, 211-3, 224
More, Thomas, 62-3, 127
Morgan, Lucy, 327
Morgan, Thomas, 277, 278, 279
Morison, Richard, 23, 118, 121
Morrison, Fynes, 315
Mortimer, Roger, 173, 181
Morton, conde de, 262
Mountjoy, lorde, 327, 343
Mowbray, Thomas, 181
Mulcaster, Richard, 140
mulheres:
    no campo de batalha, 307
    conceito medieval de virago, 130-4
    e a cultura vernacular, 63, 75-6
    e educação, 62-3, 91-2, 127
    e licenciosidade na corte, 326
    e pirataria, 128
    status e realeza, 127-35
    ver também gênero
Munday, Anthony, 217, 248
Murad III, sultão, 315-7, 324
música, 198-200, 201
    ver também dança
Mytilene, dom Solomon, duque de, 322

Nau, Claude, 280, 285
navegação, 295, 302
Negri, Francesco, 119
Neovdatcha, embaixador, 298

Neville, Henry, 94
Noailles, Antoine de, 104, 116
Nombre de Dios, ataque em, 259-60
Nonsuch, palácio, 27, 193, 341
Norfolk, Thomas Howard, quarto duque de, 171-2, 200
    e o complô de Ridolfi, 219, 221-4, 226-8
Norfolk, Thomas Howard, segundo duque de, 59, 78, 102, 141, 157
Norfolk, Thomas Howard, terceiro duque de, 37, 51, 72
Norrey, sir John, 333
Norris, Henry, 53-4, 224
Norte, revolta do, 214-5, 218, 222, 224, 271
Northampton, Henry Howard, conde de, 308
Northampton, William Parr, marquês de, 119, 170, 172
Northumberland, Henry Percy, oitavo conde de, 264, 280
Northumberland, John Dudley, duque de, 92-9, 102, 115-6, 167
    e a construção naval, 294-5
Northumberland, Thomas Percy, sétimo conde de, 214-6
Norton, Richard, 214
Norton, Thomas "Rackmaster", 246, 249
Norwich, decano de, 347
Nottingham, apartamentos reais em, 232
Nottingham, Catherine Howard, condessa de, 329
Nottingham, Howard de Effingham, conde de, 157, 252, 291, 304-5, 345, 357
Novgorod, República de 294
Novo Mundo, territórios do, 164
Nurbanu, sultão 315

Oatlands Palace, 113
Ochino, Bernardino, 119
Oglethorpe, bispo Owen, 141, 143-4
Oliver, Isaac, 351
Opicius, Johannes, 240
Ormond, conde de, 51
ortodoxa, religião, 296
Otomano, Império, 74, 296, 298, 299, 302, 313-8, 323
Outremer, 153
Owen ap Maredudd, 172
Oxford, conde de, 298, 326-7

Pádua, 27, 119, 121
Page, sir Richard, 53
Paget, Charles, 264
Paget, lorde Henry, 98
Países Baixos Espanhóis, 206-10, 255-6, 258, 266, 272-6, 330-1
  e a Armada espanhola, 304-5
  e o complô de Ridolfi, 219-21, 222
  Leicester e os, 242, 258, 273-6, 294, 319, 339
Palatino, *Il Libro Nuovo*, 29
Papey, sanatório, 218
Parma, duque de, Alessandro Farnese, 274-6, 300, 303-5
Parr, Catarina, 60-1, 65, 66-7, 69, 80-2, 168, 252
  e a educação das mulheres, 91-2
  Prayers and Meditations, 82
  Seymour, casamento e morte, 83-7, 89
Parry, Blanche, 58
Parry, Edmund, 117
Parry, Thomas, 84-8, 111, 114, 117, 120, 125
"passatempo", 52-3, 55
Paulet, sir Amyas, 269-70, 278, 283, 285, 290-1
Payne, John, 251
pelicano, simbolismo do, 236-7
Pembroke, Henry Herbert, segundo conde de, 334
Pembroke, Mary Herbert (Sidney), condessa de, 334-5
Pembroke, William Herbert, primeiro conde de, 167, 209
Pembroke, William Herbert, terceiro conde de, 327
Percy, Charles e Joscelyn, 344
Peregrinação da Graça, 214
pergaminho, rolos de, 36
Persons, Robert, 250, 263, 353
Petrarca, 309
"Petrarca, oposições de", 49-50
Phelippes, Thomas, 248, 277-8, 280, 282-3, 322
Piccolomini, Alexandre, 150
Pickering, sir William, 104, 172
Pinkie Cleugh, batalha de, 184
Pio V, papa, 216-7, 249
pirataria, 128, 316
  ver também piratas
piratas, 208, 259, 330
Pisan, Christine de, 71, 154, 156
Pissemski, embaixador, 298-9

Plantageneta, Artur, 94
Platão, 62-3
poldavies, 295
Pole, cardeal Reginald, 112, 116, 120-1
Poley, Robert, 281
política "mercantilista", 17
Pollweider, barão de, 166
Polônia, 297-301, 318
Pompeu o Grande, 340
Pormort, Thomas, 355
Portugal, 164, 259
Possevino, Antonio, 300
prensa tipográfica, advento da, 16
préstitos de coroação, 29, 137-40, 142-3
préstitos e entretenimentos, 237-44, 269
prodigy houses, 229
profecia sibilina, 139, 240-1
prostitutas, 155, 329
"protestante" (a palavra), 73-4
Pselo, Miguel, 126
Puckering, John, 284-5, 287
puericultura, 36
puritanos, e modo de vestir, 151
Puttenham, George, 154
Pyrgo Park, 60

Queen's College, Cambridge, 27
Quintiliano, 21

Rainha Encantada, 238-9, 243
Ralegh, Walter, 25-6, 29, 289, 327, 334
Randolph, Thomas, 192, 227
realeza e os "dois corpos", teoria da, 125-6, 134-5, 346, 350, 353
rebelião de Wyatt, 102-9, 120, 123, 135, 193, 285
redes de inteligência, 152, 218-9, 247, 250-2, 298, 300-2, 303, 321-2, 343-4
Regnans in Excelsis, 216-7, 225-6, 236, 249, 313-4
Reims, 248
Reims, bispo de, 145
reinado na Inglaterra, 127-35
relíquias, 36
Renard, Simon, embaixador, 101, 105, 108, 121, 124
Renascimento, Renascença:
  e o conceito mutante do ser interior, 234
  concepções de, 14-5, 231-3
  e sexualidade transgressora, 325
retratos de Elizabeth, 233-7

Revel, Tristram, 78
Ricardo II, rei da Inglaterra, 26, 32, 76, 179-83, 233, 346
Ricardo III, rei da Inglaterra, 32, 136, 187
Rich, lady, 327
Richmond Palace, 27, 40, 232, 355-6
Richmond, discurso de Elizabeth em, 287-8
Ridley, Nicholas, 99
Ridolfi, complô de, 218-26, 236
Rilke, Rainer Maria, 53
Robert de Gloucester, 130
Robsart, Amy *ver* Dudley, Amy
Rochford, lorde, 41, 46, 53-5, 72
Rodolfo II, imperador, 297
Roma, saque de, 43
Ross, bispo de, John Lesley, 218-9, 220-1, 222, 223
Rösslin, Eucharius, 39-40
roupa, 149-53
Rowlie, Samson, 314
Rudd, dr., 355
Russell, Elizabeth, 328
Rússia, relações da Inglaterra com a, 294-302
Ruthven, rapto de Jaime VI, 263
Rutland, conde de, 172
Ryalle Book, 34

"sabonete espanhol", 148
Sachsenspiegel, 76
Sackville, sir Richard, 136
Sadler, sir Ralph, 221, 269
Safiye, sultana, 315, 323-4
Saint-Quentin, batalha de, 186
Salamone, "o judeu", 324
Salmos, 73, 125, 230, 334-5, 348
Salutem in Christo, 222
"Salva Festa Dies", 142
Sander, Nicholas, 46
Sandes, Elizabeth, 111
santa Ana, 180
Santa Cruz, marquês de, 276
santa Margarida, 76
santa Úrsula, 34
santo Agostinho, 178
santo Edmundo, 181
santo Eduardo o Confessor, 76, 180-1
Santo Graal, 183
santos Ciríaco e Julita, 36
"santos travestidos", 129

São Bartolomeu, massacre do Dia de, 197, 256-8, 321
são Jerônimo, 178
são João Batista, 181
são Paulo, 177
Savoia, Emanuel Felisberto, duque de, 167
Schede, Paul, 183
Scrots, William, 81
Scudamore, John, 281, 325
Seager, Jane, 241
Sêneca, 307
Serra Leoa, 209
Seymour, Edward *ver* Hertford, Edward Seymour, conde de
Seymour, Edward *ver* Somerset, lorde protetor
Seymour, Jane (irmã do conde de Hertford), 194
Seymour, Jane, 47, 58, 61, 66, 68, 168
  seu símbolo com o falcão, 140
Seymour, lorde Henry, 304
Seymour, Thomas (irmão do conde de Hertford), 196
Seymour, Thomas, 61, 83-9, 107, 120, 167-8
Shakespeare, William, 56
  Henrique V, 350
  Henrique VI, Parte I, 17
  Henrique VIII, 19-20
  Ricardo II, 179, 303, 344-6
  Sonho de uma noite de verão, 327
  Um conto de inverno, 153, 156
  Vênus e Adônis, 352, 355
Sharp, Leonel, 306-7
Sheffield, castelo, 221, 228
Sheffield, lady Douglas, 242, 328
Shelton, lady Anne, 38, 41
Shelton, Mary, 325
Shelton, sir John, 38
Shrewsbury, conde de, 221, 269, 291, 313, 356
Shrovetide, celebrações de, 50
Sidney, Henry, 94
Sidney, Mary, 172
Sidney, sir Philip, 154, 156, 170, 238, 299-300
  e sua irmã, 334-6
  sua viúva, 327-8
sífilis, 329
Sigismundo III Vasa, rei da Polônia, 301, 318
Simier, Jean de, 265
Smeaton, Mark, 53-5, 58, 100

Smith, sir Thomas, 200, 254
Smithfield, 110
Snakenborg, Helena, marquesa de Northampton, 170
Sófocles, 63
Somerset, lorde protetor (Edward Seymour), 58, 84, 86-8, 91-2, 95, 107, 114, 193
Somerset House, 99, 114-5, 117, 122
Sorbonne, 44, 332
Southampton, conde de, 327, 339, 343
Southwell, Elizabeth, 327-8
Spenser, Edmund, 98, 238, 308-9, 351-3
St. John's College, Cambridge, 27, 61, 91, 93, 119
St. Loe, William, 103-4
St. Nicholas, porto de, 298
St. Paul, catedral de, 37, 139
St. Paul's Cross, 22, 99, 162
St. Paul, decano de, 90, 251
St. Pol, Jacquetta, 153
Standen, sir Anthony, 276
Stanhope, sir John, 199
Stanley, Elizabeth, 327-8
Stanley, sir Thomas, 328
Stourton, lady Frances, 328
Strickland, Agnes, 36
Stubbes, Philip, 151-2
Stubbs, John, 266
studia humanitatis, 15
Sudeley, castelo, 83
Suécia, 301
Suffolk, Henry Grey, duque de (e marquês de Dorset), 95, 193
Suleiman I, sultão, 314
suntuária, legislação, 149-50
Surrey, Henry Howard, conde de, 56
Sussex, Henry Radclyffe, segundo conde de, 105, 107
Sussex, Thomas Radclyffe, terceiro conde de, 186, 208, 214-5, 221
Sylvester, Daniel, embaixador, 297

Talbot, lorde, 199
tapeçarias, 67-8, 154
tapeçarias de Rafael, 68
tecidos, comércio de, 207-10, 314
Tempest, Robert, 214
Throckmorton, Elizabeth, 327
Throckmorton, Francis, 261, 264, 277
Throckmorton, sir Nicholas, 125, 175, 188, 192, 196

Tichborne, Chidiock, 282
Ticiano, 246
Tiepolo, Paolo, 200
Tilbury, discurso de Elizabeth em, 266, 303, 305-11
Topcliffe, Richard, 249, 355
Torrigiano, Pietro, 27
tortura, normalização da, 246, 249, 251-2
Toscana, duque da, 202
Tottel's Miscellany, 56
Tracey, Henry, 345
Traição, Ato de, 55, 225
Transilvânia, 318
transubstanciação, doutrina da, 145
Tratado de Berwick, 190
Tratado de Blois, 255
Tratado de Bristol, 258-9
Tratado de Cambrai, 43
Tratado de Cateau-Cambrésis, 160-1, 165, 186
Tratado de Edimburgo, 188, 190, 192, 192, 195, 224
Tratado de Haddington, 184
Tratado de Joinville, 272-3, 276
Tratado de Londres, 43
Tratado de Nonsuch, 272-3, 294
Tratado de Vaucelles, 116
Troy, lady, 58
Túcia (virgem vestal), 309
Tudor, Margarida, 36, 204
Tudor, Maria, 38, 52, 110, 119, 128, 132, 133, 136, 161, 167, 173, 184, 186, 193, 217, 226, 230, 270, 344
Túlio, 62
Tutbury Castle, 213, 215, 277
Tyrone, Hugh O'Neill, conde de, 338-9
Tyrwhit, Robert, 327
Tyrwhitt, sir Robert, 86-7

Ubaldini, Petruccio, 177-8
Udall, Nicholas, 140
ultramontanismo, 226
Universidade de Ferrara, 62
Urbino, duque de, 26
urso, espancamento de, 65, 241

Van der Heyden, Pieter, 246
Vasari, Giorgio, 235
Vavasour, Anne, 326-8
Vavasour, Frances, 328
Venda, da Polônia, 178

Veneza, 119, 121, 315
Veneza, Companhia de, 316
Venier, Marco, 324
Venus Virgo, 308
Vergil, Polydore, 26
Verney, Francis, 117
Vernon, Elizabeth, 327, 339
Verstegen, Richard, 268
"Viagem de são Brandão, A", 76
Vida de santa Radegunda, 130
Virgem Maria (e marianismo), 36, 70, 72-3, 149, 178, 236, 242-3, 308-9
virginais, 199
virtù, 24-6, 29
virtudes cardeais, 147
Vives, Juan Luís, 63

Waldstein, barão, 10
Walsingham, Frances, 328
Walsingham, Francis, 119, 248, 276, 310, 312, 317
　e o caso Lopez, 320
　e o complô de Babington, 276, 277-8, 280-4
　e o complô de Ridolfi, 217-20, 223
　e o complô de Throckmorton, 264
　embaixador na França, 227-8
　familiaridade com Maquiavel, 23
　e o "Instrumento de Associação", 269-71
　o julgamento de Campion, 250-2
　e o julgamento e a execução de Maria Stuart, 283-7, 290-1
　e o massacre do Dia de São Bartolomeu, 256-9
　e os Países Baixos Espanhóis, 255, 259, 273-4
　e as relações com a Rússia e a Polônia, 299

Walsingham, santuário de, 78
Warwick, condessa de, 327
Warwick, Richard Beauchamp, décimo terceiro conde de, 94
Warwick, Richard Neville, décimo sexto conde de (o "fazedor de reis"), 94
Wassy, massacre em, 197-8, 256-7, 261
Watkyns, Henry, 97
wergild, sistema, 129
Westminster, abadia de:
　cintos no parto, 35-6
　coroação de Elizabeth, 141-3
Westmorland, conde de, 171, 214, 216
Weston, sir Francis, 53-4
Whitney, Geoffrey, 236
Whittell, William, 152
Wilcox, Thomas, 318
Wilson, dr. Thomas, 227
Wilton Diptych, 181, 182
Wilton, convento de, 63, 76
Winchester, livros de partituras de, 170
Winchester, marquês de, 97, 105, 141
Wolsey, cardeal, 43, 50-1
Woodstock, 110-4, 117
　poema escrito em, 288-90
　préstito de Lee em, 238-9, 241-3
Woodville, Elizabeth, 94, 153, 173
Woolley, John, 318
Wriothesley, Charles, 46
Wyatt, sir Thomas, 27, 49, 53-6, 102-3, 288-9
　Whoso List to Hunt, 53-4
Wycliffe, John, 76

York House, 342
York Place, 49

Zuccaro, Federico, 242

1ª EDIÇÃO [2016] 2 reimpressões

ESTA OBRA FOI COMPOSTA POR MARI TABOADA EM DANTE PRO E
IMPRESSA EM OFSETE PELA GRÁFICA SANTA MARTA SOBRE PAPEL PÓLEN SOFT
DA SUZANO S.A. PARA A EDITORA SCHWARCZ EM NOVEMBRO DE 2021

A marca FSC® é a garantia de que a madeira utilizada na fabricação do papel deste livro provém de florestas que foram gerenciadas de maneira ambientalmente correta, socialmente justa e economicamente viável, além de outras fontes de origem controlada.